Von Ikonen und
Ratten

Robert Hammerstiel

Von Ikonen und Ratten

Eine Banater Kindheit
1939-1949

Mit 32 Zeichnungen
von Robert Hammerstiel

Verlag Christian Brandstätter · Wien–München

Inhalt

Meinen Lebenden und
meinen Toten

I
DIE
INTERNIERUNG

1
Die wunderbaren und
die schrecklichen Straßen
der Kindheit

Es ist früher Morgen. Der Schweinehüter bläst in sein Horn und weckt mich. Die Haustore sind schon offen, damit die Schweine dem Blasen des Hüters folgen können. Milchfrauen rufen vorbeigehend: »Frische Milch!« Die Großmutter öffnet das Fenster, und in ihre Kanne rinnt die Milch. Im Hof sitzen die Taglöhnerfrauen und behüten ihre Störbrote, die sie in Körben tragen und mit schönen, bunten Tüchern eingehüllt haben. Die Mutter und der Vater heizen den Backofen, der erste Schuß Brot liegt bereits auf den Brettern. Mischi, mein Freund, ist auch schon hier. Wir legen warme Brote auf einen Handkarren. Mit den Broten fahren wir in die Stadt zu den Greißlern, bevor wir zur Schule gehen.

Unsere Nachbarin Seka Kaja füllt ihre Körbe mit Gemüse und Früchten. Sie singt dabei ihr Morgenlied, dann grüßt sie die Großmutter am Fenster und geht mit den vollbeladenen Körben auf den Markt.

In der Backstube schlafen die Kröten unter den Mehltruhen. Sie haben viel zu tun gehabt, weil sich nachts in diesem Raum Ungeziefer tummelt. Wildtauben schreien in den Gärten. »Es wird ein heißer Tag«, sagt die Großmutter, die uns beim Weggehen küßt.

Abends, wenn die Taglöhner vom Feld heimkehren, kommen auch die Schweine und die Kühe, und wenn das Tor nicht geöffnet ist, machen sie einen ordentlichen Lärm. Die Kühe muhen vor dem Haus, die Schweine stoßen mit dem Rüssel gegen das Tor. Die Seka Kaja singt ihr Abendlied, denn es wird dunkel. Frauen zünden das Straßenfeuer an, und alle scharen sich um das Feuer. Wir Kinder springen darüber und laufen umher. Alte Frauen sitzen daneben und erzählen. Mädchen und Burschen machen Musik, und es wird getanzt.

Die Kröten werden wach und nehmen ihre Tätigkeit wieder auf. Der Vater macht das Dampfl für das morgige Brot. Das Feuer ist abgebrannt, der Mond hat den Zenit erreicht, und das Singen hat aufgehört. Denn es ist Nacht.

Wieder ist es Morgen. Heute ist die Großmutter aufgeregter als sonst. Sie hat ihr wunderbares schwarzes Kopftuch auf. Mischi und ich helfen ihr, das Gebäck auf den Markt zu bringen, Semmeln und Brezeln, Briaghe und Kuchen. Die Großmutter trägt einen großen Korb auf dem Kopf, sie geht dabei kerzengerade. Wir Buben laufen mit weiteren Körben voraus zum Wochenmarkt. Auf dem Boden liegen Hühner, an den Beinen zusammengebunden. Auch irdene Töpfe stehen da. Dazwischen sitzen Frauen. Affen tanzen in einem Kreis nach melancholischer Musik. Ein Mann kommt mit einem riesigen Bären, der ebenfalls tanzt. Ein magerer Knabe schlägt mit der Faust auf eine Trommel. Pferdefuhrwerke stehen da, mit Holz beladen. Sie gehören rumänischen Berg- und Waldbauern, die lange gefahren sind, um das Holz in der Stadt zu verkaufen. Schweine schreien in Kisten. Gänse und Enten, Lebkuchen, türkischer Honig sind da. Frauen braten auf Rosten Fleisch, in der Nähe stehen Bottiche, in denen Fische schwimmen. Auf dem Erdboden werden Schuhe und Opanken probiert, daneben Säuglinge gestillt. Kleine Kinder sitzen auf Nachttöpfen. Melonen werden verkauft und würzige Trauben, Wespen, Bienen und Fliegen summen. Auf dem Boden wird Raki getrunken, Karten werden aufgeschlagen, aus der Hand wird die Zukunft gelesen, und die gefesselten Hühner werden weggetragen.

Mischi und ich gehen miteinander zur Schule. Wir sind immer beisammen, sitzen nebeneinander, weinen miteinander, wenn einer von uns schlechte Noten bekommt, und lachen beide, wenn uns die Religionslehrerin lustige Geschichten erzählt.

Einmal ließ die Klassenlehrerin meine Mutter kommen und sagte, Mischi sei kein Umgang für ihren Buben. Sie sei auch nicht sicher, ob er nicht Läuse habe. Sie habe die beiden Buben schon einmal auseinandergesetzt, aber es sei nichts zu machen, immer steckten sie beisammen. Ihr Bub solle sich doch wirklich einen passenderen Kameraden suchen, Mischis Leute seien ja nur Taglöhner, und noch dazu hätten sie nichts Ordentliches anzuziehen.

In diesem Jahr blieb Mischi sitzen. Nach den großen Ferien, als wir wieder zur Schule mußten, sollte ich in eine andere Klasse. Mischi und ich berieten, was wir tun sollten. »Wir gehen einfach miteinander in deine Klasse und setzen uns wieder nebeneinander«, sagte er. Die neue Lehrerin führte Mischi in die alte Klasse, und ich blieb allein. Jetzt war nichts mehr mit mir anzufangen, ich war bockig und weinte immer, bis meine Tante, die Lehrerin war, es fertigbrachte, daß er wieder an meiner Seite saß.

Es ist Anfang Mai. Die Häuser sind mit Flieder geschmückt. Mischi und ich haben Maiglöckchensträuße auf unseren Anzügen. Wir gehen der Kirche zu. Von weitem hören wir das dumpfe Läuten der großen

Glocke. Auch die Kirche ist mit Blumen geschmückt. Wir Kinder stehen in Reihen neben den Bänken, hinter uns unsere Firmpaten. Es sind ganz junge Paten, fünfzehn bis sechzehn Jahre alt, oder Frauen, denn die Männer sind im Krieg. Es sind fast drei Jahre vergangen, seit der Vater das letzte Mal auf Urlaub war. Es war Sommer, und das Straßenfeuer war angezündet, als wir ihn zum Bahnhof begleiteten. Der Vater weinte, und der Zug fuhr in Richtung Belgrad.

Wir gehen ohne Vater nach Hause, die Mutter, mein Bruder Alfred und ich. In unserer Straße ist es dunkel, die Fenster sind verhängt. Kein Licht ist zu sehen, denn es gibt oft Fliegeralarm. Die Frauen sitzen nicht mehr auf der Straße, keine Burschen und Mädchen tanzen und singen mehr. Alle haben sich in den Häusern verkrochen, und es ist still.

Auch wir haben uns verkrochen, nicht in die Häuser, sondern in die Erde des Gartens, der unserer Patin gehört. Wir, das sind etwa ein halbes Dutzend deutscher Familien, die im serbischen Viertel der Stadt wohnen. Mischi und sein Bruder Wastl, seine Mutter und seine erwachsene Schwester Helen sind auch hier in der Grube. Es ist dunkel, und wir schweigen. Von der Straße hören wir Gewehrschüsse. Sie hören nicht auf, und die Erde fällt uns ins Gesicht.

Am nächsten Tag ist das Schießen zu Ende, und man hört Menschen schreien. Es sind Freudenschreie, die den ganzen Tag anhalten. Gegen Abend hören wir aus der Innenstadt dumpfen Lärm. Die Leute sind alle in der Stadt, um zu feiern. Wir Deutsche kriechen aus der Grube und forschen ängstlich, was auf der Straße los ist. Mischis Schwester Helen und der Sohn meiner Patin, Joschi, gehen vorsichtig auf die Straße. Sie versichern, daß sie wie ausgestorben sei und wir ruhig in die Häuser zurückgehen könnten.

Die serbischen Nachbarn kommen von den Feldern zurück. Wir stehen verängstigt auf der Straße, aber die Nachbarn sagen, wir sollten keine Angst haben, denn sie würden die paar deutschen Familien nicht angeben. Es würde uns niemand etwas zuleide tun. Wir verkriechen uns in die Häuser und warten, was weiter geschehen wird. Die Großmutter schaut die ganze Nacht aus dem Fenster, bis es Morgen wird. Keine Milchfrauen gehen vorbei, die Nachbarin singt kein Morgenlied, und sie trägt auch keine Körbe zum Markt. Stattdessen kommt sie in unsere Küche und schreit und schreit und weint laut. Sie schreit in den grauen Morgen des dunklen Oktobertages, daß man die Leute im deutschen Viertel erschieße, sie habe alles gesehen. Meine Mutter setzt ihre Hand auf die Tür, um nicht zu fallen. Wie ein wildes Tier seine Krallen gräbt sie ihre Fingernägel in den Türstock.

Unsere Mütter, Mischi und ich und die beiden kleinen Brüder flüchten mit dem Wagen, den das magere alte Pferd zieht, in die Weingärten. Dort bleiben wir, bis es Abend wird. Da es sehr still ist und das Pferd und wir Hunger bekommen, fahren wir in die Stadt zurück. In der Dunkelheit sehen wir etwas auf uns zukommen: Es ist ein Pferdefuhrwerk, das ohne Kutscher gespenstisch an uns vorbeirast. Mischis Mutter reißt geistesgegenwärtig unser Pferd in den Graben, daß das Gespensterfuhrwerk vorbei kann. Es flieht wie von Furien getrieben, bis der Horizont den Wagen samt Pferd verschlingt. Kurz darauf folgt ein zweites Fuhrwerk, und da hören wir eine Frau vom Wagen schreien: »Nicht in die Stadt, um Gottes willen, nicht in die Stadt, da werden alle erschossen! In der Dreilaufergasse liegen die Menschen auf der Straße, die Pferde gehen durch, überall Blut, alles voll Blut!«

Wir bleiben die Nacht über auf freiem Feld. Am Morgen suchen wir Wasser für das aufgescheuchte Pferd. Frauen, die fortwährend beten und weinen, begegnen uns. Sie sagen, wir sollten nicht in die Stadt zurück. Man habe alle Männer und Burschen erschossen. Auch die Bauern, die mit der Maische in die Stadt hereingefahren kamen, habe man von ihren Wagen heruntergeholt und der Reihe nach erschossen.

Einige Tage später gehen wir ohne Pferd in die Stadt, um nicht zu verhungern. Unsere Großmutter empfängt uns weinend an der Tür. Sie hat schon geglaubt, man habe uns erschossen, und ist außer sich vor Erregung, ebenso wie unser Hund, der fortwährend an uns hochspringt.

»Man will zweihundert deutsche Mädchen erschießen«, berichtet die Großmutter, »im Alter von achtzehn bis zwanzig Jahren.« Mischis Schwester Helen ist zwanzig Jahre alt, und sie versteckt sich sofort im Haus, gleich neben dem Brunnen. Wenn man sie holen käme, würde sie in den Brunnen springen. Man kommt wirklich, um sie zu holen, und nimmt unsere Mütter mit. Wir Kinder bleiben allein. Am Abend kommt Helen aus ihrem Loch, die Haare wirr und offen. Sie trägt nie Kopftücher so wie unsere Mütter, schöne, schwarze, die ihnen über die Schultern reichen. Wir weinen, glauben, die Männer hätten unsere Mütter umgebracht. Helen tröstet uns: Die Männer würden unsere Mütter wieder nach Hause schicken, wenn sie sie nicht mehr bräuchten. Dabei steht sie vor dem Spiegel und kämmt sich. Da hören wir etwas vom Haustor her, und Helen flieht in ihr Loch. Als wir die Stimmen unserer Mütter hören und den Hund, kriecht sie wieder aus ihrem Versteck hervor, und wir springen und schreien vor Freude. Es ist Mitternacht vorbei. Wie herrlich weiß die Gesichter unserer Mütter aus dem Dunkel der Kopftücher und der Nacht hervorleuchten! Wir drehen das Licht auf, und ihre Gestalten werfen große schwarze Schatten auf die geschlossene Tür und die blanke weiße Wand. Und je weiter sie in das Innere des Raumes treten, desto länger werden die Schatten, die sich auch auf dem Boden lang und breit ausdehnen.

Am Tag darauf schlachten unsere Mütter das dicke Schwein. Ich sehe, wie das Blut in den Topf rinnt. Alle Messer werden gewetzt. Mischi und ich warten auf die Blase. Man rührt das Blut im Topf und hängt das abgebrühte Schwein an die Leiter, ganz vorne, wo der Korridor beginnt. Das Wasser kocht im Kessel. Da kommt die Nachbarin hereingestürzt und schreit: »Sie werden aus ihren Häusern getrieben, alle im deutschen Viertel!« Das Schwein hängt an der Leiter, und die Mütter laufen in die Räume ihrer Häuser und öffnen die Türen der Kästen.

Am Haustor hört man schwere Schritte und laute Stimmen. Es sind die Stimmen fremder Männer, die unsere Räume betreten. Ich flüchte zur Mutter. Die Männer sagen zu ihr, sie müsse in zehn Minuten gepackt haben. Die Mutter läuft von einem Raum in den anderen. Die Kästen werden aufgerissen, Wäsche und Bücher liegen auf dem Boden. Die Mutter schreit, ich solle die Bücher lassen und nur Lebensmittel in einen Sack füllen. Ich darf keines meiner Bücher mitnehmen, bis auf ein ganz kleines, das ich schnell in die Tasche stecke.

Ein Uniformierter hilft meiner Mutter packen. Er sagt, sie solle unbedingt eine Tuchent mitnehmen, und hilft ihr, sie in den Rucksack zu stecken. Wir werden auf die Straße getrieben. Die bulgarische Zinsfrau hat den Hund in ihr Zimmer gesperrt, damit er von den Männern nicht erschossen wird. Noch sehr weit hören wir das Heulen unseres Hundes.

Wir gehen in einer Kolonne, Mischi und ich nebeneinander, vor uns Helen mit ihrem kleinen Bruder auf dem Rücken, hinter uns meine Mutter mit Alfred, daneben Mischis Mutter. Sehr lang ist die Kolonne, die aus Frauen und Kindern besteht. Wir werden in die leeren Fliegerbaracken außerhalb der Stadt getrieben, die nun überfüllt sind. Wir Deutsche vom serbischen Viertel bleiben eng beisammen. Die Rutschmarie ist auch bei uns. Sie sitzt auf einem kleinen, zweirädrigen Karren, der von ihrem Esel gezogen wird. Früher stand sie immer an der Ecke des Marktplatzes. Wenn wir zur Schule gingen, stand sie bereits mit ihrem Karren da, vielmehr, sie saß in ihrem Karren, denn sie hat keine Beine, und schlug Karten auf. Um ihren Leib tummelten sich Meerschweinchen, die Karten aus ihrer Hand zogen. Die meisten Leute, die zum Markt gingen, ließen sich von den Meerschweinchen ihr Glück ziehen, um zu wissen, ob sie gute Geschäfte machen würden.

In die Fliegerhallen hineingetrieben, setzen oder legen wir uns auf den

Boden, und die Halle füllt sich mit Menschen. Mischi und ich mit unseren Müttern und Geschwistern legen uns neben Rutschmaries Esel. Unsere Mütter packen die mitgenommenen Lebensmittel aus, und wir Kinder bekommen zu essen. Doch es gibt viele Menschen, die keine Lebensmittel besitzen, da sie keine Gelegenheit hatten, etwas mitzunehmen, weder Brot noch Decken oder Mäntel, und die Nächte im November sind sehr kalt.

Die Halle ist dunkel, und es wird Nacht. Schemen taumeln an uns vorbei. Dann wieder leuchtet ein Posten mit einer grellen Taschenlampe über uns. Alle Menschen liegen oder kauern auf dem Boden, nur der Esel steht und läßt den Kopf hängen. Er schreit, und dieses Schreien zusammen mit dem Schreien der Kinder und dem Beten der alten Frauen bildet einen merkwürdigen Chor. Unsere Mutter hat die Tuchent ausgebreitet. Wir Kinder dürfen unsere Beine darunterstecken, und auch die alte Schuldirektorin, die sich neben den Esel und uns gebettet hat, darf das tun. Mischi und ich drücken uns dicht aneinander, denn es ist Nacht.

Am Morgen gehen uniformierte Posten durch die Halle. Die Menschen flehen um Wasser und Essen. Helen bittet um Futter und Wasser für den Esel. Der Posten lacht und schüttelt den Kopf. Als er aber die Rutschmarie sieht, wird sein Lachen zur Grimasse. Er starrt auf die Frau und auf die Meerschweinchen, die Karten aus ihrer Hand ziehen, denn es ist jene Zeit am Morgen, zu der die Rutschmarie auf dem Markt mit ihren Meerschweinchen das Schicksal zog. Immerfort ziehen die Tierchen das Schicksal, immerfort und fort, und die Rutschmarie liest aus den Karten vermutlich ihr eigenes Schicksal. Der Posten starrt auf den Karren und die beinlose Frau und dann auf uns Kinder, die daliegen neben dem Esel und dem Karren. Er geht fort, wortlos, und nach einer kurzen Zeit bringen Männer Heu und einen Eimer Wasser. Sie bringen so viel Heu, daß es für einige Tage genügt und wenigstens der Esel etwas zu fressen hat. Helen hilft der Rutschmarie vom Karren, um das übrige Heu darauf zu legen, dann setzt sich die Rutschmarie wieder auf das Heu. Die Meerschweinchen haben sich verkrochen. Der Esel trinkt feierlich das wunderbare Wasser aus dem Eimer, so, als wäre nichts geschehen und alles wäre in Ordnung. Nur die Kinder schreien, denn sie sehen das Wasser, das der Esel trinkt. Sie schreien und schreien, und die Frauen beten. Der Esel hat nicht den ganzen Eimer ausgetrunken, und wir Kinder raufen uns um das übriggebliebene Wasser.

Kommandanten, Posten und serbische Frauen in Uniform gehen durch die Halle. Es heißt aufstehen und sich aufreihen. Es wird wieder geschrien, geweint und gebetet. Wir bleiben dicht nebeneinander, neben dem Karren, als gehörten wir alle, Mischis Mutter, seine Schwester Helen, sein Bruder Wastl und wir und die anderen zu Rutschmarie und ihrem Esel. Es ist, als suchten wir Schutz beim Esel und bei den verkrochenen Meerschweinchen.

Namen werden aufgerufen, und wenn die Aufgerufenen nicht aus der Reihe treten, werden sie herausgezerrt und vor die Baracke gebracht. Jedesmal fallen Schüsse, und die Herausgezerrten kommen nicht mehr zurück in die Reihe. Wir Kinder umklammern unsere Mutter, und sie hält uns fest, als lasse sie uns nie mehr los. Auf dem Erdboden rinnen kleine Bäche, die wir Kinder verursachen, und wir fragen unsere Mutter, ob wir ganz sicher nicht aufgerufen würden. »Wir haben nichts Böses getan, und wir werden ruhig bleiben«, erwidert sie. Einige Frauen werden ohnmächtig, die anderen beten. Mischi und ich bekommen Schüttelfrost, denn wir sind ja noch Kinder, knapp zwölf Jahre alt.

Es wird der Name einer Mutter aufgerufen, die unmittelbar neben uns steht und deren Kinder auch rinnende Bäche machen. Sie rührt sich nicht, und als die Uniformierten schreien: »Wenn du nicht herauskommst, schießen wir in die Reihe«, wird sie hinausgestoßen, und ihre Kinder hängen an ihr wie Blutegel. Sie reißen die Kinder von ihr los, und die Kinder wälzen sich auf dem Boden, und die Mutter wird fortgezerrt und kommt nicht wieder.

Nach drei Stunden werden wir ins Freie getrieben, die Zusammengebrochenen bleiben liegen. Wir gehen hinter dem Karren nach, Mischi und ich halten uns daran fest. Das Licht tut uns in den Augen weh, denn es ist ein herrlicher Tag, dieser 19. November 1944, und die Sonne scheint warm. Wir werden durch die ganze Stadt getrieben. Mütter und Kinder fallen vor Erschöpfung nieder und werden geschlagen. Wir verlassen die Stadt. Vor uns liegt das brache Land mit den kahlen Maulbeerbäumen. Es beginnt zu dämmern. Wir hängen an Rutschmaries Karren und stolpern über Rucksäcke und andere Sachen, die die Erschöpften weggeworfen haben. Ohnmächtige liegen auf dem Boden, denen Rutschmaries Karren immer wieder ausweichen muß.

Es ist Nacht geworden. Nur das Jammern der Mütter und das Weinen und Schreien der Kinder sind zu hören. Es ist nun schwieriger, voranzukommen, weil wir nicht mehr sehen, was vor uns liegt. Sind es Säcke oder Menschen? Einerlei, nur vorwärts, denn diejenigen, die nicht mehr können, werden hinten, am Ende der Kolonne, erschlagen.

Die Mütter tragen keine Säcke und Taschen mehr, sondern ihre Kinder. Helen trägt Wastl, ihren Bruder, meine Mutter meinen achtjährigen Bruder Alfred. Mischi und ich halten uns noch immer am

Karren fest, der holpernd dahinfährt. Jedesmal, wenn wir rasten dürfen, fallen wir auf den Boden. Meine Mutter fährt mir in der Dunkelheit über das Gesicht und über den Kopf, als wolle sie mir Mut einflößen. Auf ihrem Rücken hängt mein Bruder, den sie mit sich selbst auf dem Boden hinlegt, und danach bleibt sie wie eine Kröte flach liegen. Auch wir legen uns hin. Dann heißt es wieder weiter. Von vorne sehen wir ein Licht auf uns zukommen, es ist ein Lastauto. Danach ist es wieder ganz dunkel. Aber später sehen wir noch ein Licht, eines, das stehenbleibt, und wir dürfen diesem Licht zugehen. Es verschwindet auch später nicht, bleibt da und leuchtet uns zu. Es ist wie eine große Hoffnung, und wir gehen dem Licht zu, als gingen wir etwas sehr Schönem entgegen, als warte unsere Mutter vor der Tür auf uns.

Wir dürfen uns wieder auf den Boden fallen lassen. Große, breite und lange Lichter fallen auf uns, die sich bewegen, über uns streifen und sich dann wieder von uns abwenden. »Wir sind an der Grenze«, sagt Helen, »vielleicht dürfen wir hinüber ins Rumänische, das wäre ein großes Glück.« Es heißt wieder aufstehen und weitergehen. Merkwürdig, hier an der Grenze werden die Leute nicht geschlagen, wenn sie nicht mehr können, man läßt sie einfach liegen. Wir weinen vor Freude, daß wir hinüber dürfen, so weit durchgehalten haben und nicht erschlagen worden sind. Da schreien die Posten: »Umdrehen, es geht wieder zurück!« Die Menschen weinen: »Es geht wieder nach Hause, wir werden wieder nach Hause gebracht!« Wir stolpern über liegende Gestalten. Der Esel Rutschmaries will auch nicht mehr weiter. Niemand weiß, was los ist. Aber es geht wieder zurück.

Nach einer kurzen Zeit bleibt der Anfang der Kolonne stehen. Wir hören von vorne großen Lärm, es wird geschrien, geweint und gebetet. »Jetzt werden wir alle erschossen!« schreien die Mütter, und Panik bricht aus. Die Frauen werden hysterisch, eine brüllt: »Wir kommen nach Hause!« Vorne, wo die Kolonne beginnt, wird das Schreien lauter und unerträglicher, es klingt wie das Schreien der Tiere vor dem Schlachten. Was mag da vorne los sein? »Erschießen werden sie uns alle«, denken wir. Doch es fällt kein Schuß. Die Kolonne betet. Man sieht Licht, es ist das Licht der Posten, die uns mit Taschenlampen ins Gesicht leuchten, in die starren Gesichter der Kinder und in die verzweifelten der Mütter. Die Kolonne biegt rechts ab: »Einzeln hintereinander gehen, einzeln hintereinander!« Denn hier gibt es keine Straße, bloß die eine nach Werschetz. Auf der rechten Seite der Straße liegt das große Sumpfgebiet, und dorthin wird die Kolonne getrieben. Mütter schreien, daß sie uns im Sumpf ersäufen würden, da bräuchten sie keine Kugeln.

Eine Mutter schreit: »Um Gottes willen, macht doch die Lage nicht noch schlimmer, als sie schon ist, es gibt doch einen angelegten Feldweg!« Das ist eigentlich ein Steg, der Moorsteg nach Vatina, einer rumänischen Ortschaft, die auf jugoslawischem Gebiet liegt. Es gibt keine andere Möglichkeit, den Ort zu erreichen, denn die Landstraße führt über rumänisches Gebiet, und die Rumänen lassen uns nicht über die Grenze.

Alles geht ganz ruhig, wie wenn ein zum Tode Verurteilter seine Zelle verlassen muß, um im Hof liquidiert zu werden. Die Rutschmarie vor uns mit ihrem Karren und wir kommen jetzt an die Reihe, die Straße zu verlassen, um in die Finsternis des Sumpfes gestoßen zu werden. Die Posten richten ihre Lampen auf uns, einmal nach unten zu uns Knaben, dann auf unsere Mutter, die meinen Bruder trägt, dann auf Helen, die ihren siebenjährigen Bruder auf dem Rücken schleppt.

Die Posten schreien: »Der Esel mit dem Karren bleibt hier, die Frau muß heraus aus dem Karren, heraus mit ihr!« Helen ruft, daß die Frau keine Beine habe. Die Rutschmarie schreit: »Habt Erbarmen, um Gottes willen, tötet mich mit meinem Esel!« Die Posten brüllen uns an, wir sollten weitergehen, um nicht die ganze Kolonne aufzuhalten. Die Rutschmarie muß zurückbleiben, und wir werden auf den Steg gestoßen. Mischi und ich klammern uns fest an die Mutter. Wir spüren, daß der Weg weich ist und wir mit den Beinen einsinken, aber wir versinken nicht ganz, es sei denn, wir glitten vom Steg. Noch immer hören wir das Schreien und Rufen der Rutschmarie, man solle sie doch erschießen. Es wird stiller. Ein Posten geht zu Helen, streicht ihr mit der Hand übers Haar und sagt: »Nicht verzweifeln, nicht verzweifeln! Der Steg ist nicht lang, nur ein ganz kleines Stückchen noch, mein Mädchen!«

Dichter Nebel zieht auf. Man solle das schwere Gepäck wegwerfen und die größeren Kinder vom Rücken nehmen, schreien die Posten, sonst würde man einsinken. Ich klammere mich an die Mutter. Alfred, den die Mutter vom Rücken nehmen mußte, klammert sich an mich. Helen, die noch immer ihren Bruder auf dem Rücken trägt, muß ihn auch herunternehmen, da sie sonst zu tief einsinkt. Noch immer höre ich das Klagen der Rutschmarie, das Schreien der Mütter und das Weinen der Kinder, das sich mit dem Schreien der aufgescheuchten Sumpfvögel vermengt. Das Gehen ist eher ein Gleiten. Wir Kinder können nicht mehr. Immer wieder fragen wir, wann denn endlich dieser Steg zu Ende sei. »Seid doch ruhig, ganz ruhig, nur noch ein Stückchen, ein ganz kleines Stückchen, meine Täubchen, dann werden wir wieder festen Boden unter den Füßen haben, nur ein ganz kleines Stückchen, ihr müßt es durchhalten, sonst sind wir verloren.«

Mein Gott, wann endlich spüre ich wieder festen Boden unter den Füßen? Wann kann ich wieder fest auftreten und auf den Boden stampfen, ohne einzusinken?

Endlich haben wir die Straße erreicht und sind nicht im Moor versunken. Alle sind wir noch da! Wir betasten uns bis in die Nacht hinein, und es ist alles gut. Wir haben festen Boden unter den Füßen, können springen und uns auf dem Boden wälzen.

Sehr müde sind wir, aber wie leicht ist dies zu ertragen im Vergleich zu dem weichen Steg! Mischi und ich gehen wieder nebeneinander, hinter uns unsere beiden Mütter, vor uns Helen, die ihren Bruder auf dem Rücken trägt, so wie auch mein kleiner Bruder wieder von der Mutter getragen wird.

Aus dem dichten Nebel taucht ein Licht auf, und es sind auch Häuser da. Links und rechts der Kolonne bilden Häuserschemen einen heimeligen Schutz, Haustore krächzen, und es wird geflüstert. Hin und wieder leuchtet ein Licht auf, das von einem Fenster der niedrigen Häuser auf uns strahlt, wenn auch sehr blaß, und lange Schatten ziehen auf der anderen Straßenseite an den Häusern vorbei. Eine ganz kleine Hoffnung steigt in uns auf, und wir fragen unsere Mütter, ob wir bald in die Häuser dürften, um uns auf den herrlichen Boden zu legen und zu schlafen. In den Zimmern der niedrigen Häuser ist vielleicht nicht Platz für uns alle, aber es gibt Stallungen und Scheunen. Ich würde mich dicht an eine Kuh legen, und da gäbe es sicher auch herrliche warme Milch!

Aber wir ziehen die Dorfstraße entlang, an der niedrigen Kirche und den geduckten Häusern vorbei. Es ist, als wollten sich die Häuser verkriechen oder im Moor versinken. Ach, wie herrlich riecht es nach Stall und Tieren! Aber wir dürfen nicht hinein in die Häuser, nicht in die Ställe und nicht in die Scheunen.

Wir haben wieder freies Feld vor uns. Wir wagen nicht mehr, unseren Müttern Fragen zu stellen, und wir weinen so, daß man es nicht bemerken und nicht hören kann. Zum Glück sieht man es auch nicht, denn es ist Nacht. Die Kolonne bleibt stehen, und wir werden von der Straße auf einen Feldweg hinunter getrieben. Eine dünne Härte überzieht den Lehm, die bei jedem Tritt einen feinen Klang gibt. Wir biegen rechts ab, und es scheint uns, als seien wir an einer langen Mauer angelangt. Es geht langsam durch ein Tor, und dahinter sehen wir schemenhafte Kreuze. Um Gottes willen, wir sind auf einem Friedhof gelandet! Wieder werden einige Mütter hysterisch: »Man wird uns hier erschießen! Aber wenn schon, wir können ohnehin nicht mehr weiter, wenigstens wird alles ein Ende haben, diese ganze Qual ...«

Wir legen uns auf einem Grabhügel nieder, auf dem es noch alte Kränze und verdorrte Blumen und Gras gibt. Die Mutter holt die Tuchent aus dem Sack, und wir Kinder dürfen wieder unsere Beine darunterstecken. Es ist bitterkalt, und Beine und Kleider sind naß.

Uniformierte ziehen mit Laternen und Taschenlampen vorbei. In deren Schein sehen wir nichts als Kreuze, Menschen und Nebel. Die Mutter macht die Uniformierten darauf aufmerksam, daß die Kleider der Kinder naß sind und gefroren an den Körpern kleben. Ob man nicht Feuer machen dürfe? Holzkreuze werden auf einen Haufen gestapelt und Feuer angezündet. Es beginnt ein ungeheures Gedränge. Jede Mutter will ihr Kind ans Feuer bringen. Wir bekommen keine Möglichkeit, hin zu gelangen. Helen spricht einen Posten an, ob sie mit den vier Kindern nicht auch ein bißchen zum Feuer dürfe. Er macht uns mit seinem Gewehr Platz. Die Mütter der anderen Kinder schreien: »Was für eine Hure, sie packelt mit denen da!« Das herrliche Feuer wärmt uns nicht nur und trocknet unsere Kleider, es wirft auch große Schatten auf die Friedhofsmauer, und Figuren zucken und tanzen darauf. Der Posten steht neben Helen, und ich sehe sein Gesicht. Tränen laufen darüber. Ich habe meinen Vater weinen sehen, als er das letzte Mal auf Urlaub war. Der Posten weint wie mein Vater.

Wir werden wieder zurückgebracht. Die Hände des Mannes fahren über das Haar Helens. Wir Kinder stecken unsere Beine unter die Tuchent. Unsere beiden Mütter aber sitzen starr, als würden sie von wilden Tieren gesichtet, und so bleiben sie die ganze Nacht. Ich habe geschlafen, Mischi an meiner Seite auch. Ich sah Vater in der Backstube das Brot in die Strohkörbe geben. Das Feuer, das im Ofen brannte, spielte auf der Wand der Backstube und warf den großen, dunkelroten Schatten des Vaters an die Wand, und es tummelten sich noch andere Schatten, auch der des weinenden Postens, und unsere Mutter und wir waren dabei.

Meine Mutter weckt mich. Ich sehe, daß es Tag geworden ist, und ich sehe die harten, starren Gesichter der Mütter und der Kinder, vom Nebel verschleiert. Und ich sehe, daß es keine Kreuze mehr gibt. Wir müssen uns von unserem Lager erheben. Die Mutter steckt die kostbare Tuchent wieder in den Sack. Es dauert lange, bis wir aus dem Friedhof, der in der Nacht seine Kreuze verloren hat, hinauskommen, da wir alle durch das enge Tor müssen. Ich bin ganz benommen.

Die Bauern schauen hinter ihren Toren hervor und lugen aus ihren Fenstern. Die Schornsteine rauchen so, als ob nichts geschehen wäre. Nachdem wir vorbeigetrieben worden sind, werden sich die Bauern in ihren Häusern verkriechen, ihre Milch trinken und sich an den warmen

Lehmofen setzen, denn die meiste Arbeit ist getan. Der Nebel zieht übers Land, und die Pfützen sind gefroren. Es riecht nach Stallmist, nach Schafen und nach Kühen.

Es ist wieder ganz hell geworden, auch wenn der Nebel über unsere Köpfe zieht. Jetzt brauchen wir keine Angst zu haben, im Moor zu versinken oder den vorne Marschierenden auf die Fersen zu treten, und es wird einem auch nicht ins Gesicht geschlagen.

Wir werden auf einen Damm getrieben. Große Hanffelder liegen neben ihm. Drecklachen sind mit einer dünnen Eisschicht überzogen. Aber die Sonne kriecht im Osten aus der sumpfigen Erde. Der Nebel ist verschwunden, und die Frauen, die unsere Mütter sind, bekommen wieder Gewehrkolben in den Rücken geschlagen, wenn sie nicht mehr weiterkönnen. Die Kinder schreien. Es ist ein schöner später Novembertag. Zwei Kirchtürme steigen aus dem Sumpf und recken sich wie Zeigefinger am Horizont. Wir kennen dieses Dorf, es ist eine rumänische Siedlung. Aber wir dürfen nicht hinein, sondern werden an der Peripherie vorbeigetrieben. Dann dürfen wir rasten. Wir trinken das Wasser vom Werschetzer Kanal, der hier vorbeizieht. Die Mütter und Kinder dürfen ihre Notdurft unweit der ruhenden Kolonne verrichten. Im Kanal werden die Hosen der Kinder und ihre Hintern gewaschen. Das Wasser ist eisig. Wieder geht es weiter.

Helen ist fort gewesen. Sie hat sich mit dem Posten getroffen, der uns in der Nacht zum Feuer gebracht hat, und erfahren, was mit uns geschehen soll. Wir forschen ängstlich in ihrem Gesicht, ob das etwas Schreckliches sei, aber sie macht einen zufriedenen Eindruck. »Nach Zichydorf kommen wir«, sagt sie, »es sind noch an die zwölf Kilometer zu gehen, dann sind wir am Ziel, und dort bleiben wir.«

Zichydorf ist eine deutsche Gemeinde, ein reines Schwabendorf. Es gibt eine halbwegs gute Straße dahin, und auch Telegraphenmasten sind hier. Wir ziehen an ihnen vorbei, und ich weiß, wo Telegraphenmasten sind, braucht man nicht mehr zu fürchten, im Sumpf zu versinken. Wie sehr liebe ich diese Masten! Sie führen weit hinein ins Land, bis man sie nicht mehr sieht.

Bauern ziehen mit ihren Fuhrwerken vorbei, die mit Zuckerrüben voll beladen sind, und auf den Rüben sitzen Frauen und Kinder. Die Fuhrwerke müssen stehenbleiben, weil die Uniformierten den Bauern das Gewehr vorhalten, und die Bäuerinnen sehen erschrocken auf uns herunter. Sie müssen die erschöpften Kinder und alte Frauen auf den Wagen nehmen, und wir dürfen über die Rüben herfallen. Es wird geschrien und geweint, und die nervös gewordenen Pferde springen mit den Vorderbeinen in die Höhe. Die Fuhrwerke fahren weiter und an uns vorbei, und wir dürfen rasten und unsere Rüben essen. In der Ferne sehen wir einen weißen, barocken Kirchturm mit einem glitzernden Dach. Frauen riefen: »Dort ist Zichydorf!« Es wird geweint und gelacht vor Freude, und wir brechen wieder auf.

Endlich erreichen wir das Dorf. Frauen und Kinder kommen eben vom Feld und die Kühe von der Weide. Die Uniformierten schreien: »Alles in die Häuser!« Die Tore aber sind geschlossen. Uniformierte, Mütter und Kinder brechen die Tore auf, die Menschen stürmen in die Häuser. Die Pferde und die heimkommenden Kühe werden scheu, denn sie sind von Menschenmassen eingeschlossen. Überall füllen sich die Ställe, die Scheunen, die Höfe, die Zimmer, die Küchen, die Kammern und die leeren Schweinekoben mit Menschen. Helen ist vorne, und wir drängen hinter ihr nach. Unsere kleinen Brüder schreien und weinen. Für sie hat niemand Zeit, nur hinein, hinein in die Höfe, alles ist voll, nur weiter!

Mischi und ich halten uns an den Händen. Es gibt kein Erbarmen, nur los, ins nächste Haus und weiter, weiter! Aber alles ist voll. Es wird bereits dunkel, und noch immer irren viele Menschen, Kühe und Pferde auf der Dorfstraße umher. Helen schreit: »Wir müssen Unterschlupf finden, ehe es ganz dunkel ist, sonst sind wir verloren!« Kinder werden getreten und geschlagen. »Nur weiter, mein Kind, sei doch still, mein Herz, sei still!«

In den Höfen sind noch Menschen, die in die Räume wollen und nicht hineinkommen. Alles, was ein Dach hat, ist voll. Hühner, Hunde, Kühe, Gänse und Katzen, alles flieht irgendwohin, eines dem anderen nach. Es wird Nacht und bitterkalt, und der Nebel macht unsere Kleider noch nässer, als sie vom Schweiß schon sind.

Die Nacht ist hereingebrochen, der Nebel zieht über die Höfe und über die Köpfe der Menschen. Wir können nicht mehr. Alfred bricht zusammen, und unsere Mutter weint in die Nacht hinein. Auch Helens Mutter, Mischi und ich weinen, nur Helen nicht, sie darf die Nerven nicht verlieren. »Wir werden im Freien übernachten müssen«, sagt sie. Sie trägt Wastl auf dem Rücken, und Wastl bekommt von hinten Schläge von seiner Mutter, weil er wie verrückt weint und schreit. Wir sind am Ende des Dorfes angelangt, kehren wieder um und laufen zurück. Wir wollen uns auf die Erde fallenlassen, denn wir können nicht mehr. Aber es kommen Uniformierte, die mit uns ins Dorf gehen und mit ihren Gewehrkolben die Leute zusammendrängen. Und so bekommen wir Platz in einem Stall.

Am nächsten Morgen irren die Tiere noch immer in den Höfen umher, und es wird wieder geweint. Da kommen Posten und jagen uns aus dem Haus hinaus auf die Hutweide, alle Menschen, auch die Bewohner des Dorfes. Die Frauen des Dorfes schreien, daß die Tiere gefüttert und die Kühe gemolken werden müßten. Während wir auf der Hutweide herumstehen, suchen die Tiere ihren Lagerplatz, und die Bauern des Dorfes dürfen für eine Stunde in ihre Häuser, um sie zu füttern. Wir müssen warten, und wir setzen uns auf den Boden. Es werden Tische und Stühle gebracht. Uniformierte Männer und Frauen nehmen dort Platz. Es werden Listen aufgeschlagen und Namen aufgerufen. Die Bäuerinnen von Zichydorf, die bereits zurückgekommen sind und mit uns auf der Weide stehen, müssen hervortreten und genau angeben, wie viele Räume sie haben, wieviel Weizen sie besitzen, wie viele Kühe sie im Stall haben. Je nach Größe ihres Besitzes und ihres Reichtums werden den Bäuerinnen Leute zugewiesen: bei nur einer Kuh sieben Leute, bei zwei Kühen vierzehn bis fünfzehn Leute und so fort. Auf der einen Seite stehen die Zichydorfer, auf der anderen Seite wir Werschetzer, in der Mitte gehen Uniformierte umher.

Namen werden aufgerufen: »Haasenfratz!« Eine Bäuerin tritt vor. Ein Uniformierter am Schreibtisch fragt: »Wie viele Räume hast du, Schwabitza?« »Küche und Zimmer, alte Kammer, Stube.« »Und wie viele Kühe und Schweine?« »Drei Kühe und zwei Schweine.« »Zwanzig Leute«, sagt ein Uniformierter. Ein anderer meint: »Das ist zuviel für diese kleine Landwirtschaft, siebzehn genügen.« Siebzehn Leute werden aus unserer Reihe geholt, und die Bäuerin geht mit ihnen weg.

Den ganzen Tag sitzen wir auf unseren Habseligkeiten. Es geht schon gegen Abend, und noch immer werden Namen aufgerufen und Leute fortgeführt. Helen hört, daß eine Frau sieben Personen zugewiesen bekommen soll. Sie ruft: »Wir sind unser sieben!« Die Uniformierten schauen sie erstaunt an. Sie schreien nicht, und es werden uns auch keine Gewehrkolben in den Rücken geschlagen. Sie sagen nur, sie solle mit ihrer Sippe hervortreten und deuten uns, wir sollten gehen. Die Bäuerin mustert uns, ohne etwas zu sagen, und geht mit uns etwa zehn Minuten ins Dorf hinein. Dann bleibt sie vor einem Giebelhaus stehen und sagt: »Wir sind da.« Sie holt einen Schlüssel aus dem Rock hervor und steckt ihn ins Schloß. Ein langer Korridor wird sichtbar, als sie die Tür öffnet, rechts auf der Hausseite drei Türen, links, hofseitig, wilder und echter Wein. Die Blätter sind verschwunden, die nackten Reben spreizen sich allein zum Dach empor. An der ersten Tür steht eine ältere Frau, ganz dunkel gekleidet. »Mutter, wir sind da, das sind die Leute, die wir nehmen müssen«, sagt die Bäuerin. Die alte Frau schaut uns etwas mißmutig an, uns Kindern aber lächelt sie zu und sagt, wir sollten weiterkommen. Sie habe bereits Brot im Ofen, das sie in Kürze ausbacken werde.

In der Küche ist es warm, und wir vier Kinder dürfen uns setzen. Die junge Frau geht mit Helen, Helens Mutter und unserer Mutter hinaus, um ihnen die Kammer zu zeigen. Die alte Frau holt das Brot aus dem Lehmofen. Sie schneidet dicke Scheiben ab, die sie mit Schweineschmalz bestreicht, daß ihr das warme Fett über die Finger läuft. In der Kammer räumen unsere Mütter, Helen und die junge Frau um. Es werden Betten aufgestellt, die Tuchent geholt und unsere paar Sachen in eine alte Truhe gegeben. Wir Kinder öffnen die drei Türen: die zweite führt zur Kammer, die dritte zu einer Futterkammer, die auch als Waschküche benützt wird. Eine weitere Tür führt in den Stall. Hier liegen eine Kuh und eine Ziege. Die Ziege springt sofort auf und reckt den Kopf so lange und so weit nach vorne, bis ihre Kette straff gespannt ist. Sie streckt die Ohren und schaut uns nach. Die Kuh käut wieder, als sei nichts geschehen. Gestern noch ist auch sie mit uns herumgeirrt, jetzt bleibt sie ruhig liegen. In der Ecke des Stalls liegt Stroh, in dem wir uns wohlig verkriechen, denn wir wissen, daß wir heute nacht nicht im Freien schlafen und auch nicht durch den Sumpf gehen müssen. Dann sucht uns Helen, und wir gehen mit ihr in die Küche. Die alte Frau stellt eine Pfanne mit gebratenen Kartoffeln und Kürbissen auf den Tisch. Die junge Frau sagt, wir sollten zugreifen und so lange essen, bis wir satt seien. Es ist schon einige Tage her, daß wir die letzte Mahlzeit zu uns genommen haben. Wir sitzen alle um den großen Küchentisch: die alte Frau, ihre Schwiegertochter, ihr fünfjähriger Bub, der auf dem Schoß seiner Großmutter sitzt, unsere beiden Mütter, Helen, unsere beiden jüngeren Brüder und wir, Mischi und ich.

Nachdem wir gegessen haben und unsere Mütter vor Zufriedenheit strahlen, gehen wir in die Kammer, wo zwei Betten aufgestellt sind. Ich kann lange nicht einschlafen. Die Rutschmarie ist wieder da, und sie gleitet mit dem Esel und dem Karren, in dem sie sitzt und wo ihre Meerschweinchen fortwährend Karten aus ihrer Hand ziehen, über den Sumpf. Sie gleitet über den Sumpf in den Nebel hinein. Der Vater bäckt das Brot aus. Die Großmutter belädt Rutschmaries Karren mit dem frischen Brot. Die Meerschweinchen tummeln sich in der Backstube, sie ersetzen die Kröten. Der Vater heizt den Ofen, und die Großmutter sitzt neben der Mehltruhe und den herrlichen Broten. Die Mehltruhe, die Brote und sie selbst tanzen auf der Wand. Aber die Posten, die mit ihren Gewehrkolben auf unsere Mütter einschlugen, sind auch hier und ziehen auf der Wand vorbei – nur ein kleines Stückchen, mein Täubchen! Die Mädchen und Burschen tanzen über das Feuer. Aus den Gärten werden Melonen geholt, und Kürbiskerne werden über dem Feuer geröstet. In dem dunklen Garten haben sich die Hexen verkrochen, die sich in tollwütige Hunde verwandeln. An der Wand unseres Hauses sehe ich eine Hexe springen, und ich will davonlaufen, aber meine Beine bleiben starr, und ich schreie.

Mischi und seine Mutter fragen mich, was los sei. »Die Hexe war am Haus«, sage ich. »Hast du denn Angst vor Hexen? Die gibt es ja gar nicht.« »Sie ist aber auf Rutschmaries Esel geritten, bis der Esel zusammengebrochen und im Sumpf versunken ist.«

Mischis Mutter sagt, wir sollten endlich ruhig sein, sonst weckten wir noch Wastl auf. Wastl liegt neben ihr; unsere Mutter, mein kleiner Bruder und Helen schlafen im Zimmer der beiden Hausfrauen.

Wir gehen täglich auf die umliegenden Felder, um Rüben, Kartoffeln und anderes Gemüse zu suchen, Mischi und ich, Helen und auch meine Mutter. Die beiden Hausfrauen können uns nicht viel zu essen geben, denn zehn Leute hätten bald alles aufgegessen. Wir Kinder bekommen aber immer Milch von der jungen Frau. Die alte gibt uns nie welche. Mischi und ich suchen die Äcker ab, um etwas Eßbares zu finden. Das Gefundene aber ist bereits gefroren und weich. Einmal kommen wir früher zurück und finden niemanden zu Hause. Wir gehen in den Stall, und Mischi sagt, daß er melken könne. Wir holen einen Topf, und Mischi beginnt zu melken. Die Milch rinnt wahrhaftig in den Topf und gibt dabei einen wunderschönen Klang. Gierig trinken wir. Da kommen unsere Mütter und Helen und die beiden kleinen Brüder. Die Mütter und Helen tragen auf ihren Schultern Maisstengel und anderes, womit man heizen kann. Mischi und ich haben indessen den Topf säuberlich gewaschen und in der Waschküche an seinen Platz gestellt, als sei nichts geschehen. Wir essen zu Abend, Kartoffeln mit Sirup, den wir aus den Zuckerrüben gemacht haben. Die alte Frau ist im Stall und melkt, und uns beiden klopft das Herz.

Auch am nächsten Tag und an den folgenden Tagen, sobald gegen Abend reine Luft ist, gehen Mischi und ich melken, und wir trinken die Milch. Eines Nachmittags sind wir wieder auf Lebensmittelsuche. Als wir zurückkehren, hören wir Geschrei in der Waschküche. Wir beide wissen, worum es geht. Die alte Frau schreit, daß die Kuh weniger Milch gebe und daß jemand sie melke. Es würgt mich im Hals, und wir getrauen uns nicht, die Tür zu öffnen, wenn auch unsere Säcke voll von Kartoffeln sind. Jetzt haben wir die Freude verloren und stehen zaghaft vor der Tür, hinter der noch immer geschrien wird. Wir erschrecken, als Helen plötzlich die Tür öffnet. Aber sie nimmt uns nur die Säcke ab und sagt: »Mein Gott, die Kinder! Sie haben so viele Kartoffeln gefunden und sind ganz verfroren!« Und sie sagt, die Mutter solle endlich zu schimpfen aufhören, die Sache sei ja die Aufregung gar nicht wert. Wir sind stolz auf unsere vollen Säcke, aber Angst und ein schlechtes Gewissen quälen uns.

Es wird wieder zu Abend gegessen. Mischis kleiner Bruder versucht, mehr Sirup zu essen als Kartoffeln. Er bekommt von seiner Mutter eins auf die Finger und weint. Es ist Nacht und dunkel. Die Tür des Futterofens steht offen, und das Feuer leuchtet auf den alten Tisch und auf unsere Mütter und Helen, die große Schatten an die Wand werfen. Es ist Nacht, und wir dürfen nicht mehr in den Stall, um der Kuh gute Nacht zu sagen. In der Kammer ist es kalt. Die Mütter haben warme Ziegel in die Betten gelegt, und wir legen uns nieder.

Zeitig am Morgen gehen wir, Helen, Mischi, meine Mutter und ich, um Brennzeug, Hanf- und Maisstengel, zu suchen. Auf den Feldern treffen wir eine Frau, die uns sagt, daß meine Patentante, Marie Bodo, wieder in ihrem Haus in Werschetz sei. Die Frau erzählt, daß sie auf einem Gutshof in der Nähe von Vatina, dort, wo wir auf dem Friedhof übernachteten, mit Marie zusammen war. Da kamen einige Uniformierte mit Laternen und durchsuchten die Scheunen und Stallungen. Im Stall lag sie zusammen mit Marie, die ein drei Wochen altes Kind hatte. Die Uniformierten blieben vor der Frau stehen, die mit ihren beiden Mädchen und dem Säugling auf dem Boden lag. Sie leuchteten sie länger an, bis der eine Uniformierte schrie: »Marie, Marie! Was machst denn du da? Hat man dich auch mitgenommen? Du bist doch keine Deutsche!« Der Uniformierte war Maries Schwager, der Bruder ihres Mannes. Er sagte zu den anderen Männern: »Hier muß ein Irrtum vorliegen. Wir sind doch Ungarn, und das ist das Weib meines Bruders und das sind seine Kinder!« Sie sagten, Marie solle ausharren, sie würden etwas unternehmen. In der Nacht brachten sie Marie aus dem Stall, setzten sie mit ihren Kindern auf ein Fuhrwerk und fuhren mit ihr ab.

Die Patin war zuvor immer in der Nähe von Rutschmaries Karren gewesen, bis sie zusammenbrach und man sie auf ein Fuhrwerk lud. Das war ihr Glück, sonst wäre sie nie mit ihrem Schwager zusammengekommen, sondern auch auf den Friedhof getrieben worden. Bis zum Tag unserer Internierung hatte sie schon viel durchstehen müssen. Am 23. Oktober, um sieben Uhr morgens, gebar sie ihr letztes Kind, und um halb zehn drangen Uniformierte bei ihr ein. Meine Mutter, Mischi und ich waren bei ihr. Meine Mutter pflegte sie und das Neugeborene, und wir Kinder spielten im Hof. Auf die Straße durften wir nicht. Da wurde das Tor aufgetreten, und es kamen Uniformierte mit Gewehren. Wir liefen in die Küche, wo die Patin mit dem Säugling lag und meine Mutter am Herd hantierte. Der Pate und Joschi, ihr älterer Sohn, sechzehn Jahre alt, waren irgendwo im Haus versteckt, da man schon mehrere Männer weggebracht hatte. Die Uniformierten hielten meiner Mutter und der Patin, die im Bett lag, das Gewehr vor die Brust und schrien, die Männer sollten aus dem Versteck kommen, sonst würden wir alle erschossen. Wir Kinder klammerten uns an den Kasten, und die Mutter stellte sich vor uns. Die niedere Küchendecke und der ganze Raum schienen sich zu bewegen, der Säugling schrie. Mein Pate und Joschi kamen aus ihrem Versteck hervor. Sie wurden mit Gewehrkolben geschlagen und auf die Straße getrieben. Als die Uniformierten fortgingen und den Paten und seinen Sohn mitnahmen, schrien und weinten wir, und die Patin schrie, man solle sie und das Kind erwürgen.

Es wurde Mittag, und am Nachmittag kamen die Nachbarn, um die Patin zu trösten. Alle kamen sie, die paar Familien aus dem deutschen Viertel, aber nur die Mütter und die Kinder, denn die Väter waren alle fort. Es wurde Nacht, und meine Mutter lag im Fenster, um drohende Gefahren zu erkunden. Da kamen wieder Uniformierte zu Marie Bodo. Sie wollten das Neugeborene töten, wenn es ein Knabe sei. Weil aber Marie log und sagte, es sei ein Mädchen, spielten sie nur Ball mit dem Kind. Da sie eine Frau, die am selben Tag entbunden hatte, nicht vergewaltigen wollten und ihre beiden Mädchen noch zu klein waren, gingen sie, ohne das Kind getötet und ohne die Frau vergewaltigt zu haben, und suchten ihre Opfer anderswo.

Es ist zeitig am Morgen und bitterkalt. Mischis Mutter heizt den Futterofen mit Maiswurzeln, und wir Kinder haben uns um den Ofen versammelt. Wir warten, daß die Mutter und Helen etwas zu essen bringen. »Jetzt kommen sie«, sagt Mischi, denn am Tor ist jemand. Wir schauen durch das Fenster zum Hauseingang. Aber es sind nicht Helen und unsere Mutter, es sind Uniformierte, die in die vorderen Räume hineingehen und wieder herauskommen. Die beiden Hausfrauen haben sich vermutlich irgendwo versteckt. Mischis Mutter kommt aus der Kammer, in der sie gerade zusammengeräumt und die Betten in Ordnung gebracht hat. Die Uniformierten treten aus dem vorderen Raum und schreien, sie solle stehenbleiben. Wir hören lautes Reden, und Mischis Mutter kommt mit den Uniformierten zu uns in die Futterkammer. Ich bete leise, daß unsere Mutter und Helen jetzt nicht kommen sollen, nur nicht kommen, nur nicht kommen! Ich sehe durch das Waschküchenfenster direkt auf das Haustor, das offen steht, ich brauche dazu nur meinen Kopf ein wenig nach links zu drehen. Der eine Uniformierte schreit Mischis Mutter an, sie solle sich beeilen. Sie läuft von der Futterkammer in die Schlafkammer, wühlt in den Betten und kommt mit einem kleinen Säckchen zurück. Der Uniformierte läßt sie nicht aus den Augen. Der andere steht neben uns wie eine Statue, und auch wir stehen wie Statuen. Ich bekomme einen Schüttelfrost und weiß nicht, was das ist. Die Mutter Mischis schaut auf das Haustor, um zu sehen, ob nicht Helen kommt, denn sie weiß, daß es nicht sicher ist, ob sie selbst jemals zurückkehren wird. Sie sagt aber kein Wort, schaut nur auf das Tor. Dann beugt sie sich herunter und küßt Mischi und mich, meinen Bruder und Wastl. Wastl umklammert sie und schreit, und die Mutter tröstet, sie werde ja bald zurückkommen, er solle ruhig sein, ganz ruhig. Der eine Uniformierte schreit, sie solle kein Theater machen, sondern schauen, daß sie fortkomme. Er reißt Wastl von seiner Mutter, und Wastl starrt den Uniformierten sprachlos an. Er ist kreideweiß, und es ist still. Wir laufen noch bis zum Tor. Da kommen Mutter und Helen. Ihre Hände sind leer, und wir gehen in die Futterkammer. Das Essen ist karg heute. Es ist ein sehr kalter Tag, und der Nebel kommt und saugt die letzte Helligkeit auf.

Es wird wieder dunkel, und wir gehen in die Kammer. Es gibt kein Licht, und die Nacht ist lang, besonders wenn man wartet und wacht. Unsere Mutter und Helen wechseln sich dabei ab. Es gibt keine Sterne am Himmel, die uns Trost einflößen könnten. Am Morgen liegt der Nebel über der Kammer, über der Futterkammer, über dem ganzen Haus. Es ist gut, diesen Nebel zu haben, denn da kann man sich besser verstecken, und die Uniformierten finden uns nicht so schnell. Und es wird Mittag und Abend, Nacht und Morgen. Es sind zwei Tage vergangen, und es gibt einen neuen Tag, einen, der keinen Nebel hat. Nackt und kahl stehen die Zäune, die Bäume und die niedrigen Häuser sind dem Licht ausgesetzt, nichts kann sich verstecken, nichts, weder Tier noch Mensch. Die Sonne scheint böse auf uns und alles andere.

Es ist Lärm auf der Gasse, und die Tore werden aufgerissen. Wir sitzen in der Futterkammer beim Essen, und uns bleiben die Rüben in der Kehle stecken. Im Hof wird geschrien, die Türen zum Zimmer und zur Küche werden eingetreten, die Tür zu unserer Futterkammer wird aufgerissen. Wieder stehen Uniformierte in dem niedrigen kleinen Raum. Wir sitzen und wagen uns nicht zu bewegen. Sie deuten zur Mutter und zu Helen: »Du und du.« Unsere Mutter fragt, was man denn vorhabe und wohin man sie bringen wolle. Der eine Uniformierte sagt, sie solle sich beeilen, sie werde schon sehen, wohin sie komme. »Und du, warum machst du nicht flott, was wir dir sagen?« schreit er Helen an. Helen sagt: »Ich kann nicht gehen, sehen Sie doch mein Bein an!« Und sie macht ihr Bein frei bis hinauf zu den Oberschenkeln. Die Uniformierten schreien, wir sollten hinausgehen, und wir vier Kinder stellen uns im Korridor in den Gang. Die Weinreben hängen nackt an den Balustraden. Die verfluchte Sonne scheint erbarmungslos darauf. Der Zaun ist dunkel gestrichen, und die Schatten der Zaunlatten kriechen wie Schlangen auf dem dreckigen Boden. Das Tor ist offen, die Türen zu den Räumen des Hauses sind aufgebrochen. Die Frau des Hauses steht neben der Tür, bleich und eingefallen ist ihr Gesicht. Man sieht nur die eine Seite davon, die andere ist im Schatten der verfluchten Sonne, die nicht einmal dieses erbärmliche Gesicht in Ruhe läßt, sie schlägt zu, und die Frau wirft lange Schatten auf die Wand des Korridors. Erbarmungslos nackt ist alles.

In der Kammer gibt es kein Geschrei, nur Seufzen. Unsere Mutter steht mit uns im Korridor, ein Säckchen im Arm. Sie wartet, was weiter geschehen wird. Die Uniformierten knöpfen sich die Hosen zu, einer treibt unsere Mutter nach vorn zu der Frau des Hauses. Mutter umarmt uns. Stark und hart ist ihr Gesicht, sie preßt den Mund zusammen. Sie küßt uns, und keine Träne entläßt ihr Gesicht. Jetzt steht sie weit weg von uns. Es sind an die zehn Schritte, wir dürfen nicht zu ihr laufen und dürfen nicht weinen. Wir stehen starr vor der Tür der Kammer und hören Helen weinen, ganz laut. Die Uniformierten ziehen unsere Mutter und die junge Frau des Hauses fort auf die Gasse, und die Schatten laufen mit, die Schatten, die die verfluchte Sonne schafft.

Jetzt können auch wir weinen, und wir gehen zu Helen in die Kammer, und sie schreit und schreit, die Haare aufgelöst, die Augen weit aufgerissen. Die Sonne gibt auch ihr keine Ruhe. Sie scheint grausam ins Gesicht des Mädchens. Helen schreit: »Diese Hunde!« Sie hängt das Fenster mit einer dunklen Decke zu und sagt: »So ist es gut, jetzt sieht uns niemand, so ist es gut!« Wir Kinder sind verwirrt. Was hat Helen? Was hat sie auf dem Bein? Wir wußten nicht, daß sie eine Wunde hat. Was haben die Uniformierten bei ihr getan? Sie haben sie nicht mitgenommen, und es ist gut so, daß wir nicht alleine sind. Es ist zwar noch nicht Nacht, aber im Raum ist es stockdunkel, und wir weinen in die Finsternis hinein. Helen läuft in die Schlafkammer und wirft sich auf das Bett. Wir bleiben in der Futterkammer stehen, bis wieder die Tür aufgeht und die alte Frau des Hauses den Raum betritt und weinend fragt, was denn los sei, warum der Raum verhängt sei. Es sei doch der Tag dunkel genug, und die Tage seien jetzt sehr kurz. Sie stellt eine Schüssel mit Grammeln und einige Stückchen Brot auf den Futtertisch und sagt weinend, wir sollten essen. Der kleine Bub kommt gelaufen. Er schreit, wo denn die Mama sei, und die alte Frau nimmt den kleinen Knaben in die Arme und schluchzt. Sie geht wieder nach vorne. Dort schließen die Türen nicht mehr richtig, und es ist bitterkalt.

Gegen Abend, als sich die verfluchte Sonne verkrochen hat, kommt Helen aus der Schlafkammer und sagt zu uns, sie wolle ein wenig weggehen. Wir sollten ruhig bleiben, sie werde bald wiederkommen. Wir wissen, daß sie nicht bald kommt, denn sie geht sehr oft weg und bleibt lange aus. Heute sagt sie uns, daß sie zu der Mariebas gehe. Die Mariebas kennt ein jeder der Einheimischen und viele von uns Werschetzern. Sie ist die weitum bekannte Wahrsagerin des Dorfes und wohnt neben dem Friedhof, am Ende des Dorfes. Die Häuserzeile, in der Mariebas ihr Haus hat, schaut in die freie Landschaft hinaus, hinaus auf die ebenen, schwarzen Felder. Um diese Jahreszeit ist alles kahl, und solange kein Schnee auf den Feldern liegt, ist alles schwarz, und über die schwarzen Felder fliegen schreiend die schwarzen Krähen.

Wir bleiben in der Waschküche und heizen Maiswurzeln im Futterofen. Die Ofentüre lassen wir offen, damit uns das Feuer etwas Helligkeit bietet und Figuren auf die Wand zeichnet. Mischi sagt, wir könnten Helen abholen. Wir gehen hinter dem Haus durch die Gärten bis zum Friedhof. Helen geht immer diesen Weg. Es ist dunkel, und die kahlen Bäume, die uns Orientierung geben, sind auch schon schwer zu sehen. Doch wir finden gut in die Zeile, in der die letzten Häuser des Dorfes liegen und wo die dürren Bäume vom Friedhof zu sehen sind. Der Friedhof ist von einer weißen Mauer umgeben, die jetzt blaugrau leuchtet. Die Äste der Bäume stechen schwarz hinter der Mauer hervor. Das letzte Haus neben dem Friedhof ist ein niedriges Giebelhaus wie fast alle Häuser hier in diesem Dorf. Mariebas' Haus ist so weiß wie die Mauer des Friedhofs, nur hat seine Fassade einen blauen Sockel und zwei dunkle Fenster. Das Haustor ist nicht abgesperrt. Wir bleiben vor der Küchentüre stehen. Der Wind bläst und macht einen unheimlichen Lärm. Die Scheunen und Türen knarren, und wir hören Mariebas in der Küche sprechen. Wir klopfen, und in der Küche wird es still. Wir wiederholen das Klopfen und fragen nach Helen. Mariebas sagt: »Helen, es sind die Kinder!«

Sie öffnen die Tür und bleiben einige Sekunden an der Schwelle stehen. Von der Küche leuchtet das milde, warme Licht auf die beiden Frauen. Die eine Figur, so groß wie die Tür, das ist Helen, die andere, etwas kleiner, aber sehr breit, das ist Mariebas. Ein großes Kopftuch umhüllt ihren Kopf. Die Gesichter der beiden sind nicht zu sehen, nur ihre Silhouetten, aber das Licht malt einen herrlichen Schein über die Umrisse der Frauen. Mariebas ruft: »Mein Gott, die armen Kinder, kommt doch herein!«

Helen wirft uns einen vorwurfsvollen Blick zu und sagt endlich, sie wäre ja bald gekommen, ob wir denn nicht ein bißchen allein sein könnten. Mariebas küßt uns und sagt: »Lasset die Kinder ...« und küßt uns immer wieder. »Setzt euch zum Ofen, dort ist es warm. Ihr seid ja ganz ausgefroren.« Was für ein wunderbarer Raum! Das Küchenfenster ist mit schwarzen Tüchern verhängt. Unweit vom Ofen steht der Tisch, mit einem großen weißen Tuch bedeckt, worauf die Karten liegen, aus denen Mariebas die Wahrheit herausfindet. Es riecht nach würzigen Kuchen, die in roten und blauen Schüsseln auf der Stellage neben dem Ofen liegen. Mariebas gibt uns davon und sagt, sie habe die Kuchen für Weihnachten gebacken, denn da würden unsere Soldaten heimkommen. »Die Karten lügen nicht. Ich habe sie Hunderte Male aufgeschlagen, und jedesmal zeigen sie, daß sie kommen. Schau, Helen, Schnaps und Wein sind auch bereit, aber ich habe sie ordentlich versteckt, damit sie niemand sonst finden kann.« Mariebas führt uns ins Zimmer und öffnet einen Kasten, in dem Gewänder hängen. »Schau, Helen, das ist Hannes' schwarzer Anzug. Er hat ihn erst einmal angehabt, bei seinem ersten Ball. In seinem letzten Urlaub war er sehr traurig. Er saß am Ofen und sprach nur wenig. Ich fürchtete, er würde krank. Beim Abschied weinte er. Aber ich weiß, daß er zu Weihnachten kommen wird. Zu Weihnachten wird alles anders. Alle werden zurückkommen und uns befreien!« Helen hält die Lampe in der Hand, und Mariebas' Gesicht ist von dem Licht sehr hell. Diese Helligkeit verschwindet im Kasten, wo die dunklen Gewänder aufgehängt sind, und auf der Tür des Kastens bewegt sich Mariebas' Schatten. Der Kasten wird geschlossen, und wir gehen in die Küche zurück. Mariebas beginnt Karten zu legen, und die Lampe bescheint sie, sodaß ihr Körper einen breiten, langen Schatten auf die weiße Wand wirft. Noch im Traum, als ich bereits in der Kammer liege, sehe ich Mariebas die Karten legen, und der dunkle Schatten wird immer länger und breiter, bis der ganze Raum im Dunkel versinkt. Ich habe aber keine Angst, denn Mischi liegt neben mir, und Helen paßt auf, daß nichts geschieht. Sie lauert die ganze Nacht und schläft untertags. Wir müssen aufpassen, ob die Türen gehen, damit sie sich gleich verstecken kann.

2

Abschied von Helen

Es sind nur noch einige Tage bis Weihnachten. Das Futterkammerfenster hat jetzt wunderbare Blumen, die wir wegwischen, um auf das Haustor sehen zu können. Es beginnt zu schneien, ganz still ist es, man hört nichts. Der Hof des Hauses, die Zäune und die Dächer sind weiß, und alles ist starr. Helen schlägt jetzt auch die Karten auf, die sie aus einem alten Karton geschnitten hat, und wir bemalen sie. Leider haben wir nur einen winzigen Bleistift, aber wir dürfen den Tod und die Hexe zeichnen und ein brennendes Haus, eine Schlange und eine Katze. Glück und Trauer malen wir. Auf die Karte, die das Glück zeigen soll, zeichnen wir ein Mädchen, das mit einem Horn in die Lüfte fliegt, und aus dem Horn fallen wunderbare Blumen. Die Trauer zeichnen wir so: Eine Mutter ist über ihr totes Kind gebeugt. Wir malen den Tod, so wie auch der Vater den Tod malte, das Glück und die Trauer. Ich habe immer zugesehen, wie der Vater abends vor der Petroleumlampe die Karten mit herrlichen Farben bemalte. Der Tod gefiel mir besonders. Der sah so dunkel und hager aus und stand auf einer hellgrünen Wiese. Wir zeichnen den Tod auch schwarz, nur haben wir kein Grün, also lassen wir die Wiese einfach weiß, so wie sie hinter dem Futterkammerfenster hereinleuchtet. Denn es ist alles weiß, und es schneit.

Helen sitzt da und schlägt die Karten auf. Wir stehen neben ihr und sehen ihr zu. Sie sitzt so, daß sie genau auf das Haustor sehen könnte, wenn es aufgerissen würde. Sie könnte dann gleich im Stall verschwinden und sich im Maislaub verkriechen. Es wird dunkel, und wir bleiben in der Futterkammer. Hier machen wir unser Nachtlager. Helen liegt neben der Stalltür, sodaß sie gleich verschwinden kann, sobald das Haustor aufgeht. Wir liegen dicht an ihr. Einige Male flüchtet Helen in den Stall, und dann ist es wieder still.

Es kommt wieder der Morgen, und es liegt viel Schnee. Mischi und ich schaufeln den Schnee vor der Futterkammer weg, und Helen macht uns das Frühstück auf dem Futterofen. Eine Serbin brachte uns von meiner Patin Maisgrieß, Mehl und einige Kartoffeln. Wir bekommen nicht viel zu essen, damit wir länger etwas haben. Die Kleisingerin, eine Nachbarin von zu Hause, kommt aufgeregt durch das Haustor und stapft durch den Schnee zu uns. Sie weiß, daß man unsere Mutter und Mischis Mutter verschleppt hat, und sie weiß auch, daß Helen bei uns ist und ein krankes Bein hat. Sie fragt aufgeregt nach ihr, aber Helen ist bereits wieder durch den Stall in den Maisschober geflüchtet. Keiner sagt der Kleisingerin, wo sie ist. Die Nachbarin bleibt in der Kammer stehen und erzählt in den Stall hinein, wo die alte Hausfrau mit dem Milcheimer steht, daß man die Frauen von achtzehn bis fünfunddreißig Jahren nach Rußland verschleppe. Sie habe das aus sicherer Quelle. Man werde bald mit dem Zusammentreiben der Frauen beginnen. Es könne heute noch sein. Helen solle auf der Hut sein, trotz ihres bösen Beines.

Da sich die Frauen nicht mehr auf die Straße trauen, dürfen Mischi und ich die Milch in die Milchhalle tragen. Wir bekommen jeden Tag von der alten Frau Milch zu trinken. Seit ihre Tochter verschleppt ist, ist die alte Frau freundlicher zu uns, und sie gibt uns auch zu essen.

Helen wird immer vorsichtiger und bleibt den ganzen Tag in der Futterkammer. Wir Kinder müssen auf jeden Laut und jede Bewegung achten. Sie legt fortwährend Karten auf dem Futtertisch. Abends bleiben wir um den Tisch sitzen. Die Helligkeit des Schnees gibt uns genug Licht, um des Nächsten Silhouette und Schatten zu sehen. Einmal klopfen Mischi und ich mit den Beinen an die Tür der Kammer. Das gibt einen merkwürdigen Klang, als höre man fernen Kanonendonner. Helen bekommt einen langen Hals, als erspähe sie etwas, dann sagt sie: »Das sind die Unsrigen! Sie kommen!« Sie steht auf und singt und schreit und tanzt. Es scheint, als sei sie von ihrem Kummer geheilt. Sie schreit, lacht und weint, und wir können nicht aufhören zu klopfen. Sie wird wild und küßt die beiden Kleinen, und sie schreit und weint. Uns kommt es gar nicht zu Bewußtsein, wie gefährlich es ist, solchen Lärm zu schlagen. Aber es sind herrliche Minuten des Ausgelassenseins, des Schocks und der Verzückung. Wir schlagen immer mehr drauflos, bis Helen der Ekstase nahe ist. Dann wird es wieder ruhig, und es kommen auch keine Soldaten.

Heute geht Helen durch den Garten zu Mariebas, obwohl es gefährlich ist. Sie bringt uns zu essen, da es ja bald Weihnachten ist. Und wir freuen uns auf Weihnachten, denn dann werden unsere Soldaten kommen, Mariebas hat es aus den Karten gelesen. Wenn nur unsere Mütter hier wären, wenn sie nur kämen!

Helen hat einen Spiegel, in dem sie sich schroff betrachtet und vor dem sie sich mit einem Kamm durch die dunklen Haare fährt, manchmal ganz langsam, dann wieder hastig, als wolle sie sich die Haare ausreißen. Der Spiegel liegt meist neben den Karten. Dort erscheint sehr oft die Karte, auf die wir den Tod gezeichnet haben. Helen schiebt sie hastig weg.

Es wird Abend, als das Tor aufgerissen wird. Uniformierte kommen vom Tor her durch den Korridor. Wir bleiben wie erstarrt stehen und trauen uns nicht zu bewegen. Sie gehen in die Küche, treiben die alte Frau aus dem Raum und schreien auf sie ein: »Du alte Hexe, du Schwabenfotze, wo sind die jungen Frauen? Es sind drei hier im Haus, deine Tochter und die zwei aus Werschetz!« »Meine Tochter und die Werschetzer hat man vor einigen Tagen schon geholt.« »Du Mutterhure, du lügst!« Die Uniformierten schlagen der Frau ins Gesicht, daß sie blutet. Sie kommen mit großen Schritten zu uns. Da kommt das Kind weinend aus der Küche gelaufen, und die alte Frau nimmt den Knaben auf ihre Arme. Aber sie weint nicht, sie schaut nur verwirrt, und über ihr Gesicht rinnt das Blut. Die Uniformierten schreien auf uns ein. Sie schlagen uns nicht, aber sie durchstöbern das ganze Haus, das Zimmer der alten Frau, die Kammer, die Futterkammer und den Stall. Wir rühren uns nicht. Ich habe große Angst, daß die Uniformierten den Schober durchsuchen, und bin wie erstarrt, das Herz scheint mir stillzustehen. Die Uniformierten gehen fluchend an uns vorbei. Die alte Frau mit dem Knaben an der Hand steht noch immer unbeweglich an der Küchentür. Die Uniformierten sind fortgegangen, um in den anderen Häusern zu suchen, zu finden, zu schlagen und zu fluchen. Als es dunkel ist, kommt Helen leise in die Futterkammer. Die alte Frau hat sich mit dem Knaben im Haus verkrochen. Helen sieht sehr verwirrt aus und sagt, wir sollten ruhig sein, es sei alles wieder gut, und wir sollten schlafen gehen. Doch wir fürchten, die Uniformierten könnten wieder zurückkommen.

Am nächsten Morgen steht Helen mit einem merkwürdig gedunsenen Gesicht da. Mischi fragt mich, ob wir nicht wieder mit den Füßen an die Tür klopfen sollten. Doch es hat keinen Sinn mehr, Helen lacht nicht, und sie schimpft nicht, und sie weint auch nicht. Sie hat ein Gesicht wie die Heiligen in der serbischen Kirche, ganz wächsern und starr. Immer wieder schaut sie auf das Fenster. Manchmal nimmt sie den Spiegel, und endlich sagt sie zu Mischi und mir, wir sollten hinausgehen und nachsehen, was draußen geschehe, um ihr zu berichten. Wir sollten zum Bahnhof gehen und dann über die Gärten zurückkommen. Sie werde sich wieder verstecken.

Die Straße scheint uns ganz fremd. Es gibt keine Kinder, die herumtollen, keine Frauen, die an den Fenstern und Türen stehen und miteinander reden. Hin und wieder kommen schwarzgekleidete alte Frauen mit Milchkannen, die sie zur Markthalle tragen. Manche Haustore sind aufgerissen. Eine alte Frau begegnet uns und fragt uns leise, was wir so zeitig auf der Gasse täten. Sie trägt eine Kanne und hat ein großes schwarzes Schultertuch, das auch die Milchkanne verdeckt. Sie geht mit uns weiter, denn wir haben denselben Weg zur Milchhalle. Der Wind treibt den Schnee durch die Straßen, bis ans Ende des Dorfes, wo der Bahnhof ist. Es ist ein kalter Tag, und die verfluchte Sonne hat sich wieder verkrochen, aber selbst wenn sie scheinen würde, wäre sie kalt. Es gehen nur alte Frauen an uns vorbei, die Kinder haben sich verkrochen. Ihre Mütter sind in den Viehwaggons und fahren dem Osten zu. Oder sind sie noch auf dem Bahnhof und schreien und weinen, bis sie zur Ruhe geschlagen werden? Bald werden wir auf dem Bahnhof sein. Eine Frau steht bei einem Haustor und klagt einer anderen Frau, daß es in der Nähe des Bahnhofes unerträglich sei. Es werde geschrien und geklagt. »Ich ertrage es einfach nicht mehr, es zerreißt mir das Herz! Mein Gott, unsere Kinder! Um Gottes willen, was wird noch geschehen, nachdem doch schon alles geschehen ist!«

Am Bahnhof ist es ruhig. Die Viehwaggons mit den Müttern sind fort. Der Wind bläst den Schnee über die Schienen, und man sieht weit in das Land hinaus. Die Felder liegen wie räudige Hunde da: weiß, grau und schwarz. Nicht überall liegt Schnee, der Wind hat ihn fortgetragen. Die schwarzen Krähen fliegen ganz niedrig über die räudigen Äcker. Nur das Klagen des Windes und das Schreien der Vögel unterbrechen die Stille des Morgens.

Auf dem Rückweg sehen wir Uniformierte, zwei, vier, sieben. Es werden immer mehr. Sie kommen aus dem Gemeindehaus, in dem die Kommandantur untergebracht ist. Sie haben Dolche auf den Gewehren, spitz ragen sie in den Himmel. Frauen laufen an uns vorbei, und wir sehen, daß Frauen auch mitten auf der Straße stehen, ganz dicht beieinander, als wären sie aneinandergefesselt. Wir fliehen in eines der Häuser, das Tor ist offen und zerbrochen, und weiter in die Gärten, so wie Helen uns geraten hat. Hoffentlich ist Helen nicht unter den Frauen auf der Straße. Wir fliehen und laufen, springen und klettern über Zäune, bis wir in unseren Garten gelangen. Atemlos stürzen wir in die Futterkammer. Am Tisch sitzen die beiden Kleinen und starren auf Helen, die neben dem Futterofen zusammengesunken ist und blutige Lumpen auf den Boden wirft. Sie hat ihren Fuß entblößt, und die Wunde blutet. Sie sagt, wir sollten das Maul halten und nicht etwa zu weinen beginnen. Die beiden Kleinen haben es auch versucht, jetzt sind sie ruhig. Helen sagt, sie habe die Wunde aufgeschnitten, denn Leute mit so großen Wunden würden sie nicht nach Rußland schleppen.

Wir hören laute Männerstimmen und schauen durch das Fenster. Mehrere Uniformierte stehen im Hof, neben ihnen die alte Frau. Helen flüchtet in den Stall. Wir hören die alte Frau sagen, sie sei fünfzig, und ihre Tochter sei bereits geholt worden, sie habe deren Kind bei sich. Die Uniformierten kommen zu uns in die Futterkammer und dann in den Stall. Wir sitzen regungslos am Futtertisch, die blutigen Tücher liegen auf dem Boden. Wir werden aufgefordert, den Raum zu verlassen und in den Korridor zu gehen. Die beiden Kleinen weinen. Ein Uniformierter bleibt bei uns stehen.

In meinem Kopf ist nur ein Gedanke: »Wenn man Helen findet, werden wir erschossen« Es ist, als bleibe alles stehen, als vergehe die Zeit nicht. Der eine Uniformierte redet auf uns ein, wir sollten ruhig sein, uns geschehe nichts. Er streicht uns mit der Hand über das Haar. Die anderen laufen an uns vorbei in die Kammer und in das Zimmer der alten Frau. Der Uniformierte, der bei uns steht, tröstet uns. Wir seien ja schon große Buben und weinten nicht. Er dreht sich nochmals um und lacht uns zu. Die anderen Uniformierten kommen aus den Räumen und treiben die alte Frau auf die Straße.

Es ist wieder still im Haus, und Helen kommt aus ihrem Versteck hervor. Die alte Frau mit dem kleinen Knaben kehrt nicht mehr zurück. Jetzt sind wir mit Helen allein im Haus. Es geht uns gut. Wir freuen uns, daß wir Kinder jetzt alles selbst machen müssen, die beiden Tiere füttern, ihnen Wasser geben und sie melken. Helen kann wegen ihres Beins nicht viel arbeiten und muß die meiste Zeit des Tages und der Nacht im Maislaubschober verbringen. Wir Kinder sind meist bei den beiden Tieren. Die Ziege hat uns liebgewonnen. Wenn sie auf dem Boden liegt, legen wir uns dazu. Die Kuh kennt uns schon sehr gut, sie läßt sich von Mischi melken. Jetzt brauchen wir die Milch nicht mehr zu stehlen und verstohlen zu trinken. Jeden Abend machen wir die Arbeit.

Übermorgen ist Weihnachten. Wie schön wäre es, wenn Mutter hier wäre, jetzt, wo wir genug zu essen haben. Wir holen uns aus der Speisekammer der alten Frau Speck und Brot. Wir können das ganze Haus auf den Kopf stellen, und es wird uns niemand beschimpfen. Helen ist da, meistens im Schober, oder sie sitzt am Futtertisch und schlägt Karten auf oder wickelt ihr Bein mit Tüchern ein.

Wir haben die Tiere gefüttert und getränkt und gemolken. Die Tür zum Stall ist offen, und die Ziege steckt den Kopf zu uns heraus, daß ihr Hals ganz lang wird. Helen schlägt Karten auf, und wir sitzen neben ihr. Ich bin stolz, daß ich die Karten bemalen durfte. Mischi schaut mich an und gibt mir Zeichen, daß wir ganz leise mit den Beinen an die Futtertür klopfen sollten. Denn übermorgen ist Weihnachten, und unsere Soldaten sind noch nicht gekommen. Mariebas' Karten lügen nicht. Wegen ihres Beines und damit sie niemand sieht, geht Helen nicht mehr zur Mariebas. Sie sitzt am Futtertisch und schlägt die Karten auf. In der Dämmerung werden die Schatten grauer, und das Feuer im Futterofen tritt stark hervor. Wir machen die Ofentüre auf, damit Helen die Karten besser sehen kann. Das Feuer spielt die Schatten unruhig an die Wand, und Helens Schatten ist herrlich groß und breit und lang bis zur Decke des Raumes. Mischi und ich beginnen zu klopfen. Helens Hals wird lang und mit ihm auch der Schatten auf der Wand. Man sieht, wie sich der Hals ausdehnt und der Kopf sich hebt. Jetzt macht sie eine Faust und schlägt auf den Tisch, klammert die Hände zusammen, löst sie wieder und fährt mit der rechten Hand in ihr Haar. Sie steht auf und tanzt wieder, jetzt ist es soweit, jetzt wird es auch Mariebas hören, und sie dreht sich im Kreis, aber sie singt nicht mehr so wie das letzte Mal, als wir an die Tür klopften, sondern sie ist wilder, und der Schatten auf der Wand tanzt wild mit. Oder ist es der Schatten, der tanzt?

Helen folgt diesem Schatten, und alle toben wir mit ihr, bis sie zu Boden fällt. Wir müssen zu klopfen aufhören, denn vielleicht wird sie sonst noch wahnsinnig.

Auf einmal ist alles still. Das Feuer im Ofen ist niedergebrannt, das Grollen der Kanonen hat aufgehört, und die tanzenden Schatten sind verschwunden. Nur Helen weint jetzt in die Finsternis hinein, und alle weinen wir mit, denn es ist Nacht, und übermorgen ist Heiliger Abend. Wir legen uns in die Kammer, Helen bleibt in der Futterkammer. Wir haben keine Angst mehr vor Hexen und Druden, wir haben Angst vor den Uniformierten. Jeden Laut, jedes Geräusch hören wir, und es sind nicht immer die Uniformierten, es sind oft die Mäuse, und im Stall schlägt die Kuh, und die Ziege reißt an der Kette, oder es ist Helen, die nachts umherwandert. Ich drücke mich fest an Mischi und flüstere ihm zu, ob er mich auch hört. Der Mond scheint in das kleine Kammerfenster, und die Gegenstände in der Kammer verwandeln sich in Uniformierte. Aber sie schlagen nicht zu, und sie schlagen auch nicht auf die alte Frau ein, denn die ist auf die Straße getrieben worden und verschollen. Alfred und Wastl schlafen, wir zwei Großen flüstern. Es ist der Mond, der uns nicht schlafen läßt, er scheint gerade in das Kammerfenster. Ich höre schwere Schritte und tiefe Männerstimmen. Mischi horcht mit mir: Im Korridor sind Schritte und Stimmen zu hören, Türen

gehen auf. Wir bleiben regungslos liegen. Die beiden Kleinen schlafen. Meine Kehle ist trocken, und mir ist, als würge man mich. Mein Hals ist wie zugeschnürt, und ich bekomme eine Art Schüttelfrost. Es ist, als stelle sich jedes Haar einzeln auf.

Es wird an der Tür gerüttelt. Mischi und ich springen auf und schieben den Riegel zurück, und die Tür wird aufgerissen, daß ich zu Boden stürze. Wir werden von Taschenlampen angeleuchtet und nach unseren Müttern befragt. Mischi sagt, die seien weggeführt worden. Ich bringe kein Wort heraus. Wir bleiben beide neben der Tür stehen, und die Taschenlampen werden auf das Bett gerichtet. Die beiden Kleinen sind bei dem Lärm wach geworden, aber kein Weinen und kein Schreien ist zu hören, sie liegen steif ausgestreckt im Bett. Die Uniformierten ziehen ihnen die Decke weg. Die Körper liegen starr wie Leichen, die Hände und Arme schützend auf dem Bauch. Sie trauen sich nicht, sich wieder zuzudecken, denn die Uniformierten durchwühlen das Bett und die ganze Kammer und leuchten mit der Taschenlampe auch unter das Bett. Schließlich gehen die Männer fluchend hinaus auf den Korridor und zurück zur Futterkammer. Dann sind sie wieder im Korridor zu hören. Wir trauen uns nicht die Tür zu schließen, durch die die Kälte bitterkalt zu uns in die Kammer kommt. Die Schritte und die Stimmen verklingen. Sie sind fort, sie sind fort, und die beiden Kleinen lösen sich aus ihrer Starre, beginnen zu weinen und schreien nach Helen. Wir sagen, sie sollten ruhig sein, wir gingen nachsehen.

Helen ist nicht da. Die Tür zum Stall ist offen, und wir gehen zu den beiden Tieren, setzen uns neben sie und wärmen uns an ihren Körpern. Mischi ruft den Namen der auf dem Boden liegenden Kuh, Marisch, er will, daß Helen unsere Stimme hört. Wir machen die Stalltür auf, und der Mond wirft seine Strahlen in den Stall. Helen muß es bemerkt haben, denn im Schober beginnt es zu rascheln, und in einem Loch, wo das Maislaub entfernt wurde, ist ein Körper zu sehen. Helen hebt sich leise vom Boden. Sie ist in eine zerfranste Decke gehüllt. Der Mond beleuchtet sie, die Fransen der Decke werfen Schatten, als lägen lauter Dolche auf dem schneebedeckten Boden, und ihr Körper bebt. Die beiden Kleinen kommen weinend gelaufen und klammern sich an Helen. Wir gehen nicht mehr in die Kammer. Mischi und ich holen aus der Schlafkammer die Tuchent, und wir drängen uns an Helen, wie Kletten hängen wir an ihr, und die Tuchent umhüllt uns alle. Es ist wieder still, der Mond hat das Fenster verlassen, und es ist ganz dunkel. Aber wie angenehm wärmt der bebende Körper Helens Mischi und mich und die beiden Kleinen.

Es ist wieder Tag. Helen wäscht sich in einem Kübel. Das Wasser holen wir vom Brunnen des Hofes, von wo wir auch das Wasser für die beiden Tiere holen. Wir füttern die Tiere, und Helen melkt die Kuh und die Ziege. Wir müssen immer wieder vom Fenster aus auf das Haustor sehen, das wir wieder abgeschlossen haben. Bevor wir essen, müssen wir uns im Kübel waschen. Helen schaut in den Spiegel, der an der Wand hängt. Mischi und ich sitzen am Futtertisch und sehen durch das Fenster zum Hauseingang. Wenn wir in den Spiegel schauen, sehen wir nach hinten in den Garten. Helen fährt mit ihrem Kamm durch das dunkle Haar, ganz schnell und hastig. Mit einem Mal bleibt ihre rechte Hand mit dem Kamm im Haar stecken, als sei sie erstarrt. Was ist los mit Helen? Will sie zu Mariebas? Immer, wenn sie sich die Haare lange kämmt, geht sie hinterher zu Mariebas. Und morgen ist der Heilige Abend, und unsere Soldaten und auch Mariebas' Sohn werden kommen. Deshalb macht Helen ihre Haare besonders schön. Sie kämmt aber nicht weiter, und noch immer hält die Hand den Kamm in den Haaren. Jetzt löst sich ihre Faust vom Kamm, und er fällt zu Boden. Ich hebe den Kamm wieder auf. Helen nimmt den Spiegel von der Wand und hält ihn verkrampft in den Händen.

Wir hören Männerstimmen, aber das Tor ist nicht gegangen, und im Schnee sind auch keine Spuren von den Tritten der Uniformierten. Dunkle Schatten gehen am Futterkammerfenster vorbei. Die Tür wird aufgerissen, und es sind Uniformierte, diejenigen, welche auf ihren Gewehren Dolche stecken haben, die sich in die Decke der Futterkammer bohren.

Wir stehen neben Helen und bewegen uns nicht. Auch sie steht bewegungslos, die offenen Haare über den Schultern, den Spiegel mit beiden Händen umklammernd. Ihre Finger wollen sich in den Spiegel hineinbohren, kratzen mit den Nägeln das Quecksilber von seiner Rückseite. Eine Stimme durchschneidet den Raum: »Weifert Jelena, das bist du, mach dich fertig, du gehst mit uns, beeil dich!« Helen legt den Spiegel auf den Futtertisch und sagt, sie gehe in die Schlafkammer, um sich ihre Sachen zusammenzurichten. Sie hinkt von uns fort, wir gehen nach, so auch die Uniformierten. Meine Kehle ist wie ausgelaugt von all der Angst der vergangenen Tage. Meine Augen sind so trocken und starr, daß sie keine Tränen hervorbringen. Helen bindet ein grünes Kopftuch über ihr offenes Haar, und ihre Habseligkeiten wickelt sie in ein Tuch ein, ein Kleid, ein Nachthemd und ein paar Lebensmittel. Sie sagt, sie könne nicht schnell gehen, sie habe ein krankes Bein. Einer der Uniformierten sagt, man werde ihr das Gehen schon beibringen. Sie solle sich beeilen und kein Theater machen. Ein anderer mildert diese harten Worte: Das mit dem Bein werde der Arzt schon feststellen. Wastl klammert sich an Helen und schreit. Einer der Uniformierten reißt ihn brutal von ihrem Leib und stößt ihn zur Seite, daß er auf die Bettkante fliegt. Aber ein anderer streichelt ihn und sagt: »Deine Mutter wird bald wieder zurückkommen.« Er weiß nicht, daß Wastl Helens Bruder ist. Helen darf uns alle noch küssen, und zu Wastl sagt sie, sie werde bald wieder da sein, denn der Arzt werde sie sicher wieder zurückschicken. Und zu Mischi sagt sie: »Sag der Mutter, wenn sie wiederkommt, sie soll es tragen und überwinden. Gott wird uns helfen. Hilf der Mutter, daß sie es überwindet, hilf ihr, daß sie nicht verzweifelt, in Gottes Namen!« Ich sehe, wie sie krampfhaft die Tränen zurückhält. Mein Leben lang werde ich dieses Gesicht nicht vergessen, mein ganzes Leben lang.

Die Uniformierten sehen zu. Dann nehmen sie Helen in die Mitte. Sie trägt ihren Pinkel nicht auf dem Rücken, sondern in den Armen. Wir bleiben beim Hausgang stehen. Wastls Zuckungen hören nicht auf. Jetzt ist sie fort, und wir laufen alle vier zum Bahnhof. Es sind viele Menschen hier, Frauen und Mädchen auf der einen Seite, auf der anderen alte Frauen und Kinder. Wir stellen uns zu den alten Frauen und Kindern. Wir sehen Helen mit ihrem Pinkel in der Frauenreihe stehen. Auch die anderen Frauen haben Säcke und Pinkel bei sich. Viehwaggons stehen bereit. Es wird geschrien und geweint, und die Frauen werden in die Viehwaggons getrieben. Wir schreien: »Helen! Helen! Helen!« Aber das Schreien und Weinen der anderen verschlingt unsere Stimmen. Helen verschwindet in einem Waggon, sie hat uns nicht mehr gesehen. Die Uniformierten gehen neben den Waggons auf und ab. Dann fährt der Zug ab. Es ist bald Abend, der Nebel ist wieder da. Wir laufen zurück in die Futterkammer. Die Marisch muht, und die Ziege meckert. Sie haben Hunger, und wir geben ihnen Maislaub und Wasser. Mischi und ich melken die beiden, und unsere Brüder sind bei uns im Stall. Der Tag geht zur Neige.

3
Weihnachten

Es beginnt zu schneien, Ganz still ist es, denn der Schnee macht keinen Lärm, und es wird dunkel. Die Milch wird in einen großen Krug gefüllt, nur essen können wir nicht. Wir sind nun ganz allein im Haus. Aber wir haben Freunde im Stall, die nicht mit Gewehren und Dolchen die Tore aufbrechen und die keiner alten Frau ins Gesicht schlagen, daß ihr das Blut herunterrinnt. Sie schleppen auch keine Mütter und keine Helen weg. Sie haben ein weiches, warmes Fell.

Morgen ist Heiliger Abend, und das Christkind wird erscheinen. Es ist bald finster. Mischi sagt: »Ehe es ganz dunkel ist, gehen wir in die Schlafkammer und legen uns alle vier unter eine Tuchent.« Wenn nur diese schreckliche Angst nicht wäre, denn alles bewegt sich. Die Nacht findet keine Ruhe. Es ist kein Mond da, der uns Licht gibt, er scheint nicht in die Schlafkammer. Es ist alles schwarz, und die Schatten der Hexen und Druden sind nicht sichtbar, denn die haben sich in den Kasten und unter unser Bett gelegt und lauern auf eine Gelegenheit, daß wir unsere Beine vom Bett hängen lassen. Dann werden sie uns unter das Bett zerren.

Am Morgen erst wird uns bewußt, daß wir alles selbst machen müssen. Die Hexen haben sich verkrochen, und wir müssen die Kuh melken und die Ziege und sie füttern und tränken, die Milch kochen und Maisgrieß einrühren. Die beiden Kleinen waschen sich, und wir essen. Dann gehen wir in den Stall, wo die Kuh ruhig wiederkäut, als wäre nichts geschehen. Wir spielen mit der Ziege. Später irren wir im Garten herum, laufen zu Mariebas. Das Haus ist dunkel, die Fenster sind wieder mit schwarzen Tüchern verhängt. Das Tor ist abgesperrt, und wir rufen: »Mariebas!« Vom Friedhof her schallt es zurück. Keine Seele ist auf der Straße, nur die schwarzen Vögel sind da und schreien auf den flachen Äckern. Die Tore der Häuser, wenn sie nicht zerschlagen wurden, sind geschlossen, und es bellen auch keine Hunde. Aus den Schornsteinen kommt Rauch, doch er steigt nicht in die Höhe, sondern wird auf den Boden gedrückt, in die Höfe und auf die flachen Felder, wo sich die schreienden Krähen sammeln. Wir flüchten in die Gärten. Es ist bitterkalt, und heute ist Heiliger Abend. Es fängt ganz fein zu schneien an.

Wir sind wieder in der Futterkammer und tun die nötige Arbeit: Die Marisch wird gemolken und auch die Ziege. Wir essen zu Abend und tragen Maisstengel in die Futterkammer. Mischi heizt den Futterofen nach. Die beiden Kleinen sitzen dicht am Feuer. Ich bringe die übrigen Maisstengel in den Stall. Wir schauen durch das kleine Fenster, es schneit, und die Dämmerung ist hereingebrochen. Das Weiß des Schnees auf den Dächern und im Hof verzögert das Dunkelwerden. Aber bald wird die Nacht Herr über das anheimelnde Weiß, bald ist es Nacht, bald, und dann ist Heiliger Abend.

Mein Bruder fängt zu weinen an. Er schreit, warum die Mutter nicht komme, wo sie so lange bleibe. Auch Wastl beginnt zu weinen, aber Mischi sagt, sie sollten aufhören, sonst könnten uns die Uniformierten hören. Sofort sind sie still, die beiden. Es schneit, und die Nacht ist da. Es ist keine Nacht wie die anderen, es ist die Heilige Nacht. »Bleiben wir hier«, sage ich. »Ich habe Angst, in die Schlafkammer hinüberzugehen, Mischi! Holen wir die Tuchent herüber und legen wir uns auf die Maisstengel.« Das Feuer, das auf der Wand spielt, flößt uns Mut ein. Die beiden Kleinen flehen: »Bleiben wir doch auf, bis das Christkind kommt!« »Das Christkind kommt heute nicht, es hat auch Angst vor den Uniformierten«, sagt Mischi. »Aber es fliegt doch?« »Die Uniformierten könnten es vom Himmel herunterschießen.« Hat es sich auch versteckt und verkrochen? Ja, keiner wagt sich aus der Kammer, um die Tuchent zu holen. Wieder beginnen die beiden Kleinen zu weinen, aber ganz leise. Es klingt wie das Wimmern eines jungen Hundes, und wir Großen weinen auch, aber unsere Tränen können die beiden nicht sehen, nur salzige Flüssigkeit rinnt in den Mund. Das Feuer ist niedergebrannt, und wir trauen uns nicht, neue Stengel in den Futterofen nachzulegen, das Geräusch könnte uns verraten. Ich greife nach Mischi, denn mir ist, als hörte ich etwas: dumpfe Stimmen und ein Jammern oder Seufzen. Die Hexen, die Hexen! Aber heute kommen keine Hexen, denn es ist die Heilige Nacht.

Ich flüstere Mischi zu: »Gehen wir doch in den Stall zu Marisch, Tiere haben keine Angst.« Wir zittern am ganzen Körper. »Wir müssen noch die Tuchent holen!« »Ich habe Angst, Mischi!« »Ich auch«, flüstert er mir zu und hält Wastl den Mund zu. Das Feuer ist ausgegangen, es ist auch keine Glut zu sehen. Wastl und mein Bruder liegen mit dem Oberkörper auf dem Tisch und sind eingeschlafen. »Ich werde nachsehen, ob noch Glut da ist. Wir müssen ganz leise sein, ich hole Stengel.«

Wir legen Stengel auf die Glut, die von der Asche bedeckt ist. Wieder der Feuerschein, der Schatten springt und tanzt auf der Wand. Auf dem Tisch liegen Helens aufgeschlagene Karten, der Spiegel und ein angefangener Brief, den sie mit dem kleinen Bleistift schrieb, mit dem wir die Karten bemalten.

Jetzt höre ich wieder etwas. Ich will Mischi darauf aufmerksam machen, aber ich bringe kein Wort heraus. Ihm muß es auch die Kehle zugeschnürt haben, denn er bleibt stumm.

Vom Korridor sind Schritte zu hören. Sie sind ganz leise und klingen vorsichtig, nicht so wie die Schritte vor zwei Nächten, die stampften, und die tiefen Stimmen, die zu hören waren. Jetzt höre ich die Tür der Schlafkammer. Wieder ist es still. Man wird uns in der Kammer suchen. Vielleicht ist es das Christkind? Um Gottes willen, ich bin doch kein kleines Kind mehr! Wenn ich nur noch daran glauben könnte, so hätte ich nicht diese entsetzliche Angst. Gut, daß wir nicht in die Kammer gegangen sind. Die Tür wird wieder zugemacht. Ich fange an zu beten und zu flehen: »Mein Gott, laß die Schritte nicht zu uns kommen! Wenn wir nur bei Marisch im Stall wären und uns hinter ihr versteckt hätten! Laß die Schritte hinausgehen, hinaus auf die Gasse! Gehen wir zur Marisch, gehen wir zur Marisch!« Aber weder Mischi noch ich sind fähig, uns zu bewegen. Die Schritte werden lauter und kommen näher. Mischi umklammert mich so fest, daß es wehtut. Ich drücke das Gesicht an seine Brust, als wollte ich mich bei ihm verkriechen. Sie kommen, die Schritte, bald sind sie an der Tür! Ich denke nur: »Still bleiben, ganz still, und wenn es ewig dauert!«

Die Tür wird aufgemacht, nicht aufgestoßen. Wir sehen es nicht, wir hören es nur, denn das Gesicht hat jeder am Körper des anderen versteckt. »Kinder, Kinder!« Wir reißen uns los und blicken zur Tür. Sie steht offen, und eine Gestalt steht auf der Schwelle. Im Korridor ist es hell, denn der Mond ist wieder aufgegangen. Er bescheint die Figur einer Frau. Wie wunderbar glitzern ihre Umrisse! Ihre Stimme ist mir so sehr vertraut. Es scheint mir, als kannte ich sie, als ich noch unter ihrem Herzen geborgen war. »Kinder!« Die Stimme klingt nicht laut, sondern behutsam, als wolle sie uns nicht verletzen oder erschrecken. »Kinder! Wo seid ihr, meine Täubchen, meine kleinen Täubchen?« Die Stimme scheint zu zittern und einen klagenden Ton anzunehmen. »Hier sind wir, hier beim Futterofen!« Wir springen auf und umarmen unsere Mutter, und sie küßt mich und Mischi. Die Kleinen sind wach geworden, können kein Wort sprechen vor Freude und Glück.

Die Tür ist offen, und der Mond beleuchtet den Raum. Was für ein

herrliches Leuchten, was für eine wunderbare Nacht! Mein Bruder umklammert unsere Mutter und beginnt heftig zu weinen, als löse sich in ihm alles, aller Schreck und alles Entsetzen der vergangenen Tage und Nächte. Die Mutter küßt ihn und fährt ihm mit den Händen übers Haar. »Es ist alles gut, mein Täubchen, alles ist gut. Ich bin bei euch.« Sie gibt Alfred ein kleines Wacholderbäumchen. »Schau, mein Täubchen, das Christkind hat uns nicht vergessen. Das hat mir das Christkind für euch gegeben, diesen Christbaum.« »Hast du es gesehen?« fragt mein kleiner Bruder mit weinerlich aufschluckender Stimme. »Ja, es hat mir den Weg zu euch gezeigt. Es hat mich hergebracht, ich habe euch gefunden.« Wie konnte ich nur am Christkind zweifeln, wenn es uns doch das kostbarste Geschenk beschert hat, das es auf der Welt gibt! Wir heizen den Futterofen mit den Maisstengeln, daß das Feuer hell aufleuchtet. Die Mutter wickelt die Lumpen von ihren Beinen und Füßen und legt sie neben den Futterofen, um sie zu trocknen. Ihre Hände hält sie über den Ofen, sie sind wunderbar vom Feuer beleuchtet. Das große Schultertuch hat sie auf dem Tisch liegen. Wir tollen umher, denn jetzt können wir laut schreien und brauchen keine Angst zu haben. Wir springen von der Futterkammer in den Stall und streicheln die Marisch und die Ziege. Die Tiere wissen nicht, was los ist, warum bis tief in die Nacht hinein keine Ruhe herrscht, denn sie sind es gewohnt, daß nicht geredet wird und alles leise und schleichend vor sich geht. Wir den Wacholderbaum auf den Tisch gestellt, und Mutter wird jetzt, nachdem sie sich aufgewärmt hat, mit uns essen. Es gibt genug Milch und auch Maisgrieß. Die Mutter erzählt, daß die Mutter Mischis auf dem Salasch Mais bricht. Sie habe mit ihr gesprochen, und sie werde auch bald kommen. Auch sie selbst habe diese Arbeit gemacht und habe dabei das Gefühl in den Händen verloren, weil sie Erfrierungen erlitten hätten. Heute habe der Kommandant ein Auge zugedrückt und einige Frauen, die kleine Kinder haben, laufen lassen. Leider war Mischis Mutter nicht bei ihr, sonst wäre sie mitgekommen, aber in einigen Tagen werde sie nachkommen.

Was für ein Fest, was für eine Nacht! Das Feuer beleuchtet den kleinen Raum und uns alle am Futtertisch. Was für wunderbare Farben im Raum: ein herrliches Rosa, ein wundervolles, warmes Rot und ein prachtvolles Grün! Alles leuchtet weich und gibt ein herrliches Spiel am Fenster und an den Wänden. Wie herrlich das Wacholderbäumchen, die Hände der Mutter und ihr Gesicht, das uns stark und gütig zulächelt. Ein prächtiges Kopftuch umrahmt ihr Gesicht, wunderbar dunkel und warm. Es ist Weihnachten, und das Christkind ist gekommen, hat uns unsere Mutter gebracht. Solange ich lebe, werde ich an das Christkind glauben, mein ganzes Leben lang!

Es ist wieder Morgen. Was für eine gute Nacht war das! Alle vier haben wir neben der Mutter geschlafen, um ihren Körper herum sind wir gelegen, und die Tuchent hat uns zugedeckt. Eingekreist haben wir unsere Mutter, daß sie uns niemand wegnehmen kann. Mischi und ich gehen zur Kirche. Aus den Häusern strömen alte Frauen und Kinder, die Frauen in Decken gehüllt. Der Wind weht und läßt die dunklen Tücher flattern. In der Kirche ist es kalt, aber hier weht kein Wind. Die Bänke sind voll mit dunkel gewandeten Frauen. Die Kinder stehen alle, und es wird gesungen: »Stille Nacht, Heilige Nacht.« Alle Frauen weinen, sie trocknen ihre Tränen mit den wunderbaren dunkelsamtigen Kopf- und Schultertüchern.

Die Mutter hat ein Huhn geschlachtet. Im Hof des Hauses laufen genug Hühner herum, und wer weiß, ob die beiden Hausfrauen noch einmal zurückkommen? Wieder geht das Haustor. Es sind keine Uniformierten, nein, keine Uniformierten. Es ist die Kleisingerin. Sie kommt in die Futterkammer, wünscht unserer Mutter frohe Weihnachten und fragt, warum wir denn hier in der Futterkammer hausten, wo doch niemand im Haus sei und niemand wisse, ob die beiden Frauen wiederkehrten. Sie habe gehört, daß man einen zweiten Transport nach Rußland bringen werde, sie habe diese Nachricht aus ganz sicherer Quelle. Auch Helen habe man mitgenommen. Die Mutter sagt nicht viel zu Frau Kleisingers Reden. Sie kennt sie von zu Hause und weiß, daß sie immer übertreibt und daß ihre Neugierde sie fast umbringt. Aber unsere Mutter bekommt doch ein sehr besorgtes und trauriges Gesicht. Die Kleisingerin hat uns die Weihnachten verdorben, und das köstliche Weihnachtsmahl würgen wir freudlos hinunter.

Die beiden Tiere werden gefüttert, die Hühner ebenfalls, und eins davon wird wieder geschlachtet. Der Brief, den Helen geschrieben hat, liegt noch immer da. Die Mutter sagt, wir sollten ihn aufheben und der Mutter Mischis geben.

Es wird Abend und wieder Tag. Die Weihnachten sind vorbei, und es herrscht noch immer bittere Kälte. Wir heizen den Futterofen und haben es warm in der Kammer. Die alte Frau mit dem Kind ist auch wieder gekommen. Sie erzählt, was sie alles durchstehen mußten, und fragt, ob Mutter etwas von ihrer Tochter wisse. Die Mutter sagt, diese sei in einen anderen Salasch gebracht worden, sie wisse sonst nichts.

Wir müssen wieder die Milch abliefern. In der Milchhalle werden wir zur Kommandantin gebracht, die uns fragt, warum wir über eine Woche keine Milch gebracht hätten, ob wir denn nicht wüßten, daß man dafür schwer bestraft und sogar erschossen werden könne? Wir stottern, daß niemand zu Hause gewesen und die Hausfrau gerade erst wieder gekommen sei. Die Kommandantin sagt, die Hausfrau solle noch heute kommen, sonst lasse sie die Alte holen. Die alte Frau schaut uns mit offenen, starren Augen an. Sie macht uns keinen Vorwurf, daß wir die Milch nicht abgeliefert haben. Hätten wir Kinder nicht die Kuh gemolken, sie wäre zugrunde gegangen. Die alte Frau geht zur Milchhalle und kommt wieder zurück, aber nicht allein. Zwei Uniformierte sind bei ihr und gehen mit ihr in den Stall. Wir haben uns zur Mutter geflüchtet. Die Marisch wird aus dem Stall getrieben. Die alte Frau muß sie führen, und die Uniformierten folgen ihr nach. Im Stall meckert die Ziege sehr laut und reißt fortwährend an der Kette. Der Platz der Kuh ist leer, und wir können uns nicht mehr wärmen an Marischs Fell.

Das Tor wird wieder aufgemacht, und wir glauben, die alte Frau kehre zurück. Aber es sind Uniformierte, und die Mutter steht im Korridor und hat keine Gelegenheit mehr, sich zu verstecken.

Heute ist der Tag der Unschuldigen Kinder, und die Marisch ist abtransportiert worden. Jetzt sind sie wieder da, die Uniformierten. Die Mutter hat das alte, zerrissene Kopftuch auf, das sie tief ins Gesicht zieht. Die Uniformierten fragen sie, wie alt sie sei. »Siebenunddreißig Jahre«, sagt sie. Einer der Uniformierten lacht und sagt: »Sie sieht aus wie sechzig.« Alle vier stehen wir vor der Mutter. »Wem gehören diese vier Kinder?« »Mir.« Zwei Uniformierte durchsuchen das Haus. Die anderen schreien die Mutter an, sie solle zusammenpacken. Die Mutter fragt, wohin man sie denn bringe. »Das wirst du schon früh genug sehen. Pack zusammen und los!«

Wir klammern uns an sie und lassen sie nicht los und weinen und schreien auf den Uniformierten ein: »Lassen Sie unsere Mutter da!« Mutter schreit, daß sie die Kinder mitnehmen werde, sie gehe nicht ohne die Kinder, sie sollten sie mit den Kindern erschießen. »Mach doch kein Theater! Was willst du denn mit den Kindern in Laudon? Dort verrecken sie dir, hier im Haus haben sie es gut.« Mit Entsetzen denke ich an die Zeit des Alleinseins zurück. »Laß unsere Mutter hier, bitte, bitte!« Der Uniformierte sieht uns nicht ins Gesicht, er sieht weg und sagt: »Sie kommt ja bald wieder zurück.« Wie ekelhaft ist alles, das Tor, das ganze Haus und der kalte Korridor, die Balustrade und der verfluchte Schnee, der sich wie eine Zecke am Dach, an den Zäunen und auf dem Boden festsetzt. Verflucht soll alles sein, die ganze Welt mit den verfluchten Uniformierten!

Unsere Mutter flüstert uns zu, wir müßten es hinnehmen, man lasse sie nicht hier. Sie küßt uns und löst unsere Hände von ihrem Körper. »Meine Täubchen, es wird alles wieder gut. Der Engel wird nochmals kommen und mich zu euch bringen, meine Täubchen, er wird kommen, ganz bestimmt.« Wir dürfen noch mit der Mutter ins Dorf hinein gehen, wo bereits viele, meist ältere Frauen mitten auf der Straße stehen. Die Mutter wird mit den anderen Frauen zum Gemeindehaus getrieben. Wir laufen hinter ihnen nach. Die Mutter hebt die Hand und lacht uns zu, als wolle sie uns Mut machen. Es ist Nachmittag, und bald wird es dunkel. Unsere Mutter wird von den Uniformierten durch das Dorf getrieben und weiter auf die Landstraße. Grau werden die schwarzen Gestalten unserer Mütter und ganz klein. Sehr weit sieht man in das Land, wo die Krähen krächzen auf den grauen Äckern und der Nebel sie und unsere Mütter verschlingt.

Wir laufen zurück, und wir haben Angst vor der alten Frau im Haus. Wir wissen, daß wir schuld daran sind, daß die Marisch geholt wurde. Aber wo sollen wir hin? Es dämmert, und die Gassen sind wieder still und leer, die Fenster dunkel verhängt und viele Tore zerbrochen.

Wir gehen leise in den Korridor und schleichen uns in die kalte Futterkammer. Der Ofen ist ausgegangen, und an dem warmen Fell der Marisch können wir uns auch nicht mehr wärmen. Im Stall ist die Ziege und klagt sehr laut. Wir beginnen auch zu klagen und laut zu weinen. Im Haus ist es still. Die alte Frau wird nicht daheim sein. Wenn sie nur da wäre! Auch wenn sie mit uns schimpfen würde, es würde uns nichts mehr ausmachen. Nur da soll sie sein, daß wir nicht mehr diese schreckliche Angst haben müssen. Es ist schon finster und kein Laut zu hören. Der Ziege haben wir Maislaub und Wasser gegeben, und die Hühner haben wir gefüttert, obwohl sie schon in ihrem Stall sind.

Das Tor geht wieder, wir schauen und sehen zwei dunkle Schatten, einen großen und einen kleinen. Es ist die alte Frau mit dem Knaben. Wir laufen auf den Korridor und sind sehr froh, daß wir nicht allein im Haus sind. Die alte Frau fragt uns, was denn los sei, wo unsere Mutter sei. Man habe sie fortgebracht, sage ich. Die alte Frau schimpft nicht mit uns, sondern sagt: »Mein Gott, was wird noch alles geschehen? Um Gottes willen, was müssen unsere Kinder alles ertragen!« Wir sollten in die Küche kommen und uns hinsetzen, sie werde uns etwas zu essen geben. Wir lassen den Kopf hängen, weil wir ein schlechtes Gewissen haben. Zuerst geht sie noch in den Stall, um die Ziege zu melken. Sie teilt die wenige Milch auf, und wir bekommen dazu noch Polenta und gebratene Kürbisse.

Es ist wieder Nacht, und wir liegen und horchen, ob sich noch etwas ereignet. Aber wir wissen, daß vorne im Haus die alte Frau mit dem Knaben wacht, und die Ziege ist auch im Stall, und es ist ganz ruhig geworden.

Durch das kleine Kammerfenster leuchtet der neue Tag herein, und wir heizen den Ofen in der Futterkammer. In der Dose ist noch ein wenig Einbrenn, die uns unsere Patin zukommen ließ. Wir kochen Wasser, und in das siedende Wasser geben wir die Einbrenn und einige Löffel Maisgrieß.

Die alte Frau hat zwei weitere alte Frauen aufnehmen müssen, die bei ihr in der Stube schlafen. Sie sagt, sie habe nicht mehr viel zu essen, die Lebensmittelvorräte seien bereits aufgegessen. Wir bekommen von ihr dennoch frische Ziegenmilch, die wir mit Wasser verlängern und mit Polenta essen. Aber der Sack mit Maisgrieß ist ganz winzig geworden, und der Grieß gibt nicht viel aus.

4
Der Gang nach Werschetz

Jetzt ist der richtige Winter da. Das neue Jahr ist angebrochen, und es schneit und schneit. Wir können nicht mehr in die Gärten gehen, um Nahrungsmittel zu suchen, sondern sitzen in der Futterkammer und schauen, wie die Schneeflocken auf das Fenster fallen und zergehen. Unsere Soldaten sind nicht gekommen, und auch nicht Mariebas' Sohn. Mariebas selbst ist verschwunden. Ihr Haus ist versperrt, und dunkle Tücher hängen an den Fenstern. Das Haus scheint verloren. Es liegt tief, als wolle es der Schnee versenken. Auch die Mauern des Friedhofs liegen tief im Schnee, aber die schwarzen Vögel sind noch immer da und schreien heftiger als zuvor.

Das neue Jahr ist gekommen, und es hat zu schneien aufgehört. Wir sind in der Futterkammer und schauen durch das Fenster auf das Haustor. Das Tor wird aufgemacht, und wir sehen eine dunkel gewandete Gestalt, die gebeugt den Korridor betritt. Wir können es kaum fassen, aber es ist wahr, es ist Mischis Mutter! Sie scheint sehr gealtert zu sein, obwohl sie doch nur vierzehn Tage weg war. Wir reißen die Futterkammertür auf und laufen ihr entgegen. Wastl versteckt sein Gesicht im geflickten Rock seiner Mutter und schreit und weint und schreit. Die Hausfrau und die beiden alten Frauen kommen in den Korridor. Die Mutter umarmt auch Mischi, meinen Bruder und mich. Sie scheint sehr müde zu sein. Mischi nimmt ihr ihren Pinkel ab, und seine Mutter begrüßt die drei alten Frauen. Dann geht sie zaghaft und langsam den Korridor entlang bis zur Futterkammer. Sie hält inne und zögert eine Weile, ehe sie in die Kammer tritt. Es scheint, als wage sie es nicht, den Raum zu betreten, als ahne sie etwas Schreckliches. Sie schaut sich darin um, als suche sie noch jemanden, aber sie fragt uns nichts. Sie läßt sich neben dem Futtertisch nieder und schaut starr um sich. Wastl hängt noch immer an ihrem Rock. Sie nimmt die Brille vom Gesicht, die in der warmen Futterkammer angelaufen ist, und wischt sie mit einem Tuch ab. Was für ein herrliches, schmales Gesicht sie hat! Mischis Mutter ist sechsundvierzig Jahre alt, und ihre Haare sind grau. Wir stehen neben ihr und wissen nicht, was wir anfangen sollen. Mischi bricht das Schweigen: »Helen haben sie geholt, die Uniformierten, einen Tag vor Weihnachten!« Starr schauen die Augen der Frau zum Fenster. Die Hände legt sie schwer auf den Futtertisch, die Finger krallen sich an der Tischplatte fest. Dann stützt sie sich auf Mischis Schulter. Sie weint nicht, nur ihr Gesicht beginnt sich zu bewegen, und ihr Mund öffnet sich und wird breit wie der eines Clowns. Die beiden Kleinen untersuchen den Pinkel, ob etwas Eßbares darin zu finden ist. Jetzt erst spricht die Mutter. »Wie war es, als man sie fortschleppte?« Mischi sagt: »Helen hat überhaupt nicht geweint. Sie hat nur gesagt, du sollst es ertragen, es wird alles gut. Hier liegt noch ein Brief, den sie nach Werschetz schmuggeln wollte, aber sie ist nicht mehr dazugekommen, ihn fertig zu schreiben.« Das mit dem kurzen Bleistift beschriebene Papier zittert in der Hand der Frau, und sie beugt sich tiefer und liest den Brief, der immer heftiger zu zittern beginnt. Dann weint sie sehr und klagt so laut wie unsere serbische Nachbarin, als ihre sechzehnjährige Tochter starb. Aber Helen ist ja nicht tot, sie ist nur nach Rußland verschleppt worden.

Mischis Mutter stützt sich mit beiden Ellbogen auf den zerhackten Tisch, und ihre Hände vergraben sich in das weinende Gesicht. Mischi flüstert, sie solle nicht traurig sein, Helen habe gesagt, sie werde schon durchkommen. Mischis Mutter faltet die Hände, sie sind wie die Hände einer Toten. Tote Hände sind aber ruhig und zittern nicht. Diese bewegen sich heftig, und der Brief ist naß.

Es stürmt weiter. Wir gehen mit Mischis Mutter in die Kammer, und wir legen uns alle um sie herum. Jetzt ist sie ganz ruhig. Manchmal hustet sie. Es ist nicht so grausam still wie vorher, als wir allein waren. Das Husten hat eine wunderbare Heimeligkeit. Jeden Tag liest Mischis Mutter Helens Brief, zehn oder mehrere Male. Ich weine nachts öfters, ganz still, daß es Mischi nicht hört, denn ich schäme mich sehr. Mit zwölf Jahren weint man nicht mehr, würde meine Großmutter sagen. Wir haben nichts mehr zu essen. Die beiden Kleinen gehen betteln. Kleine Buben bekommen eher etwas als wir Großen.

Mischis Mutter wird schwer krank und kann nicht aufstehen. Wir bereiten ihr ein Schlaflager in der Futterkammer, knapp neben dem Ofen. Die alte Frau bringt ihr Ziegenmilch und Tee. Wir besprechen mit Mischis Mutter, ob wir nicht versuchen sollten, in der Nacht nach Werschetz zu gehen, so, wie Helen und meine Mutter es einmal gemacht haben. Die Patin hat sicher wieder Lebensmittel von den Nachbarn für uns bekommen. Als Helen und unsere Mutter in Werschetz waren, haben sie gute Sachen bekommen, und Marieneni, meine Patin, hat ihnen gesagt, wenn sie zu Weihnachten kämen, habe sie bestimmt wieder etwas beisammen, denn da seien die Menschen gebefreudiger.

Mischis Mutter geht es täglich schlechter. Ihr Zustand sei ernst, hören wir die alte Frau sagen. Sie bringt ihr nicht mehr so oft etwas zu trinken. Nachts müssen wir in der Kammer schlafen, Wastl bleibt neben seiner Mutter in der Futterkammer. Mischi klagt mir im Dunkel der Kammer, daß er fürchte, die Mutter könne sterben. Dann weint er in die Dunkelheit hinein, und ich kann ihn nicht trösten.

Wenn es hell wird, heizen wir den Futterofen, damit es Mischis Mutter warm hat. Wir reden auf sie ein, daß wir keine Angst hätten, in der Nacht nach Werschetz zu gehen, sie solle uns den Weg angeben. Sie wehrt mit dem Kopf ab, ihre Stimme ist heiser und schwach, aber Mischi redet fortwährend auf sie ein, und schließlich gibt sie zögernd nach und schildert uns den Weg. Sie schärft uns ein, daß wir den Bahndamm nicht verlassen dürften, um uns nicht zu verirren.

Ehe die Dämmerung hereinbricht, werden wir also bis ans Ende des Dorfes gehen und dort warten, bis es Nacht und völlig dunkel ist. Mischi und ich küssen die Mutter und die beiden Kleinen zum Abschied. Mischis Mutter flüstert uns noch besorgt von ihrer Lagerstätte aus zu, wir sollten vorsichtig sein und wenn wir »Halt!« rufen hörten, nicht davonlaufen, sonst würde geschossen. Wir sollten uns einfach fangen lassen, denn Kinder würden sie nicht erschießen, weil ja morgen der serbische Heilige Abend sei.

Wir gehen, wie uns Mischis Mutter geraten hat, den Bahndamm entlang, um den Weg nicht zu verfehlen. Oben zwischen den Schienen wäre es besser, aber dort würde man uns entdecken. Hier unten neben dem Bahndamm sind große Schneewächten, denen wir ausweichen müssen. Wir dürfen aber nicht zu weit vom Damm abkommen, damit wir uns nicht verirren. Ein scharfer Wind weht, und wir haben Mühe, vorwärts zu kommen, denn er peitscht uns den Schnee so sehr ins Gesicht, daß es weh tut.

Es muß bereits Mitternacht sein. Wir setzen uns, um zu rasten. Neben einer schönen großen Wächte legen wir unsere Säcke auf den harten Schnee, umarmen uns und keuchen uns ins Gesicht, um den warmen Hauch des anderen zu spüren. Wir pressen uns dicht aneinander, denn wir haben Angst. Der Himmel ist schwarz. Wir können die Weite der Ebene nicht sehen. Das Weiß der Schneedecke entschwindet schon nach einigen Metern in die Dunkelheit. Ein dichter Nebel schützt uns, aber immer wieder tauchen Gestalten aus dem Nebel auf, die uns entsetzen,

weil sie sich bewegen. Wir laufen und getrauen uns nicht, nach hinten zu sehen. Die Gestalten laufen uns nicht nach, sie fangen uns nicht ein, und sie schlagen auch nicht zu, weil sie keine Menschen sind, noch weniger Uniformierte, die mit ihren Händen auf uns einschlagen könnten. Es sind nur dürre Sträucher und Maisschober oder stehengelassenes Maislaub.

Bäume sind unsere Freunde. Sie zeigen, daß sie keine Menschen sind, die Hände haben, mit denen sie uns schlagen können. Die Bäume bleiben stehen, und sie haben ein schönes Haupt von Ästen. Das Schreien eines Vogels, wenn auch eines Totenvogels, erschreckt uns nicht. Aus dem Nebel tauchen Bäume auf. Dies ist ein Zeichen, daß es in der Nähe eine Siedlung gibt. Kleinere Häuser werden sichtbar, und in einem der Häuser brennt Licht. Wir müssen den Bahndamm verlassen, um nicht direkt in die Ortschaft zu gelangen.

Die Bäume und das Dorf liegen hinter uns, und wir gehen wieder den Bahndamm entlang. Hier können wir besser gehen, weil der Wind uns nicht so viel anhaben kann. Meine Beine zittern, wir halten uns an den Händen. Oft bläst der Wind, als singe meine Großmutter. Manchmal glaube ich sie zu hören: »Wie du nur wieder aussiehst, die Hose zerrissen, die Hosensäcke voll unnützer Scheußlichkeiten!« Sie streicht über meinen Kopf, sucht die Spreu aus meinem Haar zu entfernen. »Wie du nur wieder aussiehst!« Der Wind verweht ihre Worte. Vielleicht kann sie uns sehen, sie soll ja da oben sein, da oben, wo auch die Sterne sind.

Es ist schon gegen Morgen. Aus der Ferne hören wir das Krähen von Hähnen. Mischi sagt erfreut: »Wir haben nicht mehr weit, sonst könnten wir das Krähen nicht hören. Hoffentlich erreichen wir unser Viertel, ehe es hell ist, sonst sind wir verloren.« Wir riechen Rauch und hören Hundegebell. »Wir sind bald dort, bald sind wir dort«, keucht Mischi voll Freude und muntert mich auf, indem er mich umarmt und mit mir hüpft. Da ist der große Teich, jetzt nur noch eine kleine Weile, nur noch ein Stückchen! Ich kann kaum mehr, meine Beine schmerzen.

Nie zuvor habe ich den Teich nachts gesehen. Dunst zieht langsam über das starre Wasser. Die niederen weißen Häuser der Zigeuner und der serbischen und ungarischen Taglöhner werfen ihr Antlitz auf den starren Teich. Aus den Schornsteinen steigt kerzengerade der Rauch. Von den Lampen, die aus den kleinen Fenstern scheinen, kommt Licht. Es glitzert wie Karfunkelstein, und das Gesicht Mischis leuchtet. Jetzt kennen wir den Weg auswendig.

Wir beginnen zu laufen. Am großen Dreschplatz, wo die unzähligen Strohschober stehen, müssen wir vorbei, vorbei auch am Gutshof neben dem Dreschplatz, der viele Hunde hat. Es ist gut, daß wir keine Schuhe anhaben, sondern Lumpen, da hören uns die Hunde nicht. Links und rechts vom Weg sind dunkle, häuserhohe Schober. Wir laufen und trauen uns nicht umzusehen. In den Schobern stecken die Uniformierten mit den Gewehren, mit denen sie im Herbst alle Männer, die sie finden konnten, erschossen, die sie dann hinter den Dreschplätzen auf dem Schinderplatz eingruben. Wie oft spielten wir auf dem Dreschplatz, bis die Großmutter uns nach Hause rief. Meist war es da schon dunkel, und das Straßenfeuer brannte. Die Leute hatten ihre Felle auf den Erdboden geworfen und sich daraufgelegt oder gesetzt, um das Nachtmahl einzunehmen. Die jungen Burschen und Mädchen tanzten um das Feuer, die Alten saßen um das Feuer herum. Jetzt, in dieser Jännernacht, ist die Gasse leer.

Nachdem wir den Dreschplatz verlassen haben, kommen wir in unsere Gasse. Wir überqueren sie mit Bangen und verschwinden in einer dunklen Quergasse, wo die letzten Tagelöhnerhäuser der Stadt stehen. Wir schleichen uns wie Ratten dicht an den Fassaden vorbei, bis wir das Haus der ungarischen Taglöhner erreichen. Da die Häuser sehr niedrig sind, können wir ohne Mühe an das Fenster klopfen. Nach mehrmaligem Klopfen kommt eine Frauengestalt ans Fenster. »Um Gottes willen, jetzt schicken sie auch schon die Kinder!« sagt sie ungarisch zu sich und fährt uns heftig an, ob wir denn verrückt seien, so einen Lärm zu schlagen, so früh am Morgen. »Wenn die Nachbarn merken, daß wir mit den Deutschen packeln, kommen wir in größte Gefahr.« Sie öffnet das Haustor und schaut vorsichtig die Gasse hinauf und hinunter, um sicher zu sein, daß uns niemand gesehen hat. »Schnell, schnell, schaut, daß ihr hinüber kommt!« Sie läßt uns in den Hof des Hauses und bleibt im Korridor stehen und schaut uns nach, wie wir über den niederen Zaun springen. Wir hören sie noch sagen: »Mein Gott, wo wird das noch hinführen? Diese armen Kinder, was können die dafür?« Wir sind im Garten der Patin, hier sind wir geborgen. Es stehen noch alle Obstbäume um die Grube, in der wir uns vor drei Monaten verkrochen hatten. Die Erde ist hart wie Glas, jeder Schritt ist hörbar, trotz unserer weichen Lumpen an den Füßen. Es ist ein glasklarer, kalter Morgen, grau und blau ziehen die Lüfte über die Bäume und über das kleine, niedere Haus. Das Küchenfenster ist mit dunklen Tüchern verhängt. Nur ein kleiner Spalt ist frei, durch den das Licht auf den Hof fällt. Wir versuchen durch den schmalen Streifen ins Innere der Küche zu spähen, sehen aber nichts.

Wir klopfen an, und das Herz schlägt uns bis zum Hals. Man hört Stimmen, wir klopfen nochmals, und es wird still in der Küche. Eine kleine Weile, und das Tuch vom Fenster wird weggeschoben. Ein starres, erschrockenes Gesicht schaut in das Grau des Morgens hinaus. Es ist das Gesicht der Rosi, der Tochter meiner Patin, mit der wir immer zusammen waren und auf dem Dreschplatz und in den Gassen herumtollten. Wir hören die Patin fragen, wer draußen sei. Als sie unsere Kinderstimmen hört, wird sofort die Tür aufgemacht. Ein warmer Duft strömt uns entgegen. »Um Gottes willen, Kinder«, ruft die Patin fast zu laut, »die beiden Buben sind es, Mischi und Robert!« Marieneni, meine Patin, die ältere Tochter, Rosi, neun Jahre, und die jüngere, Milli, acht Jahre, stehen in der Tür und umarmen uns, und die Patin weint und küßt uns, daß ich etwas Salziges in den Mund bekomme. Auf dem Bett in der Küche liegt der Säugling. In der Küche ist es warm, und hell leuchtet die Lampe. Nur der Hund ist nicht da. »Die Hunde der Deutschen sind alle erschossen worden, nachdem ihr ins Lager gekommen seid.« Mir läuft es heiß durch die Glieder, während Marieneni weiterspricht. Aber ich höre sie nicht, ich sehe nur meinen Hund, den ich von meiner Tante geschenkt bekommen habe, als er noch ganz klein war. »Euer Hund hatte Glück. Eure Zinsleute sind, nachdem ihr fort wart, in eure Wohnung nach vorne gezogen und haben den Hund versteckt. Sie halten ihn als den ihren und sind sehr gut zu ihm«, erzählt Marieneni. Sie wickelt unsere Lumpen von den Füßen und fragt uns, was geschehen sei, daß wir Kinder gekommen seien und nicht unsere Mütter oder Helen. Wir berichten ihr, daß meine Mutter und Helen verschleppt worden sind und Mischis Mutter sehr krank ist.

Die starren Lumpen werden weich und naß. Marieneni legt sie auf den warmen Lehmofen. um sie zu trocknen, und Rosi bringt uns Ziegenmilch aus dem Stall. Wir sehen von der Küche in den Stall hinein. Die Hühner und die Ziege sind noch da. Wir setzen uns zu Tisch und bekommen die warme Milch, und Marieneni schneidet uns schöne Brote vom Laib.

So gerne möchte ich zu unserem Haus hinübergehen und Koco, meinen Freund, sehen, den Sohn unserer bulgarischen Zinsleute. Meine Patin sagt, wir müßten es schnell machen, ehe es ganz hell sei, und wir sollten gleich wieder zurückkommen. Sie öffnet das Haustor und tritt zuerst selbst auf die Gasse, um zu sehen, ob die Luft rein ist. »Schnell hinüber, ehe wer aus den Häusern kommt!« Drüben in unserem Haus brennt Licht in der Küche. Wir bleiben vor dem Fenster stehen, aus dem früher unsere Großmutter am Morgen herauszusehen pflegte, um zu beobachten, was alles auf der Gasse geschah. In der Küche sehen wir eine Frau am Herd hantieren. Mein Gott, es ist, als sei es die Großmutter!

Nein, es ist die Magdaneni, unsere bulgarische Zinsfrau. Am Tisch sitzt Koco und ißt sein Frühstück. Neben ihm liegen Bücher. An diesem Tisch haben wir zusammen unsere Schulaufgaben gemacht, er in serbisch und ich in deutsch. Er lernte Deutsch dabei und ich Serbisch. Seine Schulbücher gefielen mir sehr, die Figuren darin waren schön mager und groß, so hart und hager wie die Heiligen in der serbischen Kirche. Die Figuren in meinen Büchern hingegen waren dick und rund und hatten Gesichter wie Äpfel.

Jetzt sitzt Koco in unserer Küche an unserem Tisch und macht seine Schulaufgaben allein. Seine Mutter gibt ihm Kuchen und Milch, und wir stehen hier auf der Gasse und warten und trauen uns nicht anzuklopfen. Wir müssen umherirren in den kalten Nächten, und unsere Mütter sind uns weggenommen worden. In unsere Münder rinnt die salzige Flüssigkeit der Tränen. Weshalb ist das so? Weil wir deutsch sprechen? Aber wir sprechen doch auch ungarisch und serbisch. Mit Koco sprach ich ungarisch, auch mit seinen Eltern und den beiden älteren Schwestern. Wir Kinder waren immer zusammen. Koco, Mischi und ich spielten mit den beiden Schwestern Kocos. Oft stritten wir mit den Mädchen, dann sprachen sie nicht mehr ungarisch mit uns, sondern serbisch. Dann wußten wir, daß sie böse auf uns waren. Auch meine Großmutter fluchte nur auf serbisch. Sie sagte, der Herrgott verstehe nur die Muttersprache jedes Menschen. So schimpfte sie nie auf deutsch, damit Gott sie nicht hörte.

Mischi klopft, und Magdaneni eilt zum Fenster. Sie schaut in das Morgengrauen hinaus und sieht nichts. Als wir sie rufen, schaut sie erstaunt zu uns herunter. Ihr Gesicht verändert sich, sie ruft:»Lauf, Koco, öffne das Tor, es sind die Kinder, Robert und Mischi!« Sie sagt diesen Satz bulgarisch, wir aber sprachen mit ihr immer ungarisch. Sie konnte nicht Deutsch und wir nicht Bulgarisch. Koco öffnet uns, und der Hund, mein Hund, läuft zwischen den Beinen Kocos auf uns zu, springt an mir hoch, leckt mir das Gesicht. Er ist außer sich, er jault, springt auf mich zu, auf Mischi und auf Koco, läuft im Kreis durch den ganzen Hof und springt an mir hoch und leckt mich ab, was mir sehr angenehm ist, weil es warm ist und nicht so salzig wie Marienenis Kuß. Er läuft uns voraus bis zur Küchentür, springt auf die Küchentür los und zurück zu uns Buben, hüpft an uns hoch und heult und leckt und springt. Er springt mir sogar auf den Rücken.

Magdaneni öffnet die Küchentür, Tränen rollen ihr übers Gesicht, und sie lacht auch, weil der Hund so außer sich geraten ist. Sie bekreuzigt sich einige Male und küßt uns, und wieder dieses Salzige im Mund. In der Küche schimpft sie mit dem Hund, er solle endlich Ruhe geben, und wieder diese vielen Kreuzzeichen. Koco beruhigt den Hund, der am ganzen Leib zittert. Er läßt seine lange rote Zunge heraushängen, sieht mich unverwandt an und winselt wie ein kleines Kind, das weint.

Magdaneni öffnet den Küchenkasten und schüttelt fortwährend den Kopf, während sie das Kreuzzeichen macht. Sie weint und ruft: »Heute wird der Engel erscheinen, und die armen Kinder, die armen, Christus muß sich dies alles ansehen!« Bei »Christus« macht sie wieder das Kreuz. Aus dem Kasten bringt sie uns Kuchen, aus der Speisekammer holt sie Speck und eine Flasche mit Flüssigkeit. Die Flüssigkeit sieht aus wie schmutziggelbes Wasser. Koco steht neben dem Tisch und spricht kein Wort. Es scheint, als wisse er nichts mit dieser Situation anzufangen, weil sie im Grunde unwirklich ist und doch wahr. Es scheint, als schäme er sich.

Wir erzählen alles, was in der letzten Zeit geschehen ist. »Magdaneni, draußen wird es schon hell, wir müssen gehen, sonst bemerkt man uns, und die Patin wird böse auf uns sein, wenn wir nicht rechtzeitig zu ihr zurückkommen.« Magdaneni ruft immer wieder den Engel an: »Heute kommt der Engel, und die armen Kinder, heute abend!« »Heute abend müssen wir wieder zurück, Magdaneni, am Abend müssen wir uns auf die Beine machen, um die ganze Nacht zu gehen.« »Um Gottes willen, heute ist der Heilige Abend, und morgen ist Weihnachten!« Immerfort macht sie das Kreuz, und sie wickelt die Geschenke, den Kuchen, den Speck und die Flasche, in einen Sack und sagt, wir sollten auf die Flasche achtgeben, darin sei eine besondere Kostbarkeit. Die Mutter solle sich damit einreiben, und sie könne auch manchmal einen Schluck davon nehmen. Dann gibt sie uns noch Zuckerwasser zu trinken. Koco steht ganz still und schaut zu Boden. Auf dem Tisch liegen seine Bücher. Ich sehe auch solche, die meine waren: »Gullivers Reisen«, Bechsteins Märchen, der »Jugend-Horst« und andere mehr. Wie gerne würde ich die Bücher mitnehmen! Aber da wir so beschenkt worden sind, kann ich doch nicht daran denken, sie zu verlangen. Marieneni würde deswegen auch schimpfen, weil es wichtiger ist, Lebensmittel mitzunehmen und nicht diese nutzlosen Bücher. Aber wie sehr hängt mein Herz an meinen Büchern mit den herrlichen Bildern! Es würgt mich im Hals, und die Tränen laufen mir über die Wangen. Koco drückt mir noch ein kleines Holzpferdchen in die Hand, ohne ein Wort zu sprechen.

Mit den Geschenken verlassen wir die Küche, und wieder springt der Hund an uns hinauf, aber nicht mehr mit der unbändigen Kraft wie vorhin, als wir kamen. Es scheint, als wisse er, was geschehen wird. Sehr laut heult der Hund, und ich bin froh, daß man nicht mein lautes Weinen hört. Am Tor umarme ich den Hund und vergrabe mein Gesicht in seinem warmen Fell. Darin wische ich meine Tränen ab. Ich küsse seine Schnauze, und mein lautes Weinen hört man nicht.

Die Straße ist leer, kein Mensch zu sehen, als wisse man, was geschehen ist und weiter geschehen wird. Im Hof der Patin läuft uns Marieneni entgegen und flüstert vorwurfsvoll, was denn los sei, der Hund mache die ganze Nachbarschaft rebellisch. Wenn man daraufkomme, würden wir alle erschossen.

In der Küche sehen wir die beiden Mädchen weinen. Marieneni bettet uns hinter den warmen Lehmofen. Sie sagt, wir müßten uns ordentlich erholen und schlafen, am Abend hätten wir wieder einen schweren Weg. Sie habe viele Geschenke für uns bekommen. Die Nachbarn hätten so viel gebracht, daß zwei Säcke voll würden, die schwer zu tragen seien. Aber heute sei der Heilige Abend der Serben, und in dieser heiligen Nacht würde es leichter sein, zu tragen und zu ertragen. Niemand würde uns etwas zuleide tun. Keiner würde uns begegnen und uns einfangen, keiner. Keiner würde sehen, was mit uns Kindern auf dem freien Feld geschehe.

Halb im Traum höre ich Marieneni auf uns einreden: Wir bräuchten keine Angst zu haben, denn es sei ja der serbische Heilige Abend, und der Engel werde erscheinen und uns Kinder begleiten. Wir würden schwer zu tragen haben, aber der Engel werde erscheinen und uns helfen. Der Engel wird erscheinen, vielleicht hat er auch so ein warmes Fell wie mein Hund, der mir das Gesicht leckte. Aber so sehr heulen wird er nicht, der Engel, er wird uns sanft zuflüstern: »Erschreckt nicht, euch ist heute der Heiland geboren worden!« Er erscheint uns beiden Kindern auf freiem Feld, denn heute ist der serbische Heilige Abend. Ja, er erscheint uns und beschützt uns und gibt uns Wärme. Großmutter wird ihm sicherlich alles von uns erzählen, denn sie ist ja bei ihm. Nur ein ganz kleines Stückchen, mein Täubchen, nur ein ganz kleines Stückchen, und wir werden glücklich in der Futterkammer ankommen, denn der Engel ist ja bei uns. Erscheint er uns nicht, so werden wir niemals zurückfinden und für immer verloren sein, aber heute ist der serbische Heilige Abend, und er erscheint uns, der Engel!

II
TRENNUNGEN

1
Abschied von der Mutter

Wir sind wieder in der Futterkammer. Mischis Mutter ist noch krank. Die Nacht unserer Rückkehr war still, und wir hatten nicht mehr soviel Angst wie auf dem Hinweg, denn es war die Heilige Nacht der Serben. Der Engel beschützte uns. Wir packen die zwei Säcke aus und breiten all die wunderbaren Geschenke auf dem Tisch aus. Die beiden Kleinen bekommen ganz große Augen, und Mischis Mutter weint.

Wir feiern jetzt auch den serbischen Weihnachtstag, da wir von den vielen Geschenken essen. Mischis Mutter reibt sich mit der Flüssigkeit ein, die wir von Magdaneni bekommen haben, und nimmt auch öfters einen ordentlichen Schluck davon. Es geht ihr schon besser, sodaß sie von ihrem Lager aufstehen kann. Obwohl es in der Futterkammer sehr eng ist, haben wir alle unser Schlaflager darin zurechtgemacht. Sogar den Platz unter dem Tisch haben wir mit einbezogen, denn in der großen Schlafkammer ist es bitterkalt. Da die alte Frau vorne im Haus noch mehrere Werschetzer hat aufnehmen müssen, ist es auch dort voll von Menschen.

Mischi und ich ziehen jeden Tag los, um auf den Feldern Mais- oder Hanfstengel zu suchen. Bis jetzt hat uns noch niemand aufgehalten und uns das Brennzeug weggenommen. Wir tragen immer so viel, daß die langen Stengel über den Boden streifen und hinter uns eine schöne Straße entsteht. Wir haben den Rücken so beladen, daß man uns selbst gar nicht mehr sieht. Die Stengel sind mit einem Strick zusammengebunden, aber der wird meist locker, sodaß die Stengel über unsere Arme nach unten hängen. Wir dürfen die Maisstengel zum Trocknen in den Stall legen, dorthin, wo die Kuh stand. Die alte Frau braucht jetzt selbst das Brennzeug, das sie vom Schober holt und in der Scheune zum Trocknen ausbreitet. Mischis Mutter ist aufgestanden und bereitet uns ein gutes Weihnachtsessen. Wir sind glücklich. Es ist warm in der Futterkammer. Wir tollen im Hof herum und laufen auf die Gasse. Als es dunkelt, sind keine Menschen mehr auf der Straße. An den Schornsteinen der Häuser steigt der Rauch kerzengerade in die Luft. Der

Himmel ist klar, und das Schreien der Wildenten und Wildgänse hört man heute sehr laut. Die Fenster sind zugefroren, starr stehen die Äste der Bäume. Das Bellen eines Hundes hallt wie das Schlagen auf einen blanken Kessel. Die weite Ebene ist weiß und starr, nichts bewegt sich. Es wird Nacht. Die niederen Häuser sind nur noch schemenhaft zu erkennen. Die Nachbarin zieht Wasser aus dem Brunnen. Die Kette, die über das Rad rollt, klirrt und knarrt.

Von einer Gestalt, die ganz nahe an den Häusern entlanggeht, erkennt man nur die Silhouette. Sie geht gebeugt, als habe sie eine schwere Last zu tragen. Die Gestalt wird immer größer, und ich erkenne ihre Haltung. Mir ist, als würge mich jemand. Dieses Würgen tut aber nicht weh, sondern ist ein unsagbar angenehmes Gefühl. Ich kann nicht schreien, nicht schreien wie der Vogel zuvor, denn mir bleibt alles in der Kehle stecken. Ich fühle mich ganz leicht, als schwebe mein Körper über die Dächer. Und auch Mischi, Wastl und mein kleiner Bruder schweben über die weißen Dächer und die wunderbare Gestalt mit uns. Ich habe ihre Stimme gehört, und wir umklammern unsere Mutter am Tag der serbischen Weihnacht. Der Engel ist uns erschienen und hat uns unsere Mutter wiedergeschenkt. Bis Mittag haben wir geschlafen und immer wieder von der Mutter geträumt. Und nun ist der Traum wahr geworden. Es durchzuckt meinen Körper wie einen schlafenden Hund, der träumt. Meine und Mischis Mutter umarmen sich und weinen. Mischis Mutter hat wieder Helens Brief gelesen, und unsere Mutter stützt sie, damit sie nicht zusammenbricht.

Rot und orange, gelb und grün funkelt und zuckt das Feuer im Ofen und gibt uns Licht. Das Essen steht auf dem von Beilen zerhackten Tisch und dampft und duftet. Die Schatten unserer beiden Mütter spielen an der Wand, als tanzten sie. Die Nacht ist eine wunderbare Nacht. Der Platz zum Schlafen ist sehr eng für sechs Personen, aber wir rücken dicht zusammen und schlafen tief, denn in der vergangenen Nacht sind wir auf dem Feld gewesen und haben schwer getragen. Dennoch war es leicht, denn es half uns ja der Engel. Und er brachte uns unsere Mutter wieder, und sie schläft tief, und alles ist ruhig.

Unsere Mutter geht mit uns auf Brennzeugsuche. Zu essen haben wir noch, aber die Maisstengel gehen zu Ende. Zwei Frauen stehen vor einem ärmlichen kleinen Giebelhaus auf der Straße und unterhalten sich. Als wir an ihnen vorbeigehen, ruft die eine der Frauen unserer Mutter zu: »Theres, Theres!« Wir bleiben stehen, und Mutter sagt: »Um Gottes willen, Elis, bist du es wirklich?« Die beiden Frauen umarmen sich und weinen. Die dritte Frau wischt sich Tränen vom Gesicht. Wir gehen in den Hof und werden in die Küche gebeten, eine kleine, finstere Küche ohne Fenster, nur die Tür hat bis zur Hälfte Glasscheiben, sodaß ein wenig Licht hereinfallen kann. Ein alter Mann bringt ein Bündel Stroh in die Küche. Er hat einen breiten, weißen Schnurrbart, so wie unsere serbischen Nachbarn und Čiko Jovo. Der alte Mann legt das Bündel Stroh in die rechte Ecke neben die Ofentür. Wir bekommen zu essen und werden in den einzigen Raum geführt, der rechts neben der Küche liegt. In diesem Raum sitzen eine sehr alte und eine jüngere Frau neben dem Lehmofen. Auf dem Fußboden rutschen zwei Kinder umher, und es stinkt nach Exkrementen.

In unserer Futterkammer ist es für uns sechs viel zu eng zum Wohnen und Schlafen. Meine Mutter erklärt Mischis Mutter, daß ihre Freundin Elisneni uns eventuell zu sich nehmen würde. Dann bräuchte niemand in der kalten Speisekammer zu schlafen. Wir packen unsere Habseligkeiten zusammen, nachdem wir die letzte Nacht hier in der Futterkammer zusammengepfercht geschlafen haben. Draußen ist es bitterkalt. Die Frauen aus dem Haus vorne lassen sich nicht blicken. Wir haben in der Kammer bereits alles in Ordnung gebracht. Als wir am späten Nachmittag die Futterkammer verlassen, muß ich weinen. Meine Mutter tröstet mich und sagt, daß ich ja jeden Tag zu Mischi gehen könne. Ich bin aber nicht nur wegen Mischi traurig und weil wir nachts nicht mehr zusammen sein können, sondern weil wir in dieser Futterkammer sehr viel Schönes und Unschönes, auch sehr Schreckliches erlebt haben. Nie werde ich die Tür zur Futterkammer vergessen, die Tür, die die Mutter am Heiligen Abend öffnete und durch die sie von der Helligkeit der weißen Nacht beleuchtet wurde.

Mischi begleitet uns, und wir gehen schweigend nebeneinander her. Es ist ganz still, nur das Knirschen des Schnees ist zu hören. Wir gehen bis an das Ende des Dorfes zum letzten Haus. Dort liegen die Teiche, und die Weite des Landes breitet sich aus. Mischi sagt etwas, das ich nicht verstehe, dann läuft er zurück, ohne sich noch einmal umzudrehen. Elisneni öffnet uns und läßt uns in die nachtschwarze Küche eintreten. Als sie die Zimmertür öffnet, fällt von dort ein heller Schein auf uns und den Boden der Küche. Die alten Frauen sitzen nicht mehr am Ofen, sondern liegen auf der Erde. Der alte Mann schläft in der Küche, Elisneni mit dem kleinen Knaben im linken Bett, im rechten das Mädchen. Wir legen unsere Habseligkeiten neben den Ofen. Da springt eine weiße Katze herunter, mitten auf das Schlaflager der beiden Frauen, die uns mißtrauisch betrachten und mit der Katze zu schimpfen beginnen, um die Situation erträglicher zu machen. Elisneni geht mit uns in den dunklen Hof, um aus dem Schober Stroh für unser Nachtlager zu holen. Der Tisch wird jeden Tag in die Küche gebracht, damit mehr Platz ist. Die beiden Frauen schauen uns zornig an, und ihre Gesichter färben sich rot. Sie versuchen nicht, ihren Schlafplatz etwas einzuschränken. Erst als Elisneni mit der Heugabel unser Strohlager im Zimmer neben dem Ofen zurechtmacht und damit in der Luft herumfuchtelt, bekommen sie Angst und rücken ein wenig zur Seite.

Der Ofen ist noch warm. Von der Küche her hört man den alten Mann schnarchen, und die Frauen neben uns auf dem Erdboden flüstern. Am Morgen werden die Fenster geöffnet, um Dunst und Gestank hinausziehen zu lassen. Der Alte und ich heizen den Ofen. Es ist wie zu Hause. Das orangefarbene Feuer zuckt und zischt. Und es wird die Morgensuppe gekocht, die aus Schrot und gebranntem Mehl besteht. Alle sitzen wir um den Tisch und löffeln. Draußen ist es bitterkalt.

Zwei Häuser dorfwärts wohnen unsere Werschetzer Nachbarn: die Müller Liesaneni, die Fisch Liesaneni, die Balen Liesineni und die Frau Regina, die aus Deutschland gekommen ist, um ihr Kind zu besuchen. Der Bub ist wegen der vielen Bombenangriffe bei ihrer Schwester untergebracht gewesen. Wir spielten in Werschetz oft mit dem Buben aus dem »Reich«, den wir sehr verehrten. Er erzählte uns viel von den großen Städten, der Straßenbahn, den vielen Autos und Panzern. Er war schöner gekleidet als wir und hatte eine weiße, durchsichtige Haut und rote Haare. Er hütete die Ziegen seiner Tante, und wir hüteten unsere Schweine und Ziegen. So tollten wir über den Dreschplatz, und er zeigte uns wunderbare Sachen: schöne Dosen und Bilderbücher, in denen Kinder mit bunten Blumen vom »Führer« geküßt wurden.

Es ist jetzt Mitte Januar, und die Straßen sind leer. Müller Liesaneni fragt meine Mutter, ob sie heute nacht mit ihr nach Werschetz gehen wolle. Die Lebensmittel sind knapp, und Mutter stimmt zu. Als es zu dämmern beginnt, brechen sie auf. Es wird Nacht, mein Bruder und ich tragen das Stroh ins Zimmer und bereiten unser Nachtlager. Wir legen uns dicht an den Lehmofen neben die beiden Werschetzer Frauen. Zwei Nächte und ein Tag vergehen, ehe wir von unserem Strohlager aufstehen. Da hören wir Mutter mit Elisneni und dem alten Mann sprechen. Was für eine Freude! Ich laufe in die Küche und sehe einen großen Sack auf dem Boden stehen. Mutter sitzt daneben auf einem Stuhl und beginnt die Geschenke auszupacken. Sie sieht sehr erschöpft aus. Elisneni bereitet ihr in der Küche ein Schlaflager. Die beiden Werschetzer Frauen, Frau Heß, die ältere, und Frau Kempf, die jüngere, kommen neugierig in die Küche. Frau Kempf sagt: »Na, Sie haben aber viel bekommen!« Aus ihrer Stimme ist der Neid herauszuhören. »Wir haben niemanden, bei dem wir etwas holen könnten. Ihr seid ja aus dem Viertel der Ratzen«, fährt sie zynisch fort. Die beiden Frauen hassen uns, weil wir aus dem serbischen Viertel von Werschetz kommen, von dort, wo es nur Gesindel gebe, wie sie gleich nach unserer Ankunft zu Elisneni gesagt haben.

Der alte Mann zittert beim Essen immer sehr. Er besudelt den Tisch, und die alte Frau Heß wischt ihn mit einem Lumpen ab und sagt, er solle doch ein wenig aufpassen, wir seien nicht zu Hause. Der alte Mann setzt sich in die Küche zum Ofen und schweigt. Die weiße Katze sitzt meist auf seinem Schoß und schnurrt. Seine Hand zittert, wenn er über das weiße Fell streichelt. Die alte Frau Heß macht aus Maislaub Körbe, Taschen und Hausschuhe. Sie zeigt mir, wie man es macht, und so beginne ich auch, aus Maisstroh Hausschuhe zu machen. Die alte Werschetzerin geht mit den Knüpfarbeiten hausieren. Ich gehe mit ihr, und manchmal bekommen wir Kartoffeln und Brot.

Jeden Tag gehe ich zu Mischi und zeige ihm das Maislaubknüpfen. Mischi knüpft auch, und wir gehen zusammen hausieren. Ganz selten bringen wir unsere Ware an. Wenn wir nicht unterwegs sind, dann knüpfen wir in der Futterkammer. Meist schicken wir die beiden Kleinen, Alfred und Wastl, hausieren. Ihnen nimmt man eher etwas ab, weil man mit den Kleinen mehr Mitleid hat.

Der Winter geht zur Neige. Täglich tragen wir das Stroh von der Küche ins Zimmer, bereiten unser Schlaflager und legen uns darauf. Tagsüber sitzt der alte Mann in der Küchenecke beim Ofen und streichelt die Katze, die nachts unterwegs ist.

Es ist Anfang März, und wir haben den Winter überstanden. Aber der Lehmofen wird noch immer geheizt. Der alte Mann verbrennt morgens das Stroh, auf dem wir nachts geschlafen haben. Die Frauen sitzen noch im warmen Zimmer auf dem Erdboden, und die beiden kleinen Kinder von Elisneni kauern spielend neben ihnen. Das Zimmer hat keinen Fußboden, sondern zeigt die blanke, schwarze Erde. Einmal in der Woche wird der Boden mit einer Brühe aus Wasser und Kuhmist aufgewaschen. Während dieser Zeit sind wir alle in der Küche, es sei denn, es ist schönes Wetter, dann sind wir im Hof. Und jetzt, Anfang März, wird es mit einem Mal so warm, daß wir barfuß gehen können. Wir laufen aus dem Dorf hinaus zu den Teichen. Dürres Schilf wiegt sich in der Sonne, und ganz kleine Gräser kommen aus der Erde hervor. Meine Nachbarskameraden von zu Hause, Müller Toni und Joschi, Kleisinger Peter, Mischi und ich, auch die Kleinen und die Mädchen, alle treffen wir uns an den Teichen. Der alte Mann ist auch hier und fängt mit einem Drahtnetz Frösche. Nie zuvor habe ich den Alten so eifrig und munter gesehen. Manchmal erzählt er mir, was er im Ersten Weltkrieg erlebt hat. Er sei in Turkmenien in Gefangenschaft gewesen. Dort sei es ihm gutgegangen. Es habe Melonen gegeben, so groß wie ein Wagenrad. Bei uns sind die Melonen zwar auch nicht klein, aber so große habe ich noch nie gesehen.

Bei den Teichen ist ein wunderbares Rufen verschiedenster Vögel zu hören. Wildtauben sind hier, Dommeln, Enten und Wildgänse. Was für eine Vielfalt von Tönen und Klagen! Die weite Ebene atmet, und weiße Schleier ziehen über die schwarzen Felder. Die Palmkätzchen haben ein hellgelb-grünes Gefieder. Märzenveilchen sind unter den Sträuchern versteckt. Die Nächte sind kürzer geworden. Das Nachtmahl wird bereits bei Tageslicht gegessen. Die Fenster der Häuser stehen offen. Die Abende sind mild, und wir laufen in den Gassen umher. Ich habe Mischi in die Futterkammer begleitet und gehe zurück zu Elisnenis Haus. Frauen gehen mit Harken an mir vorbei. Die Sonne ist untergegangen, und die Heide mit den Teichen ist verlassen. Auch das Rufen der Vögel hat aufgehört.

Es ist wieder Tag, und das Wetter hat sich verschlechtert. Wir sitzen in der Kammer. Der zwei Jahre alte Knabe der Elisneni sitzt meist auf dem Nachttopf. Es regnet stark, und der Tag ist ganz dunkel. Da klopft es an die Tür. Elisneni öffnet, und eine ältere Frau tritt herein. Sie sagt, sie sei eine Kudritzerin wie meine Mutter und Elisneni, eine Landsmännin, und setzt sich neben die alte Werschetzerin und Frau Heß. Meine Mutter geht auf sie zu und küßt sie. Die alte Frau sagt, sie habe erfahren, daß wir bei einer Landsmännin seien. Sie habe uns lange gesucht und heute erst gefunden. Die beiden Werschetzerinnen scheinen entsetzt zu sein. Die Hessin rückt gleich ein wenig von ihr ab, und ich höre Frau Kempf zu Frau Heß flüstern: »Die Krämerin ist es!«

Die Krämerin küßt uns nicht, worüber ich sehr froh bin, denn sie hat ein häßliches, altes Gesicht. Sie trägt kein Kopftuch wie unsere Mütter, sondern eine hutähnliche Kopfbedeckung. Ich habe sie nicht gleich erkannt. Sie war oft bei uns zu Hause und besuchte unsere Großmutter, es hieß, sie sei eine Cousine von ihr. Wir nannten sie »Krämerneni«. Damals hatte sie noch ein schönes, glattes Gesicht, rote Fingernägel und einen roten Mund. Jetzt ist dieser Mund grau, und das Gesicht hat Falten. Sie hatte zu Hause mitten in der Stadt hinter der Stadtgartengasse eine Greißlerei. Die Mutter ging oft mit uns zu ihr, aber erst abends, wenn es dunkel wurde. Krämerneni füllte die Taschen meiner

Mutter. Ehe sie uns aus ihrem Geschäft ließ, schaute sie, ob die Luft rein war, wie sie zu sagen pflegte.

Wenn man über die Krämerin sprach, tat man das immer verstohlen, aber ehrfurchtsvoll. Die meisten Leute hatten eine gewisse Scheu vor ihr. Sie stammte wie meine Großeltern aus Deta in Rumänien. Als junges Mädchen ging sie nach Temeschwar, wo sie die großstädtischen Sitten kennenlernte. Dort heiratete sie einen Kudritzer. In Kudritz hatte mein Urgroßvater meiner Großmutter eine Bäckerei gekauft. Er selbst besaß eine Färberei. So hatte meine Großmutter immer mit Farben zu tun gehabt. Sie entwarf für die rumänischen Bauern Muster, die auf gefärbtes Leinen gestickt wurden. Dann heiratete sie einen Bäcker und zog mit ihm in die Bäckerei in Kudritz, einem rein deutschen Ort, dreizehn Kilometer nördlich von Werschetz. Um die Jahrhundertwende zog auch die Krämerneni mit ihrem Mann nach Kudritz, der dort ein kleines Geschäft führte. Nach seinem Tod führte sie es allein weiter.

Nach dem Ersten Weltkrieg wurde das Banat aufgeteilt: der größte Teil fiel an Rumänien, der Rest an Jugoslawien und Ungarn. Zwischen Deta und Kudritz wurde die neue Staatsgrenze zwischen Jugoslawien und Rumänien gezogen, Werschetz und Kudritz fielen an Jugoslawien. Für Krämerneni boten sich neue Möglichkeiten, Geschäfte zu machen. Da es im jugoslawischen Banat weder Öl noch Petroleum gab, schmuggelten die Leute, und Krämerneni wurde eine der größten Schmugglerinnen. In ihrem Laden gab es unter der Hand alles, aber für teures Geld. Ende der zwanziger Jahre kam sie nach Werschetz, um in der Stadt einen ordentlichen Laden aufzumachen.

Krämerneni war häufig im Haus der Großmutter zu Gast. Für unsere Mutter war sie die Tante, die etwas Interessantes und Gutes mitbrachte. Auch uns beschenkte sie immer, mit Bonbons, mit Traubenzucker und sogar mit Schokolade. Während des Krieges bekam die Mutter sehr viel von ihr. Als im Oktober die Russen kamen, wurde ihr Geschäft sofort beschlagnahmt. Sie hauste in einem Zimmer, bis wir alle hierher getrieben wurden.

Jetzt hat sie uns nichts mitgebracht, zum ersten Mal. Sie sieht wie eine Fremde aus. Vor ihren Besuchen mußten wir uns immer ordentlich waschen und schneuzen, bei der Begrüßung einen Knicks vor ihr machen und »Küß die Hand« sagen. Jetzt machen wir weder einen Knicks noch sagen wir »Küß die Hand«. Sie spricht mit der Mutter und Elisneni. Ich höre sie sagen, daß sie ein sehr schlechtes Lager habe und dort zwanzig Leute zusammengepfercht seien. Die Leute seien sehr böse zu ihr. Ob sie nicht zu Elisneni kommen könne? Die aber gibt ihr zu

verstehen, daß das kleine Haus voll sei. In ihrem kleinen Zimmer seien sieben Personen untergebracht, und in der Küche müsse noch der alte Mann schlafen.

Die Krämerneni kommt jeden Tag und bleibt den ganzen Tag hier. Ich bemerke, daß es Elisneni nicht ganz recht ist. Besonders Frau Heß und Frau Kempf sind wütend. Der alte Mann unterhält sich sehr viel mit Krämerneni, bis die alte Heß mit ihm schimpft und ihn beschwört, von dieser gefährlichen Frau abzulassen.

Täglich trommelt der Trommler auf seiner Trommel. Dann laufen die Leute aus den Häusern, um zu hören, was er verkündet. Meist sind es unerfreuliche Nachrichten, zum Beispiel, daß man alle Schweine abliefern müsse. So haben wir vor vierzehn Tagen Elisnenis einziges Schwein zum Bahnhof getrieben, wo bereits sehr viele Frauen und Kinder mit ihren Schweinen versammelt waren. Die Tiere mußten in die Viehwaggons getrieben werden. Man hörte ein Schreien und Grunzen von den unzähligen Schweinen und ein Weinen und Klagen von den Frauen.

Jetzt trommelt der Trommler wieder. Er verkündet aber keine Hiobsbotschaft, sondern etwas Gutes. Alle Werschetzer, die in ihre Heimat zurück wollen, um in den Weingärten zu arbeiten, können sich auf dem Gemeindeamt melden. Wir laufen alle dorthin, zusammen mit unseren Werschetzer Bekannten. Vorher holen wir noch Mischis Mutter. Auf dem Gemeindeamt müssen wir uns anstellen und kommen nach einer guten Stunde an die Reihe. Unsere Mutter wird aufgeschrieben, Mischis Mutter nicht. Wir trösten Mischi und seine Mutter, daß wir ihnen Lebensmittel zukommen lassen würden, sobald wir in Werschetz seien.

Der Abtransport soll am 19. März geschehen. Meine Freude ist übergroß, ich male mir schon aus, was ich alles in Werschetz machen werde. Am Abend des 18. März packt die Mutter unsere Sachen. Die beiden Werschetzer Frauen packen auch, obwohl nur die jüngere zurück darf. Die ältere ist froh, daß wir wieder fortgehen. Es ist noch dunkel, als wir aufstehen, die beiden kleinen Kinder schlafen noch. Um acht Uhr müssen wir beim Gemeindeamt sein. Wir tragen alle einen Rucksack, auch Alfred. Die jüngere Werschetzerin geht mit uns. Elisneni verabschiedet sich und weint.

Alle Nachbarn stehen auf der Straße. Die alten Frauen bleiben zurück, die jüngeren gehen mit ihren Kindern dem Gemeindeamt zu. Es ist ein sehr warmer Tag, und die Nächte sind wieder kürzer. Die Sonne bescheint uns, die wir mit unseren Säcken dahinziehen. Von allen Seiten und aus allen Gassen kommen die Mütter mit ihren Kindern. Der Gemeindeplatz ist voller Menschen, und Namen werden aufgerufen.

Vorne am Gemeindehaus wird fortwährend geschrien und geweint. Wir wissen nicht, was dort geschieht. Aber nach einigen Stunden sind wir an der Reihe. Vor uns sehen wir, daß die Kinder von ihren Müttern weggerissen werden. Es ist nicht mehr möglich, zu flüchten, denn alles ist von Uniformierten umzingelt. Mein Körper zittert, und ehe ich zum Weinen komme, wird unsere Mutter von uns losgerissen. Wieder würgt es mich im Hals. Wir Kinder sind auf der rechten Seite des großen Platzes und die Mütter auf der linken. Einige Kinder werfen sich zu Boden, aber das Schreien, Weinen und Winseln nützt nichts. Unsere Mutter ruft uns etwas zu, aber wir verstehen sie nicht. Das Schreien und Weinen der Mütter auf der einen Seite und das Schreien und Weinen der Kinder auf der anderen Seite verschlingt das Rufen unserer Mutter. Die Uniformierten treiben die Frauen aus dem Dorf. Die Kinder wissen nicht, wohin sie sollen. Mein Bruder und ich irren auf dem großen Dorfplatz umher. Die Menschen sind alle fort. Wir stehen vor der Kirche und flüchten hinein. Hier geht kein Wind, und wir können uns verkriechen, ohne daß man uns sucht. Hier gibt es keine Heiligen, die uns stur ins Gesicht schauen. Und es gibt keine Kerzen, die das Gesicht der Heiligen beleuchten. Die Heiligen hier in der Kirche haben die Köpfe zu Boden gesenkt. Sie wirken bleiern und tot, auch wenn man sie anschreit. Mein Husten rührt sie nicht, er verursacht aber einen starken Hall. Alles ist tot und starr, und niemand wird uns suchen. Nur der Wind ist zu hören. Es wird Nacht und kalt, und wir weinen und laufen irgendwohin.

2
Die Krämerin

Wir laufen zu Mischi. Das Haustor ist offen und die Futterkammer leer. Niemand ist hier, aber die Habseligkeiten der Bewohner liegen herum. Sie müssen hier sein. Bald wird es dunkel, doch weder Mischi noch seine Mutter oder sein kleiner Bruder kommen. Wir weinen in der Waschküche. Da sieht uns niemand. Wir gehen in den Hof und haben Hunger. Die alte Hausfrau bemerkt uns und sagt nur, daß die anderen fort seien, und wir sollten sehen, daß wir nach Hause kämen. Sie fragt nicht weiter und verschwindet in der Küche.

Von den Teichen hört man das Klagen und Rufen der Vögel. Die Häuser beginnen sich in der Dunkelheit zu verkriechen, alle, bis auf das letzte. Hier stecken die alte Werschetzerin, der alte Mann und Elisneni mit ihren stinkigen Kindern. Wir trauen uns nicht ins Haus und zittern vor der dreckigen Fassade. Dann klopfen wir doch an, und der alte Mann öffnet uns. Er sieht uns erstaunt und erschrocken an und fragt: »Was ist denn los? Warum seid ihr nicht nach Werschetz gefahren?« Elisneni kommt in die Küche und schreit: »Um Gottes willen, wo ist eure Mutter?« Ich antworte ihr stotternd, daß man uns getrennt hat und daß wir keine Möglichkeit hatten, mit der Mutter zu gehen oder die Mutter hier zu behalten. Elisneni schimpft vor sich hin: »Was soll ich denn mit euch machen? Ich habe selber genug um die Ohren. Ich habe kaum genug zu essen für die beiden Alten und die Kinder. Hätte ich euch nur nicht zu mir genommen! Das ist der Dank! Wo seid ihr denn mit euren Rucksäcken den ganzen Tag herumgelaufen?« Sie läßt uns nicht ins Zimmer und schreit auf uns ein. Der Alte steht daneben und sagt kein Wort. Mein Gott, wie schön wäre es, jetzt zu sterben und gleich hier im lehmigen Boden der Küche zu versinken! Endlich läßt uns Elisneni ins Zimmer, wo die alte Werschetzerin schweigend am Ofen sitzt und Sonnenblumenkerne kaut. Sie sieht uns böse an. Elisneni gibt uns etwas zu essen, und wir haben noch Nahrungsmittel im Rucksack, sodaß wir einigermaßen satt werden. Es ist mir, als bliebe mir jeder Bissen Brot im Hals stecken. Als wir unser Strohlager vor dem Lehmofen zurechtmachen, beginnt die alte Hessin zu murmeln: »Warum hat sie die Bankerten nicht mitgenommen?«

Ich schlafe in dieser Nacht sehr schlecht. Immer wieder sehe ich im Traum die Uniformierten. Am Morgen räumen wir das Stroh aus dem Zimmer und bringen es in die kleine Scheune. Am Abend wird es wieder ins Zimmer getragen, denn der Ofen wird nicht mehr geheizt. Nach dem Frühstück werde ich zu Mischi gehen und ihm und seiner Mutter alles erzählen. Wir werden dann am Abend unsere Säcke nehmen, Elisnenis Haus verlassen und zu Mischi gehen, ohne daß es Elisneni, die alte Werschetzerin und der alte Mann bemerken, obwohl der uns sicherlich nicht verraten würde.

Ich sage Elisneni, daß wir zu den Weiferts schauen wollen. Sie aber ruft: »Das ist ja noch schöner! Ihr eßt euch hier satt, schlaft hier in der Nacht und wollt dann ausrücken und womöglich zum Nachtmahl zurückkommen. Aber die Verantwortung ist bei mir! Wartet hier, bis die Krämerneni kommt! Das ist ja eine Tante von euch.«

Jetzt ist sie da, die Krämerneni, und hat ihre Habseligkeiten neben den Ofen gestellt. In der Küche spricht sie mit Elisneni. Die sagt ihr, daß sie hierbleiben könne, wenn sie sich um die Kinder kümmern würde. Krämerneni antwortet, daß sie ja hauptsächlich deshalb gekommen sei, um den Kindern die Großmutter zu ersetzen.

Die alte Heß ist entsetzt, daß sie mit Krämerneni unter einem Dach und dazu noch neben ihr schlafen soll. Was denn noch alles käme, sie sei doch schon so sehr gestraft. Und jetzt noch die Krämerin! Elisneni hört nicht auf ihre Worte, aber umso mehr auf die der Krämerneni, denn sie scheint Respekt vor ihr zu haben. Krämerneni sagt zu uns, wir bräuchten keine Angst zu haben, denn sie sei jetzt bei uns. Wenn wir sehr artig seien, sei sie gut zu uns. Sie spricht viel von unserer Großmutter: Die sei eine Dame gewesen und nicht so ein Gesindel wie diese Alte im Zimmer hier.

Seitdem Krämerneni hier ist, ist das Haus wie verwandelt. Es stinkt nicht mehr, da sie viel wäscht und putzt. Wir müssen uns täglich am Morgen und am Abend mit eiskaltem Wasser waschen. Sie mache das schon seit ihrer Jugend, jetzt sei sie siebenundsechzig Jahre alt und fühle sich wie dreißig. Elisneni läßt Krämerneni sogar bei ihrer kleinen Tochter Erna im Bett schlafen. Die Hessin spricht kein Wort mit Krämerneni. Die redet und unterhält sich sehr oft mit dem alten Mann, der nun bei uns im Zimmer schläft. Sie sagt, daß der Mann kein armer Bauer sei, sondern ein großer Weinbauer, der Manieren habe und sich gegenüber einer Dame zu benehmen wisse. Sie habe früher mit ihm zu

tun gehabt. Krämerneni geht nie ohne ihre hutähnliche Kopfbedeckung, und sie schimpft mit uns, wenn wir nicht gerade stehen und keine stramme Körperhaltung haben. Ein ordentlicher Deutscher habe einen aufrechten Gang und schaue beim Sprechen dem andern ins Gesicht. Sehr wichtig sei das artige Grüßen und ordentlich laut »Küß die Hand« zu sagen. In Temeschwar habe man ihr immer die Hand geküßt, aber jetzt seien die Menschen Barbaren. Es gebe keine guten Menschen mehr.

Wir gehen täglich zu Mischi. Krämerneni geht mit uns, denn Helen habe einmal in ihrem Geschäft gearbeitet und bei ihr Manieren gelernt, sagt sie. Sie habe aus diesem Mädchen etwas Ordentliches gemacht, und die hätte eine gute Partie gemacht, wenn nicht dieser verfluchte Krieg gekommen wäre. In ihrem Geschäft seien Herren und Kavaliere ein und aus gegangen. Mischis Mutter freut sich sehr, wenn Krämerneni mitkommt und ihr Mut macht. Krämerneni sagt, sie habe in ihrem langen Leben viel durchstehen müssen und es habe immer einen Ausweg gegeben. So werde es auch hier einen Ausweg geben.

Mischi und ich suchen auf den Feldern Maislaubwurzeln zum Heizen. Ich trage meine zu Elisneni und Mischi seine in die Futterkammer. Mischis Mutter ist wieder krank und liegt mit Fieber auf dem Boden in der Futterkammer. Krämerneni geht täglich zu ihr und pflegt sie. Sie gibt ihr Kräutertee und massiert sie, sie wäscht sie täglich und reibt sie mit Schnaps ein. Davon nimmt sie auch welchen in den Mund und sagt, sie habe schon einen besseren getrunken, aber zum Einreiben sei er gut genug. Darauf nimmt sie noch einen Schluck.

In der Nähe des Hauptplatzes wird eine Lagerküche eingerichtet. Die Zichydorfer Bauersfrauen müssen Lebensmittel abliefern: Kartoffeln, Weizenmehl, Maismehl und anderes mehr. Schreiber vom Gemeinderat setzen fest, wer in der Lagerküche Essen holen darf. Elisneni muß auf Krämernenis Anweisung die Kartoffeln und das Mehl verstecken. Sie bringt die Lebensmittel in den Strohschober, damit die Uniformierten bei der Hausdurchsuchung nichts finden. Gestern waren sie mit den Schreibern in der Hauptstraße, heute werden sie in unsere Gasse kommen oder in der Oberen Gasse beginnen.

Die Nacht ist vorbei, und alles ist wie bisher. Das Stroh wird in die Küche gebracht, und wir essen wieder die dünne Einbrennsuppe. Krämerneni hat neben Elisneni Platz genommen, die am oberen Ende des Tisches sitzt, den kleinen Knaben auf dem Schoß. Links von ihr sitzt die fünfjährige Erna. Mein Bruder und ich sitzen gegenüber der alten Heß und dem alten Mann. Unter dem Tisch liegt die weiße Katze. Krämerneni sagt, daß wir heute keine Maislaubwurzeln zu suchen bräuchten, weil angeblich die Uniformierten kämen. Wir warten, aber bis zum späten Abend geschieht nichts in unserer Gasse. Mischi kommt und erzählt freudig, daß sie aufgenommen worden seien. Am nächsten Tag brauchen wir wieder nicht auf die Felder zu gehen, um Brennmaterial zu suchen. Beim Essen – die Suppe ist noch dünner als gestern – wirft Krämerneni einen strafenden Blick auf Alfred, der die linke Hand unter den Tisch hält. Krämerneni sagt, er solle nicht wie ein Bauer lümmeln, sondern artig essen und die Hand zu einer Faust geballt neben den Teller legen. Sie wirft einen abschätzigen Blick auf die Heß, die die linke Hand auf dem Schoß liegen hat.

Am frühen Nachmittag kommen die Müller-Buben gelaufen und rufen mir im Hof zu, daß die Uniformierten kämen und bereits die ersten Häuser der Gasse verlassen hätten. Liesaneni, die Mutter der Müller-Buben, die Kleisingerin und die Fisch Liesaneni sind auch mit unserer Mutter verschleppt worden, die Kinder sind bei einem Zichydorfer Ehepaar. Da der Mann taubstumm ist, brauchte er nicht zum Militär. Wir stellen uns auf die Straße und warten, sogar Krämerneni wartet mit uns. Wir gehen mit den Uniformierten ins Haus, und Krämerneni beginnt mit ihnen serbisch zu reden. Sie sagt, daß sie nicht wisse, womit sie den Kindern die Mäuler stopfen solle. Die großen Bauern hätten Kartoffeln und Mehl, und diese Kinder hier schrien die ganze Nacht vor Hunger. Elisneni und die alte Heß weinen, und der Alte sitzt ruhig in der Ecke der Küche, bis Krämerneni die Uniformierten auf ihn aufmerksam macht. Wir bekommen alle eine Küchenkarte, sogar Elisneni. Als es ganz finster ist, holen wir die Kartoffeln und die Mehlsäcke wieder hervor. Jetzt gehen wir jeden Tag zur Küche und holen uns Suppe und ein Stück Brot. Wir brauchen nicht mehr zu warten, bis Elisneni uns etwas zu essen gibt.

Es ist Karfreitag, und man spricht davon, daß wir zu Ostern befreit würden. Das meiste erfährt man bei der Lagerküche, dort, wo die Kinder und die vielen Großmütter auf das Essen warten. Die Frauen und Kinder gehen zur Kirche. Ich denke daran, wie es bei uns zu Hause war. Aus allen Teilen des Banats kamen Prozessionen von Wallfahrern. Vorne trug man das Kreuz mit dem Namen seiner Gemeinde darauf. Die Leute kamen oft von sehr weit her, sodaß sie die ganze Nacht gehen mußten. Vor dem Dom versammelten sich die Prozessionen. Dann ging alles hinauf auf den Kalvarienberg, auf dem die Bergkirche und ein Gasthaus standen. Es waren auch Buden aufgebaut, an denen Fische, frisches Brot und Gebäck verkauft wurden. Man sah die verschiedensten Trachten: sehr bunte, aber auch schlichte dunkle. Jede Ortschaft hatte ihre eigene Tracht. Vom Kalvarienberg aus konnte man die ganze Stadt sehen und weit hinein in die Banater Tiefebene. Viele Kinder sahen bei der Karfreitagsprozession zum ersten Mal einen Berg.

Mischi und ich gehen Zuckerrüben suchen. Vergangenen Herbst hat man die Rüben nicht so gründlich ernten können, denn es war die Zeit des Tötens und Vertriebenwerdens. Es hat auch einen strengen Winter gegeben. Wir finden viele Rüben und tragen sie nach Hause. Krämerneni lobt uns, was sie äußerst selten tut, und auch Elisneni ist lieber und gütiger zu mir. Am Karsamstag nachmittag kochen Krämerneni und Elisneni Sirup aus den Rüben. Krämerneni bäckt einen Strudel und füllt ihn mit Brotbröseln, die sie in Sirup aufgekocht hat. Sie gibt uns aber nichts davon, denn es ist noch Fastenzeit, und die muß man streng einhalten.

Am Ostersonntagmorgen gibt es den herrlichen Sirupstrudel zu essen. Die beiden alten Werschetzer bekommen nichts. Krämerneni sagt, daß sie reiche und geizige Bauern gewesen seien und Tagelöhner ausgenützt hätten. Sie sollten nun sehen, wie es ist, hungrig zu sein. Aber als Krämerneni an dem alten Mann vorübergeht, der im Hof sitzt, die Katze auf dem Schoß hat und den Kopf zu ihr herabsenkt, gibt sie ihm einen ordentlichen Brocken vom Strudel und sagt, er solle essen, seinen Mund halten und der alten Hexe nichts sagen.

Mischi und ich gehen zur Kirche. Es gehen auch die dunkelgekleideten Frauen mit und die Knaben in Schwarz und die Mädchen in Weiß. Man trägt Flieder und andere Blumen. »Nach der Kirche gehen wir zu euch«, sage ich zu Mischi, »denn hier werden noch Litaneien gebetet, und es ist sehr warm.« Es ist Ostersonntag, der 1. April 1945. Ich bin zwölf Jahre, einen Monat und zwölf Tage alt. Krämerneni geht mit uns zu Mischis Mutter. Die ist genesen und betet ihr Ostergebet. Sie umarmt und küßt Krämerneni. Die beiden Frauen sprechen leise: »Er ist auferstanden. Wahrlich, er ist auferstanden!«

Wir gehen alle zum Friedhof, weil man keine andere Möglichkeit hat, ins Freie zu gehen, denn die Felder sind bewacht, und man kann nicht mehr aus dem Dorf. Nur die Hutweide und die Äcker um die Teiche sind nicht bewacht. Wir gehen am Haus der Mariebas vorbei. Es ist ganz still. Ihr Sohn ist nicht gekommen und auch die anderen nicht. Ich denke an die Zeit, als Helen noch hier war und täglich Mariebas besuchte. Es sollen Werschetzer im Haus sein, denn Mariebas liegt seit Ende Januar auf dem Friedhof. Dort riecht es nach dürren Kränzen und Veilchen. Die Frauen sitzen auf den Gräbern, und die Kinder laufen umher. Es sind fast nur alte Frauen hier, denn die jungen sind im Winter fortgebracht worden, nach Rußland, und die übrigen hat man am 19. März mit unserer Mutter zusammen fortgetrieben.

Ostern ist vorbei, und Mischi und ich gehen wieder Maisstengel suchen. Weit hinein in die Felder dürfen wir nicht mehr, sondern nur bis dorthin, wo die Teiche aufhören. Die Felder sind grün, der Weizen, den die Bauersfrauen im vergangenen Herbst gesät haben, hat ausgetrieben. Wir sind glücklich, hier an den Teichen herumlaufen zu dürfen, denn zu Hause streitet Krämerneni mit der Hessin. Heute ist ein herrlicher Tag. Die umliegenden Dörfer, die in der Ferne silbern zu sehen sind, flimmern, als tanzten die Häuser und sogar die Kirche in den Lüften. Auf den Feldern rings um die Teiche legen Frauen und Kinder Kartoffeln. Die Teiche sind voll von verschiedenen Vögeln. Was für ein Gewirr von Rufen aus Schilf und Wasser klingt in den wunderbaren Tag hinein! Man sieht sehr weit in die Tiefebene, und gegen Abend wird alles klarer. Wir gehen mit den Säcken nach Hause, am Laufbrunnen vorbei, und trinken das kühle Wasser und waschen uns. Es wird dunkel, und wieder wird das Stroh ins Zimmer getragen.

Die Sonne steht über dem Horizont. Es ist einer der schönsten Tage dieses Jahres. Wieder laufen wir zum Brunnen und trinken und spritzen das kristallene Wasser aus der Tränke. Wir wälzen uns auf dem weichen, grünen Boden und lachen und spielen. Die Sträucher und Weiden um die Teiche haben bereits ausgetrieben. Jadegrün funkeln die Gräser und die ganz kleinen, zarten Blätter der Sträucher. Dunstige Nebelschwaden ziehen über die Teiche und über die Felder. Wachteln, Wildtauben und Zeisige rufen. Die Lüfte zittern, sodaß die Ortschaften in der Ferne auf und nieder gehen. Wir legen uns ins warme Gras und schlafen, bis die Wildtauben uns wecken. Elisneni und Krämerneni suchen hinter den Häusern des Dorfes Rapunzel und Klee.

Krämerneni weckt uns sehr zeitig. Sie scheint äußerst aufgeregt zu sein. Elisneni weint und schreit und zieht die beiden Kinder an. Die Hessin schimpft mit dem alten Mann, er solle sich beeilen. Im Zimmer herrscht Chaos. Krämerneni sagt, daß man in unserer Gasse bereits die Leute aus den Häusern treibe. Sehr viele Uniformierte kämen von der Hauptstraße herein. Krämerneni läuft zur Nachbarin. Das Weinen und Klagen wird lauter. Die Uniformierten sind bereits im Nachbarhaus, und Krämerneni ist noch immer nicht da. Elisneni ist mit dem Packen fertig, sie steht vor der Küchentür im Hof und weint. Den kleinen Knaben hat sie auf dem Arm, das Mädchen steht neben ihr. Es hat auch ein Säckchen am Rücken hängen.

Die Nachbarsleute, die Frau mit den beiden Kindern und die alte

Großmutter werden auf die Gasse getrieben, wo bereits viele Menschen stehen. Ich zittere und weine und frage Elisneni, wo Krämerneni bleibt. Jetzt sind die Uniformierten hier, und wir stehen alle im Hof. Sie schreien, wir sollten schnell hinaus auf die Gasse gehen, sonst machten sie uns Beine. Aus dem Nachbarhaus kommen noch die beiden alten Frauen, die dort einquartiert waren. In Werschetz sagte man immer, die beiden »Damen« seien Französinnen. Sie tragen nicht viel, denn sie sind schon ziemlich gebrechlich. Da schreien die Uniformierten, was denn mit dieser Alten los sei, die jetzt erst daherkomme. Es ist Krämerneni. Sie trägt einen großen Sack und hört nicht auf das Geschrei. Einer der Uniformierten gibt ihr einen Stoß, daß sie zu Boden gestürzt wäre, hätte man sie nicht aufgefangen. Sie ist gar nicht aufgeregt und sagt, wir bräuchten keine Angst zu haben, sie habe ordentlich zu essen bei sich. Sie macht einen zufriedenen Eindruck.

Wir werden alle auf die Hutweide getrieben. Die Menschen lassen sich auf dem Boden nieder. Es ist wie ein Schock oder ein schweres Erdbeben über alle hereingebrochen. Krämerneni sagt, wir hätten nichts mehr zu verlieren, denn wir hätten ja schon alles verloren. Sie flüstert mir zu, daß wir hier nicht bleiben, sondern uns von »diesem alten Drachen« entfernen würden. Um Elisneni tue es ihr leid, aber die gehe sowieso zu ihren Verwandten. Ihre Schwägerin und ihr Neffe hätten sie gefunden und zu einem anderen Platz hier auf der Hutweide mitgenommen. Jetzt sind wir mit der Hessin und dem alten Mann allein. Krämerneni sagt, wir müßten hier verschwinden, denn nicht nur die Hessin sei hier, sondern auch die geizigen Nachbarn. Ohne ein Wort zu den beiden zu sagen, brechen wir auf und verschwinden in den Menschenmassen. Ich habe viel zu tragen, denn Krämerneni hat mir den Sack ordentlich angefüllt. Auch mein kleiner Bruder hat schwer zu tragen. Wir suchen Mischi, seine Mutter und seinen kleinen Bruder, finden sie aber nicht. Wir erfahren, daß die Leute aus der Gasse, in der Mischi wohnte, auf die andere Hutweide getrieben worden sind.

Endlich nimmt Krämerneni Platz auf dem Erdboden. Sie öffnet den Sack und deutet mir, ich solle mich vor sie stellen, damit niemand sehe, was sie mache. Sie schneidet von einem ganzen Schinken feine Stücke herunter und von einem großen Laib Brot einige Scheiben und gibt uns davon. Wir müssen das Essen versteckt hinunterwürgen. Es wird Abend, und die Leute sagen, daß wir heute nicht mehr in die Häuser zurück dürften. Andere sagen wieder, daß man so lange auf der Hutweide bleiben müsse, bis man die Häuser ausgeräumt habe. Das könne zwei bis drei Tage dauern.

Es wird dunkel, und der 18. April geht zu Ende. Die Leute legen sich auf dem Erdboden zum Schlafen nieder. Viele haben nichts zum Zudecken, und die Nacht wird kalt. Krämerneni zieht die Tuchent aus dem Sack und sagt, wir sollten zufrieden sein, denn wir hätten zu essen und für die Nacht eine warme Tuchent. Meinen Bruder nehmen wir in die Mitte, sie und ich liegen an den Seiten. Sie schnarcht sehr laut, so daß ich Angst bekomme, sie könnte ersticken, oder die anderen Leute würden sich über dieses Röcheln aufregen. Ich schlafe dann auch ein, werde in der Nacht aber oft wach, weil mir trotz der Tuchent kalt ist. Am Morgen werden mit dürrem Gras und mit Heidesträuchern Feuer gemacht, und Frauen braten Speck darauf. Krämerneni sagt zu mir, sie sei froh, nicht mehr in einem Raum mit der Alten sein zu müssen. Wenn es hier auch kalt sei, so brauche sie doch auf niemanden Rücksicht zu nehmen und sei ihr eigener Herr.

Zum Frühstück bekommen wir nur Brot. Krämerneni sagt, wir müßten sparen, besonders mit dem Schinken, da wir nicht wüßten, wie lange das noch so gehen werde. Aus ihrer Tasche nimmt sie einen kleinen Spiegel und betrachtet sich darin. Sie wechselt ihre Nachthaube gegen ihre hutähnliche Kopfbedeckung und kämmt ihr Haar. Sie klagt, es sei schrecklich, daß man sich nicht waschen könne, man müsse wie ein Schwein auf dem Erdboden suhlen.

Uniformierte gehen durch die kauernde Menschenmasse und holen Leute, die mit ihnen gehen müssen. Sie kommen auch zu uns und deuten auf mich. Krämerneni schreit, was man denn von den Kindern wolle. »Halt dein Maul, du Alte!« brüllt der Uniformierte. Ich muß mitgehen. Sehr viele Buben in meinem Alter und Frauen, die noch nicht alt und gebrechlich sind, werden in das Dorf getrieben. Ich muß mich bemühen, nicht zu weinen, aber es fällt mir schwer. Niemand ist bei mir, keine Mutter, kein Mischi und auch keine Krämerneni. Ein unheimliches Schreien ist aus den Häusern zu hören. Es ist das Klagen der Kühe, Schweine und Pferde. Ich muß mit vier anderen Buben und zwei Uniformierten Möbel und anderen Hausrat aus einem Haus räumen. Es kommen serbische Fuhrwerke, die wir mit allem, was in dem Haus zu finden war, beladen müssen. Serbische Bauern tränken die Tiere und melken die Kühe. Einige Tiere irren im Hof umher, sie sind aus ihren Ställen ausgebrochen, haben sich vor Hunger und Durst losgerissen. Manche bluten. Die Tiere, die noch angekettet sind und sich nicht befreien konnten, toben und schreien. Die Bauern und wir haben es sehr schwer, an die unruhigen Tiere heranzukommen. Es ist, als bäumten sich auch die Häuser gegen den Himmel.

Wir müssen noch immer aufladen. Gänse und Hühner werden eingefangen und zum Teil gleich auf dem Hof geschlachtet. Die Hunde werden erschossen und die Ikonen aus den Häusern in den Hof geworfen. Was für ein Tag des Entsetzens! Gläser mit Marmelade werden an die Wände geworfen, alles ist verschmiert. Die auf dem Hof umherirrenden Tiere zertreten die Heiligenbilder, die auf dem Erdboden liegen. Wir Buben beladen die serbischen Wagen, und ich glaube zusammenzubrechen. Es ist, als zerstächen Hunderte Nadeln meine Arme und Beine.

Die Dämmerung ist hereingebrochen, und wir müssen immer noch laden und Tiere jagen. Wir taumeln in der Dunkelheit in den verrückten Häusern umher, bis die Uniformierten sagen, daß wir aufhören können. Sie führen uns nicht zur selben Hutweide, von der wir gekommen sind, sondern auf die große, auf der wir den ersten Tag verbrachten, als wir in dieses Dorf getrieben wurden. Die anderen Buben fragen die Uniformierten, ob wir nicht auf die Hutweide zu unseren Angehörigen getrieben würden. »Ja, wohin denn sonst!« sagt der eine. Aber wir werden in die Gegenrichtung gebracht. »Ihr kommt dorthin, wo die anderen Schwabas sind. Auf der kleinen Hutweide ist kein Mensch mehr, sie sind alle zur großen gebracht worden«, fährt der Uniformierte fort. Wir sind beruhigt.

Ganz dunkel ist es mittlerweile geworden, und ich trete auf die Ferse des Buben vor mir. Die Häuser sind dunkelgrau. Das gellende Schreien hat aufgehört, es sind nur noch unsere schleichenden Schritte und die schweren der Uniformierten zu hören. Wir werden bis ans Ende des Dorfes getrieben. Ein merkwürdiges Rufen und Raunen ist zu hören. Hin und wieder leuchtet ein Licht auf. Das kommt alles von der großen Hutweide, zu der wir hingebracht werden. Viele andere Uniformierte stehen dort mit Batterielampen und leuchten uns an. Es ist stockdunkel, nur mancherorts brennt ein Feuer, um das Kinder und alte Frauen sitzen. Es werden Namen gerufen, dazwischen hört man Klagen, Weinen und Schreien. Ich taste umher und sehe viele Gestalten nur als Schemen, denn das Dunkel der Nacht verschlingt alles. Das Rufen ist sehr laut. Ich weine und beginne auch zu rufen. Ich stolpere über liegende Körper und Säcke, die man kaum voneinander unterscheiden kann. Doch wenn man auf einen Sack tritt, bleibt es still, aber wenn man auf Menschen tritt, wird geschrien und geschlagen. Alle suchen wir in der Finsternis unsere Angehörigen, schreien in die Finsternis hinein. Ich schreie: »Krämerneni! Krämer Angela!« Einige Buben haben ihre Angehörigen gefunden, und ich weine und schreie weiter. Ich kann meine Beine nicht mehr bewegen. Mir ist, als stürbe ich, und ich falle zu Boden und stehe wieder auf und bewege mich fort und kralle mich wie eine Katze auf dem Boden fest. Ich rufe nach Mischi und seiner Mutter und immer wieder nach Krämerneni. Großmütter rufen nach ihren Enkeln, und meine Stimme geht im Lärm unter. Ich kann nicht mehr, nicht mehr schreien und nicht mehr aufstehen. Mein Gesicht wühlt im Boden, und ich versuche wieder fortzukommen. Es kommen noch immer Buben, die ihre Angehörigen suchen. Eine Stimme krächzt, ob ich nicht aufpassen könne. Kleine Kinder schreien, und ich fluche, falle hin und versuche wieder aufzustehen. Mein Schreien klingt wie das Krächzen der alten Frau. Da höre ich meinen Namen rufen. »Robert, hierher, hier sind wir!« Es ist die Stimme der Krämerneni, und ich glaube eine zweite bekannte Stimme gehört zu haben. Da kommt Mischi auf mich zu und umarmt mich und bringt mich zum Lager, wo die anderen alle sind: Krämerneni, Mischis Mutter, mein Bruder und Mischis Bruder. Krämerneni fragt mich, ob ich Hunger hätte, doch ich kann nichts essen.

Mischi sagt mir, daß man ihn auch ins Dorf gebracht habe und daß er erst vor kurzem zurückgekommen sei. Für ihn war es leichter, weil er den Platz wußte und sich in der Dunkelheit orientieren konnte. Ich habe starke Kopfschmerzen. Mischis Mutter nimmt die Flasche, die Mischi und ich aus Werschetz mitgebracht haben, und reibt mir die Schläfe ein. Krämerneni fragt, ob ich etwas gehamstert hätte. Ich zucke vor Schreck zusammen und muß ihr sagen, daß meine Hosentaschen leer sind. Sie sagt: »Macht nichts! Das nächste Mal bist du schlauer.« Ich suche mit meinen Händen nach der Liegestatt und spüre, daß der Kopf meines Bruders in Krämernenis Schoß liegt. Ich lege mich zwischen Krämerneni und Mischi. Von überall dringen Rufe, Schreie und Gebete in die Nacht hinein.

Ich sehe Krämernenis Gesicht mich anlachen, als wolle sie mir Mut geben. Ich schaue verwirrt und weiß nicht, wo wir sind. Ich habe geschlafen. Krämerneni sagt: »Wir sind auf der großen Hutweide und werden jetzt essen.« Ich frage, ob uns die Uniformierten heute wieder holen würden. Krämerneni sagt, wenn sie kämen, sollten wir uns zusammenziehen und so klein machen wie Iltisse. Und die Uniformierten kommen wieder, und wir ziehen uns zusammen und werden nicht mitgenommen. Wir bekommen Schinken und Brot. Die Sonne ist aufgegangen. Mischi und ich gehen über die Hutweide und sehen überall Frauen und Kinder und hin und wieder einen alten Mann. Kranke Menschen liegen auf dem Erdboden, und eine Frau, die gestorben ist, wird fortgetragen. Da auf unserem Lager kein Gras mehr ist, schlägt Krämerneni vor, den Platz zu wechseln. Und außerdem sind die Leute um uns herum ihr nicht sympathisch. So nehmen wir unsere Säcke und ziehen durch die Menge, um uns einen anderen Platz zu suchen.

Auf dem Boden kriechen alte Frauen, es scheint, als fräßen sie die Erde, denn sie kriechen wie Schlangen. Andere wieder sind so flink wie Ratten. Krämerneni meint, daß die eine der kriechenden Frauen eine der wohlhabendsten Leute aus Werschetz gewesen sei. Sie sei nie zu ihr ins Geschäft gekommen, weil sie dafür zu vornehm war. Jetzt müsse sie wie eine Ratte auf dem Boden kriechen. Krämerneni trägt den Schinken und das Brot und geht aufrecht trotz des Gewichts. Zu mir gewandt sagt sie: »Haltung und Würde sind alles im Leben. Man darf sich nicht unterkriegen lassen. Eine gerade Haltung ist wichtig: Bauch hinein, Brust heraus. Gehen wir weiter, bis wir einen ordentlichen Platz finden, wo auch ordentliche Leute sind!« Wir finden endlich einen Platz, wo das Gras noch nicht zusammengetreten und der Boden nicht glatt und glitschig von der Nachtfeuchtigkeit ist.

Am Abend sind wir noch alle auf der Hutweide, und es wird nicht mehr so geschrien wie in der vergangenen Nacht. Krämerneni und Mischis Mutter richten das Lager und breiten die Tuchent aus, sodaß wir alle unsere Beine darunterstecken können, so wie in der Baracke in Werschetz. Die Säcke sind unsere Kissen, und die Mäntel und Decken liegen auf dem Boden. Wir schlafen alle ein, stehen aber wieder auf, um herumzugehen und uns zu bewegen, damit uns wieder warm wird, und schlafen weiter. So geht es die ganze Nacht. Es krähen die Hähne von den serbischen Dörfern, auch diejenigen, die sich in unserem Dorf verkriechen konnten. Es ist eine gewisse Ruhe eingetreten, nur das Raunen und Summen der Menschenmasse ist hörbar. Aber diese Ruhe wird unterbrochen von Lärm, der aus der Richtung des Dorfes kommt. Wir hören Uniformierte schreien: »In Reihen aufstellen! In Reihen aufstellen!«

Vor uns stehen viele Uniformierte, und wir hören, daß ganz vorne etwas Schreckliches geschehen muß, denn es wird geweint und geschrien. Wir sehen, daß Leute aus der Kolonne geholt und auf die andere, leere Seite der Hutweide getrieben werden. Kinder werden gewaltsam von ihren Müttern und Großmüttern getrennt und in die Menschenmasse zurückgeschickt, während die Mütter auf die linke Seite kommen. Es wird getreten, geschlagen, geweint und geschrien. Die Zeit vergeht nicht. Ich bekomme wieder eine Art Schüttelfrost, und mein Bruder fängt zu weinen an. Krämerneni hält ihm den Mund zu und schimpft, er solle ruhig sein, damit die Uniformierten nicht zu sehr auf uns aufmerksam würden. Vielleicht übersehen sie uns. Sie sind nicht mehr weit weg von uns, lassen aber niemanden aus. So werden wir auch an die

Reihe kommen und von Mischi und Krämerneni getrennt werden. Jetzt sind sie bei uns angelangt und bleiben vor uns stehen. Wir müssen einzeln hervortreten. Zuerst tritt Krämerneni vor, und die Uniformierten jagen sie zurück. Dann sind mein Bruder und ich dran. Wir haben unsere Säcke auf dem Rücken. Die Uniformierten schicken uns wieder zurück, und wir stellen uns dicht neben Krämerneni, die ein versteinertes Gesicht bekommt. Mischis Mutter muß aus der Reihe treten, und die Uniformierten befehlen ihr, hinüber auf die andere Seite zu gehen. Mischi muß auch hinüber, denn er ist größer als ich. Ich bin für meine zwölf Jahre viel zu klein.

Mischis Mutter bleibt in der Mitte der beiden aufgereihten Kolonnen stehen. Die Uniformierten stoßen sie hinüber zu den Ausgesuchten. Wastl hängt hinten an ihrem Gewand, er verkrallt sich mit den Fingern in ihrer Hüfte. Die Uniformierten greifen nach ihm, um ihn von seiner Mutter zu trennen. Man zerrt an ihm, aber seine Finger haben sich so in ihrem Gewand eingekrallt, wie es nur Zecken an unserem Körper machen. Wenn man sie aus dem Körper zu ziehen versucht, reißt der Kopf ab. Ein Uniformierter schreit, man solle alle drei hinübertreiben. Krämerneni steht wie angenagelt und hat ein starres, graues Gesicht. Mischi ist nur einige Meter von mir entfernt, aber ich kann nicht hinüber und Mischi nicht mehr zurück. Wastl hält seine Mutter noch immer fest umschlungen. Zwischen uns und den anderen ist ein langes, leeres Feld. Eine unheimliche Spannung liegt in der Luft. Es wird etwas Schreckliches geschehen, denn die Leute flüstern hinter uns, daß man sicherlich eine Gruppe erschießen werde, vielleicht uns oder die auf der anderen Seite. Eine unendliche Trauer überkommt mich, aber es ist nicht so wie beim Tod meiner Großmutter.

Das war etwas sehr Feierliches. Türen und Fenster waren mit kostbaren schwarzen Tüchern verhängt. Um den Leichnam saßen schwarzgekleidete Frauen, in große schwarze Schals gehüllt. Mein Hund bekam mehr zu fressen als sonst, damit er nicht so laut bellte, wenn die Trauergäste kamen. Ich war sehr stolz, daß so viele Menschen unser Haus betraten. Sie trugen herrliche dunkle Gewänder und brachten wunderbare weiße und hellrosa Blumen. Frauen und Kinder standen um die tote Großmutter und weinten. Krämerneni war auch dabei. Schwarze Pferde zogen einen großen, schwarzen Wagen, der mit kostbarem Samt verhängt war. Junge Burschen in dunklen Gewändern und mit dunkler Kopfbedeckung trugen die Großmutter hinaus auf die Straße. Der Pfarrer und weißgekleidete Ministranten standen vor dem Haus. Der Weihrauchgeruch machte mich traurig. Er war wie ein Rausch. Ich freute mich, daß die Großmutter so einen wunderbaren Tag hatte und so viele Menschen zu ihr gekommen waren. Auch die Orthodoxen kamen und brachten Lebensmittel und golden aussehenden Wein, damit die Großmutter im Grab genug zu essen hätte. Der Leichnam und die vielen Blumen und anderen Geschenke wurden auf den Wagen gelegt und von den schwarzen Pferden fortgezogen. Wir gingen hinter dem Wagen her. Es war kein so lautes Jammern und Klagen wie beim Forttragen unserer serbischen Nachbarin. Da gingen hinter dem Wagen zuerst die schreienden und laut weinenden, wie Wölfe heulenden Frauen her. Das Ansehen eines Toten bestimmten die Klagefrauen: Je mehr von ihnen dabei waren, umso würdiger war das Begräbnis. Als der serbisch-orthodoxe Patriarch der Stadt beerdigt wurde, gingen etwa hundert oder noch viel mehr Klagefrauen in dem ungeheuer langen Zug mit. Was für ein Schreien und Klagen war da zu hören!

Es ist nicht der Kondukt des Patriarchen. Es ist ein weit größerer. Das Weinen und Schreien ist stärker, und wir stehen oder sitzen. Ich sehe noch immer zu Mischi hinüber. Wenn ich ihm auch noch etwas zurufen wollte, es würden doch die Laute vom Schreien der Menschen verschlungen. Dunkle, grauschwarze Wolken ziehen dahin, ebenso wie die Kolonne der Ausgesuchten. Ich kann Mischi, seine Mutter und seinen Bruder nicht mehr sehen. Es wird ruhiger, nur ein leises Wimmern und Klagen ist noch zu hören. Jetzt erst beginne ich zu weinen. Krämerneni fragt mich, was dieses Gejammere solle. Mischi ist fort, und ich unterdrücke mein Weinen. Krämerneni holt den Schirm aus dem Sack, denn es beginnt nun heftig zu regnen. Alle drei haben wir uns unter dem Regenschirm verkrochen. Nur wenige Leute haben einen Schirm. Krämerneni sagt, es sei sehr dumm, daß die Leute immer das Wichtigste im Leben vergäßen. Sie habe zuerst nach dem dicken Mantel, einer ordentlichen Decke und dem Schirm gegriffen. Es regnet so stark, daß sich die Menschen in Säcke hüllen und die bloßen Hände über den Kopf halten. Die kleinen Kinder werden unter die weiten Röcke der Großmütter gesteckt. Alte Frauen kriechen auf allen Vieren auf dem glitschigen Boden. Ihre Hände und Gesichter sind schwarz vom Lehmkot. Sie können sich nicht aufrichten. Man kann die Farbe der Gewänder nicht mehr erkennen, alles ist Schmutz und Lehm. Mischi ist nicht hier, und wir sind naß trotz des Schirms. Die Menschen fangen an zu beten, und wir beten mit. Alle kriechen, weinen, schreien und beten, denn Mischi ist nicht mehr hier: Vater unser, der du bist im Himmel, geheiligt werde dein Name, dein Reich komme, dein Wille geschehe wie im Himmel so auf Erden ...

3
Leibesvisitation

Es regnet in Strömen, und die Menschen fangen zu laufen an, alle in dieselbe Richtung, in die Richtung der letzten Häuser. Keiner weiß, was los ist, aber alle laufen wie verrückt, auch Krämerneni. Wir springen über die im Dreck kauernden Frauen, über alte Frauen, die ihre Enkel auf den Rücken gebunden haben. Krämerneni keucht, und Alfred weint. Sie tröstet ihn: es werde nicht mehr lange dauern und wir seien unter einem Dach. Wir sind völlig durchnäßt.

Endlich haben wir die letzten Häuser des Dorfes erreicht. Sie haben Gesichter wie alte Frauen, und ihre Fenster sehen wie Augen über die Menschen hinaus auf die Hutweide in die dunkle Ebene. Wir verkriechen uns in die Häuser. Die Zimmer, die Küchen, die Dachböden sind voll von nassen Menschen. Die Korridore, die Ställe, sogar Schweine- und Hühnerställe sind mit Menschen vollgepreßt. Immer noch mehr wollen unter das Dach, doch es gibt keinen Platz mehr. Auch der Hof ist voll, und die Menschen stehen dort unter dem erbarmungslosen freien Himmel. Es wird geklagt, geweint und gebetet.

Der Regen hört auf, und sogar die Sonne kommt hervor. Aber die Menschen bleiben auf den trockenen Plätzen, um nicht den kleinen Fleck Dach über dem Kopf zu verlieren. Im Hof rinnt das Wasser. Die Sonne hat sich wieder hinter den dunklen Wolken verkrochen, so wie auch wir uns verkrochen haben. Der Tag geht zur Neige, und es wird dunkel, doch wir rühren uns nicht von unserem Platz. Durch das Zusammengepreßtsein werden wir auch noch trocken, aber es stinkt fürchterlich muffig nach nassen Gewändern. Die Nacht dauert ewig, wenn man auf einem Fleck steht, ohne sich bewegen zu können. In der Nacht höre ich wieder das Regnen, das Klagen und das Litaneibeten. Dieses Murmeln kommt mir vor wie das Röcheln von Schweinen, die das Messer in den Hals bekommen haben und zuckend auf dem gefrorenen Boden liegen. Und die Nacht geht vorbei, und es regnet nicht mehr. Aber wir können den Himmel nicht sehen in der Enge der kleinen Scheune. Die Menschen kriechen aus den Hühnerställen, aus den Schweine- und Ziegenställen und aus den Scheunen. Uniformierte treiben uns wieder auf die Hutweide. Die paar noch lebenden Hühner, die sich in den vergangenen Tagen versteckt hielten, gackern. Sie werden aus ihrem Versteck gescheucht und flattern um die Köpfe der Menschen.

Der Boden der Hutweide ist naß und das Gras zusammengetreten. Das Schwarz der Erde tritt hervor. Die meisten Leute stehen, statt sich niederzulassen. Nur die zu Tode Erschöpften werfen sich nieder. Krämerneni und wir zwei Buben bleiben auch stehen, bis die Sonne den Boden getrocknet hat. Wir hören Uniformierte schreien, die Leute sollten ihren Schmuck abgeben. Wer bei der bevorstehenden Leibesvisitation Schmuck bei sich habe, werde erschossen. Die Menschen tragen ihren Schmuck nach vorne zu den Uniformierten. Es bricht eine große Unruhe aus, es wird viel geklagt, und Schmuck wird den Uniformierten übergeben.

Ich verlasse unseren Platz, um die Verkrampfung der vergangenen Nacht etwas zu lösen, denn meine Glieder sind wie erstarrt. Ich gehe durch die Menge, auch in der Hoffnung, Mischi und die Seinen zu finden, aber keine Spur von ihnen. Ich komme an einem leeren Kinderwagen vorbei und sehe darunter eine schwarze, mit Leder überzogene Schachtel liegen. Als ich sie aufhebe, spüre ich, daß sie ziemlich schwer ist. Ich öffne sie, und ein herrlicher Glanz strahlt mir entgegen. Es sind Ketten, Uhren, Armbänder, alles zu einem Klumpen zusammengerollt. Ich stecke die Schachtel unters Hemd und laufe zu Krämerneni. Hastig nimmt sie sie mir aus der Hand, öffnet sie und steckt einen Ring in den Mund, als wolle sie ihn essen. Sie nagt auch an einer Kette. Dabei beugt sie sich über die Schachtel, und ich muß mich vor sie stellen, damit niemand hersehen kann. Krämerneni sagt, sie werde die Sachen wegwerfen. Nach kurzer Zeit kommt sie zurück und beruhigt uns, sie habe die Schachtel weggeworfen. Ich frage sie, warum wir die Schachtel nicht vorne abgeben wie die anderen Leute, die alles den Uniformierten hinbrachten. Krämerneni sagt, es sei besser so, weil man da vorne Schläge bekomme, besonders dann, wenn man so viel Schmuck abgebe, wie in dieser Schachtel war. Sie sagt auch, ich solle still sein und nicht so viel fragen. Kinder hätten ihre Mäuler zuviel offen.

Es wird wieder geschrien, daß wir uns in Reihen aufstellen sollten. Krämerneni öffnet den Sack, der an der unteren Seite bereits zerrissen ist, nimmt die Tuchent heraus und schneidet sie auf, daß die Federn fliegen. Die Leute neben uns fragen, was sie denn da treibe, ob sie verrückt geworden sei. Krämerneni erwidert, sie sollten sich um ihren eigenen Kram kümmern. Sie steckt Mutters Mantel und den Schinken in das

Innere der aufgeschnittenen Tuchent und bindet sie wieder zu. Wir stellen uns alle drei in einer Reihe auf. Es dauert noch eine gute Weile, bis wir vor den Uniformierten stehen. Vor uns spielen sich schreckliche Szenen ab. Den Menschen wird das Letzte weggenommen, alte Frauen und Kinder werden geschlagen, Großmütter bleiben auf dem Boden liegen, die Kinder wälzen sich auf der Erde. Ich zittere am ganzen Leib, meine Zähne schlagen aufeinander, mein Hals ist trocken, und meine Augen brennen wie Feuer. Ich halte meinen Bruder fest und klammere mich an Krämerneni. Sie flüstert: »Sei still, mein Kind, sei still! Es wird schnell gehen, und dann ist alles vorbei.« Ihr Gesicht ist aschgrau, und die Haare stehen ihr borstig unter dem Hut hervor, aber es läuft ihr keine Träne über das Gesicht. Der Mund ist so fest geschlossen, daß keine Lippen mehr zu sehen sind. Vor uns wird getreten und geschlagen. In meinem Kopf tobt es. Ich sehe vor mir, wie man Krämerneni schlagen wird, daß sie auf dem Boden liegen bleibt und uns nicht mehr helfen kann, wenn wir unsere Schläge und Tritte erhalten. Was, wenn sie den großen Schinken und Mamas Mantel finden? Krämernenis Gesicht wird steinhart. Sie drückt uns an sich, wie ich es an ihr noch nicht gekannt habe. Alfred weint so laut wie die anderen Kinder, und ich würde auch gerne weinen. Aber ich weiß, daß wir dann nur noch mehr Schläge bekommen. Vor uns ist eine Frau mit einem kleinen Mädchen. Sie hat ihren Sack geöffnet und muß seinen Inhalt auf den Boden leeren, auf den Boden in den Dreck. Eine Uniformierte fährt mit beiden Händen in ihr Gewand und tastet ihren Körper ab. Sie holt einen Briefumschlag hervor und schreit, was sie denn da verstecke. Die uniformierten Männer schauen zu und langweilen sich, weil sich diese Szenen hundertmal wiederholen. Die Uniformierte hält den Briefumschlag in der Hand, die Frau will danach greifen, da schlägt die andere Hand der Uniformierten zu. Die Frau fleht, man solle ihr doch nur das eine Bild aus dem Umschlag geben. Da zerreißt die Uniformierte vor ihr den Briefumschlag in kleine Stücke. Die Frau will danach greifen, und die gelangweilten Uniformierten lachen. Sie kann gehen, nachdem sie ihre Habseligkeiten mit zitternden Händen in ihren Sack gesteckt hat. Aber ihr Gesicht verändert sich nicht, ist nicht so starr wie das Krämernenis. Die Frau bekommt noch einen Tritt und fällt mit dem Gesicht in den Dreck. Jetzt fängt das Kind laut zu weinen an.

Nun kommen wir an die Reihe. Wenn nur die Schläge schon vorbei wären und Krämerneni nicht auch in den Schmutz getreten wird! »Was ist los? Öffne deinen Kram!« schreit die Uniformierte. Ich versuche mein Schlottern zu verbergen. Krämerneni öffnet den Sack, und die Federn

fliegen. Sie sagt, die Tuchent sei ihr zerrissen, sie sei schon sehr morsch, und der eine der Buben habe den Durchfall. Sie zieht das eine Ende der Tuchent heraus, daß die Federn nur so fliegen, und zeigt die beschmutzte Stelle. Die Uniformierte schreit, sie solle ihren Kram zumachen und verschwinden, sonst bekomme man noch Läuse. Die Uniformierten hinter ihr lachen. Wir bekommen einen leichten Tritt, Krämerneni taumelt ein wenig. Beinahe wäre sie auf den Haufen der abgenommenen Habseligkeiten anderer gestiegen. Berge von Gewändern, Speck, Schinken und anderem mehr liegen herum, die Dinge, die man den Leuten weggenommen hat.

Wir müssen einen breiten Wall zwischen den Leibesvisitierten und den noch nicht Durchsuchten überqueren. Den Wall entlang sind Uniformierte aufgereiht. Drüben auf der linken Seite werden wir zu den Durchsuchten getrieben, wo die Mütter weinen, man habe ihnen alles weggenommen, dem kleinen Mädchen den Mantel ausgezogen, das letzte Eßbare genommen. Eine Frau klagt, man habe alle ihre Papiere zerrissen. »Wer braucht jetzt Papiere? Das Essen und die Gewänder vom Leib haben sie genommen, das ist entsetzlich, aber was sind schon Papiere!« sagt eine Frau. Krämerneni spricht kein Wort. Sie schaut den Wall hinunter, wo ein sehr junger Uniformierter eine Frau schlägt und immer wieder schlägt. Die Frau liegt auf dem Boden und kann nicht mehr aufstehen, er schlägt mit dem Gewehrkolben auf sie ein. Und Krämerneni hält ihren Mund geschlossen, ihr Gesicht ist starr und ihre Augen funkeln und bohren sich in die Augen der neben uns stehenden Uniformierten. Aber keiner sagt ein Wort, und die Frau wird in den Graben gezerrt. Es wird Nacht, und noch immer werden Leute ausgezogen, geschlagen und getreten. Die Lichter gehen aus, nur die Uniformierten auf dem Wall tragen Lampen. Kinder schreien in die klare Mondnacht hinein. Ich sehe die dunklen Silhouetten der Frauen, das Beugen, Kriechen und Kauern. Was für wunderbare Linien die Körper der Mütter bilden! Alles bescheint der Mond. Es hat etwas Gespenstisches an sich, die vielen Silhouetten, das Beten, das Weinen und Singen. Die Kinder schlafen, und die Großmütter kauern neben ihnen, oder sie wachen und wickeln die Kinder in die breiten, weiten Röcke ein, die sie am Leib tragen.

Die große Hutweide dunstet, wie Nebelschleier ziehen die Schwaden über die vielen Menschen. Jetzt am Morgen werden auf der anderen Seite die Menschen wieder durchsucht. Das gleiche Weinen und Klagen und das gleiche Schlagen wie am vergangenen Tag. Den anderen wurde das meiste weggenommen, uns überhaupt nichts. Wir essen weiter unseren Schinken, und Krämerneni näht die Tuchent wieder zu. Der Schinken ist voll von Federn, die an Fleisch und Speck kleben. Auch wir haben Federn an unserem Gewand. Krämerneni bleibt still.

Es ist Nachmittag. Die Uniformierten schreien, wir sollten uns in Reihen aufstellen. Eine Stunde lang stehen wir, dann setzen wir uns. Endlich heißt es: Vorwärts!, und wir marschieren in einer Kolonne nach vorne. Hinein ins Dorf geht es, und die Menschen freuen sich. Es wird geflüstert, daß wir wieder in die Häuser dürfen. Doch die sind ausgeräumt, die Tiere fort und die Tore zertrümmert. Wir werden durch die Straße getrieben, mitten auf dem Fuhrweg, links und rechts Uniformierte, vorbei am Haus, wo wir den Winter über in der Futterkammer hausten und von wo Helen weggeholt wurde. Ich sehe den Friedhof und das Haus der Mariebas. Seine Tore liegen auf dem Boden. Keine dunklen Tücher hängen an den Fenstern. Die Fensterflügel sind aufgerissen, kein Rauch steigt aus dem Schornstein.

Wir werden die Landstraße entlang in Richtung Greda getrieben. Die Kolonne zieht langsam dahin. Die Sonne wird vom Horizont aufgesogen, die große, glutrote Sonne, und über der Ebene ziehen violette Schleier dahin. Ich höre das Schreien der Vögel von den nahen Sümpfen, das dumpfe Trampeln der Kolonne, den schweren Tritt der Uniformierten. Es wird dunkel, und ich bekomme starken Durst. Meine Kehle ist trocken, auch Lippen und Mund sind ausgetrocknet. Die Straße staubt. Ich trage den kleineren Sack, Krämerneni den größeren mit dem Schinken und der Tuchent. Mir wird der Sack schon zur Last. Meine Augen brennen, die Beine schmerzen. Gebrechliche alte Frauen und kleine Kinder bleiben am Straßenrand liegen und werden von dreizehn- bis vierzehnjährigen Knaben auf die Fuhrwerke geladen. Die Pferde sind unruhig. Der Mond ist vom Horizont aufgestiegen, eine feuerrote Kugel. Ich habe vor Müdigkeit und Durst Kopfschmerzen. Krämerneni tröstet mich und sagt, daß wir bald in ein Dorf gelangen würden, in dem es Wasser gibt.

Ja, wir kommen in ein serbisches Dorf. Leute stehen und gehen auf der Dorfstraße. Sie lachen, singen und schreien. Es sind Männer, Frauen und Kinder, die serbischen Bewohner des Dorfes. Ihre Silhouetten bewegen sich und beugen sich zu Boden. Es gibt kein Wasser, sondern Erdschollen fliegen uns an die Köpfe. Krämerneni sagt, ich solle den Sack nach vorne über den Kopf ziehen. Ich bekomme eine Scholle auf den Rucksack und spüre sie fast nicht. Aber der Durst macht mich bald wahnsinnig, und ich weine. Noch immer werfen sie Schollen auf uns, schreien und sind außer sich. Menschen werden verletzt, kleine Kinder und alte Frauen. Die Menge schreit: »Vervögelte Schwaben!« und singt Partisanenlieder. Die Uniformierten müssen eingreifen, und das Werfen hört auf. Auf dem Dorfplatz bleiben wir stehen. Was für ein Klagen und Weinen am Brunnen! Es ist ein Laufbrunnen mit einem langen Bassin, in dem die Kühe und Pferde getränkt werden. Flaschen und allerlei Gefäße werden in die Höhe gehalten. Krämerneni und ich zerren meinen Bruder zum Brunnen. Er schreit und sagt, er könne nicht mehr. Wie eine verendete Kröte hängt Alfred an uns. Endlich haben wir uns bis zum Tränktrog vorgekämpft und trinken wie die Tiere das Wasser. Wir halten einfach den Mund an die Wasseroberfläche und saugen das Wasser in uns ein. Nie und nimmer werde ich das Trinken an diesem Brunnen vergessen. Wenn ich ein kostbares Geschenk bekäme, es wäre nichts gegen dieses Wasser.

Krämerneni und ich schleppen Alfred mit uns. Auch ich kann fast nicht mehr. Da bricht Alfred zusammen. Krämerneni wäscht ihm die Stirn mit Speichel. Sie hängt mir den schweren Sack auf den Rücken und trägt meinen Bruder Huckepack. Meinen kleinen Sack hängt sie sich um den Arm. Die Trägergurten meines Sackes sind mit Lumpen umwickelt, damit sie an den Schultern nicht einschneiden, die Gurtenträger aber so ausgeleiert, daß der Sack auf dem Boden schleift. So ist es für mich leichter. Gut, daß ich nicht sehr groß bin und kurze Beine habe. So ziehen wir dahin, Krämerneni gebeugt von der Last meines Bruders und ich mit dem schweren Sack auf dem Rücken, den ich auf dem Boden vorwärtsschleife.

Der Mond ist weit vom Horizont und zieht dem Zenit zu. Aber er geht mit uns mit und leuchtet uns. Krämerneni kann meinen Bruder nicht mehr tragen. Sie sagt, Alfred sei jetzt ausgeruht, und er müsse wieder ein Stückchen gehen. Wir nähern uns der Silhouette eines Dorfes. Fuhrwerke fahren an uns vorbei, vollbeladen mit Kindern und alten Frauen. Wir dürfen uns setzen, und die Kolonne rastet. »Siehst, Alfred, jetzt steht der Mond auch und wartet, bis wir weitergehen, dann wird er uns wieder begleiten«, tröstet Krämerneni meinen Bruder, der weint, er könne nicht mehr, seine Beine zittern sehr. »Schaut, Kinder, im Mond ist ein Mann, der ein Bündel Reisig trägt. Er muß auch seine Last tragen, so wie wir alle, und trotzdem begleitet er uns«, sagt Krämerneni. Ich schaue mir diesen Mann an, der sein Bündel schön auf der Schulter trägt und nicht so gebeugt geht wie wir. Er läßt auch das Bündel nicht auf dem Boden schleifen. Er steigt immer höher, der Mond mit dem Mann, der ein Bündel trägt.

Schritte und Schatten. Die Tür wird geöffnet, und eine Frauengestalt ruft uns zu. »Auf, Robert, wir müssen weiter, du bist eingeschlafen«, sagt Krämerneni mit milder Stimme. Wir ziehen wieder weiter. Alfred ist still, er kann nicht mehr weinen, die Müdigkeit und die Verzweiflung haben ihn stumm gemacht.

Wir nähern uns dem Dorf. An den vom Mond bläulich leuchtenden Fassaden der niederen Häuser kichern Burschen und Mädchen. Es wird Musik gemacht und Koco getanzt, und es werden keine Schollen geworfen, wenn auch ein großer Tumult auf dem Gehsteig entsteht. Es wird geschrien und gespottet, dann ist die Musik wieder verklungen, die Tänzer sind verschwunden, und das Lachen hat aufgehört. Wieder zieht die Landstraße mit uns dahin.

Der Weg wird wieder schlechter, Pferdefuhrwerke fahren vor. Die Pferde sind scheu, eine Horde von Menschen fällt über die Fuhrwerke her und will sich auf den Wagen Platz verschaffen. Wie Furien bestürmen Frauen mit Kindern die Wägen. Meine Beine zittern, und ich kann nicht mehr. Krämerneni nimmt wieder meinen Bruder auf den Rücken. Ich ziehe den Sack hinter mir nach. Ich muß aufpassen, daß ich nicht zu Boden getreten werde. Krämerneni hat genug mit Alfred zu tun. Pferde wiehern, Menschen schreien. Die Pferde einiger Fuhrwerke springen mit den Vorderbeinen in die Luft. Von hinten werden sie mit der Peitsche geschlagen. Wie sehr reißen sie die Augen auf! Der Mond leuchtet in ihre Augen, und der Mann mit dem Reisigbündel ist dabei. Ich sehe fasziniert in diese leuchtenden Augen.

Krämerneni zerrt an mir und schreit: »Klammere dich an mich, ich kann Alfred nicht mehr tragen. Wir müssen ein Fuhrwerk bekommen, gehe es, wie es will!« Wir werden gestoßen und getreten, aber Krämerneni mit uns beiden erreicht ein Fuhrwerk. Wir umklammern die Wagenleiter. Eine Frau gibt Krämerneni einen Stoß: »Wir haben keinen Platz!« Mit der rechten Hand schlägt Krämerneni auf die Frauen auf dem Wagen ein, mit der Linken hält sie Alfred an seinen Händen fest, die sich wie Krallen an ihrer Brust festgehakt haben. Ich umklammere sie von hinten, und sie hat sich auf dem Wagen Platz verschafft. Ich ziehe mich zu ihr in die Höhe, aber die Last auf meinem Rücken zieht mich wieder zurück. Der Wagen beginnt zu fahren, und ich sitze noch nicht richtig. Krämerneni und eine andere Frau helfen mir, den Sack nachzuziehen, und ich habe auf der Wagenstange Platz gefunden. Der Sack liegt auf Krämerenis Schoß. Die Frauen beschimpfen uns, Krämerneni streitet heftig mit einer Frau, und schließlich wird auf dem ganzen Fuhrwerk arg gestritten.

Der Mond ist jetzt auch schneller, wie er mit uns mitzieht, der Mann ist noch immer im Mond und trägt sein Reisigbündel. Wir brauchen nichts zu tragen und können sitzen und kommen schneller voran. Ich denke an Mischi, wo er wohl sein mag und ob er in dieser Nacht auch unterwegs ist. Die Frauen sind wieder ganz ruhig, nur das Rattern des Wagens und das Keuchen der Pferde ist zu hören. Am Horizont wird ein Dorf sichtbar. Wie ein Zeigefinger ragt die Kirche hervor, und merkwürdige graue, violette und blaue Streifen sind über dem Horizont und über dem Dorf zu sehen. Der Mond hat den Zenit erreicht. Großmütter und Kinder auf dem Wagen werden nervös, und Unruhe entsteht. Es heißt, daß der Ort Setschanfeld sei, ein rein deutscher Ort. Krämerneni sagt, es sei vielleicht eine Fata Morgana, denn das Dorf sieht so unwirklich aus. Einige Bäume tauchen auf und viele Sträucher, und zwischen den Bäumen und Sträuchern sind Kreuze zu sehen. Die weißgetünchten Häuser empfangen von den Bäumen, die vor ihnen stehen, dunkelblaue Schatten. Die Baumstämme sind mit Kalk gestrichen und sehen aus wie Frauen und Mädchen, die sonntags mit ihren weißen Röcken zur Kirche gehen. Es herrscht eine beklemmende Stille, kein Hundegebell, die Fenster sind schwarz, und kein einziges Licht brennt. Nur die Bäume gehen rückwärts und ziehen mit ihren Schatten die Häuser mit sich. Sie sind wie weiße Frauen mit großen, breiten Kopftüchern, und sie tragen auf dem Rücken Reisig, so wie der Mann im Mond.

In einer Seitengasse hält der Wagen. Kein Laut. Kein Mensch öffnet die Tore, und es schleichen auch keine Katzen über die silbernen Dächer. Keiner fragt und ruft, was denn los sei. Es soll ein deutsches Dorf sein, aber niemand kommt. Vielleicht ist es doch eine Fata Morgana? Endlich hören wir ein Raunen, menschliche Stimmen. Wir kommen in eine Gasse, die links der Hauptstraße vorbeizieht und dunkler wirkt. Das Rufen und Raunen wird lauter, und wir sehen Schemen von Fuhrwerken, dunkle, sich bewegende Gestalten, die in den Häusern verschwinden. Es sind Uniformierte, die die Leute in die Häuser treiben. Unser Wagen bleibt auch stehen, und wir dürfen heruntersteigen. Meine Beine sind eingeschlafen und brennen, als wären sie von Tausenden Ameisen befallen.

Wir werden in ein Haus getrieben. Was für ein herrlicher Hof, ein gepflasterter Hof, und neben dem Korridor ist ein Brunnen! Die Balustraden sind mit Wein bewachsen, und sogar am Brunnenkranz haben sich die Weinreben festgekrallt. Der Mond wirft sein Licht auf den Brunnen, und uns kommen die Tränen, weil wir es nicht glauben können, daß es einen Brunnen gibt und wir nur am Rad drehen müssen, damit die Kette mit dem blanken Eimer nach unten fährt. Wir trinken das

Wasser feierlich wie Pferde. Wir brauchen nicht aufzuhören, können soviel trinken, wie wir wollen! Was für ein Glück! Wie wunderbar werden alle Dinge, wenn auch der Mond den Zenit verlassen hat und nach unten wandert, nach unten, wo wir noch immer das silberne Wasser trinken. Krämerneni ist bereits im Haus und bereitet unser Nachtlager. Nur Frauen und Kinder suchen im Dunkel der Räume ihre Plätze. Krämerneni hat bereits einen ordentlichen Platz, wie sie uns sagt, hinter dem Ofen, dort sind wir ungestört. Vom hinteren Hof holen wir Stroh von der großen Strohtriste. Alfred muß hinter dem Ofen unsere Sachen hüten und aufpassen, daß niemand anderer unseren schönen Platz besetzt. In der Küche und auch im Korridor richten sich Leute ihr Schlaflager. Die Zimmer sind voll mit kleinen und großen Gestalten, Auch die Stallungen werden bevölkert. Krämerneni und ich tragen das Stroh hinter den Ofen. Wir breiten es aus, legen unsere Decke darauf und holen die Tuchent hervor. Krämerneni schickt uns zum Brunnen, damit wir den Schmutz wegwaschen, den wir in den Tagen auf der Hutweide gesammelt und bis hierher nach Setschanfeld gebracht haben. Sie hütet das Lager, bis wir vom Brunnen zurück sind. »Jetzt gehe ich mich ordentlich waschen. Ich hoffe, daß ihr sauber seid, legt euch zu Bett, auf mich braucht ihr nicht zu warten, es wird etwas länger dauern«, sagt sie.

Mein Bruder ist nach kurzer Zeit eingeschlafen, aber ich kann nicht einschlafen, denn ich warte auf Krämerneni, die noch lange nicht kommt. Die Schollen werden mir auf den Rücken geworfen, und ich fliege mit dem schweren Sack, der jetzt sehr leicht scheint, über das Dorf, und auch der Mond und der Mann mit dem Reisigbündel fliegen mit mir. Die Schollen erreichen mich nicht mehr, und die Federn der Tuchent fliegen. Der ganze Himmel ist voll von Federn. Mischi ist neben mir und fliegt auch über die Felder und über den großen Dreschplatz. Sogar mein Hund ist dabei. Er heult nicht und bellt nicht. Nur das Abendlied der serbischen Nachbarin ist zu hören. Ich will nach meinem Hund greifen und ihm über das Fell streichen, doch ich erreiche ihn nicht. Ich höre Krämernenis Stimme: Was denn los sei, ich solle doch Ruhe geben, sie wolle auch einmal schlafen. Ich fühle ihren warmen Körper, aber auch noch etwas Weiches, und ich erschrecke, denn ich spüre Federn. Vorsichtig greife ich danach und fühle, daß es ein Huhn ist. Wie kommt dieses tote Huhn in unser Bett?

Krämerneni flüstert: »Jetzt aber Ruhe!«, und sie fängt zu schnarchen an, daß sich die anderen Leute darüber aufhalten. Zu Hause hatte ich ein zahmes Huhn. Es ging mit mir schlafen, bis es die Großmutter entdeckte und mich deswegen schalt. Wie herrlich ist es, hier auf weichem Stroh zu schlafen! Aber ich rücke immer weiter vom Huhn weg. Krämerneni schnarcht noch lauter. Sie schnarchte auch bei Elisneni, aber keineswegs so laut.

Wir wissen nicht, wie dieses Dorf aussieht. Wir haben nur gesehen, was uns der Mond zeigte: den wunderbaren Brunnen. Wie herrlich war es, das Wasser auf dem Körper zu fühlen! Jetzt ist es stockdunkel, und der Mond leuchtet nicht mehr ins Zimmer. Krämerneni schnarcht, und ich freue mich auf den Morgen. Es sind nur noch einige Stunden bis dahin. Ich werde das Haus und das Dorf sehen und Neues entdecken. Es wird ja bald Morgen, denn die Wände des Zimmers bekommen eine graue Farbe. Heute ist der 22. April.

4
Sommer

Krämerneni ist schon weg, und ich sehe den Raum, in dem wir geschlafen haben, genauer an. Einige Frauen sind auf, die Kinder liegen noch auf dem Strohlager. Krämerneni kommt und hat die Taschen voll. Ich muß mich vor sie hinstellen, damit sie den Inhalt ungesehen im Stroh verstecken kann. Sie sagt, ich solle hierbleiben, bis Alfred wach würde, und sie verläßt das Zimmer. Ich kann meine Neugierde nicht bezähmen, und grabe im Stroh, bis ich harte Gegenstände spüre und sie hervorhole: ein Paar Schuhe, einige ausgewachsene Zwiebeln und eine alte Schüssel. Ich mache alles wieder zurecht, setze mich neben meinen schlafenden Bruder und betrachte unsere Zimmergenossen. Neben uns liegen drei Frauen, eine ganz alte, etwa achtzig, eine Sechzigjährige und eine etwa dreißigjährige Invalidin. Wäre sie nicht behindert, wäre sie wahrscheinlich nicht hier, sondern irgendwo in Rußland. Mädchen und junge Frauen sind hier keine, höchstens Mädchen in meinem Alter oder etwas älter. Eine alte Frau mit einem Knaben in meinem Alter und ein etwa fünfjähriges Mädchen liegen auf der gegenüberliegenden Seite. Es sind zehn Personen, deren Gesichter mir nicht im Gedächtnis bleiben werden. Einige von ihnen stehen, andere sind gebeugt, und die übrigen liegen auf dem Boden. Dunkelgrau bewegen sich die Gestalten, und durch die kleinen Fenster erhellt sich der Tag. Die Gestalten bekommen herrliche Farben, und ihre Umrisse haben türkise, helle Streifen.

Krämerneni trägt ein Gefäß ins Zimmer, eine rote Schüssel mit weißen Tupfen, und daraus steigt violett der Dampf auf. »Ich habe eine Frühstückssuppe gekocht, damit wir wieder zu Kräften kommen«, sagt sie. Alfred wird geweckt und die Suppe auf das Lager gestellt. Ehe wir die Hühnersuppe essen dürfen, müssen wir zum Brunnen, das Gesicht und die Hände waschen.

Im Hof sitzen die Großmütter an aus Brennziegeln zusammengestellten Feuerstellen und kochen ihre Suppe. Nach dem Frühstück dürfen wir durch die Küche hinaus, wo auch alles voll von Menschen ist. Im Korridor sitzen Leute auf dem Boden, im Hof kochen sie und waschen sich die Kinder und die Großmütter Hals, Gesicht und Füße. Im Pferdestall liegen oder sitzen die Menschen neben dem Strohlager, andere holen Stroh vom Garten, und andere stehen hinten im Stall wie kranke Pferde, die sich nicht auf den Boden legen, sondern stehend schlafen, weil sie fürchten, sie könnten nicht mehr aufstehen. In der Besenkammer, die nicht größer ist als sechs Quadratmeter, wohnen ein alter Mann und eine ältere Frau mit einem fünfjährigen Knaben, es dürfte ihr Enkel sein. Männer sind hier eine Seltenheit. Wenn die Frau die Besenkammer öffnet, sieht man eine Leiter, die auf den Dachboden führt. Hinter der Leiter liegen die beiden Menschen mit dem kleinen Knaben. Ich würde sehr gerne auf den Dachboden hinaufgehen. Auf Dachböden trieb ich mich oft herum, denn dort war immer etwas zu finden, und ich möchte Krämerneni etwas bringen.

Die Frau, die aus der Besenkammer tritt, hat kein Kopftuch auf, sondern eine hutähnliche Kopfbedeckung wie Krämerneni. Sie geht zum Brunnen, um Wasser zu holen, das in einem blechernen Eimer mit Ketten heraufgerollt wird. Aber es ist gar nicht leicht: Man muß das Rad sehr schnell rollen, damit der Eimer durch die Schnelligkeit Wasser hineinbekommt. Ich helfe der Frau, und wir beide schauen in die Tiefe und sehen, wie der Eimer unser verzerrtes Gesicht bewegt. Besonders die Frau sieht komisch aus, denn sie hat rote Lippen, und auch ihre Fingernägel sind rot. Sie bedankt sich und lächelt mich an. Wie lange habe ich kein Lachen mehr gesehen! Die Frau verschwindet wieder in der Besenkammer. Ich kann mir nicht vorstellen, wie man dort Platz zum Schlafen findet. Vielleicht sind auch diese Menschen wie die Pferde, die stehend schlafen.

Im Hof ruft mich eine Knabenstimme: »Hammerstiel!« Es ist mein Schulfreund Jani Mayer, und er sagt, daß auch Jani Stark hier sei. Ich war viel mit ihnen beisammen. Wir verkrochen uns auf dem Scheunendachboden, das war unser Versteck. Wir drei richteten uns den kleinen, niedrigen Dachboden ein und machten ihn wohnlich. Es war dunkel auf dem Boden, und niemand wußte uns zu finden. Im Hof hörten wir das Klagen, Weinen und Streiten der Großmütter und das laute Weinen der kleinen Kinder. Wir hörten es nur, sahen es aber nicht. Wir hatten uns verkrochen. In der Dunkelheit erzählten wir uns Geschichten von Druden und Hexen sowie von dem blutsaugenden Grafen hinter den Werschetzer Bergen. Wir sprachen auch über die Frauen und Mädchen, die von Soldaten abends im Park auf den Boden ins Gras gelegt wurden und ein starkes Stöhnen hören ließen. Das Schreien, das dann später aus dem Zimmer kam, war von anderen.

Jetzt halten wir uns gerne beim Brunnen auf und schöpfen Wasser, das aber nicht zum Trinken geeignet ist, obwohl es in der Nacht unserer Ankunft köstlich schmeckte. Man sagt uns, daß gutes Trinkwasser bei der Kirche zu holen sei, dort sei der große Laufbrunnen.

Jeden Morgen, ehe die Sonne aufgeht, gehe ich zum Brunnen bei der Kirche, um das köstliche Wasser zu holen. Die Straßen sind noch nicht bevölkert. Da steht die schöne, weiße Kirche und um sie herum sind riesige Bäume. Aus den Baumkronen kommt ein Schreien und Klagen von Wildtauben und anderen Vögeln. Wie herrlich ist es, dieses Rufen! Die Vögel schwärmen um den Kirchturm, und besonders wenn es noch zeitig am Morgen ist, rufen sie.

Krämerneni freut sich jedesmal, wenn sie früh am Morgen Trinkwasser bekommt. Gerne gehe ich, um das frische Wasser zu holen. Die Wildtauben rufen, und ich bleibe lange am Brunnen, wasche mir das Gesicht und lasse mir das klare, kristallene Wasser über die Füße laufen, und ich trinke es. Es ist das einzige, wovon ich soviel haben kann, wie mein Magen aufnimmt. Es ist nicht so wie mit dem Essen, bei dem wir nur ein wenig Suppe und ein kleines Stückchen Brot bekommen. Krämerneni hütet ihren Schinken wie eine Glucke ihre Küken. Hier kann ich trinken, und niemand verbietet es mir. Und in den kühlen Morgen hinein rufen die Wildtauben.

Dunkel und herrlich kühl ist es unter den Bäumen. Wäre Mischi hier, wie schön könnte es sein! Und doch ist es auch schön, hier allein zu sein. Im Haus kann ich nie allein sein, dafür gibt es keinen Platz. Nur auf dem Scheunendachboden verkriechen wir Buben uns. Ich bleibe sehr lange beim Brunnen und unter den kühlen, dunklen Bäumen. Hier am Brunnen und unter den Bäumen neben der Kirche schimpft keine Krämerneni mit mir, und da schickt mich niemand auf den Dachboden, in den Keller und in die Gärten, um zu stehlen. Wenn ich leer heimkomme, würdigt mich Krämerneni keines Blicks. Sie ist nicht böse, sie beachtet mich einfach nicht.

Im Haus daneben ist die Lagerküche. Von dort holen wir die Suppe, die in einem großen Kessel gekocht wird. Eine Frau wird zur Aufseherin bestimmt, die im ganzen Haus, in den Pferdeställen und Scheunen, wo immer Menschen wohnen, für Ordnung sorgen muß. Ich habe den Eindruck, daß Krämerneni gerne Hausaufseherin sein würde, weil sie sehr gut serbisch spricht. Jeden zweiten Tag bekommen wir unsere Brotration. Die Aufseherin muß mit dem wenigen Mehl, das sie zugewiesen bekommt, für alle das Brot backen. Die Großmütter machen am Abend das Dampfl, und am Morgen wird das Brot geknetet. Für mich ist das nichts Neues, aber das Brot wurde bei uns in der Backstube geknetet, und es kamen herrliche bunte Tücher darauf. Hier wird das gärende Brot mit Lumpen zugedeckt. Wir Kinder sind beim Broteinschießen im Lehmofen, der mitten im Hof steht, dabei. Beim Ausbacken des Brotes stehen nicht nur wir Kinder da, sondern alle, die in diesem Haus wohnen und hausen. Sobald das Brot ausgebacken und ausgekühlt ist, wird es von einer der Großmütter geteilt, jedesmal muß es eine andere machen. Früher hat es immer die Hausaufseherin geteilt, und immer wurde gestritten.

In der Scheune wohnen zwei steinalte Frauen. Krämerneni sagt, als sie nach Werschetz kam, waren die beiden bereits steinalt, das war schon vor dem Ersten Weltkrieg. Nachdem sie das Brot erhalten haben, teilen sie sich das Stückchen, setzen sich auf die Türschwelle der Scheune und essen es. Es sind nur einige Bissen. Frauen sagen, die beiden Alten hätten zu Hause auch nicht viel mehr gehabt, sie seien das Hungern gewöhnt, denn es seien ja Bettelweiber, bei denen immer gestritten wurde.

Ich flüchte zum Brunnen und sehe, wie man Buben zur Kirche treibt. Ich verstecke mich hinter einer Staude. Es beginnt zu läuten, sodaß die Tauben aufschrecken und davonfliegen, denn dieses Geräusch scheint auch den Tauben fremd. Es muß schon eine Ewigkeit her sein, daß die Glocken das letzte Mal geläutet haben. Es hört nicht auf, die Leute wissen nicht, was geschehen ist, und die Straßen sind voll von alten Frauen und uns Kindern. Das Läuten hört nicht auf, den ganzen Tag nicht. Ich bin froh, daß man mich nicht zur Kirche gebracht hat, denn die armen Buben müssen noch immer läuten. Manche von ihnen sind bereits zusammengebrochen.

In der Kirche sollen sich schreckliche Szenen ereignet haben. Die Buben wurden geschlagen, sobald sie nicht mehr am Strick ziehen konnten, so lange, bis sie ohnmächtig wurden. Beim Suppenholen höre ich unsere Großmütter reden, daß der Krieg aus sei, deshalb dieses ununterbrochene Läuten. Sie sagen, wir könnten bald nach Hause. Auf der Straße fahren Fuhrwerke und ein Lastwagen, auf denen schreiende Uniformierte und andere sitzen und brüllen: »Ihr verfluchten Schwabas, euch wird jetzt der Teufel holen!«

Hitler ist nicht mehr, nur Marschall Tito gibt es. Die Straßen sind leer, alle haben wir uns in unsere Zimmer verkrochen, in die Scheunen und Ställe. Es hört nicht auf zu läuten. Der Tag ist vorbei, und ich sehe die Schatten der Zäune und des Ofens und auch die Schatten der vorbeilaufenden Großmütter. Die Glocken läuten in die Nacht hinein. Die Türen, die Fenster, die Räume sind verzerrt, denn das rotviolette Licht, das sich durch die Fenster hereinfrißt, macht unsere Gestalten zu dunklen, sich auf dem Boden bewegenden Schemen. Alles frißt sich in den Raum herein, das schrille Läuten der Glocken und das Wolfsheulen der Uniformierten. Ich sehe Krämerenis Gesicht: die eine Hälfte ist ganz im Dunkel, die andere Hälfte, die von violettem Licht und einem grünen Schein beleuchtet wird, ist starr, das Auge ist nicht sichtbar, es hat sich tief in die Augenhöhle verkrochen. Der Mund leuchtet grau wie Stahl. Blank und messerscharf drücken sich die beiden Lippen zusammen.

Es ist Morgen. Die Glocken sind verstummt. Die beiden uralten Mütter sitzen wieder auf der Türschwelle. Die beiden Janis und ich verkriechen uns auf unserem Dachboden. Der alte Mann aus der Besenkammer muß jeden Tag Tote eingraben, Menschen und Tiere, unsere Großmütter und Kinder und die Tiere, die in diesem Dorf blieben und von den Serben nicht weggebracht wurden. Am Abend bringt der alte Mann Fleisch mit, das die Frau mit der hutähnlichen Kopfbedeckung morgens kocht. Krämereni gibt ihr dabei Anweisungen. Sie bekommt auch jedesmal ein Stück Fleisch, das wir geteilt bekommen. Anfangs ekelte es mich, und ich erbrach mich. Krämereni sagte, ich solle den Finger in den Rachen stecken, damit alles ordentlich herauskäme. Sie sagte, ich müsse die Besenkammerfrau artig grüßen und »Küß die Hand« sagen, denn sie sei eine der vornehmsten Damen aus Werschetz, eine »ganz große Dame«. Sie habe in Wien studiert, und es sei äußerst selten, daß Frauen studierten, sogar in Wien gebe es sehr wenige. »Aber sie ist eine von ihnen, und du mußt reine Hände haben und einen Knicks machen, wenn du sie triffst. Wir gehören nicht zu den Leuten, die da herumlümmeln.« Sie sei in jungen Jahren bei ihr gewesen, fährt Krämereni fort. »Da waren sie jung verheiratet und wie Turteltauben – ach, das verstehst du noch nicht. Es ging mir sehr gut bei ihnen, sie hatten eine Köchin und mehrere Dienstboten. Aber ich war nur für die liebe Frau da. Ich bekam von ihr herrliche Kleider, die sie nur ein paarmal getragen hatte. Das Haus war voll mit kristallenen Lustern. Die Wäsche duftete nach Kölnischwasser und Lavendel. Es wurden keine Bettler verjagt, sie bekamen dieselbe Mahlzeit, die wir aßen. Die Bettler wußten das schon und kamen häufig.« Ob die Bettler auch das essen würden, was die alte Dame von der Besenkammer jetzt ißt? denke ich.

Krämereni hält sich viel in der Besenkammer auf, da tagsüber der Mann weg ist und so Platz vorhanden ist für die beiden Frauen und den kleinen Knaben. Krämereni spricht viel mit der Frau, sie hilft ihr und wäscht ihr die Hände, denn die Frau hat wenig Praktisches im Leben gearbeitet. Sie habe zu feine Hände, um grobe Arbeiten zu verrichten, sagt

Krämerneni. Krämerneni unterhält sich kaum mit anderen Frauen, es sei denn, es kommt zu einem Streit. Sie sagt, mit den Leuten könne man nicht sprechen, und so spricht sie hauptsächlich mit der Besenkammerfrau und einer zweiten Frau, die im Pferdestall wohnt. Es wird über Wien und Temeschwar geredet, über französisches Essen und feine Kleider. Das meiste verstehe ich nicht.

Es ist Juni, und die Tage sind sehr heiß. In der Nacht ist es schwül. Einige Leute, die in der Küche wohnen, wandern nachts hinaus zu der Strohtriste und bereiten dort ihr Lager. Wir sind die ersten, die das Zimmer verlassen und zu der Strohtriste schlafen gehen. Wir breiten Stroh auf dem Erdboden aus und legen uns mit der Tuchent darauf. Vor der Strohtriste ist eine alte Scheune, in der Werkzeug und Holz lagerten, ehe man die Geräte fortbrachte. In dieser Scheune steht noch als einziger Gegenstand der große Heurechen mit seinen hohen Rädern. Die Zinken des Rechens sind mit Stroh umwickelt, und der Rechen ist mit Stroh bedeckt.

Ich durchsuche die Scheune, um etwas Brauchbares zu finden. Krämerneni sammelt Reisig, um damit das Fleisch und die Suppe für uns und die Besenkammerfrau zu kochen. Holz gibt mehr Hitze als Stroh. So suche ich überall Holz, das Krämerneni unter unserem Strohlager im Zimmer versteckt. Ich taste und greife den Rechen und das Stroh ab, das fest um den Rechen geflochten ist, und beginne das Stroh wegzuzupfen. Da höre ich etwas rascheln und erschrecke so sehr, daß mir das Blut in den Kopf steigt, denn aus dem Stroh unten auf dem Boden schaut ein menschlicher Kopf hervor, der Kopf einer alten Frau mit Kopftuch. Sie schreit, was denn los sei und was ich da tue. Ich stottere, daß ich Holz suche. Hier gebe es kein Holz, sagt die alte Frau, kriecht aus dem Inneren des ausgepolsterten Rechens und stellt sich neben mich. Sie ist nicht viel größer als ich und hat ein rundes Gesicht, das umrahmt ist von den aus dem schwarzen Kopftuch hervorsprießenden Haaren. Ihr dunkles Gewand ist voller Strohhalme. Die Frau fragt mich, ob ich denn nicht wisse, daß sie da wohne. Sie habe sich mit viel Mühe dieses Zimmer hergerichtet. Ich solle aber niemandem davon erzählen. Mein Name gefällt ihr sehr gut. Es sei ein schöner Name, und sie sei die Maritzineni. Sie habe auf dem Markt Kräuter verkauft, die sie in den Bergen sammelte, und zwar in hellen Mondnächten. Als sie noch jünger war, ging sie täglich in den Taglohn. Irgendwie kommt mir die alte Frau bekannt vor, sicherlich vom Markt her. Sie habe auch Rutschmarie gut gekannt, sagt sie. Sie seien oft auf dem Markt beisammen gewesen. Sie habe auch den Leuten aus der Hand gelesen, und sie habe im Kaffee ihr

Leben gesehen. Leider gebe es hier keinen Kaffee. Sie fragt mich, ob ich ihre Wohnung sehen wolle. Ich krieche hinter ihr durch das Loch ins Innere des Rechens. In diesem schlauchähnlichen Raum ist es fast ganz dunkel, nur ein wenig Licht strahlt durch das Strohloch und beleuchtet die kauernde Gestalt der Maritzineni.

Täglich krieche ich in die Behausung der Maritzineni, und sie erzählt mir schöne, wunderliche Geschichten. Tagsüber komme sie kaum aus ihrer Behausung. Sie gehe nachts viel fort, und sie sei froh, hier alleine wohnen zu können. Sie fordert mich auf, ich solle ins Stroh greifen, und zeigt mir, was sie dort alles verborgen hält: junge Kartoffeln, grüne Erbsen und grüne Bohnen. Dies alles hole sie sich nachts aus den Gärten, und wenn ich wolle, würde sie mich gerne mitnehmen. Ich frage Krämerneni, ob ich abends mit Maritzineni mitgehen darf. »Es ist mir gleich«, sagt sie, »wenn du etwas zu essen bringst, kannst du die ganze Nacht ausbleiben. Nur sehe ich nicht gerne den Umgang mit dieser Maritzineni.«

Es ist Abend und sehr schwül. Alle Frauen sitzen im Hof. Krämerneni, die Besenkammerfrau und die Frau aus dem Stall sitzen getrennt von den übrigen und erzählen sicherlich von früheren Tagen, vom französischen Essen, von Wien und Temeschwar. Wenn Krämerneni mit den beiden Frauen in der Nähe ist, muß ich hochdeutsch sprechen.

Eine Frau in der Küche habe die Ruhr, höre ich die Frauen sagen. Es ist die Kleinin, und es stinkt in der Küche. Wir liegen bei der Triste. Ich höre die Tochter der Kleinin weinen, verkrieche mich in Maritzinenis Rechen und lege mich neben sie. Sie flüstert mir zu, wir müßten noch warten, bis die Luft rein sei und die Leute sich niedergelegt hätten. Ich höre das laute Weinen der Tochter der Kleinin und das Geflüster von Frauen, weiters, daß man etwas auf den Erdboden legt und daß die Frauen zu beten beginnen. Maritzineni sagt, wir könnten nicht so lange warten, bis die Kleinin sterbe, das könne womöglich erst morgen sein. Wir würden versuchen, geräuschlos aus dem Loch zu kriechen und vorbeizuschleichen. »Die sehen und hören uns nicht, denn die haben mit der Sterbenden genug zu tun.« Ich frage Maritzineni, warum man die alte Frau in die Scheune bringe. »Das macht man mit allen Sterbenden, damit sie in Ruhe sterben können. Die Scheune ist jetzt eine Art Leichenhalle. Du brauchst dich nicht zu fürchten«, flüstert sie mir zu, »denn die Sterbenden und die Toten tun keinem Menschen etwas. Gefährlich sind nur die Lebenden, die Sterbenden haben andere Sorgen, sie haben sich vor Christus zu verantworten. Ach, wie herrlich muß es sein, Christus zu sehen und noch dazu ganz nahe! Er ist zwar immer bei uns, aber sehen können wir ihn nicht, nur fühlen.«

Wir schlüpfen leise aus unserem Loch und schleichen uns an der auf dem Erdboden liegende Kleinin und den um sie Stehenden und Sitzenden vorbei. Wir verschwinden verstohlen in den Hinterhof und in die Gärten, aber das Beten und Weinen hören wir bis dorthin. Der Mond ist aufgegangen, und die Bäume leuchten, der Mond wirft lange Schatten, und die Schatten bewegen sich auf den Stämmen der silbrig leuchtenden Bäume. Maritzineni drückt mir einen eisernen Gegenstand in die Hand. Beide graben wir, und es kommen herrliche, große Kartoffeln zum Vorschein. Alleine würde ich Angst haben. Die Sträucher haben Gestalten wie Menschen. Ich traue mich nicht, Maritzineni zu fragen, ob dort drüben jemand steht, denn die Sträucher und Bäume bewegen sich, und es ist so, als kämen sie auf uns zu.

Wir schleichen uns wieder aus den Gärten zum Hof und zur Scheune zurück. Die Großmütter sind weg. Keiner betet mehr, und es weint auch niemand. Die Kleinin liegt zugedeckt auf dem Erdboden, und alles ist ruhig, nur der Mond beleuchtet ihre dunkle Gestalt und auch Maritzinenis Lager. Ich halte mich an ihrem Rock fest, so wie ich es an Großmutters Rock tat, als ich noch klein war. »Du wirst doch nicht Angst haben? Tote tun einem nichts mehr. Sie sind bereits weit weg von uns«, sagt Maritzineni. Ich schäme mich, weil ich ja schon zwölf Jahre alt bin und mich wie ein kleines Kind benehme. Ehe Maritzineni in ihrem Strohloch verschwindet, läßt sie mich noch an der Toten vorbei nach vorne zum Haus laufen.

Der Hof und die Scheune mit der toten Kleinin sind hell vom Mond beleuchtet. Die Balustrade mit ihren Weinranken wirft blaue Schatten auf die Mauer des Hauses, und auch mein Schatten läuft mit. Im Zimmer ist es dunkel. In der Finsternis greift Krämerneni nach mir, betastet mein Säckchen mit den Kartoffeln und fühlt, wieviel ich mitgebracht habe. Sie fährt vom Säckchen weg über meinen Oberkörper, über das Gesicht und weiter auf den Kopf und streichelt meine Haare. »Komm schlafen, mein Täubchen! Was für eine beschämende Zeit, mein Gott, was für eine Zeit!« Sie hat die Kartoffeln an sich genommen, und ich lege mich neben sie und meinen tief schlafenden Bruder. Ich bin ganz verwirrt, denn nie hat mir Krämerneni über das Haar gestrichen, so wie es meine Großmutter oft getan hat.

Im Traum gräbt statt Maritzineni die Kleinin mit mir in der Erde, dann wieder sind es die Sträucher, die beten und weinen. Der Mann im Mond steigt aus dem Mond und wirft mir das Bündel Reisig herunter, und die Kleinin legt sich auf das Reisig und muß nicht auf der nackten Erde liegen.

Ich bin sehr viel bei Maritzineni. Abends sind wir in ihrer Behausung und warten, bis die Luft rein ist, wie sie zu sagen pflegt. Seit ich mit Maritzineni nachts in den Gärten Kartoffeln, Bohnen und anderes Gemüse hole, ist Krämerneni sehr freundlich und sagt, sie wisse nicht, was sie ohne uns machen würde. Ich bemerke, daß Krämerneni Erdäpfel und junge Zwiebeln in die Besenkammer trägt und mit der Besenkammerfrau das Essen im Hof auf der Feuerstelle kocht und die anderen Frauen verwundert schauen, wie wir zu unserem Fleisch Kartoffeln und anderes Gemüse essen.

Es ist wieder Nacht und stockdunkel. Der Mond ist nicht da, und man sieht nicht einmal die eigene Hand vor sich. Ich sehe nichts, höre das tiefe Atmen meines Bruders und das laute Schnarchen Krämernenis. Auf einmal höre ich Frauenstimmen klagen und schreien. Es beginnt ein Tumult, und die Frauen laufen in die Dunkelheit hinaus. Krämerneni wird munter, und wir gehen alle aus dem Raum. Im Freien regnet es leicht. In der Finsternis ziehen Frauen an einer Gestalt vorbei, die man in die Scheune zerrt. Krämerneni geht mit uns wieder schlafen. Ich kann noch immer nicht meine Hände sehen.

Am Morgen höre ich, daß sich Herr Stark im Klosett erhängt hat. Ich laufe in die Scheune, um Maritzineni zu begrüßen. Da liegt die Gestalt, die man in der Nacht in die Scheune gezerrt hat, auf dem Erdboden, in alte Säcke eingewickelt. Maritzineni kriecht aus ihrer Behausung und sagt mir, sie habe schlecht geschlafen, es müsse das Wasser sein und der Lärm. Wir gehen an dem Leichnam vorbei, und Maritzineni macht das Kreuzzeichen. »Die Paradeiser werden auch schon reif«, flüstert mir Maritzineni zu, »heute abend gehen wir wieder. Ich hoffe, daß es keinen Regen gibt.«

Während des Tages bin ich mit den beiden Janis zusammen. Morgens kommen Uniformierte, um Leute auszusuchen, die man auf die Felder bringt, damit sie dort pflügen und andere Arbeit verrichten. Wir drei Buben verstecken uns meist auf unserem Dachboden, bis alle, die noch bei Kräften sind, auf dem Feld sind. Sie müssen sich auf der Straße in Reih und Glied aufstellen. Dann werden die brauchbaren Frauen und die stärkeren Knaben ausgesucht. Auch Krämerneni muß einige Male aufs Feld, und als man mich erwischt, muß ich Pferde auf die Felder führen. Aber da ich sehr schwach und klein bin, kann ich mich oft drücken und mich mit meinen Freunden verstecken. Meine größte Freude ist es immer, wenn ich mit Maritzineni zusammen bin und wir nachts in die Gärten gehen.

Die Uniformierten werden jetzt sehr streng und suchen sich die Leute aus, die sie zur Arbeit treiben. Sie holen sie aus den Häusern oder aus ihren Verstecken. Maritzineni sagt, ich solle zeitig am Morgen zu ihr kommen und mich in ihrem Loch verstecken, bis die Uniformierten fort seien und die Luft rein sei. Am Abend würden wir Paradeiser holen, denn die Tage seien jetzt sehr heiß, und die Paradeiser reiften schnell. Ich verkrieche mich in Maritzinenis Rechen, und wir beide atmen in der Finsternis.

Ich bin sehr glücklich bei Maritzineni, fühle mich sehr zu ihr hingezogen. Wir hören die Uniformierten im Hof und halten den Atem an. Nachdem wieder Ruhe im Hof eingetreten ist und die Leute weggeführt worden sind, sagt Maritzineni, daß man sie noch kein einziges Mal mitgenommen habe. Dies hier sei nicht nur ein gutes Schlaflager, sondern auch ein herrliches Versteck. In diesem Versteck erzählt sie mir viel von zu Hause, von ihrem Sohn, der im Krieg sei, und sie weint. Aber sie kann auch sehr lustig sein. Sie lehrt mich verschiedene Spiele und allerlei Sprüche. In den Vollmondnächten des schwülen Sommers schleichen wir nachts zwischen dunkelvioletten Sträuchern und Bäumen umher. Dann zeigt sie mir die Bäume, lehrt mich, sie zu unterscheiden. Ich erkenne die Quittenbäume, die Wacholdersträucher und die anderen Bäume und Sträucher, denn der Mond leuchtet sehr hell, und ein bleierner Schein breitet sich über die Gärten. Maritzineni streckt ihre Hand aus und zeigt auf den Mond. »Schau, Robert, der Mond hat einen Kreis, das ist der Hof des Mondes. Man kann ihn nur sehen, wenn es bald Regen gibt. Morgen wird es starken Regen geben, denn der Hof ist sehr groß und weit.« Was für herrliche Farben der Hof hat, violett, grün, orange! Wir gehen durch die Gärten. Alles ist mondbeleuchtet, und wir pflücken die scharlachfarbenen Paradeiser, bis Maritzineni mir mahnend zuflüstert: »Leg dich auf den Boden, ich habe etwas gehört.« Ich werfe mich auf den Boden und drücke mich an sie, und wir halten für einige Minuten den Atem an. Mir klopft das Herz übermächtig, und meine Kehle wird trocken. Es ist mir, als liege Mischi neben mir, so wie zu den serbischen Weihnachten. Aber es ist nicht so grimmig kalt, es ist warm, und der Mond zieht silberne Fäden. Es gibt hier keine eingewickelten Leichen, keine schreienden und weinenden Frauen und keine Krämerneni, die alles im Stroh versteckt, die Tomaten und alles andere, und wie eine Hyäne das Lager hütet. Hier im Garten gibt es keine Frauen, die den ganzen Tag beten. Aber ich sehe sie, die Frauen, die beten und klagen. »Robert, nimm diesen Wein und den Kuchen und geh hinüber zu Čiko Jovo«, sagt meine Großmutter. Ich gehe, und eine dunkelgewandete Frau öffnet mir die Tür. Man nimmt mir die Gaben ab und legt sie auf den Tisch, der bereits voll ist mit Kuchen, Tabak, Wein und Blumen. Es riecht nach Kuchen, frischer Wäsche, abgebrannten Kerzen und nach Blumen. Ich starre auf Čiko Jovo, der mit gefalteten Händen reglos im Sarg liegt. Um den Sarg herum stehen barfuß schwarzgekleidete Frauen mit schwarzen Kopftüchern. Seka Kristina, Čiko Jovos Frau, umarmt mich, deutet mit der einen Hand auf ihn und klagt dabei fortwährend. Auch die anderen Frauen klagen heftig. Sonntags, wenn ich mit Mischi und Koco zur Kirche ging, saß Čiko Jovo mit anderen alten Männern vor dem Haus. Öfters gab er uns einen Dinar, damit wir uns Sladoled kaufen konnten. Jetzt ist er in Lumpen alter Säcke eingewickelt und liegt in der Scheune. Maritzineni macht das Kreuz und sagt: »Wir werden die Paradeiser holen gehen.« Und der Mond ist über den Gärten, und der Mann im Mond wird uns beschützen. Jetzt hat er gar einen Hof, der Mann – oder der Mond?

»Robert, wir können wieder weiter, du bist ja eingeschlafen, mein Täubchen! Es ist Nacht, und wir gehen, der Mond wird uns begleiten.«

Krämerneni kocht im Hof wieder das stinkige Fleisch, das der Besenkammermann gebracht hat. Ich suche im Strohlager Paradeiser und grabe tief darin, bis zum Fußboden. Es sind noch genug hier. Ich spüre noch etwas, das in Papier eingewickelt ist. Ich nehme das Päckchen und öffne es. Es ist der Schmuck, den ich auf der Zichydorfer Hutweide gefunden hatte und den Krämerneni angeblich weggeworfen hat. Ich lege die Schachtel mit dem Schmuck wieder in das Stroh auf seinen alten Platz und sage kein Wort. Mein Gott, wenn man den Sack bei Krämerneni gefunden hätte! Sie muß den Schmuck in der Tuchent gehabt haben.

Maritzineni erzähle ich die Sache mit dem Schmuck. Die Krämerneni sei eine Grenzgängerin gewesen, erzählt mir Maritzineni, eine der berüchtigtsten Schmugglerinnen. Nach dem Ersten Weltkrieg habe sie das beste Geschäft gemacht, indem sie Petroleum, Salz und andere Artikel aus dem Rumänischen herüberschmuggelte. Sie sei mit allen Salben geschmiert. »Ich habe schon viel über sie gehört. Aber sie ist gut. Du und dein Bruder, ihr seid ihr doch fast fremd. Und wie betreut sie euch!« Ach, wie wünschte ich, daß wir mit Maritzineni zusammen wären, daß sie unsere Tante wäre! Wir haben niemanden hier, keine Großmutter und keine Tante, nur Krämerneni, eine Bekannte. Ich weiß gar nicht, ob sie wirklich Großmutters Cousine war. Maritzineni aber kann ich alles erzählen, und ich fühle mich dann sehr erleichtert. Sie weiß immer einen guten Rat. Und alles, was ich Maritzineni erzähle, könnte ich niemals Krämerneni sagen.

5
Herbst

Es ist Spätsommer. Die Tage sind nicht mehr so lang. Niemand schläft mehr bei der Triste. Maritzineni und ich tragen frisches Stroh in den Rechen und bedecken ihn mit noch mehr Stroh. Mein Bruder kommt in die Scheune und sagt aufgeregt, Mischi sei da. Ich laufe durch den langen Korridor, und da kommt er mir schon entgegen. Ich finde vor Aufregung keine Worte und stammle nur. Ich fürchte, daß ich in Weinen ausbreche. Wir gehen ins Zimmer zur Krämerneni, die breit auf dem Strohlager sitzt und den Schmuck und das Gemüse bewacht, die im Stroh versteckt sind. Sie fragt Mischi, wo seine Mutter sei und der kleine Bruder. Die seien in Zichydorf, sagt Mischi. Die Mutter müsse täglich auf den Feldern arbeiten. Er selbst sei von der Mutter weggekommen und wohne mit anderen Buben in einem Pferdestall unter Pferden. Er müsse auch jeden Tag mit seinen beiden Pferden auf das Feld, um zu arbeiten. Heute habe er kranke Leute, die nicht mehr arbeiten könnten, mit seinem Wagen hergebracht. Er habe sich dazu gemeldet, um hierher zu kommen und mich zu sehen. Wie sehr freue ich mich, Mischi Maritzineni zu zeigen. Wir gehen zurück zur Scheune und bleiben vor dem Rechen stehen.

»Hast du dir ein Häuschen im Stroh gebaut?« fragt Mischi erstaunt. Maritzineni hört uns sprechen, schaut aus dem Loch und kriecht sogleich heraus. Sie sagt, sie habe schon sehr viel von ihm gehört und sie habe ihn sich genauso vorgestellt, er sei größer als ich und sicher auch etwas älter. Mischi kann sich bestimmt nicht denken, warum ich ihn Maritzineni vorstelle. Er wird sich fragen, was er mit dieser alten Frau zu schaffen haben sollte. Maritzineni kriecht vor uns in den Rechen, und wir kriechen ihr nach. Wir sitzen in der Finsternis der Strohhöhle. Ich sitze in der Mitte, links neben mir Maritzineni, rechts Mischi. Wie oft sind wir nebeneinander gesessen und haben uns gefürchtet, in Zichydorf in der Futterkammer und dann auf der Flucht nach Werschetz. Ich unterbreche das Schweigen und frage Mischi, ob er etwas von Helen gehört habe. Ich höre nur ein zaghaftes Nein. Nicht lange dauert dieses Sitzen neben Mischi in der Finsternis. Ich hätte sehr viel zu erzählen, aber sein Schweigen macht auch mich stumm. Nur Maritzineni redet und gibt Mischi Tomaten, Kartoffeln und sogar einen Apfel. Ich bin sehr glücklich, mit ihm beisammen sein zu dürfen, auch wenn wir nicht sprechen. Es wird nicht lange dauern, und er wird wieder fort sein, und ich werde ihn nie mehr sehen. Ich darf nicht daran denken. Neben ihm sein zu können und zu schweigen ist mehr, als von kleinlichen Dingen zu sprechen, von der mürrischen Krämerneni, von den Besenkammerleuten, die ihr Fleisch von verendeten Tieren geben, von den eingewickelten Leichen. Von Maritzineni brauche ich ihm nichts zu sagen, er sieht ihre Güte, denn er ist ein guter Menschenkenner.

Ich begleite Mischi zu seinen Pferden und zum Wagen. Ein Bub hat auf die Pferde aufgepaßt. Sie stehen beim Brunnen neben der Kirche, wo die Wildtauben rufen. Mischi zeigt mir seine Pferde: »Das hier ist die Liesel und das der Michel.« Ich streichle die Pferde, und wir springen auf den Wagen. Ich werde bis ans Ende des Dorfes mitfahren. Wenn mich Mischi nur mitnehmen könnte! Wir sprechen kein Wort. Ich fürchte, daß ich zu schluchzen beginnen könnte. Ich komme mir sehr verlassen vor, so wie damals, als man uns unsere Mütter wegnahm.

Ohne ein Wort zu sprechen, steige ich vom Fuhrwerk. Mischi schaut mir nach, und ich drehe mich um, um noch einmal den Wagen zu sehen. Er ist ganz verschwommen, und es scheint mir, als hätte ich wieder diesen Salzgeschmack im Mund. Ich laufe. Jetzt bin ich schon einige Häuser weg vom Ende des Dorfes, und ich laufe, und das Wasser rinnt mir über die Wangen. Ich laufe, ohne zu sehen, ohne zu wissen, wo ich mich befinde. Alte Frauen und Kinder gehen an mir vorbei. Ich möchte jetzt gerne allein sein, damit niemand sieht, daß ich weine. Aber allein sein kann man hier nicht. Überall gibt es Menschen, in allen Häusern, in allen Stallungen und in allen Höfen und Scheunen. Krämerneni darf mich so nicht sehen, nicht in diesem Zustand. Sie würde schimpfen, was ich denn für ein Schlappschwanz sei. Ich laufe und laufe zurück zu Maritzineni. Sie wird mich trösten und mir wunderliche Geschichten erzählen, Märchen, nur nicht diese schreckliche Wahrheit, etwas ganz Sonderbares, nur nicht diese schreckliche Wahrheit, erzählen aus einer Welt, die es hier nicht gibt, denn die Wahrheit hier ist grausam.

Ich verkrieche mich in Maritzinenis Behausung und schluchze, und sie redet auf mich ein und streicht mir über den Kopf. Sie sagt: »Du wirst sehen, alles geht vorbei, alles Leid und aller Schmerz. Du wirst groß werden, und es wird alles wieder gut. Die Menschen werden wieder Menschen sein und nicht Bestien, wie sie es jetzt sind.«

Es ist Morgen. Krämerneni gibt uns Suppe, und wir essen sie im Korridor. Wir sitzen auf dem Boden wie auch die anderen Leute. Die Besenkammerfrau hat die Tür offen, damit Licht in die Kammer fallen kann. Sie hat den kleinen Knaben auf ihrem Schoß und redet mit Krämerneni. Es ist ein wunderbarer Endseptembertag. Der alte Mann ist fort, um Tiere zu begraben und sich Fleisch von ihnen mitzunehmen. Uniformierte kommen ins Haus und bleiben an der Balustrade des Korridors stehen. Sie schreien, wir sollten unsere Sachen packen und das Haus verlassen, es müsse schnell geschehen. Alles flieht zu den Lagerplätzen. Krämerneni sagt, wir Buben sollten ihr packen helfen und im Korridor auf sie warten, sie mache noch schnell ein kleines Gepäck. Ich nütze die Zeit, um nachzusehen, was Maritzineni macht. Sie ist schon fertig und sitzt ruhig auf dem Stroh. Krämerneni ruft mich, und ich laufe nach vorne. Sie schimpft, was ich denn dort hinten bei dieser Alten zu suchen hätte. Die meisten Leute seien bereits fort und hätten sich schon ordentliche Plätze ausgesucht.

Wir gehen ins nächste Haus und dann gleich um eines weiter, denn wir bekommen keinen Platz. Krämerneni ist sehr erzürnt. Im übernächsten Haus ist auch alles voll, und wäre noch Platz gewesen, wir hätten keinen bekommen, denn Krämerneni ist bei den Leuten nicht beliebt. Die Leute aus der Besenkammer haben bereits einen guten Platz in einem Zimmer bekommen. Wir laufen von Haus zu Haus, aber wir finden nichts, und schließlich sind wir allein noch übrig. Beim vorletzten Haus angekommen, sehe ich, wie uns Maritzineni nachkommt. Krämerneni sagt: »Na, die hat uns noch gefehlt, die Alte!« Die Frau, die aus dem Pferdestall kam und mit der Besenkammerfrau oft hochdeutsch sprach, sitzt an einen Baumstamm gelehnt und sagt, sie könne nicht mehr weiter. Da liegt sie auch schon auf dem Boden. Krämerneni ist sofort bei ihr, und ich schreie aus Leibeskräften: »Essig, Essig!« »Red nicht so geschwollen, lauf um Wasser«, schreit mich Krämerneni an, und ich hole Wasser. Es sind Leute aus dem Haus gekommen, und die Ohnmächtige wird hineingetragen, nach hinten in den Pferdestall, und dort auf den Boden gelegt. Im Stall sind zwei Frauen, die eine mit zwei Kindern, ihren Enkeln, die andere, eine schon sehr alte Frau, mit ihrem Urenkel. Die Frau mit den beiden Kindern sagt, der Stall sei sehr groß, und es könne nur gut sein, wenn mehrere Menschen beisammen seien, denn die Nächte seien schon kühl und würden noch kühler werden. Wir legen die Ohnmächtige auf das Stroh und stellen unsere Habseligkeiten ab. Dann tragen wir Stroh in den Stall und machen uns ein Lager für vier Personen. Krämerneni bemüht sich um die Ohnmächtige, die wieder zu sich kommt. Wir betten die erschöpfte Frau auf das Strohlager. Maritzineni bereitet sich ihr Strohlager in der Ecke neben uns. Krämerneni teilt die Schlafstätte ein: Ich darf neben Maritzineni schlafen, daneben liegt Alfred, dann kommt Krämerneni und schließlich die Frau, die ohnmächtig war, neben ihr noch die alte Frau mit dem drei Jahre alten Urenkel. Auf der gegenüberliegenden Seite liegt Frau Kiwi mit ihren beiden Enkeln, einem etwa vierjährigen Buben und einem sechsjährigen Mädchen.

Krämerneni flüstert mir zu, ich müsse zu der Frau, die ohnmächtig war, sehr artig sein. Es sei Frau Seemayer, eine der reichsten Leute von Werschetz. Sie sei eine Österreicherin, die nach Werschetz geheiratet habe, in dem Jahr, als der Kronprinz sich mit »diesem Luder« umbrachte. Sie sei schon achtzig Jahre alt und werde es nicht mehr lange machen.

Ich traue mich nicht, mit Maritzineni zu sprechen, denn ich bemerke, daß es Krämerneni äußerst unangenehm ist, mit ihr unter einem Dach zu schlafen. Krämerneni sagt, wir hätten unsere Lage verschlechtert, denn zuvor hätten wir hinter dem Ofen in einem ordentlichen Zimmer gewohnt, und hier, hier seien wir im Stall, noch dazu neben dieser Alten, mit der sich doch kein ordentlicher Mensch abgeben könne.

Da alles fertig ist im Stall, gehen mein Bruder und ich in den Hof, der viel größer ist als der vorherige. Ein großer Garten schließt an den Hof an, sogar ein kleiner Weingarten ist dabei. Wir freunden uns mit den anderen Kindern an und tollen im Hof umher. Der Garten ist abgeschlossen, die Hausaufseherin sitzt neben dem Gartenzaun und bewacht ihn. Ein Bub sagt mir, ich solle an der Schweinestalltür klopfen. Der Stall ist sehr baufällig und die Tür sehr niedrig. Ich beginne zu klopfen, die Tür springt auf und hätte mich bald auf den Boden geworfen. Eine noch junge Frau liegt auf dem Erdboden und schreit. Die übrigen Kinder laufen jaulend davon, und die Hausaufseherin kommt vom Gartenzaun gelaufen und schimpft. Ich bleibe wie angewurzelt stehen. Die Frau auf dem Boden schreit etwas in einer unverständlichen Sprache, es klingt wie »Mama« oder »Anna«. Sie schreit ohne Unterbrechung und schlägt mit mageren Händen um sich. Wie kann eine Frau hier wohnen, in einem Stall, der nur eineinhalb Meter hoch ist! Später erfahre ich, daß die Frau im Schweinestall verrückt ist und Liese heißt. Sie ziehe oft den Kittel in die Höhe und zeige ihren bloßen Hintern. Eines Abends habe ich auch Gelegenheit, Liese zu sehen, wie sie bei offener Tür den Hintern herausstreckt. Sogleich kommt die Hausaufseherin und schlägt die Türe zu. Sie schimpft mit Liese, die weint und die unverständlichen Worte schreit. Die Hausaufseherin trägt ihr immer das Essen in den Stall, dann schreit Liese und lacht laut auf.

Eine Bekannte der Frau mit dem dreijährigen Urenkel in unserem Stall kommt öfters mit einem achtzehnjährigen Mädchen. Ich wundere mich, daß ein so junges Mädchen hier ist, da doch alle Mädchen und jungen Frauen in Rußland sind. Dann bemerke ich, daß die alte Frau das Mädchen führt, und ich sehe, daß es blind ist. Die alte Frau ist seine Großmutter, und beide treten sie sehr vorsichtig durch die Stalltür. Ich höre, daß das blinde Mädchen sehr schön singen könne. Wir sitzen alle auf unserem Strohlager, auch Maritzineni, die sonst viel öfter im Hof oder unterwegs ist. Es dämmert. Das Licht, das noch im Hof leuchtet, scheint bei der Stalltür herein. Die Stalltür ist immer offen, weil es sonst stockdunkel wäre. Das Mädchen trägt keine schwarzen Brillen, wie es bei Blinden üblich ist, sondern hält die Augen geschlossen. Nur manchmal öffnet das Mädchen die Augen. Sie sind schön und blau, scheinen aber fremd, starr und kalt. Doch wenn sie sie geschlossen hält, sieht sie aus wie die Madonna in Großmutters Stube.

Sie beginnt zu singen, und im Hof hört das Lärmen auf. In kurzer Zeit ist der Stall voll von Menschen. Draußen vor der Stalltür stehen die alten Frauen und weinen, und im Stall selbst weinen unsere Großmütter. Nie in meinem Leben hörte ich so schönes Singen. Unsere serbische Nachbarin sang den ganzen Tag und auch abends, wenn die Hunde zu heulen begannen. Es war auch schön, das Singen der Nachbarin, aber es vermengte sich meist mit dem Heulen der Hunde und dem Fluchen des Nachbarn. Maritzineni weint, und Krämerneni sitzt neben der liegenden Frau Seemayer und wischt ihre feuchten Augen. Man sieht nur noch die Silhouetten der Menschen und das vorsichtige Hinausweisen der Blinden. Die Nacht hat alles aufgesogen. Maritzineni sagt mir, daß wir heute nacht wieder in die Gärten gehen würden. Es ist eine überaus dunkle Nacht, und es ist schön in dieser Dunkelheit, denn wir können uns unsichtbar machen.

Wieder ist es Abend, und wir sitzen auf unserem Lager. Eine Frau betritt den Stall und fragt nach uns. Eine Frau im Werschetzer Lager habe ihr einen Zettel gegeben, der für die Hammerstiel-Kinder oder für die Krämerneni bestimmt sei. Sie sei im Werschetzer Lager gewesen und habe den Brief von der Mutter der Buben bekommen, und es gehe ihr gut. Die Frau reicht den Zettel Krämerneni, die sagt, ich solle ihn vorlesen. Der Zettel zittert in meiner Hand, und ich lese mit heiserer Stimme:

»Liebe Kinder! Ich habe erfahren, daß Ihr in Setschanfeld seid und Krämerneni euch betreut. Ich machte mir große Sorgen. Ich danke Gott, daß er Euch Krämerneni gesandt hat. Er wird uns auch, wenn er gnädig ist, wieder vereinen. Haltet durch! Seid lieb zu Krämerneni. Ich denke immer an Euch. Mir geht es gut. Es küßt Euch Eure Mutter. Liebe Krämerneni, wie soll ich Ihnen danken! Sie wissen nicht, was Sie Großartiges für mich tun. Es wird der Tag kommen, wo ich Sie wie meine eigene Mutter aufnehmen und lieben werde, Ihre Terka.«

Maritzineni trocknet sich mit einem Lumpen die Augen. Ich laufe in den Hof, bis zum Gartenzaun und zurück zu Lieses Schweinestall und durch den ganzen Hof. Am liebsten würde ich hinausschreien, was für eine große Freude in mir ist und was für ein ungeheures Glück. Ich würde es sogar Liese sagen. Maritzineni kommt zu mir gelaufen. Sie weint und umarmt mich und sagt, sie sei mit mir so glücklich, daß sie es fast nicht ertrage. Sie habe meine Urgroßmutter gekannt, als sie noch ein junges Ding war. Sie ging mit ihren Freundinnen zu ihr, um sich die Karten legen zu lassen. Meine Urgroßmutter sei eine sehr gute Wahrsagerin gewesen, sagt Maritzineni, und es habe sich alles zugetragen und alles habe sie erlebt, was ihr meine Urgroßmutter prophezeit hatte. Sie habe in ihrem Leben wenige glückliche Tage gehabt. Wie gerne würde sie noch die Behausung unter dem Rechen haben! Sie merke, daß es Krämerneni nicht recht sei, mit ihr unter einem Dach zu wohnen und gar zu schlafen. Zu Hause hätten Krämerneni und auch die Seemayerin nicht mit ihr gesprochen. Das seien ja feine Leute und sie eine halbe Bettlerin. »Na, jetzt sind wir alle gleich«, meint Maritzineni. Ich bemerke, daß sie manchmal der Liese im Schweinestall etwas gibt. Maritzineni ist sehr viel im Hof. Sie bleibt nicht gerne im Stall, hauptsächlich wegen Krämerneni. Oft gehen wir zusammen zum Brunnen, um Trinkwasser zu holen. Maritzineni läßt das kalte Wasser über ihre oft geschwollenen Beine rinnen. Sie meint, daß dies sehr gesund sei. Sie habe oft geschwollene Beine, da lege sie Klettenblätter darauf, und über Nacht seien die Füße wieder schlank.

Beim Gemeindehaus werden jede Woche Pakete ausgeteilt, die Bekannte der Lagerinsassen, Serben und Ungarn, hierher bringen. Sie kommen meist zu Fuß von der fünf Kilometer entfernten Bahnstation. Andere wieder kommen mit Pferdefuhrwerken. Sie dürfen nicht immer ins Lager. Oft stehen sie vor dem Lagereingang und geben ihre Pakete bei den Uniformierten ab. Nicht immer bekommen es die Bekannten der Herangereisten. Jeden Tag gehe ich zum Gemeindehaus und zum Lagereingang, in der Hoffnung, daß wir auch einmal Besuch bekommen, warte sehnsüchtig, ob nicht doch einmal ein Bekannter, irgendeiner unserer Nachbarn Erbarmen hat und uns Brot oder Milch bringt. Wie lange ist es her, daß ich Milch getrunken habe. Aber niemand kommt, es sind immer nur Fremde zu sehen.

Heute ist wieder ein Tag, an dem beim Gemeindehaus viele Menschen warten. Sie dürfen nur in einer gewissen Entfernung von den Angereisten stehen. Es ist eine große Menschenmenge hier. Die Großmütter und die Kinder sitzen auf dem Erdboden, aber die meisten stehen neben der Kirche und am Brunnen. Lautes Rufen ist zu hören, einzelne Wörter werden hinübergeschrieen, es wird geweint, und Pakete werden ausgeteilt. Die Besucher dürfen ihr Paket nicht selbst übergeben, das tun die Uniformierten, die zwischen hüben und drüben stehen.

Ich sehe einen Bekannten und schreie seinen Namen, aber er hört mich nicht. Es ist der Kaufmann aus unserer Straße zu Hause. Meine Eltern waren gute Freunde von ihm und seiner Frau. Wenn Mischi und ich mit dem Brotaustragen fertig waren, bekamen wir einen Dinar von der Großmutter, mit dem gingen wir zum Kaufmann. Es war uns am liebsten, wenn Antibatschi selbst im Laden stand, denn er gab uns immer um einige Bonbons mehr, als wir für einen Dinar bekommen hätten. Seine Frau gab uns nie mehr, als wir bezahlen konnten. Seine Frau ist Deutsche, er ist Bulgare. Jetzt kommt er hierher, um seinen Schwiegereltern Lebensmittel zu bringen. Ich erinnere mich, daß es im Laden nach Teer roch und nach Petroleum. Der Fußboden war schwarz. Im Geschäft gab es nicht viel Platz, weil immer Säcke neben der Tür und sogar neben dem Pult standen. Die Bonbons wurden aus einer zylinderförmigen rosa Dose geholt, auf die Frauen in bunten Kleidern gemalt waren, und mit einer blechernen Schaufel in ein Stanitzel gegeben, das der Kaufmann mit einer Handumdrehung aus einem rechteckigen, weißgrauen Papier fabrizierte.

Immerfort rufe ich seinen Namen, aber er hört mich nicht. Er übergibt sein Paket den Uniformierten, es werden Namen gerufen, eine alte Frau tritt aus der Menge, und der Uniformierte macht das Paket vor ihr auf. Der Kaufmann steht weit hinten und sieht alles. Nach längerem Zögern bekommt die Frau das Päckchen zugeworfen. Ich schreie wieder, und da winkt der Kaufmann. Er hat mich bemerkt, hebt seine rechte Hand und ballt eine Faust. Es scheint, als wolle er mir deuten, daß ich ausharren solle. Die Leute werden von den Uniformierten weggetrieben und zum Bahnhof geführt. Trotzdem sitzen noch immer viele Menschen bei der Kirche und warten. Ich denke, vielleicht kommt er wieder, der Kaufmann, und ich werde ihn wiedersehen. Vielleicht wird er mir auch einmal etwas zuwerfen.

Ich gehe mit Maritzineni bis ans Ende des Dorfes, und auch die Nächte bin ich mit ihr zusammen, und wir suchen in den Gärten. Ich gehe immer wieder zur Kirche und höre das Schreien und Weinen der

Wildtauben und das Rinnen des Wassers in den Trog. Die Schatten der vielen Formen und Gestalten sind jetzt sehr lang, denn es wird Abend. Jetzt gehe ich nicht mehr mit Maritzineni in die Gärten, denn sie liegt krank auf ihrem Lager, und ich gehe spätabends allein. Wenn ich mit leeren Händen zurückkomme, schimpft Krämerneni nicht mit mir. Sie ist sehr still geworden, spricht kaum mit uns und sitzt neben der kranken Seemayerin. Auch das blinde Mädchen kommt nicht mehr. Jedesmal fragt mich Maritzineni, ob ich etwas gefunden hätte, und jedesmal muß ich verneinen. »Morgen werde ich wieder mit dir gehen. Wir werden langsam gehen, weil ich noch sehr schwach bin. Meine Beine zittern ordentlich«, flüstert sie mir zu, »aber wenn wir langsam machen, wird es gehen. Ich weiß einen Garten, sehr klein, aber voll von Gemüse. Die Kräuter, die ich dir beschrieben habe, hast du mir gebracht, und sie haben mir geholfen. Die Füße sind wieder schön dünn, die Klettenblätter haben das Wasser aufgesogen. Es wird alles wieder gut. Wenn ich schwindlig werde, mußt du mich eben halten, daß ich nicht falle.«

Wir finden den Garten. Er ist sehr versteckt und gehört Serben. Wir finden Bohnen, Mais und Kartoffeln, tragen alles in den Stall, und Krämerneni spricht wieder mit mir. Sie hat Frau Seemayer aufstehen geholfen, und ich muß die Frau stützen und im Hof mit ihr auf und ab gehen. Maritzineni und ich holen Maislaub und horten es im Stall. Krämerneni und die anderen Frauen zerkleinern das Laub zu kleinen Streifen, die in die alte Tuchent und alte Säcke gefüllt werden. Die Nächte sind jetzt im Oktober schon kalt, aber wir haben es warm mit dem Maislaub. Alle Frauen, Krämerneni etwas weniger, die Frau Kiwi und die Frau mit dem Urenkel sprechen jetzt mit Maritzineni. Frau Seemayer kann bereits alleine stehen, und sie geht mit ihrem Stock bei der Stalltür auf und ab. Sie hat mir, solange sie auf dem Strohlager lag, herrliche Sachen aus ihrer Heimat erzählt. An der Mauer haben wir eine Bank errichtet, auf der wir oft sitzen. Auch Frau Seemayer setzt sich darauf, und ich setze mich zu ihr. Wenn sie zu erzählen beginnt, leuchten ihre Augen, und es scheint mir, als werde die Frau jünger. Sie bekommt rote Wangen, bis jetzt waren sie immer schneeweiß. Sie erzählt mir von ihrer Stadt, einer Stadt westlich von Wien. Wenn man von Wien aus in diese Stadt gelangen will, muß man den ganzen herrlichen Wienerwald durchqueren. Sie besuchte in Wien eine höhere Schule. In ihrer Heimat gebe es tiefe Wälder, erzählte sie, herrliche Obstgärten, und die Bäche, die durch die Wälder fließen, erzeugten ein wunderbares Rauschen. Ihr war immer, als singe das Wasser, und es tummelten sich Forellen darin. »Im Frühling, wenn die Obstgärten blühten, breitete sich ein betörender Duft aus, und ein Chor verschiedenster Vögel war zu hören. Und Wien erst! Der Ring, die Oper, das Rathaus, die Burg! Durch die Burg kann man durchgehen und gelangt auf den Kohlmarkt und weiter zum Graben bis zum Stephansplatz. Und der Steffel! So etwas Riesengroßes und Schönes hast du in deinem ganzen Leben nicht gesehen. Vielleicht kommst du einmal nach Wien. Du bist ja noch ein Kind, und wer weiß, was noch alles geschehen wird. Kommst du nach Wien, so denke an mich! Ich bin alt und habe die Achtzig auf dem Rücken. Ich werde die Stadt nie mehr sehen, nie mehr über den Ring gehen, nie mehr auf den Kahlenberg. Mein Kind, wenn du in Wien bist, mußt du unbedingt auf den Kahlenberg! Dort hast du ganz Wien zu deinen Füßen, und dein ganzes Leben wirst du das nicht vergessen, dein ganzes Leben nicht!«

Frau Seemayer steht auf, und ich sehe sie weinen. Sie geht in den Stall, und Krämerneni spricht mit ihr. Wie soll ich nach Wien kommen? Wien ist eine Ewigkeit von uns weg, und überall sind die Uniformierten, die uns nicht einmal aus diesem Dorf lassen. Auch vom Prater hat mir Frau Seemayer erzählt und vom Riesenrad, das viel höher und größer sei als hier im Dorf zehn Häuser übereinander. Ich kann mir das nicht vorstellen: ein Rad höher als zehn Häuser! Maritzineni fragt mich, was denn mit mir los sei. »Die Alte macht dich noch ganz närrisch, die lebt ja auf dem Mond. Wir werden heute abend wieder losziehen.« Ich bemerke, daß es Maritzineni nicht recht ist, daß ich mich mit der Seemayerin abgebe. »Komm, es ist schon ganz dunkel, komm doch, mein Täubchen, denn es wird Nacht, und der Mond ist aufgegangen und zieht mit uns.« Wie er nur läuft! In diesen weißen Wolken verkriecht er sich und kommt wieder aus ihnen hervor, um mit uns zu eilen. Silbern ist der Garten, weiße Fäden ziehen von Gras zu Gras und von Baum zu Baum. Langsam beginnt der Altweibersommer, die Nächte werden klar, und alles glitzert silbern und blau.

Es ist wieder Tag. Die Leute von auswärts dürfen ins Lager, um ihre Geschenke den Bekannten zu geben. Ich bin auch hier und stehe und warte, in der Hoffnung, daß der Kaufmann etwas für mich hat. Ich sehe ihn und winke und rufe, und er winkt zurück und schreit mir etwas zu, das ich nicht verstehe. Es werden wieder Namen aufgerufen, und die Großmütter treten aus der Menge und bekommen Säckchen und Pakete von den Uniformierten in die Hände. Mir kommt es unwirklich vor, daß Uniformierte etwas austeilen, nicht Gewehrkolbenhiebe, nicht Schläge ins Gesicht, sondern Lebensmittel, die die Leute von zu Hause gebracht haben. Wie oft habe ich gedacht, warum bringen sie uns nichts, warum

kommen sie nicht, die Nachbarn, nicht unsere bulgarischen Zinsleute? Da wird unser Name aufgerufen: »Hamrschtill!« ruft der Uniformierte. Ich zucke zusammen, trete zitternd vor und bekomme ein Paket. Ich laufe am Brunnen, an der Kirche vorbei, laufe und laufe. Die Leute schauen mir nach, alle, die da stehen und auf dem Boden sitzen. Beinahe bekomme ich vor Laufen keine Luft, und der Schweiß läuft mir über das Gesicht.

So laufe ich, bis ich im Stall angelangt bin. Krämerneni und die Seemayerin sitzen auf ihrem Lager, Maritzineni in der Ecke ihres Lagers. Mein Bruder kommt gelaufen, und ich kann vor Erregung nicht sprechen. Ich lege das Paket in Krämernenis Schoß und stoße endlich hervor: »Der Kaufmann, der Kaufmann hat es mir gegeben!« »Hier ist ein Zettel von deiner Patin! Das Paket kommt von deiner Patin!« Krämerneni öffnet hastig das Päckchen, und es kommen Schinken und Mohnstrudel zum Vorschein. Alle Frauen im Stall schauen zu. Frau Seemayer bekommt das erste Stück vom Strudel. Sie betrachtet das Stück sehr lange, ehe sie zu essen beginnt.

Die Tage werden noch kürzer, und die Nächte sind lang, denn um sechs Uhr beginnt es bereits dunkel zu werden. Die Liese schreit noch immer ihre unverständlichen Wörter. Seit acht Tagen ist die Seemayerin krank. Sie nimmt kein Essen an, sie spricht nichts, sie liegt auf dem Stroh nur so dahin. Krämerneni sagt zu mir, wenn die alte Frau sterbe, und dies werde bald sein, mache sie aus ihrer herrlichen Wäsche für uns Hemden. Frau Seemayer habe mehrere Wäschestücke in ihren Säcken, und sie werde diese bald zusammenschneiden, denn es könne nicht mehr lange dauern. Frau Seemayer habe auch noch einen wunderbaren Schal und ein Schultertuch. Diese Dinge könne sie für sich selbst gut gebrauchen, denn die Nächte würden immer kälter. Jeden Tag glaubt Krämerneni, die Seemayerin stirbt, aber sie atmet und lebt. Krämerneni macht immer neue Pläne, was sie mit den Habseligkeiten der Kranken alles machen wird. Sie meint, die Frau müsse ein überaus starkes Herz haben, weil sich das Sterben bei ihr so lange hinzieht. Wenn sie wenigstens nicht bei vollem Verstand wäre, dann könnte Krämerneni schön langsam mit den »Sachen« beginnen.

Wieder kommt das blinde Mädchen und singt an der Stalltür. So hört man nicht das Jammern der Seemayerin. Es singt in die Dunkelheit hinein, und mir ist, als singe es noch schöner als voriges Mal, wie es die Nachtigallen tun, die nur nachts singen. Es kommt oft in der Dämmerung. Sein Gesicht ist wie das der Heiligen in der serbischen Kirche, sehr starr, und die eine Hälfte des Antlitzes ist im Dunkeln. In der

Finsternis schreitet das Mädchen mit seiner Großmutter langsam aus dem Stall in die Nacht hinaus.

Die Tage werden noch kürzer und sind kalt. Die Abende sind still und leer, auch der Hof ist leer, und das leise Schreien ist verstummt. Ganz ruhig ist es jetzt. Frau Seemayer ist noch immer nicht gestorben. Sie liegt fast nackt, denn Krämerneni hat ihren Sack ausgeräumt und ihre Wäsche genommen. Maritzineni und ich haben im Hof aus Brennziegeln einen Ofen zusammengestellt, auf dem Krämerneni aus Maislaub Tee kocht. Es ist angenehm, am Ofen zu sitzen. Alle sitzen wir dort, auch Maritzineni. Nur die Seemayerin klagt allein im Stall.

Von der Straße her kommen zwei Uniformierte mit einer Frau direkt auf uns zu und bleiben vor dem Ofen stehen. Die Frau fragt, ob die Hammerstiel-Kinder hier seien, es müßten zwei Buben sein. Ich schrekke zusammen. Krämerneni bleibt gebückt und sieht gar nicht auf. Mich schüttelt es am ganzen Leib, und Krämerneni sagt, es seien ihre Kinder, was man denn um Gottes willen von den Kindern wolle. Die Frau tritt zu mir und sagt, ich solle mit meinem Bruder zusammenpacken und mit ihr kommen. Die beiden Uniformierten schauen gelangweilt zu, wie sich Krämerneni aufrichtet und schreit, sie gebe die Kinder nicht her. Es seien ihre Kinder, sie sei die Großmutter. »Auch wenn Sie die Großmutter wären, was ja nicht stimmt, werden die Kinder abtransportiert. Wir nehmen sie mit. Richten Sie sie zusammen, in einer halben Stunde müssen sie beim Gemeindeamt sein. Verstehen Sie, in einer halben Stunde!« »In einer halben Stunde?« schreit Krämerneni. »In einer halben Stunde? Mein Gott, warum hat mich meine Mutter nicht erwürgt, als ich den ersten Schrei tat!«

Sie zieht Alfred das Hemd an, das sie aus Frau Seemayers Wäsche gemacht hat, und schreit ununterbrochen. Sie schreit auf die liegende Seemayerin ein: »Man nimmt mir die Buben weg! Mein Gott, was soll ich tun?« Maritzineni steht hilflos neben uns, und die anderen Frauen weinen. Auch Frau Kiwi muß ihre Kinder zum Abtransport herrichten. Die Frau mit dem dreijährigen Urenkel schreit weinend: »Seien Sie doch froh! Mit den Bankerten hat man eh nur seine Sorgen und Qualen!« Alle weinen. Frau Seemayer liegt in Agonie, und niemand kümmert sich um sie. Krämerneni sucht in der Krippe noch etwas zum Mitgeben und wirft die Lumpen Frau Seemayer ins Gesicht. Sie weint und ist ganz durcheinander, sie schreit und schreit. Ich sehe Frau Seemayers Gesicht nicht, bis Maritzineni die Lumpen davon entfernt. Jetzt sehe ich ihr Gesicht. Krämerneni schreit, daß man ihr die Kinder nehme, und sie werde auch verrecken, wie die Verrückte im Schweinestall. Maritzineni spricht nicht und steht starr daneben. Ihr fällt das Sprechen schwer. Sie weint nur und küßt mich. »Ich werde so lange beten, bis ich auch den Verstand verloren habe, daß Gott mit euch Kindern gnädig sei und ihr Kinder, wenn ihr dieser Hölle entkommt, an uns denkt.«

Ach, wie herrlich war doch der Sommer, als wir noch im anderen Haus wohnten. Nie mehr wird es wieder so ein Sommer, nie mehr. Ich sehe Frau Seemayer an, und sie sieht mich an. Es ist, als wolle sie mir etwas sagen. Ich weiß es, ich fühle ihre Worte: »Wenn du einmal nach Wien kommst, so denke an mich!« Sie sieht mich an, und ich starre auf sie, und Krämerneni steht noch immer an der Futterkrippe, aber sie ist jetzt ruhig. Maritzineni durchwühlt ihr Strohlager. Sie sagt: »Ich habe nichts, was ich dir mitgeben könnte.« Sie wühlt in ihrem Sack, den sie neben ihrem Strohlager liegen hat, und holt ein Tüchlein hervor. »Es ist ein Taschentuch, ich habe nichts anderes. Es ist eine schöne Handarbeit. Nimm es, mein Täubchen, nimm es!« Wir stehen an der Stalltür. Krämerneni wird uns begleiten, und Maritzineni läuft zurück in den Hof, neben den Schweinestall, wo einmal Liese wohnte, zurück bis in den Hof. Ich fürchte, sie könnte fallen, denn sie taumelt, und tatsächlich fällt sie nieder. Sie krallt sich mit ihren großen Händen am Drahtzaun fest. Krämerneni sagt: »Wir müssen gehen.«

Viele alte Frauen sind unterwegs, um die Kinder zum Gemeindehaus zu bringen. Es ist ein nebliger Tag. Von den Bäumen fällt das Laub, und unter den halbkahlen Bäumen stehen die alten Frauen. Unsere Namen werden aufgerufen, und wir werden auf Pferdefuhrwerke geladen. Es fängt zu dämmern an. Krämerneni steht neben dem Fuhrwerk, in dem wir bereits Platz gefunden haben, und sagt, wir sollten brav sein und mit dem Essen sparen, sie habe in unseren Sack Lebensmittel gegeben, die sie als eiserne Reserve aufgespart hatte.

Die ersten Wagen fahren los. Es wird geweint und geschrien. Krämerneni küßt uns und weint: »Gott wird euch beschützen.« Sie hebt beide Hände, als wolle sie es beschwören. Wir fahren los, und die alten Frauen laufen hinter den Fuhrwerken nach. Nebelschwaden ziehen, und die Großmütter können nicht gut laufen. Ich sehe noch Krämernenis Silhouette unter den halbkahlen Bäumen im verwesenden Laub stehen, und mir scheint, als beuge sich ihr Körper. Ihr Kopf sinkt bis zum Boden, und ihre Hände wühlen im welken Laub. Dunkle Gestalten bewegen sich unter den Bäumen, und allmählich verschlingt der Nebel uns und die Dunkelheit, alles, die dunklen Gestalten, die Bäume und das süßlich riechende, verwelkende Laub. Man hört noch ein Rufen und Raunen, und allmählich hört auch das auf.

III
PASSION

1
Rückkehr und Abschied

Nacht ist es und eine schon sehr späte Stunde. Den ganzen Abend schon sitzen wir auf dem kleinen Bahnhof neben den Schienen, und die Uniformierten haben uns eingekreist. Der Bahnhof selbst hat sich in die neblige Dunkelheit verkrochen. Es kommt ein Zug, und wir dürfen einsteigen. Jetzt sitzen wir in Coupés, als wenn nichts geschehen wäre. Es ist stockdunkel. In jedem Abteil sind Kinder. Etwas Licht bricht durch die Fenster. Wenn die Uniformierten durchgehen und den grellen Schein ihrer Taschenlampen auf unsere Gesichter werfen, wird es hell. Es ist totenstill, nur das schrille Pfeifen des Zuges unterbricht die Stille. Wenn die Uniformierten wieder weg sind, bricht ein Riesenkrach los, wir tollen in der Finsternis herum, springen über unsere Habseligkeiten und freuen uns. Wir kriechen auf die Bänke und bis hinauf auf die Gepäckablage. Unsere Säcke liegen auf dem Boden, denn wir können sie nicht auf die Ablage heben, sie ist zu hoch für uns. Der Zug fährt mit uns in die Dunkelheit hinein. Am Fenster zieht der Dampf der Lokomotive vorbei, und ich bin schon sehr müde.

Mir gegenüber sitzt eine merkwürdige Gestalt. Ich sehe kein Gesicht. Die geringe Helligkeit, die durch das Waggonfenster dringt, wirft sich auf die kleine Gestalt und formt ihre Silhouette. Ich sehe, daß sie einen merkwürdigen Buckel hat und ihr Kopf direkt auf dem Rumpf sitzt. Oder hat sie fortwährend den Hals eingezogen? Sie beginnt mit einer rauhen Stimme zu sprechen und zu schreien, daß der Zug in Richtung Werschetz fährt. Als sie aufspringt, kommen die Uniformierten wieder und leuchten uns mit ihren Taschenlampen an. Da sehe ich, daß die Gestalt mir gegenüber ein Mädchen in meinem Alter ist, mit einem wunderbaren Gesicht. Aber es scheint tatsächlich keinen Hals zu besitzen, denn es bewegt den Kopf nicht und sieht starr in das Licht der Lampe. Es hat ein sehr strenges Gesicht, so streng wie das der Engel in der serbischen Kirche, die dem Drachen mit einer Lanze in den Rachen fahren. Es wird ein zweites Mädchen angeleuchtet. Der Uniformierte streckt aus der Dunkelheit seine Hand zum Kopf des Mädchens und fährt ihm langsam über das Haar. Es ist eine sehr behaarte Hand, und es scheint mir, als zittere sie. Sein Gesicht ist nicht zu erkennen. Das grelle Licht seiner Taschenlampe blendet mich. Seine Stimme kommt aus der Finsternis und spricht, es werde alles gut, wir sollten nicht traurig sein, denn wir würden zu unseren Müttern gebracht. Noch immer sehe ich die Hand auf dem Kopf des blonden Mädchens behutsam die Haare streicheln. Ich sehe, wie die Hand sich bewegt und wie sie verschwommen wirkt wie auch der Kopf und das Antlitz des Mädchens, denn über mein Gesicht laufen Tränen. Ich sehe die Telephonmasten und die Silhouetten von Häusern zurücklaufen. Alles ist in Bewegung. Über die Scheiben laufen die Tränen, das Draußen und das Abteil des Zuges sind verschwommen, und ich spüre Salz im Mund.

Die jüngeren Kinder liegen auf dem Boden oder, wo noch Platz vorhanden ist, auf den Bänken und schlafen. Es ist ruhig geworden. Das bucklige Mädchen und ich sitzen am Abteilfenster. Ich starre in die Nacht hinaus, und mein Bruder liegt mit dem Kopf auf meinem Schoß. Das Mädchen sagt, daß wir bald in Werschetz einfahren müßten. Der Horizont ist nicht sichtbar, da sich die Erde vom Himmel nicht trennt. Aber allmählich bekommt er einen ganz schmalen blauen Streifen, und das blauschwarze Land fährt mit uns dahin. In der Dunkelheit erscheinen einige helle Punkte, die umherspringen, und es gesellen sich immer mehr dazu. Das Mädchen springt vor Freude auf und schreit. Alle Kinder sind wach, es wird geschrien und gejault, und wir alle versuchen an den ostseitigen Fenstern hinauszusehen, denn auf dieser Seite werden immer mehr Lichter sichtbar. Der ganze Waggon tobt, und gierig hängen wir an den Fenstern. Wir können es nicht fassen, daß es wirklich die Lichter von Werschetz sein sollen. Mein Gott, wie schön ist es hier! Krämerneni, Maritzineni und auch die sterbende Seemayerin wären sicherlich gerne mit uns gefahren, wenn sie gewußt hätten, daß wir in richtigen Personenwaggons nach Werschetz fahren. Vor einigen Tagen hat die Seemayerin der Krämerneni einen Zettel unterschreiben müssen, daß sie sie gepflegt habe und daß sie, sobald sie nach Werschetz komme, in ihrem Haus wohnen dürfe und das Recht habe, bis zu ihrem Tod dort zu bleiben. Nun sind alle die alten Frauen mit der sterbenden Seemayerin ohne uns Kinder allein im Stall geblieben.

Wir fahren tatsächlich nach Werschetz. Es gibt gar keine andere Möglichkeit, denn die Bahnstrecke führt dorthin, und woher kämen die vielen tanzenden Lichter? Wir Kinder toben und schreien vor Freude. Die Lichter fliegen langsamer, bleiben schließlich stehen, und auch der Zug hält an. Uniformierte schreiten auf und ab. Der Perron ist überfüllt von uns Kindern. Es ist eigentlich kein richtiger Bahnsteig, denn der Zug ist außerhalb des Bahnhofs stehengeblieben. Hier ist es ziemlich dunkel, da nur das Licht vom Bahnhof zu uns herleuchtet. Wir werden zwischen den Schienen entlanggetrieben und müssen den Bahnhof umgehen. Wir kommen an stehenden Vieh- oder Güterwaggons vorbei, überqueren Gleise und bleiben auf offener Straße stehen. Die Uniformierten erlauben uns, daß wir uns auf dem Erdboden niederlassen. Die meisten Kinder setzen sich auf ihren Sack. Ich höre einen Zug. Der Bahnhof ist hell erleuchtet. Gestalten, die aus dem Licht kommen, nähern sich uns in der Dunkelheit und schreiten an uns vorbei. Einige bleiben an der schlecht beleuchteten Straße stehen. Es sind Frauen und einige Männer, die serbisch sprechen. Ich höre eine Frau fragen, was denn hier los sei, daß mitten in der Nacht Kinder herumgetrieben würden. Der Uniformierte gibt zur Antwort, daß sie verschwinden sollten. Aber es kommen noch immer Leute vom Bahnhof und gehen an uns vorbei. Es bleiben wieder zwei stehen, die mit dem ersten Morgenzug gekommen sind, und fragen, was denn hier los sei, was das für Kinder seien und warum zum Teufel man sie in der kalten Nacht herumtreibe und sie nicht schlafen lasse. »Es sind deutsche Kinder«, antwortet ein Uniformierter, der an der Straße steht und eine Zigarette raucht. Man sieht seine Gestalt mit dem Gewehr. Ich schaue den beiden davoneilenden Gestalten nach, wie sie in die Dunkelheit hineingehen. Wir dürfen wieder aufstehen und werden durch die dunkle Straße getrieben.

Es ist eine ziemlich lange Kolonne von Kindern. Die Uniformierten gehen neben uns her. Sie sind nicht böse, sondern sprechen mit uns, sie erzählen sogar Witze und versichern uns, daß wir bald schlafen dürften. Ich aber bin überhaupt nicht schläfrig und sehne mich sehr nach der kommenden Stunde. Ich kann es einfach nicht glauben, daß wir am Morgen unsere Mütter sehen sollen.

Ein Uniformierter gibt zwei Mädchen etwas zu essen. Wir haben die Pantschowarer Gasse erreicht und wandern mitten auf dem Fuhrweg. Links und rechts stehen alte Bäume, und manchmal beleuchtet eine Straßenlampe die kahlen Äste. Die Bäume ziehen sich bis an das Ende der Straße hin, wo sich eine ganze Gruppe zu einem Park ausweitet. Jenseits davon sieht man die Alexikirche. Unsere Gasse, in der ich bis vor einem Jahr meine Kindheit verbracht habe, trägt den Namen dieser Kirche. Ich sehe nicht bis an das Ende der Gasse, wo noch meine ungarischen und serbischen Spielkameraden sind. Jetzt werden sie schlafen, denn es ist etwa die zweite Stunde des neuen Tages. Die Kirche sieht auch dunkel aus. Ich bin früher einige Male daran vorbeigegangen, wenn ich meine Tante nachts zum Bahnhof begleitete. Wenn sie bei uns zu Besuch war, mußte ich sie um diese Zeit zum Morgenzug bringen, denn allein ging sie nachts nie durch unsere Gasse. Sie hatte Angst in unserem Viertel, weil es kein deutsches Viertel war, sie aber in einer rein deutschen Gemeinde wohnte und auch nicht die Sprache der Serben und Ungarn beherrschte. Sie pflegte zu sagen, daß unser Viertel schon immer etwas berüchtigt gewesen sei. Sie meinte auch, wir sollten die Bäckerei verkaufen und im deutschen Viertel eine neue kaufen oder bauen. Sie verstand es nicht, wie man in einer solch gottverlassenen Gegend nur unter Serben und Ungarn leben könne.

Jetzt gehen wir an unserer Gasse vorbei und vorbei an der Kirche, in der ich oft mit Mischi war. Großmutter schimpfte und sagte, daß nur die Serben berechtigt seien, dort hineinzugehen. Aber diese Drohung machte uns nur noch neugieriger. Die Gasse ist ganz dunkel, denn hier gibt es keine Straßenbeleuchtung. Wir biegen in die Residenzgasse ein, die Hauptstraße der Serben, die heller beleuchtet ist als die Pantschowarer Straße. Sie erscheint uns jetzt noch heller, weil unsere Alexigasse ganz im Dunkel liegt. Obwohl es hier sehr breite Trottoirs gibt, müssen wir weiter in der Mitte des Fuhrweges gehen. Einige Kinder weinen. Sie wollen zur Großmutter zurück. Die Uniformierten trösten sie, wir seien bald am Ziel. Wir gehen weiter, am Rathaus vorbei und an der Stadtpromenade, wo sich zwei Gestalten umschlungen halten. Als wir vorbeiziehen, gehen sie auseinander. Wir werden weiter in die Schulgasse getrieben, bis an die Ecke der Weißkirchnerstraße. Hier steht unsere große, zweitürmige Kirche. Neben mir geht das bucklige Mädchen mit ihrem Bruder, der sehr groß ist, aber erst im Alter meines Bruders, etwa neun Jahre. Er ist so groß wie ein Vierzehnjähriger, aber so dürr, als müsse er zusammenbrechen. Er hat im Gegensatz zu seiner Schwester einen überaus langen Hals, der aussieht, als würde er abbrechen. Ich habe mich mit dem Mädchen, das um ein Jahr jünger ist als ich, angefreundet. Sie muß – wie ich bei meinem – ihrem Bruder die Mutter ersetzen. Wir gehen nebeneinander an unserer Kirche vorbei und sind jetzt im ehemaligen deutschen Viertel. Unsere Schritte rascheln in dem welken Laub, das die Kastanienbäume abgeworfen haben, die die breite Straße säumen. Wir sind wieder an der Peripherie der Stadt angelangt, aber dort, wo das deutsche Viertel aufhört und die Weinberge beginnen. Ich bekomme eine ungeheure Angst, daß wir wieder aus der Stadt hinausgetrieben werden, irgendwohin ins Freie. Die Nacht ist bitter kalt, besonders jetzt gegen Morgen. Wir haben die vorletzte Straße erreicht und müssen stehenbleiben. Die Uniformierten öffnen die Tore der Häuser, die ganz in der Dunkelheit verschwinden. Gestalten kommen uns entgegen, Frauen, die weinen: unsere Mütter.

Wir Kinder werden den Häusern zugeteilt und in die Zimmer gebracht. Die Räume sind voll von weinenden Kindern und Frauen. Trotz des Gedränges bekommen wir Platz in einem Zimmer. Auf dem Boden sind die Schlaflager der Mütter ausgebreitet. Einige Kinder finden ihre Mütter in dem Raum. Es wird geweint und gelacht, geküßt und geherzt. Wir essen Weintrauben, die die Mütter an uns verteilen. Es kommen viele Frauen und suchen ihre Kinder und rufen in die Dunkelheit hinein. Sie rufen die Namen ihrer Kinder und laufen von Haus zu Haus, bis sie sie gefunden haben. Eine Frau sagt, es müsse einmal Ruhe sein, denn die Kinder seien doch total erschöpft. Die Mütter sollten bei Tag weitersuchen. Aber der Tumult geht weiter. Ich hoffe, daß auch meine Mutter kommt, und kann vor Aufregung nicht einschlafen. Es ist auch sehr wenig Platz hier, umdrehen ist nicht möglich. Und immer wieder gehen die Türen, und Mütter holen ihre Kinder. Ich muß eingeschlafen sein, denn im Traum höre ich die Stimme meiner Mutter. Oder ist es Wirklichkeit? Ich bin wach und sehe, wie sie sich zu uns auf den Boden kniet. Sie küßt mich, und mein Bruder ist auch wach und fällt ihr um den Hals. Sie küßt uns in die Dunkelheit hinein, und ich weine vor lauter Freude.

Die Mutter nimmt uns mit in ihr Quartier. Wir gehen durch einen Obstgarten und kommen in einen langen Raum, in dem ich Frauen auf dem Fußboden liegen sehe, denn es brennt eine Kerze. Auch Kinder sind bereits unter ihnen. Wir werden von unserer Mutter weiter in den nächsten Raum geführt. Mitten in dem quadratischen Zimmer steht ein Tisch, auf dem ebenfalls eine Kerze brennt. Rund um den Tisch sitzen Frauen auf ihrem Schlaflager. Die Kerze beleuchtet ihre Gesichter. Es sind auch schon drei Kinder hier. Wir werden von allen Frauen geküßt, und ich fühle wieder etwas Salziges im Mund. Ich sehe das bucklige Mädchen und den mageren Knaben und werde auch von der Mutter der beiden geküßt.

Meine Mutter nennt mir die Namen der anderen Frauen. Die Mutter des buckligen Mädchens und des mageren Knaben ist die Irenneni, die ich noch von zu Hause kenne. Die zweite Mutter küßt uns auch und sagt, sie sei die Neumann Maritzineni. Sie ist eine kleine, dicke Frau mit einem ziemlich runden Gesicht, etwa achtundvierzig Jahre alt, und hat einen sehr breiten Mund und kleine, hellgraue Augen. Ihr zehnjähriger Sohn Joschi ist auch mit uns gekommen. Es liegt noch ein Mädchen neben ihr, ihre etwa fünfzehnjährige Tochter. Irenneni ist sehr groß und hat ein schönes, ovales Gesicht mit blaugrauen Augen und einer etwas zu großen, gebogenen Nase. Sie dürfte so alt sein wie unsere Mutter.

Neumann Maritzineni beginnt zu sprechen, und ich erschrecke über ihr lautes Organ. Es sind noch fünf Frauen ohne Kinder im Zimmer. Die eine ist etwa fünfunddreißig, die übrigen dürften über vierzig Jahre sein. Sie sagen nicht viel und kommen auch gar nicht dazu, weil Neumann Maritzineni fortwährend redet. Trotz ihrer lauten Stimme schlafe ich ein.

Am Morgen gehen unsere Mutter und die anderen Frauen weg. Sie müssen etwa zwei Stunden im Weingarten arbeiten. Wir sind allein und gehen durch den Garten, der zu dem Haus gehört, in dem wir jetzt wohnen. Dann müssen wir uns alle auf der Straße aufstellen. Mein Bruder und ich sind mit dem buckligen Mädchen und dem langen Knaben sowie Neumann Joschi zusammen. Wir reihen uns in die Kolonne der anderen Kinder ein. Die Frauen, die in der Gasse vor uns einquartiert sind, müssen in die letzte Gasse ziehen, wo unsere Mutter mit den anderen Frauen wohnt. Heute brauchen sie nicht zur Arbeit, sie bekommen frei, um umzuziehen. Wir werden von Uniformierten gezählt. Die Mädchen werden von den Buben abgesondert. So wird auch der magere, allzu lang geratene Knabe von seiner buckligen Schwester getrennt. Die Mädchen müssen in die Häuser, die unmittelbar neben der Kolonne stehen, wir Buben müssen weiter nach oben in die anderen Häuser.

Eine alte Frau wird uns als Hausaufseherin zugeteilt. Sie sagt uns, daß sie es melden würde, wenn wir ungezogen seien oder vielleicht Lust zum Raufen bekämen. Sie wird es mit uns dreißig Buben zwischen fünf und dreizehn Jahren nicht leicht haben. Wir richten uns das Schlaflager zurecht. Hansi, der lange Knabe, und Neumann Joschi bereiten ihr Strohlager neben meinem und dem meines Bruders. Jeden Tag muß einer von uns größeren Buben das Lager aufräumen.

Am Lagereingang warten wir auf unsere Mütter, die von Uniformierten ins Lager zurückgebracht werden, wenn sie von der Arbeit in den Weingärten kommen. Jetzt im Spätoktober beginnen die Abende immer früher, und die Nacht bricht zeitig herein. Jeden Abend gehen wir mit unseren Müttern in ihre Quartiere. Die Mutter bringt uns Weintrauben und Brot, und wir essen in ihrem Zimmer das Abendmahl. Dann begleiten uns die Mütter an den herbstlichen Gärten entlang in unsere Quartiere. Bei ihnen dürfen wir nicht mehr schlafen. Uniformierte gehen nachts Streife, und wenn ein Kind fehlt, bekommt die Hausaufseherin eine Strafe, oft in Form von Schlägen.

Es ist wieder die Zeit des Vollmonds. Wir gehen mit der Mutter, und es ist mir, als hörte ich Maritzineni rufen: »Der Mond hat einen Hof, es wird bald Regen geben!« Ich sehe Schatten hinter den Bäumen umherhuschen, und ich sehe meine Mutter, die mit mir geht. Ich liebe den

Mond und den Mann mit dem Reisigbündel. Der Mond beleuchtet unsere Mutter, die langsam schreitet, violett und rosa. Ich liebe die Schatten und ihre Bewegungen, und ich liebe den Garten und die wunderbare Nacht.

Es vergehen vierzehn Tage, und es sind die schönsten meines Lebens. Wir tollen tagsüber in den Gärten umher und haben vergessen, daß wir im Lager sind. Täglich bekommen wir unsere herrlich schmeckenden Trauben. Unsere Werschetzer Trauben sind berühmt, weil sie einen so starken Muskatgeschmack haben. Es kommen auch serbische Frauen und schmuggeln uns Lebensmittel ins Lager. Oft wollen es die uniformierten Wächter nicht sehen. Es ist alles gut, und wir dürfen unter den Bäumen im Kastanienlaub spielen. Auf der anderen Straßenseite stehen auch Bäume und Häuser. Aber da dürfen wir nicht hin, denn die gehören nicht mehr zum Lager. Dort wohnen jetzt Serben und Neukolonisten aus dem Kosovo. Auf der Straße gehen die Uniformierten auf und ab.

Die Nacht ist vorbei, und wir waschen uns am Brunnen. Unsere Mütter kommen durch den Garten zu uns. Ich bin sehr erstaunt und freue mich, daß sie heute nicht zur Arbeit müssen. Irenneni kommt bereits mit Iren, dem buckligen Mädchen. Ich sehe, daß meine Mutter nicht so wie sonst aussieht. Ihr Gesicht scheint mir sehr erregt und auch das der Irenneni. Die Mutter sagt, daß wir zur Lagerkommandantur müßten, wo wir alle aufgeschrieben würden. Die anderen Mütter holen ihre Kinder, und wir gehen nach vorne zum ersten Haus, in dem sich die Kommandantur befindet. Dort steht bereits eine lange Kolonne mit Müttern und Kindern. Die Mutter und wir zwei, Irenneni mit dem buckligen Mädchen und ihrem Bruder und Neumann Maritzineni mit ihrer Tochter und Joschi, alle stehen wir und warten, was geschehen wird. Man sagt, es würden nur alle neu aufgeschrieben, sonst nichts. Aber Maritzineni mit ihrem lauten Organ meint, daß ihr diese Geschichte nicht ganz geheuer vorkomme. Sie fürchte, man nehme ihnen die Kinder wieder weg. Die anderen Mütter beschwören sie, sie solle doch nicht den Teufel an die Wand malen. »Mein Gott, in so einer Zeit ist alles möglich«, sagt Maritzineni. Eine andere Frau meint, wir dürften vielleicht wieder in unsere Häuser. Sie gäbe alles her, wenn sie nur nach Hause dürfe. Ihr Haus sei das dort drüben. Maritzineni sagt: »Daß ich nicht lache, dort drüben schauen andere aus dem Fenster!« Man sieht die Neugierigen, die jetzt in den deutschen Häusern wohnen, auf der Straße stehen und zu uns herüberschauen. Es sind meist Frauen und Kinder.

Wir müssen uns in einer Reihe aufstellen. Einige Uniformierte stehen bei uns auf der Straße, andere sitzen in den Häusern am Fenster. Sobald wir an die Reihe kommen, müssen wir uns an das Fenster stellen, um aufgeschrieben zu werden. Die größeren Kinder werden von den Müttern getrennt und müssen zusammen mit den Frauen, die keine Kinder haben, auf die linke Seite, die Mütter mit den kleineren Kindern kommen auf die rechte Seite. Gegen Mittag kommen wir dran. Irenneni ist bereits mit dem buckligen Mädchen und dem allzu langen Knaben auf die rechte Seite getrieben worden. Neumann Maritzineni und ihr Bub Hansi kommen ebenfalls auf die rechte Seite, während ihre Tochter nach links muß. Maritzineni schreit und schreit.

Jetzt sind wir an der Reihe. Wie grausam ist es, wenn man nicht erfährt, was mit einem geschieht! Werden wir alle auf die rechte Seite getrieben? Werde ich von der Mutter und von Alfred getrennt, oder werden wir wieder zusammen von der Mutter weggenommen? Mir zittert der Mund, und die Zähne schlagen aufeinander. Sie kommen nicht zur Ruhe, und meine Augen brennen. Ich bete zu Gott. Neben uns weinen einige Frauen. Nun wird unsere Mutter befragt, und wir werden aufgeschrieben. Der Uniformierte, der im Inneren des Hauses am Fenster sitzt, sieht die Mutter flüchtig an. Die anderen, die bei uns außerhalb des Hauses stehen, beobachten uns. Das sind die Augenblicke der Entscheidung. Ich halte meinen Kopf nach unten zum Boden, und mein Körper bebt. Die Mutter zieht mich sehr heftig am Ärmel, um schnell wegzukommen, damit es sich die Uniformierten nicht noch anders überlegen. Sie zerrt mich auf die rechte Seite, und wir stehen neben Irenneni, dem buckligen Mädchen und ihrem Bruder Hansi. Maritzineni und der Knabe Joschi sind auch neben uns. Wir werden von den Uniformierten in die Häuser befohlen, um unsere Sachen zu packen. Die Menschen, die auf der linken Seite stehen, dürfen nicht in die Häuser. Wir müssen unsere Sachen in zwanzig Minuten gepackt haben und uns vor die Häuser stellen. Unsere Mutter und die anderen Frauen gehen mit uns Kindern durch die Gärten in ihre Zimmer. Maritzineni schreit wieder. Es klingt genauso wie das Klagen unserer serbischen Nachbarn.

»Es ist noch zuwenig, was man uns angetan hat, es ist noch zuwenig! Zuerst haben sie mir den Buben genommen, und nachdem ich das Kind zurückbekommen habe, nehmen sie jetzt das Mädchen. Was für eine Grausamkeit!« schreit sie.

Unsere Mütter haben alles in einen Sack gepackt. Die Mutter sagt, wir hätten für acht Tage genug zu essen. Sie habe einige Kilo Weintrauben, die sie jeden Tag unter dem Kleid versteckt mitgebracht hat. Äpfel, Kuchen und einen Laib Brot hat uns meine Patin ins Lager geschmuggelt. Irenneni und Maritzineni haben auch genug zu essen. Nach dem Packen stellen wir uns vor das Haus. Die Bäume sind kahl geworden. Nackt stehen sie jetzt da. Die Säcke liegen auf dem Boden, und wir warten. Die Tochter der Maritzineni steht auf der linken Seite der Straße mit den anderen Frauen und den größeren Mädchen.

Die Kolonne setzt sich in Bewegung, und wir kommen an der Gruppe vorbei, die auf der linken Seite steht. Hilda umarmt ihre Mutter und schluchzt. Maritzineni umklammert sie, und der Knabe Joschi steht dicht an seine Mutter gelehnt und sieht hilflos zu. Irenneni tröstet das Mädchen, sie würden sicherlich nachkommen, sobald die Arbeiten in den Weinbergen fertig seien. Hilda läßt ihre Mutter los und küßt ihren Bruder. Dann wird sie von den Uniformierten hinübergetrieben. Unser Transport zieht vorbei. Die Frauen, Mädchen und größeren Knaben stehen noch immer vor der Lagerstraße und winken uns zu. Das laute Weinen und Schreien der Maritzineni übertönt das Rufen der Zurückbleibenden.

Es ist Sonntag und ein wunderbarer Spätherbsttag. Die Sonne steht tief am Horizont und gibt nur einen milchigen Schein. Die Schatten der Kolonne fallen mild auf die staubige Straße. Auf dem Gehsteig spazieren Serben, Ungarn und andere Leute, und wir ziehen mitten auf dem Fuhrweg dahin. Wir haben schwer zu tragen, weil wir viele Lebensmittel haben, genug für acht Tage, wie die Mutter gesagt hat. Die Menschen auf dem Gehsteig gehen langsam, denn sie machen einen Spaziergang, und dabei geht man eben langsam, um den herrlichen Tag zu genießen. Manche von ihnen schauen uns an, andere verschwinden hinter den Toreingängen. Wieder andere liegen in den Kastenfenstern, wie es unsere Großmutter getan hat, und kauen Sonnenblumenkerne. Manche lachen, andere weinen und verstecken ihr Gesicht und sich selbst hinter den Toreingängen.

Das deutsche Viertel haben wir hinter uns, und jetzt werden wir in das gemischte Viertel getrieben, wo Deutsche, Serben, Ungarn und andere nebeneinander gewohnt haben. Die serbischen und ungarischen Nachbarn stehen an den Häuserfassaden, und viele weinen. Hier lachen keine Leute mehr. Hier werfen sie uns Lebensmittel zu, und die Uniformierten fluchen. Mein Gott, dort stehen einige meiner Spielkameraden! Sie schauen uns zu, wie wir getrieben werden. Sie dürfen herumtollen und laufen, wohin sie wollen. Wir dürfen nicht aus der Reihe treten, sonst bekommen wir Schläge. Wir dürfen auch nicht rufen. Ich wünsche mir sehnsüchtig, daß mich Joko sieht, mein Freund. Aber er sieht mich nicht. Oder will er mich nicht sehen? Mir brennen die Augen, denn ich habe wieder einen Freund verloren. Der Schweiß läuft mir über das

Gesicht, denn es ist ein warmer Tag. Allmählich verkriecht sich die Sonne hinter den grauen Giebelhäusern, und es wird angenehmer. Ein leichter, kühler Wind trocknet mir das Gesicht. Hinter mir geht das bucklige Mädchen, das nichts trägt, weil es genug damit zu tun hat, seinen eigenen Körper weiterzubringen. Der magere Knabe trägt einen schweren Sack, sodaß er wie wir alle einen richtigen Buckel macht. Er klagt, daß er nicht mehr weiterkönne. Seine Mutter tröstet ihn und sagt, daß wir sicherlich zum Bahnhof gebracht würden und der nicht mehr weit sei. Aber wir werden nicht direkt auf das Gebäude zugetrieben, sondern den gleichen Weg, auf dem wir vor vierzehn Tagen gekommen sind, über die Schienen bis zu der langen Reihe der offenen Güterwaggons. Vor den Waggons dürfen wir uns hinsetzen und unsere Last ablegen.

Etwa fünfzehn Meter entfernt von uns liegt die Straße, die ins Stadtinnere führt. Menschen eilen vorbei, dem Bahnhof zu oder zur Stadt. Ich erkenne eine serbische Frau, eine Bekannte unserer Mutter. Sie sieht uns und kommt über die Schienen zu uns. An der einen Hand hält sie ihren Buben, in der anderen hat sie eine Tüte mit Äpfeln. Sie spricht mit dem Uniformierten, der sie zu uns gehen läßt. Sie reicht der Mutter die Äpfel, sagt nur: »Mein Gott, mein Gott!« und geht weinend über die Schienen zurück. Es ist nicht erlaubt, daß Serben mit uns sprechen oder uns gar etwas zustecken. Diese Frau tat es ohne Angst und verschwindet nun mit ihrem Buben stadteinwärts.

Während wir auf dem Boden sitzen, gehen die Uniformierten auf und ab. Der Kommandant ist auch hier. Nachdem er die Waggons und uns kontrolliert hat, müssen wir hinaufklettern. Das ist nicht leicht, weil die Güterwaggons keine Trittbretter haben. Wir steigen auf den letzten Waggon, Irenneni, das bucklige Mädchen, ihr magerer Bruder, Maritzineni mit Joschi, die Mutter, Alfred und ich. Insgesamt sind wir etwa dreißig Personen. Wir essen unser Abendmahl, und Mutter teilt die Äpfel aus. Irenneni sagt, daß es auf keinen Fall Regen geben dürfe. Bei den offenen Wagen wäre das eine Katastrophe. Mutter meint, wir müßten mit dem Essen sparen. Man könne nicht wissen, wann wir etwas zu essen bekämen.

Der Himmel färbt sich rot. Die glutrote Scheibe sinkt jenseits der Schienen und der Felder in die Erde. Alles hat einen mattgrauen, rotvioletten Schein, auch wir hier auf dem Güterwaggon. Der brennende Himmel färbt sich violett, und das Violett wird zu einem Dunkelblau. Die Gestalten auf den Waggons wirken wie die Statuen in unserer Kirche, die bei wenig Licht schemenhaft und etwas unheimlich aussehen.

Dann werden sie von der Nacht, die allmählich einbricht, unsichtbar gemacht. Am Horizont sind nur noch dunkelviolette Streifen zu sehen.

Wir sitzen im Dunkeln in den stehenden Waggons. Unsere Mutter
packt die kostbare Tuchent aus. Wir fünf Kinder können die Beine nicht
ausstrecken, weil der Waggon dafür nicht groß genug ist. Wir kauern
auf dem harten Boden, und unsere Mütter sitzen neben uns und sprechen leise miteinander. Ich sehe in die Nacht hinein und betrachte die
Gestalten, die sich beugen und gebeugt eingeschlafen sind. Ich höre von
anderen Waggons her ein wunderbares Singen, so, als wäre auch das
blinde Mädchen dabei. Aber es ist eine tiefere Stimme, so tief und schön
wie diese Nacht. Der Himmel wird hell von der Ungeheuerlichkeit der
unzähligen Sterne. Jetzt sieht man wieder die Gestalten unserer Mütter,
die sich über die zusammengekauerten Kinder gebeugt haben. Eine
merkwürdige Stille breitet sich über die Waggons und die vielen
Schienen, die sich schwarz von der graublauen Erde abheben. Die Stille
wird manchmal vom grellen Pfiff eines Zuges unterbrochen. Es muß
schon Mitternacht sein. Ich habe geschlafen, und irgend etwas hat mich
geweckt. War es der Pfiff unseres Zuges? Ich muß urinieren. Meine
Mutter stützt mich, und ich pisse über die Waggonwand hinunter auf
die Erde, wo die dunklen Streifen der Schienen stillstehen. Ich lege mich
wieder auf den Boden, und die Mutter kauert sich über uns.

Unser Zug beginnt sich zu bewegen. Ich empfinde das Fahren als angenehm, obwohl mir die kalte Luft ins Gesicht schneidet. Alle stehen
auf und sehen in die Nacht hinaus. Wir sehen die Fassaden der Häuser
mit den weiß gekalkten Bäumen davor und die kahlen, dunklen Felder.
Die Häuser sind verschwunden und mit ihnen die Bäume, die
Menschen, die Kirchen, alle Straßen und die Brote der Serben. Feuer-
funken fliegen durch die Luft, und das schrille Pfeifen des Zuges dringt
uns ans Ohr. Unsere Mütter sind über uns gebeugt eingeschlafen.

2
Der Güterzug

Es waren die Kirchen da, die vielen Heiligen, die sie bergen. Es waren Mischi da, Helen und ihre Mutter, die Futterkammer, der Hund, die Backstube, der Backofen, aus dem das Brot hervorleuchtete, und an der Wand standen die Ikonen. Die wunderbaren Kröten tummelten sich auf dem Boden der Backstube. Die Patin brachte das Brot auf dem Kopf. Die Hexen flogen über die Dächer und verkrochen sich in den Schornsteinen. Die Straßenfeuer waren abgebrannt, und wir beide, Mischi und ich, klopften an das Fenster der ungarischen Nachbarin. Und es waren die Gärten da, die Rutschmarie, ihre Meerschweinchen, und es schreien die Züge in die Nacht hinein, und ich muß lange geschlafen haben, denn es ist schon Morgen, und der Zug fährt mit uns durch die Banater Tiefebene. Das flache Land eilt dahin und mit ihm der Dampf und die Funken der Lokomotive. Von weitem eilt uns eine Kirche entgegen, ein Dorf. Es ist Setschanfeld. Der Zug hält.

Wir bekommen von der Mutter Brot und Weintrauben, alle im Waggon frühstücken, und der Zug fährt los. Die Kirche mit dem Dorf entfernt sich von uns, und wir fahren wieder nordwärts in die Ferne hinaus. Gegen Mittag erreichen wir Groß-Betschkerek. Wir dürfen aber nicht aussteigen. Während wir auf offener Strecke halten, bitten wir die Uniformierten, unsere Notdurft verrichten zu können. Wir dürfen uns einige Meter vom Zug entfernen. Danach fahren wir in den Vorbahnhof der Stadt ein. Unten stehen und gehen wieder Menschen am Zug vorbei. Eine Frau fragt einen Uniformierten: »Was zum Teufel haben die Schwabas in der Stadt zu suchen? Fahrt doch mit diesem Gesindel zur Hölle!« »Ja, wir werden bald mit ihnen abfahren.« Irenneni fragt einen Uniformierten, aber nicht den, mit dem die Serbin gesprochen hat, sondern einen anderen, wo man uns denn hinbringe. »Nach Rudolfsgnad«, antwortet er ihr nicht unfreundlich. Nach etwa einer Stunde fährt der Zug mit uns los, und wir fahren nach Süden, Richtung Theiß. Alle im Waggon wissen, daß wir nach Rudolfsgnad kommen, und die Nachricht geht wie ein Lauffeuer vom hinteren Waggon, wo Irenneni die

Nachricht erhalten hat, bis zu dem vordersten. Es ist früher Nachmittag, und der Zug fährt an Dörfern vorbei, an Etschka und Perles. Maritzineni schimpft mit ihrem Buben Joschi, er habe bereits die Hälfte der Weintrauben aufgegessen. Sie gibt ihm eine Ohrfeige. »Wir müssen sparen, denn in Rudolfsgnad werden wir sicherlich keine Trauben bekommen«, schreit Maritzineni, »wer weiß, ob wir überhaupt Brot bekommen, denn was man bis jetzt von Rudolfsgnad gehört hat, ist schrecklich!«

Der Zug trägt uns und fährt mit uns dahin, und wir Kinder sehen über den Waggonrand hinaus in die Ebene. Die Sonne ist im Nebel verschwunden; Joschi hängt sich über die Waggonwand hinaus, und seine Mutter gibt ihm die zweite Ohrfeige und schreit: »Wenn du hinunterfällst, ist es aus mit dir, und die Räder fahren über dich.« Joschi sagt, er wollte sich nur strecken. Das bucklige Mädchen fängt zu weinen an, weil seine Beine sehr schmerzen. Irenneni massiert sie und sagt, daß alle Qual bald vorbei sein wird und wir auch die Beengtheit im Waggon bald los seien, denn es dürften nur noch einige Kilometer bis Rudolfsgnad sein. Die Mütter richten unsere Habseligkeiten. Einige versuchen, die Säcke auf den Rücken zu hängen.

Wir fahren auf einer Anhöhe und weit unten sehen wir niedere kleine Häuser. Der Zug fährt auf dem Damm. Links unter uns liegt Rudolfsgnad. Dieses Dorf hat ein anderes Gesicht als die übrigen Dörfer, an denen wir vorbeigefahren sind. Eine geheimnisvolle Trauer breitet sich aus. Schweigen. Wir sehen die Häuser, aus denen Menschen gelaufen kommen, alte, gebrechliche Frauen und Kinder, die ganz dünn und bucklig aussehen. Wir stehen hier oben auf den Waggons und schauen nach unten. Es ist ein grauer Nachmittag.

Unsere Mütter beginnen zu weinen, denn unten sammeln sich die alten Großmütter und die Kinder. Es wird hinunter- und heraufgeschrien, und der Nebel zieht mit dem Schreien und Rufen fort über die grauen Sümpfe, die um das Dorf still daliegen. Unten, am Ausgang des Dorfes, sammeln sich die Gestalten, und aus den Häusern kommen sie gelaufen, einige fallen zu Boden, andere laufen vorbei, alle laufen sie unserem Zug zu, der da auf dem Damm steht. Wir alle stehen und sehen hinunter, und Frauen erkennen ihre Mütter, die in Setschanfeld waren. Jetzt sind sie hier unten und rufen herauf. Im Waggon gibt es einen Tumult, die Mütter strecken die Kinder in die Höhe, denn unten dürfen die Großmütter und Kinder nicht bis zum Damm heran, sie werden von den Uniformierten daran gehindert. Eine der Mütter schreit in den Lärm hinein: »Mutter, Mutter – Kinder, eure Großmutter ist da unten!«

Die greisen Großmütter fallen zu Boden, und wir können nur zusehen. Namen werden gerufen, mit den Händen wird gedeutet. Unten hat sich eine große Menge versammelt, und immer noch kommen welche gelaufen. Unsere Mütter weinen und rufen, und wir stehen daneben, hilflos, und müssen sehen, was hier vor sich geht. Der Tag geht zu Ende, die Dämmerung ist hereingebrochen, und Maritzineni weint und schreit: »Um Gottes willen, man kann das doch nicht mit ansehen!« Sie öffnet ihren Sack und beginnt Weintrauben hinunterzuwerfen. Sie erreichen die Großmütter nicht und auch nicht die Kinder.

Wir erfahren, daß man alle Setschanfelder hierher nach Rudolfsgnad gebracht hat. Das muß geschehen sein, während wir in Werschetz waren. So müßten auch Krämerneni und Maritzineni hier sein, und vielleicht sind sie da unten in der Menge. Die Menschen sind schwer zu erkennen. Diejenigen, welche in Zichydorf im Lager geblieben sind, hat man auch hierher gebracht. Das Dorf soll mit Menschen aus allen Teilen des Banats überfüllt sein.

Wir schauen und beobachten die Menschen. Es sind viele, die wir nicht erkennen. Mischi, seine Mutter und Wastl müßten auch hier sein. Ich schreie: »Dort ist Krämerneni, dort ist sie!« Als wir genauer hinsehen, erkennen wir: nein, sie ist es nicht. Auch nicht Mischi und auch nicht seine Mutter und nicht sein Bruder.

Unsere Mütter beginnen, Äpfel und Weintrauben eingewickelt vom Waggon zu werfen, weil das Obst die Großmütter so besser erreicht. Die Kinder und Großmütter raufen sich um das Geworfene. Sehr schwer ist es zu beschreiben, was sich hier oben bei uns in den Waggons abspielt und unten, neben dem Bahndamm. Es wird geworfen, geschrien, geklagt und geweint und laut gebetet.

Wir haben erfahren, daß wir nicht hier aussteigen dürfen, sondern wieder zurückfahren werden. Da man jetzt also weiß, daß wir nicht auswaggoniert werden und es kein Wiedersehen gibt mit unseren Großmüttern, mit Maritzineni, Krämerneni, Mischi und den anderen, ist die Stimmung noch unerträglicher. Noch immer ist es so, als sähe man einen Haufen von Ameisen, die um einen Brotkrümel kämpfen. Wenn wir zu Hause unseren Garten umgruben und die Regenwürmer, die wir ausstachen, den Hühnern zuwarfen, wie war das lustig, wenn die Hühner sich um einen Wurm rauften! Der Wurm wurde oft mehr als zweimal so lang, wie er vorher war. Hier unten, wo man die Menschen nicht mehr gut sehen kann, da es bald ganz dunkel sein wird, trägt sich Ähnliches zu, es ist aber bei Gott nicht lustig, und ich sehe es und kann es nicht begreifen, dieses Werfen, den Versuch, etwas zu erwischen, das Schreien und Weinen.

An unseren Waggon wird eine Dampflokomotive gehängt, und mit Pfauchen und Ächzen fährt der Zug mit uns wieder zurück in die Nacht hinein. Die unbarmherzige Dampflok schleppt uns irgendwo hin. Wenn sie uns nur wieder nach Werschetz brächte! Es ist wieder Stille eingetreten, nur das Pfauchen der Lokomotive ist zu hören. Der Dampf und mit dem Dampf die glühenden Funken ziehen über unsere Köpfe dahin.

Wir sind wieder in Groß-Betschkerek eingefahren, und wieder stehen wir irgendwo außerhalb der Stadt und außerhalb des Bahnhofs. Irenneni spricht einen der vorbeigehenden Uniformierten an und fragt, was mit uns geschehen werde. Der Uniformierte sagt freundlich in die Finsternis hinein, daß wir, sobald die Waggons eingeschoben würden, in Schmalspurwaggons umsteigen müßten. Irenneni bedankt sich, und er geht wieder nach hinten. Maritzineni schreit plötzlich, sie habe einen Tropfen gespürt, um Gottes willen, es dürfe doch nicht regnen!

Der Zug fährt mit uns noch ein Stückchen nach vorne, und die Lokomotive bleibt stehen. Uniformierte rufen: »Aussteigen, aussteigen, hinüber in die anderen Waggons!« Es beginnt stärker zu regnen. Ich kann fast nicht gehen, alle jammern, und Mutter muß meinen Bruder tragen. Erschrocken klagen einige Mütter, daß es wieder offene Güterwaggons seien und noch dazu regnete es. »Es ist nicht genug: zuerst das Mädchen weggenommen, dann Rudolfsgnad und jetzt der Regen! In diesen offenen Waggons ersaufen wir!« schreit Neumann Maritzineni. Ich krieche über Schienen, und andere kriechen auch. Die Waggons stehen bereit.

Mehrere Lampen beleuchten die nassen, rotgrauen Güterwaggons und die aus den Waggons springenden und kriechenden Gestalten. Wir klettern und kriechen und krallen uns fest, um hinaufzukommen. In diesen Waggons sind wir nicht so zahlreich, wir haben die Möglichkeit, uns hinzulegen und die Beine auszustrecken. Zuerst stehen wir, denn der Boden ist sehr naß, aber es bleibt uns nichts anderes übrig, als uns niederzusetzen oder hinzulegen. Ja, wir legen uns auf dem nassen Boden auf unsere Säcke, die auch naß sind, und der Zug fährt mit uns los. Wir werden hier viel mehr gerüttelt und hin und her geschoben als zuvor. Irenneni meint, sie wisse, wohin diese Schmalspur führt: hinüber ins Rumänische nach Hatzfeld. Bis zur Grenze sind es an die sechzig Kilometer. Irgendwo in dieses Gebiet müsse man uns fahren. Hier gibt es nur Dörfer, auch einige deutsche. Ob wir dahin kommen? Es könnte Deutsch-Zerne sein, das ziemlich nahe der Grenze liegt.

Der Zug rattert mit uns dahin. Wir fünf Kinder haben uns ganz dicht zusammengekauert, damit uns warm wird, denn der Regen wäscht unsere Gesichter. Unsere Mütter beugen sich mit den Decken über uns, und es wird etwas besser. Das Rattern und Pfauchen hat aufgehört, und wir schauen über die Waggonwände in die Dunkelheit, in die Felder hinaus. »Wir stehen auf offener Strecke«, sagt Irenneni. In der Dunkelheit leuchtet eine Strohtriste, herrlich wie dunkles Gold. Unten schreiten wieder die Uniformierten vorbei. Wir Kinder haben uns auf dem Boden zusammengekauert, und ich höre, wie Irenneni den Uniformierten, den sie in Groß-Betschkerek um Auskunft gebeten hat, ersucht, ob es nicht möglich wäre, ein bißchen Stroh von der Triste zu holen. Er solle doch sehen, wie die Kinder auf dem Boden liegen. Nur ein bißchen Stroh! Die Türe wird geöffnet, und das Licht einer Taschenlampe wandert durch den Waggon und bleibt an uns liegenden Kindern haften. Wir strecken die Köpfe in die Höhe, und das Licht blendet uns. Es scheint, als bewege sich das Licht, als hielte eine zitternde Hand die Lampe. Irenneni steht mitten im Waggon, und der Uniformierte fängt zu sprechen an: »Kommen Sie, aber schnell, damit uns die anderen nicht bemerken!« Unsere Mütter springen leise vom Waggon. Das zuckende Licht der Lampe ist noch auf uns gerichtet. Der Uniformierte spricht weiter, hastig und flehend: »Machen Sie schnell, machen Sie schnell!« Und noch hastiger spricht er etwas leiser: »O Gott, was für eine Schande! Diese armen Kinder, dieser gottverfluchte Regen und alles mit ihm sei verflucht!« Dann verschwindet er in die Dunkelheit und spricht noch mit anderen Uniformierten, und wir hören die anderen sagen, wenn etwas passiere, müsse er die Verantwortung tragen. Es geht ganz leise, das Horten des Strohs von der Triste, und wir haben uns ganz im Stroh verkrochen. Wir hören wieder das Schreiten des Uniformierten, und es ist still, und er steht neben der Waggonwand. Es entsteht ein Schweigen. Es ist wie ein Zögern, dann entfernen sich die Schritte wieder, und Maritzineni sagt leise zu Mutter und Irenneni: »Seht ihr, es gibt unter ihnen auch gute Menschen. Sicherlich hat auch er Kinder.«

Ich weiß nicht, wie lange ich geschlafen habe. Noch immer steht der Zug. Es muß nach Mitternacht sein, denn der Hahn hat schon gekräht. Mein Bruder Alfred schläft tief, unsere Mütter sitzen neben uns und warten, was weiter geschehen wird, was der neue Tag bringen mag. Der gestrige hat uns viel Überraschung beschert. Ich will nicht an gestern denken, nicht an Rudolfsgnad, nur an den Uniformierten.

Es breitet sich das Morgengrauen über die Landschaft, und der Zug fährt mit uns durch die graue Ebene dahin. Ich muß die ganze Fahrt über geschlafen haben. Eine Ortschaft liegt vor uns. Am kleinen Bahnhof steigen wir aus den Waggons. Die ganze Fahrt hat es nicht mehr geregnet. Wir breiten unsere Säcke auf den Boden.

Eine Frau in einem Mantel geht auf den Uniformierten zu, der uns das Stroh holen ließ, und spricht mit ihm. Mutter sagt, es sei die Elsaneni, die in Werschetz die Ambulanz betreute. Sie sei von Beruf Krankenschwester und sei auch im Lager mit diesem Posten betraut worden. Ich stelle mir Krankenschwestern anders vor, mit weißem Mantel und weißer Haube. Hier unterscheidet sie sich von den anderen Frauen nur durch ihre große Hilfsbereitschaft. Sie spricht ein perfektes Serbisch. Elsaneni fragt den Uniformierten, was mit uns geschehen werde. Er sagt, wir sollten Geduld haben, er müsse erst auf die Erlaubnis warten, uns weiterzubringen. Irenneni meint, daß man uns auf keinen Fall mehr in einen Zug stecken werde, denn die Staatsgrenze sei ja nur einige Kilometer entfernt von hier.

Endlich dürfen wir aufbrechen und werden in das Dorf getrieben. Wir gehen durch die Dorfstraße, die kein Ende zu haben scheint. Die Tore gehen auf, und die Fenster werden geöffnet. Irenneni und die anderen Frauen rufen den Leuten an den Toren und Fenstern ungarische Worte zu. Die antworten aber nicht, sondern verkriechen sich wieder ins Hausinnere.

Noch immer geht es durch die Dorfstraße. Die weißen Häuser und die gekalkten Baumstämme wirken grau, da der Nebel mitzieht mit uns, und immer wieder werden Tore geöffnet und wieder geschlossen. Chrysanthemen blühen unter den kahlen Bäumen, aber die Blumen sind schon rostbraun und welk. Endlich erreichen wir das Ende des Dorfes, und mit dem Dorf zieht der Nebel zurück, und das letzte Haus ist vorbei. Wir marschieren auf freiem Feld, einer sehr schlechten Straße. Irenneni meint, daß dieser Weg nicht nach Deutsch-Zerne führe, sondern irgendwohin, und eine Frau meint, daß wir nach Molidorf getrieben würden. Der Ort sei etwa acht bis zehn Kilometer entfernt.

Wir gehen, und die Sonne hat sich aus dem dichten Nebel gelöst. Sie tut uns gut, trocknet unsere Habseligkeiten und Gewänder. Hier ist die typische Banater Tiefebene. Keine Bäume, nur sehr weite schwarze Felder, und diese sind voll schwarzer Krähen. Man hört nicht das Stampfen unserer Füße auf der Straße, weil die Krähen so laut schreien. Sie ziehen in Schwärmen an uns vorbei und fliegen über unsere Köpfe. Einen Kirchturm, von Häusern und kahlen Bäumen umrahmt, sieht man

Herde mit Kühen oder Schweinen sein. Als sich die Gruppe uns nähert, bemerken wir, daß es Kinder sind, Knaben und Mädchen zwischen acht und dreizehn Jahren. Zwei Uniformierte treiben die Kinder zu uns auf die Straße. Irenneni ruft ihnen zu: »Wer seid ihr, Kinder?« Sie seien ebenfalls deutsche Kinder, antworten mehrere auf einmal, sie seien in Molidorf mit ihren Großmüttern zusammen inhaftiert, stammten aus Stefansfeld und müßten hier auf den Meierhöfen arbeiten. Jetzt gingen sie ins Lager zu ihren Großmüttern zurück.

Die Uniformierten fluchen, verbieten uns aber nicht, mit den Kindern zu sprechen. Diese erzählen weiter, daß sie seit dem Sommer mit ihren Großmüttern hier seien und daß ihre Mütter meist nach Rußland verschleppt worden seien. Die Uniformierten lassen es zu, daß sich die Kinder unter uns mengen, und so erzählen sie alles unseren Müttern, als hätten sie ein großes Bedürfnis, mit jemand zu sprechen, der auch ihre Mutter sein könnte. Sie schauen uns sehr verwundert und etwas neidisch an, weil wir unsere Mütter bei uns haben, sie die ihren aber verloren haben.

Maritzineni fragt die Kinder, ob viele Menschen im Lager seien. Eifrig antworten gleich mehrere: »Ja, wir Stefansfelder, dann die Mastorter, die St. Huberter, die Charleviller und die Solturer.« »Einige tausend?« fragt Maritzineni. Die Kinder schütteln nur verständnislos den Kopf und schreien: »Die Molidorfer selbst sind auch dort, die Kinder und die Großmütter! Die Jüngeren aber sind alle fort, es sind nur wir da und die Großmütter und die Urgroßmütter.«

Maritzineni flüstert Irenneni zu: »Da steht uns was Schönes bevor, in einem Lager Arbeitsunfähiger! Da kommen wir lebend nicht mehr heraus! In dieser gottverlassenen Gegend wird uns niemand bemerken und niemand finden. Die führen uns schon dorthin, wo keine Spur mehr von uns zu finden sein wird. Nie in meinem Leben habe ich eine gräßlichere Gegend gesehen, und diese Massen von schwarzen Vögeln!« Irenneni antwortet erbost: »Sei doch still! Denk an die Kinder, es geht doch nur um sie. Und ist es bis jetzt gegangen, wird es auch weiter gehen. Gott wird uns nicht im Stich lassen. Schau doch, hier gibt es auch eine Kirche!« Sie deutet aufmunternd auf den Kirchturm, der immer deutlicher wird. »Im Spätherbst ist es in der Ebene halt nicht schön wie im Frühling und im Sommer.« »Es ist eine verfluchte Ebene! Wir ersticken hier in Dreck und Sumpf«, weint Maritzineni.

Der Nebel kommt wieder und bedeckt den trauten Kirchturm. Die Krähen schreien, aber man sieht sie kaum im Nebel. Nur dunkelgraue Flecken flattern und kreischen über die dunkle Erde.

Maritzineni fragt einen Buben, wie das Essen im Lager sei. Der Knabe schweigt und senkt den Kopf. Ein anderer sagt: »Suppe und immer nur Suppe. Aber auf den Meierhöfen bekommen wir gutes Brot.« Er holt aus der Hosentasche ein Stück Brot und zeigt es Maritzineni. »Ich bringe es meiner Großmutter, sie ist schwer krank.« Es sind auch schon einige Großmütter gestorben, und die Kinder sind allein.

Wir nähern uns dem Dorf. Die Sonne scheint noch, aber sehr matt, der Nebel wird sie aufsaugen. Die Buben und Mädchen vom Meierhof dürfen mit ihren beiden Uniformierten ins Dorf. Wir können beim Dorfeingang rasten. Der Posten kommt aus seinem Kasten und spricht mit den Uniformierten, die uns hierher gebracht haben, er lacht mit ihnen, und die Männer unterhalten sich. Ganz langsam beginnt der Nebel wieder über die kahlen Bäume und die Dächer der Häuser zu ziehen. Vom Dorf her kommen noch weitere Uniformierte mit Gewehren, und der Uniformierte, der das Dorf bewacht, verkriecht sich wieder in seinem Kasten.

Wie Horden stürmen wir in die Häuser, und sehr schnell sind die Räume voll. Im vierten Haus finden wir Platz, nachdem sich Maritzineni mit anderen Frauen um einen Raum gestritten hat. Mit fünfzehn Personen haben wir das Zimmer besetzt. Irenneni mit dem buckligen Mädchen und Hansi, dem Knaben, Maritzineni und ihr Sohn Joschi und wir drei nehmen auf der rechten Seite des Zimmers Platz, wo sich das Fenster zum Hof befindet, auf der linken Seite die Seemayer Annaneni mit ihrem Buben Jani, der so alt ist wie ich, nebenan ihre Schwester, die Stark Liesaneni mit zwei Kindern, dem sechsjährigen Edi und der vierzehnjährigen Rosa, beim Lehmofen die Kelzer Luisaneni mit ihrem Mädchen Luise.

Wir gehen in den Hof, tragen Stroh von der Triste ins Zimmer und bereiten unser Lager, und unsere Mütter richten das Bett mit Decken und mit unserer Tuchent. Dann laufen wir Kinder in den Garten. Dort stehen noch die Tomatenstöcke, und es hängen auch Tomaten drauf, die aber vom Frost ganz weich sind. Wir pflücken die weichen Tomaten und finden auch noch Knoblauch, Zwiebeln und Erdäpfel. Die Bäume stehen verlassen, nur hin und wieder hängt ein welkes Blatt an den Ästen. Auf der Erde liegt das verfaulte Laub. Man kann nicht weit in die Ferne sehen, denn der Nebel zieht in den Garten und heftet sich fest an die kahlen Bäume.

Wir tragen das Gemüse hinein in die Stube. Unsere Mütter haben den Lehmofen mit Stroh geheizt und sitzen am Rand des Strohlagers. Es ist heimelig in der Stube, so wie es zu Hause war. Die Krähen in den Gärten sind verstummt. In der Küche hat sich eine irre Frau mit ihrer steinalten Mutter einquartiert. Es ist stockdunkel, und nur das eine Fenster hier in der Stube gibt ein wenig Licht. Von der Küche her hört man das wahnsinnige Lachen der Frau und das Klagen ihrer Mutter. Ich höre Maritzinenis wisperndes Beten, und ich schaue auf die Wand gegenüber, an der die Mütter und die Kinder liegen. Auf der Wand tummeln sich die Großmütter mit ihren schwarzen Kopftüchern. Eine Frau öffnet den Knoten ihres zusammengebundenen Kopftuchs, und ihre tomatenroten Haare fallen ihr auf die Schulter. Im Mund hält sie einen Kamm. Sie beginnt sich zu kämmen, sie summt ein Lied dabei, und am Fenster steht der Uniformierte, und Wastl, Mischis Bruder, hält den Spiegel von der Futterkammer Helen zu, daß sie sich darin sieht. Im Spiegel ist auch der Uniformierte zu sehen. Da fällt der Spiegel zu Boden und wird zu einer blutroten Tomate. Der Uniformierte sieht noch immer zum Fenster herein. Violett und rosa ziehen die Nebel, wie die Haare der Frau an der Wand, ganz dünne Fäden, seidene Fäden, und fortwährend rattert der Zug. Das schrille Pfeifen des Zuges hört nicht auf.

Es ist der erste Morgen hier in diesem Nordbanater Moordorf. Der Nebel läßt die Häuser und die Straßen nicht gut erkennen. Alles scheint sich im Grau zu tarnen. Gegenüber von unserem Haus ist die Lagerküche, dort holen wir mittags die Suppe und das Stückchen Maisbrot.

Im letzten Haus des Dorfes, neben dem Teich, sind alle unsere Nachbarn aus dem serbischen und ungarischen Viertel von Werschetz untergebracht, bis auf die Balata Liesineni und ihren Knaben Robert, der mit mir zur Schule ging. Meine Spielkameraden und Schulfreunde sind also nur drei Häuser von uns weg, da wir im vierten Haus des Dorfes wohnen. In diesem Haus am Teich, das sehr klein und niedrig ist, wohnen die Serbischseitler oder Balataleute: die Müller Liesaneni mit ihrem Knaben Joschi, der mit mir in dieselbe Schulklasse ging, die Berghaas Wettineni mit ihrem Knaben Franz, die Fisch Lieseneni mit ihrem Mädchen Kathi, eine Mitschülerin von mir, ihre Cousine Mitzi, ihr jüngerer Bruder, zehn Jahre, er heißt Peter, und noch die Schmelzer Nuschineni mit zwei Kindern, einem Mädchen, zehn Jahre alt, und einem Knaben mit sieben Jahren. Sie alle waren zu Hause unsere engsten Nachbarn. Es fehlen aber meine Patin mit den beiden Mädchen, Mischi, seine Mutter, Helen und Wastl. Die Frischneni ist verrückt geworden und liegt irgendwo begraben. Die Simmsachs sind auch nicht hier und nicht zu vergessen die Rutschmarie. Diese unsere Nachbarn waren meist Taglöhner, bis auf die Frischneni, die an der Straßenecke mit ihrem Mann den Friseursalon hatte. Dort mußten wir jeden Monat hin, um uns die Haare schneiden zu lassen. Am besten ist mir der Spucknapf in Erinnerung und der starke Duft nach Lavendel und Tabak.

Im Zimmer vorne, an der Straßenseite, wohnen nur Leute aus dem deutschen Viertel. Das waren meist reiche Weinbauern. Es wohnen auch zwei Schulkameraden vorne, beide heißen sie Hönig, und sie haben sogar den gleichen Vornamen, nämlich Johann, sodaß sie die Lehrerin in der Schule Hönig eins und Hönig zwei nannte. Wir rufen sie Jani. Und noch zwei Schulfreunde sind hier, die auch beide Jani heißen: Seemayer Jani, mit dem ich in Setschanfeld in einem Haus wohnte, und Lenhardt Jani; und schließlich ist auch Gutjahr Karl hier, der mit Mischi und mir in derselben Bank unserer Klasse saß. Hier ist er neben Müller Joschi mein bester Freund. Mit dem buckligen Mädchen vertrage ich mich auch gut, obwohl es sehr rechthaberisch ist.

So wohnen vorne im Zimmer fünf meiner Schulfreunde. Gutjahr Karl ist hier mit seiner Mutter, seiner Tante, der Schwester seiner Mutter, die zwei Buben hat, vier und sechs Jahre alt. Sie alle hausen in diesem Zimmer. Karl ist viel mit mir zusammen, und wir gehen oft miteinander durch die kahlen Gärten. Auch Balata Robert geht mit. Er heißt eigentlich Martin Robert, aber weil er in der Balata wohnte, nennt man ihn so. Balata ist der große Ziegelteich bei uns zu Hause, und auch das Zigeunerviertel neben dem Teich nannte man »die Balata«.

Mit Mischi und Balata Robert war ich oft an den Ziegelteichen. Jetzt sind wir sehr häufig im Haus am Teich, wo alle unsere Nachbarn wohnen. Jenseits der Brücke und des Teiches steht der Posten neben seinem Kasten. Ein anderer Uniformierter , der sehr freundlich zu uns ist, wechselt ihn täglich ab. Der andere geht am Ufer des Teiches auf und ab, spricht kein Wort und beobachtet uns mißtrauisch. Der freundliche aber muntert uns auf, hänselt uns und erzählt uns sogar Witze. Wir sind aber sehr scheu, denn meine Schulfreunde, auch Joschi, mußten vor dem Unfreundlichen Exkremente aufessen. Er schlug die Buben so lange, bis sie abführen mußten, dann schaute er genußvoll zu, wie meine Freunde ihren Kot und oft auch seinen aßen.

Eine Frau ist noch im Haus der Nachbarsleute zugezogen: Maritzineni mit einem zehnjährigen Mädchen. Die Frau fällt mir durch ihre Fröhlichkeit und ihr freundliches Benehmen auf. Sie ist nicht aus unserer Nachbarschaft, sondern aus der Kudritzer Gasse, die zum Teil schon zur deutschen Seite gehört. Sie sei eine gute Bekannte der Müller Liesaneni, sagte mir Berghaas Franzi. Ich habe noch nie, seit wir im Lager sind, eine so lustige Frau gesehen. Sie tanzt sogar und schneidet Grimassen, daß wir alle lachen müssen. Und wie sie uns aufmuntert und uns Hoffnung einflößt! Besonders gern singt sie das Lied: »Es geht alles vorüber, es geht alles vorbei …«

Wir haben Dezember, und es fällt der erste Schnee. Der Wind hat sich gelegt, und die Nächte sind klarer, der Nebel hält sich zurück, aber die Kälte hat sich in den Gärten eingenistet. Die Erde ist hart, und die kahlen Bäume strecken ihre Äste in den milchigen Himmel. Hin und wieder hüpfen Hasen aus dem starren Gestrüpp und flüchten in die weite Ebene. Sie haben keine Angst vor dem Uniformierten, der vorne in seinem Kasten steht und nur wartet, daß wir über den Teich laufen, der bereits zugefroren ist. Da hätte er etwas zu tun. So langweilt er sich sicherlich. Es ist nicht der Freund, der uns spielen läßt, es ist nicht der Gute, es ist der Schweigsame, der Stille, der Böse.

Es weihnachtet. Die Gärten tragen eine weiße Decke. Auf der Suche nach Eßbarem gehen wir auch auf die Dachböden. Hier haben wir Weizen gefunden. Unsere Mütter kochen ihn im Lehmofen, und zur Mittagszeit gibt es nicht nur die leere Suppe, sondern auch diesen ungesalzenen, herrlichen Weizen. Unsere Mutter zieht den Kochtopf aus dem Ofen und hebt den Deckel, um nachzusehen, ob der Weizen schon weich sei. Ein wunderbarer Duft breitet sich im Raum aus, wenn dann die Mutter den gekochten Weizen auf unser Strohlager stellt und wir uns um den Topf setzen, um ihn herauszulöffeln.

Nach dem Essen laufen wir zurück in den Garten bis zum zugefrorenen Teich. Wenn der freundliche Posten dort steht, dürfen wir auf dem Teich rutschen. Alles ist starr und still. Diese Stille wird vom Singen der Reginaneni unterbrochen. Vor dem Haus am Teich erklingt immer ihr Lied, und der Posten geht auf und ab, stellt sich zu uns ans Ufer des Teiches und lacht mit uns. Ehe es dunkel wird, tragen wir Stroh von der großen Triste in den Vorraum unseres Zimmers, und dann wird die Tür des Lehmofens geöffnet und das Stroh verheizt.

Das Feuer im Ofen ist abgebrannt, und die Ofentür wird geschlossen, die Wärme beginnt sich im Zimmer auszubreiten, und auch die Dunkelheit dehnt sich aus. Aber durch das Fenster leuchtet eine blauviolette Helligkeit. Es ist der Mond, der hinter dem Dach des Nachbarhauses hervorsteigt und die sitzenden Gestalten im Zimmer beleuchtet. Irenneni beginnt zu erzählen. Jeden Abend erzählt sie herrliche Märchen oder auch unheimliche Geschichten. Diese Geschichten werden noch unheimlicher, wenn das Mondlicht unsere erstarrten Körper beleuchtet. Oft habe ich den Eindruck, daß Gestalten aus Irennenis Erzählungen zum Fenster hereinsehen oder sich hinter der Tür verkriechen. Ich drücke mich an den warmen Lehmofen.

Wenn Irenneni erzählt, ist es ganz still im Zimmer, nur vom Dachboden her hören wir die Mäuse und Ratten arbeiten. Das ist mir aber nicht unheimlich, sondern ich empfinde es als angenehm und heimelig. Während des Erzählens ist die Gestalt des buckligen Mädchens dicht an seine Mutter gelehnt. Ich liebe dies alles, die Schatten, die der Mond an die Wand wirft, die Gestalten, die da sitzen, und das Rascheln der Mäuse und Ratten.

Es ist herrlich, wenn unsere Mütter nicht arbeiten müssen. Das geschieht aber selten, gewöhnlich müssen sie am Morgen um sechs Uhr bei der Kirche sein und werden von dort von Uniformierten zur Arbeit gebracht. Dann sind wir den ganzen Tag allein im Zimmer. Im Winter ist es etwas besser, weil sie dann nicht immer morgens weg müssen. Es dauert nicht mehr lange, und der Heilige Abend wird da sein, hier in diesem Dorf, hier, wo die schwarzen Krähen über die starren Gärten und Felder schwärmen, wo die Mäuse und Ratten über unseren Köpfen auf dem Dachboden rumoren, wo am Teich der Uniformierte auf und ab schreitet und unsere Mütter von der Arbeit kommen.

Es dämmert, denn die Tage sind sehr kurz. Wir hören kaum unsere Mütter kommen, weil sie um die Beine und Füße Lumpen gewickelt haben. Aber heute lachen sie, sie sind nicht so ernst wie sonst. Wir haben am Morgen den Ofen ordentlich geheizt, und sie legen ihre flachen Hände an die Wand des warmen Ofens. Alle sechs Mütter lehnen am Ofen und lächeln uns zu. Man sieht ihre Gesichter kaum, aber dieses Lächeln kann nicht einmal die Dunkelheit verscheuchen. Im Dunkeln reichen unsere Mütter uns ihre Lumpentaschen, und wir durchsuchen die Taschen mit den Händen und spüren feines Brot und holen es hervor, und nicht einmal die Nacht kann dieses strahlend weiße Brot unsichtbar machen, denn es leuchtet in die Dunkelheit hinein. Das Brot wird geteilt, und wir trauen uns nicht, es zu essen. Das Brot bewegt sich in unserer Hand, nur Alfred, mein Bruder, und Hansi, der Bruder des buckligen Mädchens, stecken es schnell in den Mund. Rosa hat tagsüber Puppen aus Lumpen geschneidert, und den Kopf durfte ich bemalen. Augen, Nase und Mund malte ich mit Kohle und Ruß, die wir in Wasser auflösten. Die Wände haben wir mit Tannenzweigen geschmückt. Eine Puppe hat Rosa an die Wand gehängt.

3
Die Seuche

Es ist Heiliger Abend, und wie sehr weihnachtet es hier im Zimmer! Rosa geht als Weihnachtsmann zu den kleinen Mädchen und schenkt ihnen die Puppen. Für die kleinen Buben hat sie lustige Wurstel gemacht, und es gibt in jedem Haus hier in unserem Werschetzer Lager kleine Mädchen und Buben, die vor Freude springen und jaulen. Ich sehe alles, die sitzenden, weinenden Mütter und die lachenden Kinder. Es ist ja der Heilige Abend.

Der Himmel ist klar, und es wird eine sehr kalte Nacht. Wir gehen in unsere warme Stube, vorbei an der Küche, an der wahnsinnigen Frau und ihrer uralten Mutter. In der Schlafstube duftet es nach gekochtem Weizen, den unsere Mütter aus dem Ofen ziehen. Durch das Fenster beginnen die Sterne in den Raum zu leuchten, die Tannenzweige haben ihre saftiggrüne Farbe verloren, jetzt leuchten sie silbern. Reginaneni kommt in die mondbeleuchtete Stube, setzt sich zum Ofen und beginnt Weihnachtslieder zu singen. Die Töpfe mit dem gekochten Weizen werden auf das Strohlager gestellt, und dieses Mal ist der Weizen gesalzen. Rosa hat von einer Frau einen Löffel Salz bekommen, als Dank für eine Puppe, die Rosa ihrem kleinen Mädchen gegeben hat. Das Salz habe die Frau aus Zerne gebracht, wo sie am Bahnhof einen Waggon verladen mußte. Reginaneni geht wieder, nachdem sie gesalzenen Weizen mit uns gegessen und ein wenig davon für ihre Tochter mitgenommen hat. Wir legen uns auf das Lager, und Maritzineni fängt zu singen an, und das Singen wird zu einem Weinen, und mit einem Mal singen wir alle, um das Weinen Maritzinenis zu übertönen.

Vielleicht hört uns der Uniformierte, der draußen in der Kälte am Ufer des Teiches auf und ab geht. Allmählich hört auch das Singen auf, und der Mond leuchtet hinein in den Raum, beleuchtet die Tannenzweige und den Wurstel, der an der Wand hängt. Alles ist ruhig, und nichts bewegt sich. Ich starre auf das Fenster. Die Äste des Baumes vor dem Fenster bewegen sich nicht. Was für eine herrliche Weihnacht: Über uns an der Wand die duftenden Zweige, und wir haben heute gesalzenen

Weizen gegessen! Ich sehe, wie sich Maritzineni aufrichtet, und ich sehe die Umrisse ihrer Gestalt. Ich fahre mit dem Finger diesen Umrissen nach. Ich kann Maritzineni gut sehen, denn das Fenster ist hinter ihr. Irenneni sitzt noch aufrecht, und es wird geflüstert. Maritzineni fährt sich mit der rechten Hand ins Gesicht und bindet das Kopftuch fester. Langsam sinkt ihr der Kopf in den Schoß, und ich sehe Großmutter, wie sie sich im Zimmer einsperrt, die Fenster sind verhängt. Ein kleiner Lichtschimmer leuchtet herein, und wir können es fast nicht erwarten, bis Großmutter und Mutter die Türe öffnen und wir den Raum betreten dürfen. Was für ein herrlicher Baum, bis zur Zimmerdecke reicht er! Wir müssen zuerst beten, dann bekommen wir herrliche Dinge. Vor dem Fenster singen die Zigeuner. Großmutter öffnet das Fenster und reicht Wein und Kuchen hinaus.

Der Himmel ist klar, und das Singen hat aufgehört. Maritzineni fängt zu schnarchen an, und ich bin wieder wach. Neben mir liegen meine Mutter und mein Bruder. Es ist angenehm warm, und wie schön leuchtet das Fenster! Es muß Mitternacht sein. Ich höre die Glocken, und Großmutter zieht ihr wunderbares dunkles Kleid an und bindet sich das seidene schwarze Kopftuch um. Mischi und ich laufen voraus, der Schnee knirscht, und wir werfen uns zu Boden. Es war aber nur ein Hase, der aus dem Gebüsch sprang. Ich spüre das warme Fell meines Hundes. Eine Frauengestalt steht in der Tür und ruft in die Dunkelheit: »Kinder!« Jetzt ist sie bei uns, unsere Mutter, sie liegt neben mir, und ich brauche nur die Hände nach ihr auszustrecken. Sie ist hier und schläft. Mein Gott, was für eine herrliche Weihnacht!

Hansi und ich stellen alte Büchsen auf, die wir durch ein dünnes Stäbchen in Schräglage halten. Darunter streuen wir kostbare Weizenkörner, verstecken uns hinter dem Strohschober und beobachten unsere Fallen. Peter hat auf diese Weise schon Krähen gefangen, und wir versuchen dies auch. Die Vögel umkreisen den Garten und die Strohtriste und schreien, aber sie nähern sich nicht und lassen sich auch nicht nieder. Wir haben kein Glück.

Es ist Mittag, und wir müssen die Suppe holen. Wir gehen durch die Küche, wo noch immer die Wahnsinnige mit ihrer uralten Mutter auf dem Boden liegt. Die Wahnsinnige ruft uns jedesmal zu, sobald wir durch die Küche eilen. Im Hof der Lagerküche haben sich inzwischen Buben und Mädchen angestellt, und wir warten alle, bis die Köchin den Kesseldeckel hebt, um uns mit dem Schöpfer die Suppe in den Topf zu leeren. Ich höre aus einem Gespräch, daß mehrere Mütter krank seien. Eine Frau sagt, die Seemayerin phantasiere und habe Fieber. Sie soll auch rote Flecken haben. Inzwischen hebt die Köchin den Holzdeckel vom Kessel, und wir Kinder strecken ihr der Reihe nach die Töpfe entgegen. Sie füllt sie nach und nach auf, ohne ein Wort zu sprechen. Wir beugen die Köpfe über die Suppe, um unsere starren Gesichter zu wärmen. Der aufsteigende Dunst malt um unsere Köpfe einen Lichtschein, daß wir aussehen wie Heilige.

Im Hof unseres Hauses hören wir ein wüstes Geschrei. Maritzineni schilt ihren Buben Joschi, weil er unterwegs die Hälfte der Suppe ausgetrunken hat. Er habe sich nicht zurückhalten können, verteidigt sich Joschi schluchzend.

Wir nehmen schweigend unsere Mahlzeit ein. Ich bemerke, daß Mutter weniger Weizen gekocht hat als sonst. Und die Lagersuppe ist dünn und kraftlos wie immer. Neben dem Strohlager steht auch ein kleines Säckchen mit Weizenschrot. Den haben wir mit Flaschen auf Kacheln gemahlen, die wir aus den Korridoren der Häuser geholt haben, denn viele sind mit solchen Kacheln gepflastert. Den Weizenschrot kocht Mutter nur sonntags oder wenn einer von uns krank ist. »Nachmittags gehen wir wieder auf den Dachboden hinauf«, sagt Rosa, »vielleicht finden wir noch irgendwo Weizen.« Wir haben ja schon alle Dachböden durchsucht und in allen Ecken und Winkeln zusammengekratzt, was zu finden war, denke ich, auch dort, wo man beim Fortschaffen der Ernte absichtlich etwas liegen ließ. Da wird alle Mühe vergebens sein. Aber die Mutter sagt, daß unser Weizenvorrat nur noch für einige Tage reicht. Wir machen uns also auf den Weg, um vielleicht doch noch etwas zu finden.

Auf der Straße sind keine Menschen zu sehen. Es ist eisig kalt, und der Wind treibt uns den Schnee ins Gesicht. Wir müssen uns sehr anstrengen, um vorwärts zu kommen. Bis jetzt haben wir jedesmal etwas gefunden, wenn es auch nur eine Handvoll Weizen war. Diesmal kommen wir mit den leeren Säcken bis ans andere Ende des Dorfes. Hier ist kein Teich, der das Lager vom freien Land trennt. Es steht ein mächtiger Wachtturm da, und auch hier geht der Posten auf und ab. Wir sehen die Weite der weißgrauen Tiefebene und die schreienden Krähen, die jenseits des Wachtturms und des Uniformierten tief über dem Boden schwärmen. Weit hinter den Krähen wird ein Dorf sichtbar. Es ist ein serbisches Dorf. Obwohl es streng verboten ist, gehen nachts Mütter in die umliegenden Dörfer betteln. Nicht immer kommen sie alle zurück. An unseren Stubenfenstern hat man vor kurzem zwei von ihnen vorbeigetragen.

Traurig schleichen wir wieder zurück, in der Hoffnung, daß sich in

zwischen eine Krähe gefangen haben könnte. Als wir in die Nähe unseres Hauses kommen, stürzt eine Frau aus dem Nachbarhaus und schlägt die Hände vors Gesicht. Wir hören sie laut weinen. Sie läuft an uns vorbei, und ihr dunkler Rock flattert im Sturm. Das ist doch die Frau, der Rosa aus Lumpen eine Puppe zusammengenäht hat, wofür sie einen Eßlöffel Salz bekam. Damals war sie froh über die Puppe und rief: »Da wird sich die Gitti freuen!« Als wir in die Stube kommen, starren alle auf unsere leeren Säcke. Aber niemand fragt. Nur Rosas Mutter sagt schließlich: »Gitti ist gestorben. Die Puppe haben sie ihr mitgegeben ...«

Wenige Tage später quält mich ein unerträgliches Jucken, und meine Arme sind über und über mit Krätze bedeckt. Wie verrückt gehe ich auf dem bißchen Platz, das in der Stube noch vorhanden ist, auf und ab. Es ist eine unsagbare Qual, und ich beiße die Zähne zusammen. Aber trotzdem breche ich oft in Weinkrämpfe aus, so wie mein kleiner Bruder und auch Joschi, den seine Mutter nicht mehr schlägt und mit dem sie auch nicht mehr schimpft. Meine Mutter sitzt neben uns und schaut uns gequält zu. Sie weint nicht, aber ihre Lippen bewegen sich, und ihre Augen sind rot. Hinter dem Ofen wäscht man uns den ganzen Körper mit Urin ab. Es brennt wie Feuer. Aber wenn das Brennen aufhört, beginnt wieder dieses teuflische Jucken. Wenn ich es nicht mehr ertrage, laufe ich in den Garten. In der Kälte läßt das Jucken etwas nach. Ich laufe wie verrückt durch den Garten, an der Strohtriste vorbei. In der Büchse hat sich noch immer keine Krähe gefangen. Der Weizen liegt unberührt darunter. Ich habe schon jede Hoffnung aufgegeben, auch darauf, daß das Jucken aufhört. Heuer ist ein sehr strenger Winter, alles ist erstarrt vor Kälte. Ich setze mich erschöpft auf das Stroh, das neben der Triste liegt. Trotz meines großen Hungers fühle ich mich erleichtert, wenn es nicht gar so grausam juckt. Und es ist gut, einmal allein sein zu können. Ich sehe, wie die Bäume des Gartens, die Stämme und die Äste sich verdunkeln und auch die Strohtriste dunkler wird. Ich sehe, wie der Tag sich neigt und allmählich die Nacht hereinbricht.

Ich gehe wieder dem Haus zu und sehe in der Dunkelheit eine Frauengestalt, die vom Haustor kommt und zu taumeln scheint. Ich erkenne sie erst, als sie dicht bei mir angelangt ist. Es ist die Mutter meines Schulfreundes Jani. Sie eilt an mir vorbei, der Haustüre zu. Jetzt sehe ich in der Dunkelheit, daß sie wirklich taumelt. Sie macht sich an der Türschnalle zu schaffen. Ich stehe ganz dicht neben ihr, sie hantiert hastig an der Türe und sagt zu mir: »Jani, ich bringe die Tür nicht auf, hilf mir, sie zu öffnen, die Pferde sind zu füttern!« Ich zucke zusammen und werde starr vor Grauen. Die Frau spricht irre. Sie hält mich für ihren

Sohn und glaubt vermutlich, daß sie zu Hause sei. Ich mache die Türe auf, sie tritt hastig ins Innere des Raumes und sucht in der Dunkelheit mit den Händen herum. Immer wieder ruft sie, sie müßten die Pferde füttern, wo denn zum Teufel die Stallampe sei. Die Wahnsinnige, die in die Dunkelheit hineinlacht, stört sie nicht. Ich öffne unsere Stubentür, Janis Mutter folgt mir und ruft mir zu: »Jani, wo ist die Lampe? Es ist schon spät, wir müssen die Pferde füttern!«

Unsere Mütter und die Kinder sitzen starr und bewegen sich nicht. Der Mond beleuchtet sie und die irre Frau, die in die Mitte des Raumes taumelt, an Luisaneni stößt und immer wieder hervorstöhnt: »Jani, wo bist du, wo bist du?« Endlich spricht sie eine Mutter an, es ist Luisaneni: »Aber Anna, hier sind doch keine Pferde, und Jani ist auch nicht hier.« »Wo sind sie denn, wo denn?« fragt die irre Mutter Janis, deren Sohn auch nicht hier sein kann, denn er ist vor einer Woche gestorben, mein Schulfreund, mit dem wir vergeblich Weizen auf dem Dachboden gesucht haben. Fortwährend ruft seine Mutter: »Jani, Jani, eben warst du hier! Was soll das?« Maritzineni versucht sie zu beruhigen: »Anna, wir sind hier im Lager, da gibt es keine Pferde.« Janis Mutter tastet wirr mit den Händen umher und dreht sich dabei, als tanze sie einen Reigen. Luisaneni öffnet die Tür und ruft: »Hierher, hierher!« Janis Mutter taumelt hinaus in die Küche und weiter in den Hof und verschwindet irgendwo in die Nacht hinein. Niemand wagt sie anzurühren.

Es ist wieder ruhig in der Stube. Alle sitzen regungslos, nur von der Küche her kommt das Geflüster der wahnsinnigen Frau. Maritzineni übertönt es, indem sie weinerlich klagt: »Um Gottes willen, die hat es auch erwischt, und sie war bei uns im Zimmer, wir bekommen es auch, alle! Alle werden wir verrückt und am Flecktyphus zugrunde gehen.«

Wir sind viele Nächte unterwegs. Feldhasen treiben sich in den Gärten herum, und wir alle, Rosi, Joschi, Seemayer Jani, mein Bruder, Hansi und sogar das bucklige Mädchen sind auf der Jagd nach einem Hasen, jedes einen Stock in der Hand. Der Garten ist hell vom Mond beleuchtet. Ich habe völlig vergessen gehabt, daß ja der Mann mit dem Reisigbündel mit uns zieht. Er ist noch immer im Mond und hat dieselbe Haltung wie damals, als wir von Zichydorf nach Setschanfeld getrieben wurden. Wie der Schnee funkelt! Wir verstecken uns hinter der Triste. Es gibt zwar Spuren von Hasen, aber zu sehen ist keiner.

Ohne Beute kommen wir in die Stube zurück. Alle sitzen noch auf ihrem Lager, niemand spricht. Irenneni erzählt nicht mehr, und es wird auch nicht mehr gesungen. Wie sehr habe ich Angst vor diesen grausamen Nächten, die ewig zu dauern scheinen. Ich kann nicht schlafen, da mich das Jucken zu Tode quält. Mutter hat uns die Hände mit Lumpen eingewickelt, damit wir uns mit den Fingernägeln nicht blutig kratzen, denn wir haben bereits am ganzen Körper eitrige Geschwüre. Die ganze Nacht habe ich nur den einen Gedanken, wie ich die Hände frei bekommen könnte, um wieder ordentlich zu kratzen. Wenn es ganz still ist nachts, höre ich kratzen, denn fast alle hier haben wir dieses Jucken. Ich soll es am stärksten haben. Maritzineni beneide ich, weil sie keine eingewickelten Hände hat, sondern einen Eßlöffel, mit dem sie schlafen geht. Man hört das laute Kratzen mit dem Löffel, stundenlang, bis ihr das Blut herunterläuft. Dann schnarcht sie.

Heute hat Mutter den letzten Weizen gekocht. Von nun an müssen wir von der leeren Suppe leben. Wir haben uns Hunderte Male davon überzeugt, daß es auf den Dachböden keinen Weizen mehr gibt. Aber wir können es einfach nicht glauben und steigen immer wieder auf die Böden der Häuser und kommen immer wieder mit leeren Händen zurück.

Wieder ist eine grausame Nacht vorbei, und unsere Mütter sind fort. Sie müssen irgendwo arbeiten. Mutter hat ihre Füße mit Lumpen eingewickelt. Das tut sie immer, wenn sie fort muß. Wir Kinder sind allein in der Stube. Alle sitzen auf dem Strohlager, nur ich gehe wie rasend auf und ab. Es fängt wieder heftig zu jucken an, und ich laufe in den Hof und in den Garten, als könnte ich diesem Jucken davonlaufen. Ich uriniere in die Hand und reibe mich ein. Dann gehe ich wieder ins Haus. Vor der Tür sehe ich die Gestalt der Mutter Janis. Sie ist inzwischen auch schon gestorben, aber ich sehe sie immer wieder vor mir. Auch die uralte Mutter in der Küche ist gestorben, und die wahnsinnige Frau klagt, weint und singt. In der Nacht lacht sie manchmal laut, oft eine halbe Stunde lang.

Wir warten auf unsere Mutter. Vielleicht bringt sie etwas mit. Meine Füße jucken auch und sind ganz blau. Maritzineni meint, sie seien erfroren. Ich habe auch kein Gefühl mehr in den Zehen. Immer habe ich Angst, Mutter könnte nicht mehr kommen, man habe sie wieder weggebracht oder erschlagen, und ich bete leise.

Die Nacht hat sich wieder Platz in der Stube verschafft. Sie ist wie der reißende Wolf, der den Pferden auf den Rücken springt, um sie zu Tode zu beißen. So sind diese Nächte jetzt, unruhig und böse. Vorne im Zimmer liegen bereits etliche Mütter auf dem Strohlager und können nicht mehr aufstehen. Sie haben dieselbe Krankheit wie Janis Mutter. Wir hören sie durch die Wand toben und schreien, als sei ein Rudel Wölfe daneben. Und wir hören das laute Weinen und Klagen der

Kinder, die meine Schulfreunde sind. Ich habe Angst: Sie werden doch nicht auch Pferde füttern kommen? Aber wir haben einen Balken vor die Türe gelegt, den unsere Mütter angefertigt haben. Den schieben wir vor, daß niemand hereinkommt, nicht einmal die sich in der Küche wälzende, wahnsinnige Frau.

Unsere Mütter kommen. Wir ziehen den Balken zurück und umringen sie mit der bangen Frage, ob sie etwas zu essen mitbrächten. Traurig müssen sie verneinen. »Vielleicht das nächste Mal«, trösten sie uns.

Wir holen wieder unsere magere Suppe. Nur einmal am Tag bekommen wir zu essen. Es werden immer weniger, die um die Suppe kommen, denn die meisten sind krank. Unsere Mütter müssen nicht mehr zur Arbeit. Die Uniformierten und die anderen Lagerinsassen kommen nicht mehr in unsere Häuser und auch nicht in unsere Gasse. Es ist Ruhe eingetreten, alles ist wie ausgestorben, die Gärten und die Straße. Nur in den Räumen der Häuser hört man das Weinen und Toben.

In unserem Zimmer ist noch niemand krank. Es ist wie ein Wunder. Auf der Gasse tragen Buben in meinem Alter eingewickelte Leichen vorbei, dahinter laufen die Kleinen.

Es wird Nacht, und viele Kinder müssen alleine schlafen, denn ihre Mutter ist nicht mehr neben ihnen und beschützt sie. Ich darf nicht daran denken, daß dies auch uns geschehen könnte.

Auch die Tante meines Schulfreundes Karl Gutjahr wird aus dem Zimmer vorne herausgetragen. Sie ist in Lumpen eingewickelt, und meine Schulfreunde tragen sie hinaus. Wir dürfen den Raum nicht verlassen. In der Küche ist Ruhe eingetreten, denn auch die wahnsinnige Frau ist weggetragen worden.

Ich weiß nicht, was sich im Zimmer nebenan abgespielt hat, da wir es nur hören: Die Frauen seien irre geworden, sie hätten die Kinder geschlagen, denn sie wußten ja nicht, was sie taten. Und die Kinder flüchteten weinend in die Gärten und froren sich die Füße ab. Jetzt ist es wieder still im Zimmer. Diejenigen, die noch leben, können nicht mehr schreien und toben, sie sind zu schwach. Auch die Kinder sind ruhig. Sie können nicht mehr weinen, sie haben keine Tränen mehr, sie schreien auch nicht mehr, ganz still sind sie.

Es ist nicht so lange her, da liefen wir auf dem Eis des Teiches, tollten in den Gärten herum, aßen den herrlichen Weizen. Wir waren glücklich, und es lebten alle unsere Mütter noch.

Es wird Abend, und von jenseits der Wand höre ich wieder das entsetzliche Klagen und Schreien, von dem ich gemeint habe, es sei endlich vorbei. Ich kann nicht schlafen. Die Nacht ist hell, und draußen vor dem Fenster streckt der kahle Baum seine starren Äste in den Himmel. Hinter dem Baum kann man das Nachbarhaus sehen. Ich habe oft seine Dachziegel gezählt. Jetzt liegt Schnee auf dem Dach. Ich betrachte die Äste der Bäume, wie sie sich starr in alle Richtungen breiten. Auf einem Ast sehe ich etwas Dunkles, Rundes. Es scheint, als bewege es sich. Es muß ein Vogel sein. Sicherlich eine Nachtigall. Vielleicht wird sie singen. Ich starre auf das Fenster. Jetzt beginnt sie zu singen. Um Gottes willen, so grausam singt keine Nachtigall. Sie schreit: »Komm mit! Komm mit!« Ich fange an zu weinen, und alle werden wach. Mutter fragt mich: »Ist es denn so arg?« »Nein, nein, der Vogel! Er hat geschrien, ich habe ihn gesehen!« »Du hast sicher böse geträumt.« »Nein, er war es!« »Wer denn?« »Der Vogel!« »Ich habe ihn auch gesehen und gehört«, sagt Annaneni, »es war der Totenvogel.«

Es kommt der Tag, da ich nicht mehr aufstehen kann. Mein Körper ist über und über mit Krätze bedeckt. Ich bin so matt, daß ich nicht mehr denken kann. Ich träume sehr schön, und es ist alles nicht mehr so schwer. Alles geht leichter, und das Jucken ist nicht mehr so furchtbar, da alles in Eiter übergegangen ist.

Mutter ist neben mir. Sie spricht nicht viel, aber sie fährt mir oft übers Haar. Jetzt muß sie nicht mehr arbeiten gehen. Das ist schön. Es ist sehr still, und wie herrlich ist es, nicht mehr so viel denken zu müssen. So spürt man den Schmerz nicht. Nicht nur Mutter ist bei mir, sondern auch Mischi, Helen, Großmutter, die Patin und sogar mein Hund. Wie gut versteht er es, meine Wunden zu lecken, und wie angenehm ist mir seine Zunge! Ich fühle sein warmes Fell. Ich brauche ihn nicht mehr zu verlassen. Er heult auch nicht mehr so unsagbar traurig, er ist ganz still. Wir holen die großen, wunderbaren Melonen aus den Gärten und werfen sie in den Brunnen, damit sie richtig kalt werden. Beim Heraufziehen der Melonen bewegt sich das Wasser. Eine Melone will nicht in den Eimer, und der Wasserspiegel bewegt sich und macht aus unseren Gesichtern lustige Fratzen. Krämerneni und die Seemayerin schauen auch in die Tiefe, und ihre Gesichter bewegen sich und werden vom Wasserspiegel verzerrt. Mischi und ich haben die Melonen aus den Gärten in die Stadt gefahren. Auf dem Bahndamm, der nach Rumänien führt, sitzen viele Soldaten. Der Zug steht, und wir fahren am Damm vorbei. Die Soldaten deuten auf uns und zeigen mit Gesten, daß sie uns etwas sagen wollen. Wir sprechen sie auf deutsch an, worüber sie sehr erstaunt sind. Sie heben uns in die Höhe, und jeder Soldat will uns anfassen. Sie tun, als wären wir von einem anderen Stern. Sie rufen: »Kommt doch, hier gibt es deutsche Kinder!« Sie küssen uns und fahren uns übers Haar, ganz zart, so wie es nur unsere Mütter können, und Tränen laufen ihnen über die Wangen. Sie fragen uns, was wir mit unseren Kürbissen machten, und wir sagen: »Essen.« »Mensch, die essen die Kürbisse roh!« schreit einer der Soldaten. Ein anderer sagt: »Das sind doch Melonen! Hast du noch keine gesehen?«, und alle Soldaten essen Melonen, und wir bekommen viel Geld und viele Küsse. Großmutter ist sehr erstaunt, daß wir die Hosentaschen voller Geld haben, sie glaubt, wir hätten gestohlen. Wir dürfen in die Stadt laufen und Gefrorenes essen, und ihr dürfen wir scharfe Bonbons mitbringen. Ich sehe sie mit ihrem wunderbaren Kopftuch, den Korb auf dem Kopf, uns zum Markt gehen, und es tanzen die Affen und der Bär nach den Trommelschlägen des Zigeuners. Ich höre auch die herrliche Musik, und ich höre das Schluchzen meiner Mutter. Ich sehe, daß sie am ganzen Körper zittert, aber es ist wieder alles leicht, alles ist sehr weit weg. Ganz fern höre ich weinen und klagen. Ist das meine Mutter, oder ist es das Abendlied der serbischen Nachbarin?

Ich spüre, daß mir jemand einen vollen Löffel zum Mund führt, und sehe das Gesicht der Mutter über mir. Sie lächelt und sagt, ich solle essen, und ich fühle einen warmen, guten Brei. Langsam füttert mich meine Mutter, und sie bleibt immer bei mir, immer sehe ich ihr Gesicht, bis die Nacht anbricht. Nur einmal geht sie fort, um Hilfe zu holen. Sie geht zu Balata Liesineni, kommt zurück und ist wieder neben mir. Ich höre sie und auch die anderen beten. Und ich höre von sehr weit her, nachdem ich mit den Soldaten die roten Melonen gegessen habe und meine Großmutter mich geküßt hat, daß es nicht mehr lang dauere, bis das arme Kind erlöst sei.

Alle sind sie hier, alle, sogar meine Lehrerin und Mischi und Maritzineni, der Mann im Mond legt mir sein Bündel Reisig her, und Großmutter reicht mir Nußschnitten, meinen Lieblingskuchen. Wie feierlich alle gekleidet sind, aber die Ikonen sind nicht mehr so ernst, sie lächeln. Was für wunderbare, glänzende Gesichter sie haben!

Mischi und ich stehen ganz vorn beim Altar. Maria und das Jesuskind schauen uns an, alle schauen auf uns. Wir bekommen alles, was wir nur wünschen. Alle sind um uns, unsere Mütter und Großmütter und sehr viele Blumen und Torten und Pasteten. Wir beten laut dem Pfarrer nach. Wir waren auch beichten, wissen aber nicht alle Sünden. Einmal habe ich eine Katze gequält, indem ich sie am Schwanz angebunden habe, und ich habe Großmutter nicht immer die Wahrheit gesagt, und wir haben uns in Kirchen und in Gegenden herumgetrieben, wo wir Kinder nicht hin durften.

Jetzt, nach der Kommunion, bin ich ein ganz anderer Mensch. Alles geschieht leicht, meine Seele ist weiß und nicht mehr so schwarz, wie sie die Religionslehrerin nannte. Wie soll ich jetzt mein Gefühl schildern? Es ist alles so überaus angenehm, mir ist, als zerspringe mir das Herz.

Das Fenster ist wieder da und der Baum mit seinen unzähligen Ästen, die Wand, wo der Wurstel noch hängt. Die Sonne bescheint das Zimmer, und auf der Wand spielen wunderbare Schatten. Ich höre Neumann Maritzineni sagen, daß der Eck-Bub auch gestorben sei, und Gott sei Dank, er sei erlöst und seiner Mutter gefolgt.

Es ist Morgen, und ich habe die ganze Nacht geschlafen. Alle sind auf, bis auf Seemayer Annaneni und Irenneni. Die liegen noch, denn die Seuche hat vor unserem Zimmer nicht halt gemacht. »Um Gottes willen!« ruft Maritzineni. Ich sehe von meinem Schlaflager nach vorne, dorthin, wo Irenneni liegt, und ich sehe, wie sie mit den Händen in der Luft herumfährt und zu phantasieren beginnt. Ich höre das Schreien und Weinen des buckligen Mädchens, sehe, wie Irenneni um sich schlägt und schreit, daß dort ihr Mantel hänge, dort an der Wand. »Mama, den Mantel haben die Uniformierten doch weggenommen«, antwortet ihr weinend das bucklige Mädchen. Irenneni streckt den Arm aus und deutet auf die Wand. Sie versucht aufzustehen, um ihren Mantel zu holen. Maritzineni beschwört sie erschrocken: »Aber Irenneni, es hängt kein Mantel dort, den haben dir doch die Uniformierten genommen.«

Mutter und Luisaneni weinen, und mit Mühe bringen sie Irenneni wieder zum Liegen. Das bucklige Mädchen schreit und weint. Maritzineni versucht es zu beruhigen. Das Mädchen zittert, als habe es Schüttelfrost. Maritzineni drückt das bucklige Mädchen an sich, preßt ihm die Hände auf den Kopf und flüstert leise: »Ruhig, mein Täubchen, ruhig, wir sind alle deine Mütter, wir alle, mein Täubchen.« Hansi liegt neben seiner Mutter. Auch er ist krank. Seine Mutter schlägt auf ihn ein, und er kann nicht flüchten. »He du, geh fort von mir! Der Teufel soll euch holen! Alles habt ihr mir genommen, sogar meine Kleider!« Hansi weint nicht, denn auch er hat hohes Fieber und phantasiert. Maritzineni und Liesaneni legen Hansi von seiner Mutter weg. Er läßt alles mit sich geschehen.

Es sind nicht mehr viele, die diese schreckliche Krankheit nicht haben. Nur wenige Frauen können sich noch aufrecht halten. Unter ihnen sind unsere Mutter und ein paar andere Mütter, alle aus unserem Zimmer. Sie gehen in die übrigen Häuser nachsehen, was mit den Kindern geschehen ist und ob die toten Mütter noch in den Zimmern liegen.

Die Frauen kommen zurück. Unsere Mutter ist bleich, und ihr Gesicht ist starr. Sie kann nicht mehr weinen. Sie muß Schreckliches erlebt haben in den Häusern, in denen sich die Typhuskranken auf dem Boden wälzten und ihre Kinder beinahe erschlugen zwischen den bereits still und starr gewordenen Müttern.

Ich war diese Zeit über krank und sah nicht viel von den Toten, die man an unserem Fenster vorbeitrug, da ich nicht aufstehen konnte, um zum Fenster hinauszusehen. Ich war zu schwach. Es war ein großes Wunder, daß Mutter und wir keinen Typhus bekamen: Wer mit Krätze bedeckt war, blieb davon verschont.

Mutter gibt mir täglich Weizenschrotbrei, und ich habe mich so erholt, daß ich bereits zum Fenster kriechen und mich sogar aufrichten kann. Einige Male breche ich dabei zusammen, aber täglich mache ich neue Versuche, einige Schritte zu gehen, wobei Mutter mich oft stützen muß. Jetzt kann ich wieder ganz allein gehen, auch wenn ich dabei zittere.

Täglich wird Brei aus dem Schrot gekocht, den wir Kinder aus Weizen mit Flaschen auf Kacheln gemahlen haben und den die Mütter im Strohlager verborgen haben. Ich bemerke, daß Mutter den letzten Schrot zubereitet und feierlich in den Ofen schiebt. Ich habe jetzt, nachdem ich zum Leben erwacht bin, wieder mehr Hunger, und es geht allen so. Alle wissen wir, daß wir nichts mehr haben. Rosa unterbricht das Schweigen und sagt, sie werde wieder auf den Böden suchen. Maritzineni sagt: »Geh nur! Mäuse und Ratten kannst du finden! Ich war schon hundertmal oben, hört ihr, hundertmal, und nicht ein Körnchen habe ich gefunden.« Sie bricht in ein hysterisches Lachen aus, das in einen Weinkrampf übergeht. »Jetzt auch noch Maritzineni«, denke ich, »die fängt auch noch an mit dem schrecklichen Typhus.« Ich sage zu Rosa, daß ich mit will. Mutter sagt: »Auf keinen Fall! Du bist zu matt, du brichst mir zusammen.« Ich flehe Mutter an, sie solle mich doch gehen lassen. Maritzineni sagt endlich, als sie sich wieder beherrscht hat: »Laß ihn nur, die Luft wird ihm guttun.«

Zum ersten Mal nach langer Zeit atme ich die scharfe Luft im Hof und fühle einen leichten Schwindel. Aber wir halten uns nicht lange im Freien auf und steigen auf den Boden. Da ich sehr matt bin, muß ich mich mit Mühe emporschleppen. Der Dachboden ist wie reingefegt. Nur ganz vereinzelt finden wir einige Körner, die wir gierig in den Mund stecken und zerkauen. Sie schmecken nach Mäusen. Ich entdecke ein Loch, in dem wieder ein paar Körner liegen. Mit einem verrosteten Nagel, den ich auf dem Boden finde, erweitere ich das Mäuseloch und – o Wunder! es kommen wieder Weizenkörner zum Vorschein. Ich rufe

Rosa und Jani, und wir graben mit vereinten Kräften weiter. Einen regelrechten unterirdischen Gang legen wir mit der Zeit frei. Das kann keine Maus allein, das müssen Ratten gemacht haben. Als wir das aussprechen, läuft auch schon eine Ratte an uns vorüber. Wir graben weiter und entdecken im Rattengang ein ansehnliches Häufchen Weizen, das unser mitgebrachtes Säckchen füllt.

Die Ratten müssen Gänge gebaut haben, sodaß der Weizen von selbst in die Löcher geronnen ist, so wie es bei den Sanduhren geschieht. Wir kommen uns vor wie im Traum. Ich fühle mein volles Säckchen und spüre den Schwindel nicht mehr. Wir wissen, daß wir in den nächsten Tagen immer wieder Weizen finden werden, denn auf jedem Dachboden der Häuser wird es Gänge voll Weizen geben, den Mäuse und Ratten gehortet haben.

Mütter und Geschwister starren uns beinahe bestürzt an, und ihre Blicke richten sich verwundert auf die Säcke, die wir in Händen halten. Maritzineni steht vom Strohlager auf, dann unsere Mütter und, bis auf Irenneni, alle anderen, sie betasten unsere Säcke. Ein merkwürdiger Geruch von Ratten und Mäusen breitet sich aus. Wahrhaftig, es ist Weizen! Die Mütter lassen ihn durch die Finger rinnen, und Maritzineni fängt zu beten an: »Vater unser, der du bist ... gib uns unser täglich Brot!«

4
Die Zeit des Veilchens

Die Erde im Garten ist wieder weich. Zarte Gräser brechen aus der schwarzen Erde. Der Frost ist weg, und ein wunderbarer Duft, der aus dem Garten kommt, breitet sich in unserem Zimmer aus. Abgemagerte kleine Hände greifen nach den hellgrünen Gräsern, sie graben und wühlen in der Erde, als suchten sie etwas. Noch vor kurzem wurden diese kleinen mageren Hände gestreichelt und gehalten von Müttern, die nun in dieser schwarzen Erde liegen. Jetzt schlafen sie, die Mütter. Zarte Gräser zittern über ihnen, und zwischen den Gräsern leuchten kleine blaue Blumen. Man muß vorsichtig graben, um sie nicht zu zerstören. Es sind kleine Hände, die graben, und nur wenige große Hände, aber alle sind sie sehr mager. Sie graben, um etwas in der Erde zu finden, sehr tief, bis dorthin, wo der Frost die Kartoffeln und den Knoblauch und den Kren nicht mehr erreichen konnte. Die Gärten werden aufgegraben, und das junge Gras wird gesammelt. Die Dachböden sind alle aufgegraben, und der Weizen ist fort. Auch die Mäuse und Ratten sind verschwunden. Den Weizen, den sie horteten, haben wir gegessen. Sie selbst sind hier in den Gärten unter der Erde, denn in den Häusern haben sie keine Nahrung mehr.

Die kleinen blauen Blumen werden von den mageren kleinen Händen gepflückt und flach auf die Erde gelegt, dort, wo sie eingesunken ist. Die Kinder weinen nicht mehr, sie sind ganz still, und ihre Gesichter sind starr. Sie warten, bis es Abend wird, und legen sich auf das Strohlager, wo neben ihnen ein leerer Platz ist.

Die Nacht ist wieder blausilbern. Zart und mild leuchtet der Mond. Mutter hat auf das Fenster ein kleines Krüglein mit blauen Blumen gestellt. Es sind Veilchen, die der Mond beleuchtet. Lange, blaugraue Schatten werfen die Veilchen in den Raum, sie liegen starr auf dem Lager, auf dem ich beinahe gestorben wäre. Damals waren die Veilchen noch tief in der Erde. Jetzt sind sie da und werfen ihren herrlichen Schatten auf meinen Körper. Wenn ich mich bewege, bewegt sich der Schatten mit und unterbricht die Starre. Ganz ruhig ist es, unheimlich ruhig. Aus dem Nachbarzimmer kommt kein Laut mehr, und still leuchtet der Mond auf die zarten Blumen.

Es ist die Zeit des Veilchens, wo alles zu atmen und zu leben beginnt. Irenneni geht es besser, sie hat wie durch ein Wunder die Krankheit überstanden. Sie und wir alle im Zimmer haben alles überstanden: wie sie die Leichen vorbeitrugen und ein unsagbares Klagen in den Häusern zu hören war, das Schreien und Lachen der wahnsinnig Gewordenen und der bereits wahnsinnig Gewesenen in der Küche. Ich höre Maritzineni zu meiner Mutter sagen, daß ich über dem Berg sei, Maritzineni meint, Mutter solle sich beruhigen, wenn es wärmer werde, würden die Krätzen besser heilen. Ich kann es aber nicht glauben, daß aus mir wieder ein normaler Mensch wird, denn mein Körper ist voller Geschwüre, und der Eiter rinnt aus den Wunden.

Ich habe mit Mühe das Zimmer verlassen, setze mich vor die Korridortüre und sonne mich. Mutter ist im Garten, ihre Hände sind frei von Krätzen, so kann sie auch graben. Maritzineni kann es nicht, da ihre Hände eitrig sind. Außer Irenneni, die im Zimmer liegt, und dem bucklichen Mädchen, das bei ihr ist, sind wir alle aus dem Zimmer gegangen. Mein Bruder Alfred sitzt neben mir, auch er kann kaum gehen. Wie schön ist es, etwas zu erwarten und zu hoffen, daß Mutter etwas im Garten findet!

Es ist Abend. Die Tage sind jetzt viel länger. Wir sind wieder alle im Zimmer, und Mutter kocht von dem, was sie im Garten gefunden hat, eine Suppe. Einen Knoblauchkopf hat sie auch gefunden, und auf der Suppe schwimmen die grauen Gräser, die durch das Kochen ihr Grün verloren haben. Der Geschmack des Knoblauchs gibt der Suppe etwas sehr Würziges. Irenneni kann bereits alleine essen, bisher ist sie von dem bucklichen Mädchen gefüttert worden. Jetzt wird Maritzineni von ihrem Sohn Joschi gefüttert, da ihre Hände voll Krätze sind.

Auf dem Fenster stehen die Veilchen. Es ist nur ein kleiner Strauß, aber er gibt uns allen Lebenskraft. Die Knoblauchzehen, die übrig geblieben sind, legt Mutter sorgfältig neben die Blumen, um daraus morgen wieder eine Suppe zu kochen. In den Gärten wird man morgen nichts mehr finden, denn alles ist durchwühlt. Wie verschieden sind doch die zwei Dinge auf dem Fenster, wo ich noch vor kurzem den Totenvogel hörte: das Veilchen, das seinen Geruch durch das ganze Zimmer verströmt, der Knoblauch, der seinen herben Geruch verborgen hält, bis Mutter daraus eine Suppe kocht. Dann vermengt sich der Geruch des Knoblauchs mit dem des Veilchens.

Nachts gehen unsere Mütter in die serbischen und ungarischen Nachbardörfer, um Gewand gegen Lebensmittel einzutauschen. Unsere Mutter wird heute auch gehen, mit zwei Frauen aus einem anderen Haus. Mutter hat noch ein schönes Kostüm, das sie für Lebensmittel eintauschen will. Das Wichtigste, das sie mitbringen möchte, ist Petroleum. Balata Liesineni meinte, daß Petroleum sehr gut gegen Krätze sei und sie ausbrenne, wenn man sie damit abwasche. Mit Urin haben wir es schon öfters versucht, aber es half nichts. Dann sogar mit Asche, die Mutter in Urin auflöste.

Die Märzsonne hat den Hof und den Garten getrocknet. So können unsere Mütter leichter in die Nachbarortschaften gelangen, weil sie nicht im Lehm steckenbleiben. Es ist trotzdem ein Wagnis auf Leben und Tod. Oft sehe ich Frauen vorbeitragen, die nachts aus dem Lager flüchteten, um in den ungarischen Dörfern für die Kinder zu betteln. Man trägt sie an unserem Fenster vorbei, wo ich nachts den Totenvogel höre.

Wenn nur die Nacht schon vorbei wäre! Die Dämmerung hat eingesetzt, und ich gehe zu unserem Haus zurück. Das Haus ist dunkel, in der Küche ist es still, im Zimmer sitzen alle ganz ruhig. Mutter hat alles zusammengerichtet, was sie zu ihrem Unternehmen braucht. Sie hat ihre Füße in Lumpen gewickelt und muß nun warten, bis es stockdunkel ist.

Eine sehr gedrückte Stimmung ist hier im Zimmer. Alle schweigen wir, Mutter raschelt mit ihrem Sack, und mir schnürt es die Kehle zu. Ich möchte sie bitten, nicht zu gehen, und flüstere leise: »Geh nicht, bitte geh nicht, wir sind bis jetzt auch nicht verhungert!« Aber das Petroleum!

Verflucht und grausam ist dieses Fenster. Die Veilchen und der Knoblauch sind verschwunden, und ich habe hundertmal die Dachziegel gegenüber dem Fenster gezählt, aber aufgehört, die vorbeigetragenen toten Mütter zu zählen. Verflucht sei dieses Fenster! »Bleib doch hier, Mutter, bleib doch hier!« »Halte es durch, mein Täubchen, es gibt keinen anderen Ausweg, nur diesen. Ich kann es nicht mehr mit ansehen, dieses Leiden.«

Wir legen uns auf das Lager, Mutter sitzt daneben und hält uns die Hände, damit wir uns nicht blutig kratzen können. Ich sehe aus dem Fenster, der Baum davor ist noch nicht sichtbar. Tiefschwarz spreizen sich die Äste, wie Spinnen, die auf ihre Beute lauern. Alles übrige jenseits des Fensters ist im Dunkel verschwunden.

Die Tür geht auf, und in der Dunkelheit flüstert eine Frauenstimme. Unsere Mutter streicht uns über das Gesicht und übers Haar. Sie küßt uns, und die Küsse sind feucht. Ich höre leise die Türe, aber die Schritte sind nicht zu hören, denn die Lumpen um die Füße der Mutter und der Frau, die mit ihr geht, lassen nichts hören. Sie gehen an dem verfluch-

ten Fenster vorbei. Ich sehe nur mehr zwei Schatten im Dunkel vorbeischleichen, und das verfluchte Fenster ist wieder ruhig und tiefschwarz.

Es gibt kein Flüstern mehr und kein Rumoren der wunderbaren Ratten, die wir lieben. Es ist gespenstisch still, nicht einmal der Totenvogel sitzt vor dem Fenster auf den kahlen Ästen. Er ist nicht zu sehen, denn es ist stockdunkel, und endlich fängt Maritzineni zu schnarchen an, und eine Stimme gesellt sich noch dazu. Ich höre das Schreien des Totenvogels, er sitzt auf dem Sims des Fensters neben den Veilchen, die jetzt ihre Köpfe zu Boden hängen lassen.

Frauen tragen eine Leiche am Fenster vorbei. Es ist unsere Mutter, und der Totenvogel springt vom Fenster auf ihren Körper. Der Mond beleuchtet das Gesicht der Mutter. Wie groß der Mond ist. »Schau, Robert, der Mond hat einen Hof, morgen wird es Regen geben!« Violett leuchten die Bäume und Sträucher. Der Mond läuft den Wolken davon, und der Mann mit dem Bündel Reisig ist da und läuft mit. In der Scheune liegt sie, die Mutter, und Krämerneni beugt sich über sie. »Wir müssen leise vorbeischleichen, denn die Tomaten sind reif.«

Sie tragen sie weg, unsere Mutter, und sie laufen mit ihr, und sie sucht mit den Händen in der Luft. Ich will sie ergreifen, kann aber nicht, denn meine Hände sind steif und in Lumpen gewickelt. Ich will schreien, denn die Frauen eilen mit der Mutter weiter. »Mutter, Mutter!« Maritzineni beruhigt mich. Ich zittere am ganzen Leib. »Ich habe geträumt.« »Dachte es mir«, beruhigt sie mich. »Deine Mutter kommt, sobald es graut. Schlaf jetzt. Bis du erwachst, ist sie bei dir.«

Wenn ich nur einschlafen könnte, ohne so entsetzlich zu träumen. Ich erwache und sehe das Gesicht meiner Mutter über mir leuchten. Es ist hell, ich sehe ihr Lachen, und sie sagt, sie habe Petroleum, Brot und sogar ein Stückchen Speck mitgebracht. »Schaut, Kinder, ein richtiger Laib Brot! Zum Frühstück werden wir den Laib anschneiden«, sagt Mutter. Sie legt den Laib mitten auf das Strohlager, und ich starre auf das Brot. Sie holt das einzige Messer aus dem Sack und schneidet den Laib an. Nie werde ich diese Szene vergessen! Alle Kinder im Zimmer bekommen eine Scheibe Brot. Die Krume ist weiß, und ich esse so gierig, daß ich glaube, daran zu ersticken, so köstlich ist das Brot.

Das Zimmer riecht nach Petroleum. Mutter hat uns damit gewaschen, und es geht mir etwas besser. Seit der neue Kommandant hier ist, geht es uns allen besser, wir bekommen zur Suppe sogar Polenta. Wir dürfen auch wieder das ganze Lager betreten, sind nicht mehr isoliert. Hätten wir weiterhin nichts bekommen, so hätten wir verhungern müssen, denn es gibt keinen Weizen mehr. Wir gehen zur Lagerküche, und Maritzineni sagt: »Gott hat uns den neuen Kommandanten gesandt!«

Die Bäume bekommen Knospen, sie leuchten silbriggrün, und ein angenehmer Duft strömt aus dem Garten. Vom Teich her hört man das Rufen der Vögel. Kleine, silbrige Mücken schwärmen im Kreis, und Irenneni setzt sich auf das noch vorhandene Stroh. Wir hören, daß so gar eine Ambulanz und ein Lazarett eingerichtet werden sollen. Das habe der neue Kommandant angeordnet.

Von der Lagerküche im Zimmer angekommen, sehen wir zwei Frauen und einen Uniformierten mit Gewehr mitten im Zimmer stehen. Wir werden aufgefordert, das Zimmer zu verlassen. Wir sollen packen und uns vor das Haus stellen. Eine Frau sagt zu Irenneni, daß man in diesem Haus ein Lazarett einrichten werde. Irenneni und Maritzineni werden in ein Haus am anderen Ende des Dorfes gebracht, Stark Liesaneni mit Rosa und Edi, ihren Kindern, Seemayer Marieneni mit ihrem Sohn Jani und Luisaneni mit ihrer Tochter Luisi ins Nachbarhaus. Wir bekommen bei unseren Nachbarsleuten, die im ersten Haus am Dorfeingang wohnen, im niederen Haus am Teich, Quartier. Die Trennung von Irenneni und Maritzineni fällt uns sehr schwer. Wir haben zusammen diesen schrecklichen Winter überlebt, in Leid und Entbehrung, wir waren wie eine Familie, und jetzt trennen wir uns. Aber ich freue mich, daß ich mit meinen Spielkameraden zusammen in einem Raum schlafen darf, so wie in den Fliegerbaracken in Werschetz, als wir interniert waren. Freilich fehlen welche, Mischi, Helen, Wastl und ihre Mutter, die Rutschmarie und Reginaneni aus Deutschland.

Wir haben nicht weit zu gehen und tragen unsere Habseligkeiten durch den Garten. Im Zimmer wird uns an der linken Seite Platz gemacht. Rechts liegen Berghaas Wettineni mit Jani und Fisch Lieseneni mit ihrer mir gleichaltrigen Tochter Kathi. Weiters Kleisinger Liesaneni mit Peter und Mitzi, Balata Liesineni mit Robert und die lustige Reginaneni. Berghaas Wettineni hatte übrigens wie auch Irenneni Typhus und ist davongekommen.

Ich fühle mich gleich wohl in diesem Haus, denn hier habe ich alle Freunde von daheim, außer Mischi. Auch Müller Liesaneni sagt, sie sei sehr froh, daß wir jetzt wieder alle beisammen seien, wir alle vom serbischen Viertel. Dann gehen wir ins alte Haus zurück, um Irenneni bei der Übersiedlung zu helfen. Wir Kinder, das bucklige Mädchen, ihr allzu lang geratener Bruder, mein Bruder, Joschi Neumann und ich tragen die Habseligkeiten. Mutter und Maritzineni führen Irenneni, sie ist noch zu schwach, um allein zu gehen.

Das Haus, in dem wir jetzt wohnen, ist viel kleiner als jenes, in dem wir vorher wohnten und in dem so viele starben. Hier gibt es nur ein Zimmer, einen kleinen Korridor und eine winzige Küche. In der Küche haust die lustige Reginaneni mit ihren Mädchen. Das Haus und seine Räume sind sehr niedrig, es ist weiß getüncht und hat winzige Fenster. Es ist aber etwas Unheimliches an dem Haus und seinem ganzen Umfeld. Nur einige Meter entfernt liegt der Teich. Es ist eigentlich ein kleiner Strom, und das Wasser zieht an den Ufern vorbei. Es fließt sehr schnell, und wenn der Wind über das Wasser fegt, entstehen Wellen.

Die Weiden am Ufer des Teiches haben hellgrüne, schmale, längliche Blätter, die vom Wind gepeitscht werden. Manchmal fällt eine Erdscholle ins Wasser, die der Uniformierte, der am jenseitigen Ufer auf und ab schreitet, hineinwirft, und das Wasser bildet einen Kreis. Der Uniformierte tut das sicherlich aus Langeweile. Sein Postenhäuschen steht dicht am Teich, es spiegelt sich im Wasser. Wenn der Wind über das Wasser fegt, bewegen sich das Häuschen und die Weiden sowie der Posten, und auch wir Kinder, die wir das junge Gras am diesseitigen Ufer pflücken. Wir hören das Rufen der klagenden Vögel, die sich drüben im Gestrüpp versteckt haben. Manchmal fliegen sie eilig den Teich abwärts, und jenseits des Teiches, in der Weite der Ebene, wo außer dem Uniformierten keine Menschenseele zu sehen ist, ziehen die dunklen Vögel über die Erde und rufen und kreischen weit in die Ebene hinein.

Wir können die beiden Uniformierten, die sich zeitig am Morgen ablösen, gut unterscheiden. Der eine ist klein und hat ein rundes, dunkles Gesicht. Wir Kinder nennen ihn den Bösen. Der andere ist groß und mager, hat ein ganz schmales, langes Gesicht mit starken Backenknochen, sodaß es vom diesseitigen Ufer nicht gut zu erkennen ist. Aus dieser Entfernung sieht sein Gesicht aus wie ein Totenkopf. Aber wir nennen ihn den Guten. Beim Bösen sieht man überhaupt keine Backenknochen. Sein Gesicht ist rund und glatt wie die Gesichter in meinen Schulbüchern. Doch immer jagt er uns einen Schrecken ein mit seinem Gewehr, und er läßt uns nie ganz an den Teich heran.

Kleisinger Peter hat aus einem Stück Drahtzaun ein Fischnetz gemacht. Wenn der gute Posten dasteht, darf Peter seinen Drahtkorb in den Teich legen. Er hat auch schon einige Fische gefangen. So machen wir uns alle Netze und verwenden dazu Drahtzaungeflecht. Wir kennen genau den Zeitpunkt, wenn der gute Posten den bösen ablöst. Sofort laufen wir um unsere Netze, und das ganze Ufer ist von uns Kindern belebt. Der gute Posten steht drüben und schaut uns zu. Der gute Posten freut sich mit uns, wenn wir einen Fisch gefangen haben. Er läßt uns sogar ins Wasser, um Frösche zu fangen. Ich habe bis jetzt noch keinen Fisch gefangen und bin deshalb sehr traurig. Peter und Müller Joschi und auch den anderen ist es schon gelungen. Ich habe bemerkt, daß auch Mutter traurig schaut, wenn ich mit leerem Netz in die Stube komme. Aber sie muntert mich dennoch auf: »Peter hat halt mehr Glück und fängt auch Frösche geschickt.« Mir würde das mit der Zeit auch gelingen.

Heute gehen wir zeitig schlafen, denn morgen müssen wir bald aufstehen. Ab drei Uhr früh steht der gute Posten am Ufer. Es ist noch ganz dunkel, als wir uns hinter der Hauswand verstecken und warten, um die Ablöse zu hören. »Es muß schon drei Uhr sein, wir warten eine Ewigkeit«, flüstert Jani. Manchmal glauben wir, der Posten spreche mit jemandem. Und tatsächlich, dieses Sprechen schallt in die Dunkelheit hinein, aber wir haben die Schritte des Postens noch nicht gehört und auch nicht die Ablöse. Wieder hören wir vom jenseitigen Ufer sprechen, und manchmal plätschert das Wasser. Vielleicht ist es ein Vogel, oder der Posten wirft Erdschollen ins Wasser? Jede Bewegung hören wir, und angestrengt halten wir den Atem an.

Endlich höre ich Schritte, die näher kommen und an unserem Haus vorbeigehen. Das Gespräch kann ich auch hören. Es ist der Gute, ich erkenne seine Stimme. Wir müssen noch weiter warten, bis der andere sich entfernt hat, und hören die Schritte des Bösen, wie sie grausam vorbeistapfen. Endlich sind sie verklungen, wir stehen auf und gehen vorsichtig ans Ufer. Wir hören die vertraute Stimme des Uniformierten, die Stimme des Guten: »Ihr Lauser solltet noch schlafen! Neugierig bin ich, wer von euch einen ordentlichen Fisch fängt. Wenn ihr die Netze ins Wasser gelegt habt, dürft ihr zu mir herüberkommen. Der Klee und das Gras sind hier sehr hoch, kommt und holt euch etwas davon, ehe es hell wird!« Er hat gemerkt, daß wir in Hof und Garten kein Grün mehr finden, denn er sieht alles, was wir außerhalb des Hauses machen. Wir erzählen ihm auch viel, über den Teich hinüber, wo er auf und ab geht, jenseits des Wassers. Wir zögern und bleiben stehen. »Habt ihr etwa Angst vor mir? Ich tu euch nichts Böses. Kommt doch schon, ich bin es!« Ich sehe am anderen Ufer die Gestalt des Uniformierten stehen, mit seinem dolchartigen Gewehr, das in den halbdunklen Himmel ragt. Seine Gestalt ist dunkelgrau, und sie steht ganz still. Alle legen wir die Drahtkörbe ins Wasser und gehen der Brücke zu, die über den Teich führt, dorthin, wo der Uniformierte am anderen Ende der Brücke auf uns wartet. Jani hält sich am Brückengeländer fest. »Mir nach«, flüstert er. Und wir gehen in den halbdunklen Morgen, dem uniformierten Posten zu.

Eine grausige Angst habe ich. Noch nie war ich dem Posten so nahe, und ich überlege, daß wir am Ende der Brücke bereits außerhalb des Lagers sind und der Uniformierte uns erschießen könnte. Mir gehen allerlei Gedanken durch den Kopf. Ich sehe vor mir, daß er uns schlagen wird und daß wir auch unsere Notdurft verrichten müssen, so, wie es vor kurzem die anderen Buben tun mußten.

Immer näher kommen wir dem Uniformierten, noch einige Schritte, und dann stehen wir neben ihm. Ich gehe als letzter, um gleich wieder zurücklaufen zu können, wenn etwas geschehen sollte. Aber wie kann ich nur so denken, wenn er uns doch fischen läßt und sich mit uns freut, wenn wir etwas fangen? Wie könnte er nur das Niederträchtigste tun, uns zwingen, die Notdurft zu verrichten und diese Notdurft aufzuessen, wie es der Böse verlangte? Er lacht und fährt uns über die Köpfe, ganz zart mit seinen großen Händen. »Meine Herzchen, habe ich euch nicht gesagt, was für herrlicher Klee und was für schönes Gras hier bei mir wächst? Drüben bei euch ist ja schon alles kahl.«

Ich zittere am ganzen Körper, aber nicht vor Kälte, obwohl es kalt ist. Nein, vor Angst. Ob es nur Angst ist, weiß ich nicht. Ein fremdes Gefühl überwältigt mich. Ganz dicht neben mir steht der Posten, und wir pflücken hastig das Gras. Ich zupfe auch etwas ab, bin aber nicht so flink wie die anderen. Der Posten beginnt Gras zu rupfen und streckt mir dann das Büschel, das er in seinen großen Händen hält, entgegen. Ich berühre seine Hände, und es läuft mir ein Schauer durch den Körper. Er fährt mir über das Haar, und ich halte den Atem an. Es schnürt mir die Kehle zu, und es schüttelt mich am ganzen Körper.

»Du bist der Kleine, der Schwarze. Du siehst nicht wie ein Schwaba aus, sondern wie einer von uns Serben. Ich habe dich schon öfter beobachtet. Du benimmst dich wie ein Serbe, hast unsere Züge.« Sehr mild spricht der Posten mit mir. Ich verstehe ihn nicht ganz, aber ich empfinde eine starke Zuneigung zu ihm und habe keine Angst mehr.

Das Haus verliert allmählich seine gespenstische Dunkelheit, das schmutzige Weiß der Mauer ist bereits zu erkennen. Wir öffnen die Haustür und auch die zweite Tür, die in unser Zimmer führt, in dem unsere Mütter auf dem Boden kauern. Ich lege das Gras, es ist ein ganzer Arm voll, neben die Mutter auf das Lager, und sie fährt mit den Händen darüber, als wolle sie sich davon überzeugen, daß es tatsächlich Gras und Klee ist. Alle greifen wir nach dem süßen Klee und essen feierlich.

Es ist hell geworden. Wir gehen zum Teich und ziehen unsere Netze ein. Am jenseitigen Ufer steht der Uniformierte, den ich nie vergessen werde. Wahrhaftig, es schlägt etwas im Netz, ein glitzernder Fisch! Ich stelle den Korb auf dem Boden ab und weiß nicht, ob ich weinen oder schreien soll vor Freude und laufe wie verrückt und ganz außer mir zur Mutter. Der Fisch schlägt wild mit dem Schwanz, und meine Hände zittern. Azurn wirft der Himmel Farbe auf den Wasserspiegel. Grüne Gräser treibt das Wasser dahin, und die Weiden spiegeln sich im Wasser. Mutter sagt, daß heute Ostersonntag sei und wir ein köstliches Mahl haben würden: frischen Klee mit dem Fisch.

Die Gestalt des Uniformierten zieht auf dem Wasserspiegel schnell dahin, denn er schreitet am jenseitigen Ufer auf und ab. Bald wird er abgelöst werden, dann wird der Böse auf und ab ziehen am Ufer des Teiches. Ich rufe ihm zu, daß ich einen Fisch gefangen habe und daß wir heute einen großen Feiertag haben, nämlich Ostern. »Ich weiß es, und ich habe gesehen, wie du mit dem Fisch gelaufen bist. Ich freue mich sehr, daß auch du einmal etwas gefangen hast, am Tag der Auferstehung«, entgegnet mir der Posten. Jetzt weiß ich, warum er uns gerade heute hinübergelassen hat, um Klee zu holen, obwohl er sich damit in Gefahr bringen könnte. Er ist noch nicht alt, aber auch nicht jung, denn er hat ein trauriges, aber sehr gütiges Gesicht.

Mama und die anderen Mütter bereiten den Klee zu. Mutter nimmt den kostbaren Fisch aus und kocht eine köstliche Fischsuppe. Ich sehe ihr stolz zu, dann nehmen wir alle unser Ostermahl ein. Es ist Mittag, die Schatten sind ganz kurz, auch der Schatten des neuen Postens, der den guten abgelöst hat. Jetzt schreitet er, der Böse, am Ufer auf und ab. Der Tag hat seine Klarheit verloren. Alles hat einen grauen Schleier, und in der Luft ist ein merkwürdiges Flimmern.

Neben der Zimmertüre steht ein Palmkätzchenstrauß, den unsere Mutter zum Palmsonntag hingestellt hat. Es sind keine Kätzchen mehr darauf, denn die haben wir vor Hunger abgenommen und gegessen. Unsere Mütter haben es bestimmt gesehen, aber nicht erwähnt.

Wieder ist es Abend. Das Haus am Teich bekommt eine blaugraue Farbe, der Teich selbst ein tiefes Blaugrün. Bis die Finsternis einbricht, sind wir im Hof. Reginaneni singt in die Finsternis hinein, daß es bis über den Teich, wo der Uniformierte lauscht, hinüberschallt. Die Nachtvögel, die sich im Dickicht des Ufers versteckt halten, kreischen manchmal auf. Wir gehen zu Bett, denn wir müssen aufstehen, ehe der Tag anbricht, weil der gute Posten morgen wieder kommt. Berghaas Wettineni wird uns wecken, denn sie kann schon seit langem nicht mehr schlafen. Ihre Beine sind bamstig. »Es ist Wasser«, flüstern unsere Mütter, damit ich es nicht höre, »und das Wasser wird immer weiter steigen, bis es das Herz erreicht hat.« Alle Kinder habe sie verloren, bis auf Jani, der neben ihr liegt und tief schläft. Nachts sitzt sie immer auf dem Lager, und der Mond scheint auf ihre bewegungslose Gestalt.

Sie weckt Jani und uns auf, denn der Morgen ist angebrochen. Wir verstecken uns hinter dem Haus, bis die Ablöse kommt. Aber ihre Schritte kommen mir anders vor als sonst, sicherlich hat der gute Posten andere Stiefel an. Wir hören die Schritte des Bösen an unserem Haus vorbeischreiten, ins Dorf hinein. Als sie verhallen, gehen wir im Dunkeln dem Teich zu. Drüben am Horizont ist ein heller Streifen zu sehen. Wir gehen auf der Brücke hintereinander und halten uns am Geländer an. Ich wundere mich, daß er uns nichts zuruft, unser Posten, bis jetzt rief er uns immer ermunternd zu. Jetzt ist es ganz still. Wir bleiben mitten auf der Brücke stehen und warten und horchen. Wir sehen in der anbrechenden Morgendämmerung die Silhouette des Uniformierten. Dann hören wir das Rufen, nein, es ist ein Schreien, eine grausame Stimme. Es ist nicht die des guten Postens. Es ist eine fremde Stimme, so böse wie die Stimme des Bösen. Aber es ist ein neuer, der nun »Stoj, stoj!« schreit. Für einige Augenblicke ist alles still, und es ist gut, daß es noch nicht ganz hell ist, denn in diesem Morgengrauen kann er uns kaum sehen. Wir kehren um und beginnen zu laufen. Wir müssen bis zum Haus kommen, denn er wird schießen. Nur bis zum Haus, damit wir uns hinter der Mauer schützen können. Nur ein kurzes Stückchen, einige Augenblicke, nur noch eine winzige Weile! Warum zögert er? Ich höre keinen Schuß. Es sind nur noch wenige Schritte bis zur Haustür. Ich bin der letzte, und ich werde die erste Kugel bekommen. Die anderen sind bereits bei der Tür. Ich komme mir fremd vor, spüre meine Beine nicht. Mir ist, als stünden mir die Haare zu Berge, als müßten mir die Eingeweide zerspringen, mein Mund ist völlig ausgetrocknet. Mein Gott, laß ihn nicht schießen!

Und du hast ihn nicht schießen lassen, hast mich auch nicht niederfallen lassen, mein Gott. Du hast ihm einen Funken Liebe eingegeben. Wir haben alle das Haustor erreicht und sind im Zimmer unserer Mütter. Und unsere Mütter springen auf und stellen sich schützend vor uns. Aber er kommt nicht, der fremde Posten. Ganz still ist es. Wir warten, aber er kommt nicht. Im Raum wird es hell, und bald wird die Sonne aufgehen, und das Wasser wird glitzern wie ein Diamant.

5
Das Gesicht

Das niedrige Haus, in dem wir jetzt mit unseren ehemaligen Nachbarn wohnen, wirkt nicht mehr so trostlos, wenn auch die Fassade grau ist und die kleinen Fenster dunkel. Das Haus ist von blühenden Bäumen umgeben, mit herrlichen rosa und weißen Blüten. Wie sehr leuchten die Blüten in den blauen Himmel empor! Ganz an den Teich heran trauen wir uns nicht mehr, denn jenseits des Teiches steht der Posten. Es ist nicht mehr der gütige, den haben wir seit vielen Tagen nicht mehr gesehen. Wenn er nur wieder käme, daß wir unsere Körbe in das Wasser legen könnten! Wir könnten ihm erzählen von allem, was geschehen ist und geschehen wird. Aber er ist seit jenem Morgen spurlos verschwunden.

Jetzt geht der böse Posten am Ufer auf und ab, und seine dunkle Gestalt spiegelt sich im Wasser. Wir wagen uns nicht mehr an das Ufer, sondern gehen in die Gärten und pflücken die Blüten. Unter den Bäumen gehen unsere Mütter, sehr langsam, denn sie sind matt und erschöpft. Dunkel sind sie gekleidet. Früher waren weißgekleidete Mädchen im Garten, mit Blütenkränzen im Haar, und die Mütter in kostbarem Brokat und schwarzer Seide, breite und weite Röcke hatten sie an.

Wir pflücken und essen die süßen Blüten, die Mütter kochen eine Brühe daraus. Das Gras wächst, und wir pflücken es sofort. Es kann mit dem Wachstum gar nicht nachkommen, denn wenn es nur ein klein wenig aus dem Boden sprießt, greifen wir danach. Reginaneni pflückt Palmkätzchenzweige und steckt sie in einen Topf mit Wasser. Ihre mageren Hände umklammern sie, und ihr mageres Gesicht sieht zwischen den Zweigen hervor.

Jetzt muß mein Bruder liegenbleiben, er ist sehr krank und abgemagert. Sein Körper ist mit Krätze bedeckt. Mir geht es besser, obwohl ich noch viele Wunden habe. Aber wie durch ein Wunder trocknen diese ab. Wir tragen Alfred aus dem dunklen Zimmer in den Hof hinaus und legen ihn auf den Erdboden. Mutter muß wieder auf die Felder arbeiten gehen. So sind wir Kinder tagsüber allein im Haus. Bei schönem Wetter liegt Alfred meist im Garten.

Wieder sind unsere Mütter zur Arbeit fort, nur Wettineni liegt im Zimmer. Alfred haben wir wieder in den Garten getragen, und der Wurstel von Helen ist bei ihm. Wir sind im Garten, aber vom Teich etwa entfernt. Eine Frau kommt durch den Garten, und fragt uns, ob Reginaneni zu Hause sei. Wir verneinen, sie sei mit unserer Mutter zur Arbeit gegangen. Die Frau wendet sich zum Gehen, bleibt aber bei Alfred stehen, der auf dem Boden kauert. Sie bewundert seinen Wurstel und sagt, ihre Tochter würde sich sehr freuen, wenn sie auch einen solchen bekäme. »Wenn ich das nächste Mal komme, werde ich dir für deine Wunden etwas mitbringen. Ich habe nämlich etwas Zinksalbe«, sagt die Frau. Und eines Abends kommt sie wieder mit ihrer Tochter und bringt meinem Bruder einen kleinen Holztiegel, in dem die kostbare Salbe enthalten ist. Alfred gibt dem Mädchen den Wurstel, denn er sei ohnehin schon zu groß für ein Spielzeug. Bald wird er zehn Jahre alt. Mutter bedankt sich bei der Frau und schmiert vorsichtig Alfreds und meine Wunden mit der Salbe ein. Wie angenehm kühl und wohltuend sie auf den Wunden ist! Alfred kann bald wieder aufstehen, allein in den Garten gehen und das frische Gras essen. Ich habe immer einen Beutel bei mir, in den ich Gras gebe, wenn ich welches finde. Meist aber ist alles kahl gerupft, und wir finden nichts, auch wenn wir den ganzen Garten durchstreifen. Am Ufer des Teiches hingegen ist das Gras schön saftig und hoch. Wie schön dunkelgrün es leuchtet! Aber wir trauen uns nicht dorthin. Warum kommt der gute Posten nicht mehr? Wie schön hätten wir es bei ihm. Jetzt dürfen wir nicht einmal ans Ufer, um Fische zu fangen.

Mutter bringt oft Gras, manchmal sogar Klee nach Hause, aber oft auch nichts, weil sie nicht immer Gelegenheit hat, etwas in ihrem Kleid zu verstecken. Meist ist es schon dunkel, wenn unsere Mütter ins Lager zurückkommen. Wir Kinder sitzen auf unserem Strohlager und horchen in die Nacht hinein oder warten auf der Straße vor dem Haus und schauen zum Lagerausgang, dort, wo die Brücke das Land mit uns hier im Lager verbindet. Sehr erschöpft sind unsere Mütter, wenn sie uns dann über die Bretterbrücke entgegenkommen und im Raum des niederen Hauses ein Büschel Gras in die Hände drücken.

Jetzt ist Mutter krank. »Es ist kein Wunder«, sagen die anderen Frauen, »Terka, du bist auch nur noch Haut und Knochen. Du mußt mehr Gras essen, es ist gesund!« Reginaneni bleibt auch im Bett. Am frühen Morgen kommt die Lageraufseherin, um nachzusehen, ob Mutter und Reginaneni wirklich krank seien. Reginaneni muß mit ihr mit, Mutter darf liegenbleiben. Sie würde zusammenbrechen, wenn sie aufstünde.

Ich pflege sie, koche Wasser, koche Gras und die Blüten. Oft gehe ich in den Garten, wenn es noch dunkel ist, und finde ein wenig Gras, denn in der lauen Nacht ist es wieder gewachsen. Mutter ißt das Gras und fragt, ob wir uns schon angegessen hätten. Ich lüge, mein Magen sei voll damit. Mutter soll genug haben, damit sie wieder gesund wird. Morgens, wenn ich auf Grassuche gehe, bete ich immer, daß ich welches finde. Oft träumt mir von herrlichen Wiesen und Ufern, wo das Gras dick und hoch geraten ist.

Zwei Buben aus dem Nebenhaus sagen mir, sie seien schon einige Male um Klee gegangen. Hinter den letzten Häusern sei ein herrlicher Kleeacker. Man müsse nur aufpassen, daß einen der Posten nicht sehe. Darum müsse man, wenn er einem den Rücken kehre, schnell ins Feld und pflücken und sich damit sehr beeilen.

Ich habe wieder einen Freund gefunden. Jani ist Mischi sehr ähnlich und um ein Jahr jünger als ich. Wir treffen uns jeden Morgen und gehen zusammen Gras suchen. Wir erzählen von unserer Schule, von unserer Zeit zu Hause. Er stammt aus einem Dorf südöstlich Kikinda, das zu den welschen Dörfern zählt, deren Bewohner aus Frankreich stammen. Wir sind viel beisammen, ziehen durch das ganze Dorf und suchen überall, wo nur etwas Eßbares zu finden sein könnte. Ich erzähle meinem Freund, daß am anderen Ende des Dorfes ein herrlicher Kleeacker sei und daß wir mit zwei anderen Buben mitgehen könnten, um von dem Klee etwas zu holen. Er sagt sofort zu.

Ich stehe um die gleiche Stunde auf wie üblich. Mutter sagt, ich solle ja nicht zu nahe an den Teich herangehen. Ich sage ihr kein Wort von unserem Unternehmen. Sie glaubt, ich ginge mit meinem Freund in die Gärten.

Es graut schon, wir müssen uns beeilen und ans Werk gehen, ehe es ganz hell wird. Am anderen Dorfende angelangt, verstecken wir uns hinter dem letzten Haus. Von hier schauen wir vorsichtig und verstohlen nach dem Posten. Er pfeift eine serbische Melodie, wendet sich und kehrt uns den Rücken zu. Wir haben ausgemacht, erst dann ins Feld zu springen und zu pflücken, wenn er ein gutes Stück vom Haus entfernt ist. Ich fürchte, daß die beiden Buben mein Herz hören, so heftig schlägt es. Bei Jani macht es mir nichts aus. Ihm geht es bestimmt so wie mir. Mein Gott, wie es mich schüttelt, aber ich denke an Mutter und daß sie sicherlich gesund wird, wenn sie diesen Klee bekommen kann. Wie im Traum komme ich mir vor: Es ist fremd und unwirklich, hier in einem Kleeacker zu stehen, wo der Klee bis zum Knie reicht. Es ist unfaßbar, daß in kürzester Zeit mein Beutel voll sein kann, und er ist auch schon

voll, aber in diesem Taumel des Glücks höre ich schreien: »Stoj, stoj!«
Ich vergesse alles, auch die anderen Buben, und fliehe. In einigen
Augenblicken habe ich das Haus erreicht, das mir Schutz gibt. Da fällt
ein Schuß. Das Haus und die Bäume stehen schützend hinter mir. Wir
laufen durch den Garten, alle vier sind wir hier und laufen, und wir haben unsere Säcke. Jetzt sind wir tief in den Gärten und brauchen nicht
mehr zu laufen. Es sind schon Mütter, Großmütter und Kinder hier, die
das frische Gras aus dem Boden zupfen. Ich kann es kaum erwarten,
Mutter den vollen Beutel zu geben.

Es ist Tag, und ich gehe um die Suppe. Mutter war gar nicht sehr erfreut über meinen vollen Sack. Sie konnte sich nicht vorstellen, von wo
ich den Klee hatte, und beschwor mich, mich nicht mehr in Gefahr zu
begeben. Aber ich bin glücklich, daß Mutter und mein Bruder heute so
etwas Gutes bekommen.

Im Osten geht die Sonnenscheibe auf. Alles hat einen roten Schimmer,
die grauweiße Wand unseres Hauses leuchtet rosa, die halbkahlen Bäume leuchten violett. Die Stämme werfen ihre dunklen Schatten auf den
Boden, wo Gestalten kauern und das winzige Gras rupfen. Die Frauen
sind zur Arbeit gegangen, auch unsere Mutter mußte wieder gehen,
denn es geht ihr bereits besser. Das Haus ist leer. Auch Wettineni mußte
weg, trotz ihrer dicken Beine.

Es wird Abend, und am anderen Ende des Dorfes geht die glühende
Scheibe wieder unter und gräbt sich in die Erde. Wir Kinder stehen an
der Fassade unseres niederen Hauses am Teich und schauen über die
Brücke. Der Posten geht wieder auf und ab, wie die Tiere im Belgrader
Zoo. Einmal war ich mit meinen Eltern dort. Es gab da sonderbare
Tiere. Eines hatte eine Behausung, länger, als hier die Häuser sind, fast
so lang wie der Wachtturm jenseits der Brücke. Und alle Tiere in ihren
Käfigen gingen genauso auf und ab wie dieser fremde Posten.

Seit dem Ostermorgen sahen wir den Guten nicht mehr. Wir schauen
über den Teich und weit in die Ebene hinein. Rosa und violette Streifen
heben sich vom grauvioletten Horizont ab, und kleine, senkrechte, dunkle Streifen bewegen sich. Wenn diese dunklen Streifen hier am Eingang
des Lagers angekommen sind, wird es bereits finster sein. Es sind die
Silhouetten unserer Mütter, die sich vom Horizont und von der weiten
Ebene abheben. In der Dunkelheit reichen sie uns eine Handvoll Gras,
und wir essen es. Sie streicheln uns übers Haar. Die Nacht ist da, und
wird still im Haus am Teich. Oft werde ich nachts wach, horche, bleibe
lange wach. Hier im Zimmer schnarcht niemand. Es ist so still, daß ich
den Teich klagen höre. Manchmal wird die Stille unterbrochen, wenn

eine Erdscholle ins Wasser fällt, die der Posten mit derselben Hand hineinwirft, mit der er sein Gewehr betätigt.

Jetzt am frühen Morgen wird die Stille unterbrochen. Es fällt keine Scholle in den Teich, sondern unsere Mütter stehen auf, um sich vor der Brücke zu sammeln und in der weiten Ebene wieder zu verschwinden. Ich bin auch schon auf. Unsere Mutter hat einen Rückfall gehabt und kann nicht aufstehen. Sie ist schwerkrank. Die Aufseherin, die die Kontrolle macht, erlaubt Mutter liegenzubleiben, und ich weine hinter der Fassade des Hauses. Jani und ich laufen in die Gärten und finden nichts. Die Blüten und Blätter der Bäume sind abgefressen, und das Gras wächst nicht, da es seit einigen Tagen keinen Regen gegeben hat. Ich bin sehr froh, mit Jani zusammen zu sein. Wir spielen im Garten. Er zeigt mir ein Fläschchen, in dem er allerlei Insekten eingesperrt hat, grüne, rote, braune, und ich sehe, wie sich in der Flasche alles bewegt und jede Sekunde andere Farbspiegelungen erzeugt. Die Insekten fressen sich gegenseitig auf. Es gibt dicke, wulstige, und ganz dünne, kleine Käfer und Würmer. Jani wird mir auch so ein Fläschchen verschaffen, damit ich ein ebenso herrliches Spielzeug habe.

Meine Mutter hat wieder Fieber. Es ist Morgen, und während in der Morgendämmerung die anderen Mütter zur Brücke gehen, laufe ich in den Garten. Jani wartet auf mich. Er hat mir ein Fläschchen verschafft und sogar kleine Würmer und Käfer hineingesteckt, die er gestern gefunden hat. Wir laufen ans andere Ende des Dorfes zum letzten Haus, dorthin, wo wir vor einigen Tagen mit den anderen beiden Buben den herrlichen Klee holten. Wir haben unsere Säckchen bereit, und mir klopft das Herz bis zum Hals. Aber ich habe keine Angst, daß Jani das hören könnte. Er kann alles hören, was in mir vorgeht, und ich glaube auch sein Herz schlagen zu hören.

Ich denke nur an die vollen Säcke und an den wunderbaren Klee, den ich meiner Mutter geben werde. Wie sehr dieses hohe Grün mich anzieht! Leise bewegt sich der Klee. Ein kleiner Windhauch setzt die Halme in Bewegung. Ich zittere, und Jani zittert auch. Wir drücken uns an die Wand. Der Posten ist nicht im Wachtturm, er geht an uns vorbei, kehrt uns den Rücken zu und geht nordwärts dem Wachtturm zu. Vorne ist alles abgerupft, und wir müssen etwas tiefer ins Feld. Wir kauern mitten im herrlichen Klee, rupfen wie Wahnsinnige und stopfen den Klee in unsere Beutel. Jani ist neben mir, wir keuchen vor Aufregung und wahnsinniger Angst. Ich bin ganz benommen, und in meiner Benommenheit höre ich das entsetzliche »Stoj! Stoj!« rufen. Wir sind zu weit in das Feld geraten. Ich höre einen Schuß, und in meinem

Entsetzen werfe ich den Beutel weg und flüchte wie verrückt dem Haus zu, sehe nichts, suche nur das Haus. Um Gottes willen, wann bin ich dort? Es ist unendlich weit, doch es sind nur einige Meter, da pfeift eine Kugel an mir vorbei. Ganz knapp an mir ist sie vorbeigepfiffen, und ich habe die Ecke des Hauses erreicht. Ich laufe, wie von Bluthunden gejagt, durch die kahlen Gärten. Jetzt kommt mir zu Bewußtsein, daß Jani nicht zu sehen ist und auch nicht nachkommt. Er wird sicherlich in die andere Richtung gelaufen sein. Er wird ebensosehr in Panik geraten sein wie ich. Jetzt ist mir endlich leichter, aber es ist, als hätte ich Schüttelfrost. Ich kann nicht mehr laufen, ich drehe mich um und schaue, ob Jani zu sehen ist, aber ich sehe ihn nirgends, und es ist schon hell. Das Morgengrauen ist vorbei, ich laufe weiter und komme in unser Haus am Teich, in der Meinung, daß Jani schneller war als ich. Ich laufe ins Zimmer, und Mutter liegt auf dem Strohlager, ganz eingefallen ist ihr weißes Gesicht.

»Um Gottes willen, wo warst du, Kind? Ich hatte so ein schlechtes Gefühl, es könnte dir was passiert sein. Ich bitte dich nochmals, geh nicht zu nahe ans Ufer!« Die Kinder sind alle im Hof, auch mein Bruder. Meine Mutter ist allein im Zimmer, und ich werfe mich mit dem Gesicht an ihre Brust und weine, und sie nimmt meinen Kopf in ihre heißen, feuchten Hände und streicht mir übers Haar. »Es wird schon alles gut werden, Gott wird uns nicht verlassen«, sagt sie leise. »Ich gehe Jani suchen, ich gehe zu ihm, wir waren am anderen Ende des Dorfes und … Ich gehe zu Jani, und dann werden wir wieder Gras nur in den Gärten suchen.« »Ich bitte dich, sei vorsichtig!« sagt Mutter nur.

Ich gehe in den Hof und weiter dem Haus zu, wo Jani wohnt. Auf der Straße sehe ich Frauen und Kinder laufen, dorthin, wo ich vor einer halben Stunde gelaufen bin. Alle laufen sie bis ans andere Ende des Dorfes, und ich laufe mit. Neben dem letzten Haus, mitten auf der Straße, stehen Frauen und Kinder in einem Kreis. Auf dem Erdboden mitten im Kreis liegt eine Gestalt, ihr Gesicht ist zugedeckt, und sie bewegt sich nicht.

Ganz ruhig liegt Jani da, als schliefe er. Ich komme nahe an ihn heran und sehe, wie seine Hand das Kleesäckchen umklammert. Jedes Haar auf meinem Kopf sträubt sich, mir ist, als hätte ich tausend Ameisen auf dem Kopf, und das Gesicht wird mir starr. Meine Lippen zucken, ich beginne am ganzen Körper zu zittern und bekomme wieder Schüttelfrost. Ich stehe da und weiß nicht, was ich tun soll, wo ich meine bebenden Hände verstecken soll. Es kommt eine alte Frau daher. Der Kreis bricht auf. Die Frau sinkt langsam in sich zusammen. Es ist Janis Großmutter. Sie wirft sich über den Buben, umklammert seinen starren

Körper und schreit laut: »Jani! Jani! Um Gottes willen, mein Kind, was haben sie mit dir getan?« Sie hebt das Tuch von seinem Kopf und schreit röchelnd: »Nein, nein, um Gottes willen, nein! Ich bin es, deine Großmutter!«

Ich erkenne Jani nicht, er hat kein Gesicht mehr, es ist nur ein Fleischklumpen, und die Großmutter bedeckt seinen Oberkörper mit ihrer dunklen, bebenden Gestalt. Sie liegt auf dem Boden über Jani, als wenn es Nacht wäre. Aber der Tag ist seit Stunden da, und das Licht des verfluchten Tages zeigt das zerstörte Antlitz meines Freundes. Die Großmutter deckt es zu, legt sich neben ihren Enkel und umklammert ihn. Außerhalb des Dorfes steigt die glutrote Scheibe hinter dem Wachtturm auf, wo sich der verfluchte Posten langweilt.

Um Jani und seine Großmutter, die auf dem Boden liegen, stehen unsere Mütter, groß und mächtig, kerzengerade. Die Köpfe sind nicht nur zu Boden gerichtet, sondern auch zum Himmel und dem Wachtturm zu. Es ist, als hätten auch sie keine Gesichter mehr. Sie sind so starr geworden, daß sie sich nach innen kehren, die Gesichter der dunkel gewandeten Mütter. Starr stehen die Frauen mitten auf der Straße, und in ihrer Mitte liegen mein Freund und seine Großmutter. Und hinter den dunklen Gestalten der Mütter hat sich die verfluchte Sonne glühend breit gemacht. Das erste Mal in meinem Leben weiß ich nicht, was ich mit mir anfangen soll, was ich tun soll, und ich schäme mich so sehr, als wäre ich nackt. Mir ist, als müsse ich mein Gesicht verbergen. Ich schäme mich für alles, für jede Bewegung, denn Jani liegt ohne Gesicht starr hier unten, und seine Großmutter bebt über ihm und hütet sein verstümmeltes Antlitz. Es ist mir, als schämten wir uns alle, daß wir unsere Gesichter noch besitzen. Die verfluchte Sonne ist hinter den starr stehenden Müttern, sie hat sich über ihren Häuptern breit gemacht und kriecht bis zum Zenit. Hätte sie nicht zu früh geleuchtet, diese verfluchte Sonne, so hätte Jani noch sein Gesicht. Aber sie krallt sich an den Tag, bis sie hinter unserem Haus, hinter dem Teich, hinter dem verfluchten Wachtturm und dem noch verfluchteren Posten in die Erde zurückkriecht.

6

Das Krätzenhaus

Wieder ist es Morgen, und die Sonne geht auf. Unsere Mütter sind seit dem Morgengrauen fort, und wir Kinder sind alle auf und im Garten. Es kommen Uniformierte und die Lageraufseherin. Wir müssen in den Hof, und die Lageraufseherin schreit, wir sollten zum Gemeindeplatz. Aus den Häusern strömen die Kinder und die alten Frauen. Es sind auch kleine Kinder dabei, die noch nicht richtig gehen können. Alle gehen wir dem Dorfplatz zu. Wir haben das Werschetzer Lager verlassen, das eine Häuserreihe bildete, und auch die paar Häuser am Eingang des Dorfes mit unserem niederen Haus am Teich. Jetzt gehen wir durch das Solturer und Charleviller Lager. Darin sind die Menschen, die aus den welschen Dörfern kamen, von wo auch Jani stammte. Auch hier kommen Mütter, Großmütter und Kinder aus den Häusern. Janis Großmutter wird auch darunter sein, aber Jani liegt ohne Gesicht unter der Erde. Auf dem Dorfplatz stehen bereits Massen von Menschen, und es sind viele Uniformierte hier. Sie schreien: »Die Kinder auf die rechte Seite, die Frauen auf die linke, Frauen unter fünfundsechzig bleiben stehen!« Es sind fast nur alte Frauen über fünfundsechzig Jahre hier. Wieder beginnt ein Weinen und ein Gedränge. Uniformierte reißen die Kinder von ihren Großmüttern los. Sie werden auf die rechte Seite getrieben. Hier sind fast nur wir Kinder, denn unsere Mütter arbeiten irgendwo auf dem Feld. Es sind auch Kinder hier, die keine Mütter mehr haben. Sie lassen sich willig auf die rechte Seite treiben, sie weinen nicht und klagen nicht. Aufseherinnen beruhigen uns mit der Erklärung, das Lager würde neu aufgeteilt. Wir Kinder aus dem Haus am Teich sind alle eng beisammen.

Vorne beginnen die Uniformierten ihre Tätigkeit. Eine weißgekleidete Frau ist auch dabei. Wir sehen den Lagerkommandanten und dann, wie er und die anderen zu uns zurückkommen und jetzt von hinten beginnen, die Kinder zu mustern. Wir werden in zwei Gruppen geteilt. Wir kommen zu Mayer Marieneni und werden ans andere Ende des Dorfes gebracht. Dort werden wir in einem Haus einquartiert, die anderen Kinder mit einer zweiten Frau im Nachbarhaus. Wir dürfen unser

Schlaflager gleich neben Mayer Jani und seiner Mutter richten. Die Sonne steht schon hinter dem Hausdach, und bald wird sie sich wieder in den Boden verkriechen. Wir laufen zum Haus am Teich, um zu sehen, ob unsere Mütter schon da sind, denn manchmal dürfen sie früher ins Lager zurück, ehe die Dunkelheit hereingebrochen ist. Wir laufen am Treibstoffmagazin vorbei, wo wir vor kurzem Mais gefunden haben. Wir krochen durch die zerbrochenen Fenster ins Innere des Raumes. Ein Ölfaß war ausgeronnen. Auf dem Boden lagen Maiskörner, denn früher waren hier Maissäcke gelagert. Wir klaubten die Körner aus dem klebrigen Öl hervor, und die Mutter wusch sie mehrmals in heißem Wasser, ehe sie sie kochte.

Im Haus am Teich ist es noch still. Im Hof warten die Kinder auf ihre Mütter. Endlich ist die Sonne hinter dem Posten, der ständig am jenseitigen Ufer steht, untergegangen, und wir schauen weit in die Ebene hinaus und sehen, wie sich kleine, schwarze Figuren dem Dorf zu bewegen. Es dauert noch eine geraume Zeit, bis man unsere Mütter erkennt. Endlich sind sie beim Lagereingang und gehen über die Brücke, und wir laufen auf sie zu und erzählen, was geschehen ist. Mutter packt uns die Tuchent in einen Sack, sie behält die Decke, und die anderen Mütter packen auch, und alle gehen mit uns Kindern in unsere neuen Quartiere.

Noch einmal laufe ich in unseren Garten, dorthin, wo ich oft mit Jani gespielt und Gras gesucht habe. Noch einmal nah ans Ufer, dorthin, wo ich den Fisch fing. Der Posten steht und beachtet mich nicht. Nie mehr habe ich den guten Posten gesehen. Wieder gibt es einen neuen. Ich gehe nicht ganz ans Ufer, aber ich sehe das leise fließende Wasser, und ich höre noch einmal das Schreien der Vögel. Das violette Wasser fließt dahin, der Himmel färbt sich violett. Meine Mutter ruft mich und meint, ob ich denn von Sinnen sei, so nahe ans Ufer zu gehen. Wir verlassen das Haus am Teich und gehen durch das Dorf bis an sein anderes Ende.

Mutter freut sich, daß wir bei Mayer Marieneni und unter ihrer Obhut sind. Andere Kinder liegen schon auf ihrem Lager, das ihnen Mayer Janis Mutter gerichtet hat. Auf der anderen Seite liegen ein Mädchen und ein Knabe. Das Mädchen ist etwa zehn Jahre alt, der Knabe etwa acht. Sie haben keine Mutter mehr, denn auch sie ist im Winter an Typhus gestorben. Jetzt liegen sie und sehen unserer Mutter zu, wie sie uns sorgfältig das Lager macht.

Der neue Kommandant hat am Morgen eine Ambulanz einrichten lassen. Jetzt geht Mayer Marieneni mit uns Kindern dorthin. Wir bekommen eine Salbe. Nach der Ambulanz, wo wir uns mit der Salbe ordentlich eingerieben haben, gehen wir zur Mutter in das Haus am Teich. Heute müssen die Frauen nicht mehr zur Arbeit, denn auch sie müssen aus dem niederen Haus am Teich ausziehen. Alle meine Freunde, Müller Joschi, Balata Robi und Berghaas Jani, Peter und die Mädchen sind hier und helfen den Müttern bei der Übersiedlung. Unsere Mütter werden in einem Haus mitten im Dorf, zwei Häuser von der Kirche entfernt, einquartiert. Es ist ein sehr großes Haus mit einem langen Korridor und herrlich geschwungenen Balustraden. Es hat mehrere Räume. Im Vorderzimmer wohnen unsere Mütter. Sie sind wieder alle beisammen, alle aus der Nachbarschaft von zu Hause und alle vom Haus am Teich.

Die Tage werden wieder länger, und wir gehen in das Haus der Mütter und essen zusammen das Nachtmahl, das wir von der Küche holen. Das Essen ist reichlicher, und wir sind nicht mehr so schwach. Auch die Wunden heilen dank der Salbe. Wir Kinder aus den beiden Häusern der Krätzekranken bekommen etwas bessere Kost, sogar einmal wöchentlich Trockenmilch. Mutter begleitet uns durch die Gärten bis ans andere Ende des Dorfes, wo wir wohnen, und Mutter unterhält sich mit Mayer Marieneni, bis es dunkel wird. Dann geht sie in ihr Haus zurück. Immer wenn ich durch die Gärten gehe, glaube ich, Jani komme gelaufen, und wenn ich auf dem Lager liege, nachdem Mayer Marieneni zu erzählen aufgehört hat, und lange wach bin, höre ich Janis Stimme und die seiner Großmutter, und ich ziehe mit Jani durch die mondbeleuchteten Gärten, in denen die kahlen Bäume ihre langen Schatten auf den dunklen Boden werfen.

Oft begleiten Mayer Jani und ich unsere Mütter zurück in ihr Quartier, dann gehen wir alleine zurück durch die Gärten, und immer erwarte ich, daß der Solturer Jani uns entgegenlaufe unter den kahlen Bäumen. Ich warte sehnsüchtig, daß er wirklich einmal da wäre im mondbeleuchteten Garten, und es scheint mir, als riefe er mich, und der Mond läuft wieder neben den weißen Wolken dahin. Mayer Jani und ich erzählen viel von zu Hause, von der Schule und von Mischi, den er auch gut gekannt hat. Es ist mir sehr angenehm, wenn er viel spricht, um mich aus meinen Gedanken zu reißen und aus der Einbildung, daß Jani irgendwo hinter den Stämmen der kahlen Bäume hervorspringen könnte.

Wenn wir dann auf unserem Lager liegen, erzählt uns Marieneni herrliche Geschichten, so wie es Irenneni immer tat. Sie erzählt auch von ihrer großen Schiffsreise nach Amerika und zurück, daß man wochenlang nur Himmel und Meer sehe, und sie erzählt viel von den Städten, in denen die Häuser höher seien als unsere Werschetzer Berge. Sie erzählt uns auch phantastisch gruselige Geschichten von den Wölfen, von dem blut-

saugenden Grafen jenseits der Werschetzer Berge tief in den Karpaten. Das Fenster ist offen, der Maiwind bläst herein und streift unsere Wangen. Weiße Wolken eilen am Fenster vorbei, und wenn sich der Mond hinter einer solchen Wolke versteckt, wird es dunkel im Raum, und wenn er hervorkommt, werden die Wände wieder hell.

Es ist Mai, ein wunderbarer Mai. Die Mondnächte sind sehr hell, und das Gras wächst wieder und wird wieder gegessen. In diesen Mainächten ist es mild und still. Hier, weit weg vom Teich, hören wir nicht mehr das Klagen und Rufen der Vögel, und die Frösche sind nur sehr leise zu hören. Aber laut schreien oft die Kinder auf, die nach ihrer Mutter rufen. Dann geht Mayer Marieneni zu ihrem Lager und beruhigt sie, bis sie eingeschlafen sind. »Eure Mutter ist bei euch, sie sieht euch und beschützt euch. Seht ihr, wie hell die Nacht ist? Sie sieht alles, eure Mutter, denn der Mond gibt ihr genügend Licht.«

Meine Krätzen sind fast weg, die Wunden geheilt, nur viele Narben sind zu sehen. Auch die anderen Kinder sind geheilt.

Die beiden Häuser, in denen wir von Skabies befallen waren, werden aufgelöst. Mayer Marieneni muß zum Kommandanten, und wir warten verängstigt auf das Ergebnis. Sie kommt sehr traurig zurück, ich sehe es an ihrem Gesicht, und sie sagt, daß unsere beiden Häuser aufgelöst würden. Sie müsse zu unseren Müttern in die Häuser der Arbeitsfähigen, und wir Kinder würden ans linke Dorfende gebracht. Hier ist ein sehr großer See, oder ist es ein Ziegelteich? Er liegt dicht am Haus, näher noch als der Teich an dem niederen Haus beim Eingang ins Dorf, aber der große Teich ist durch einen hohen Damm vom Haus getrennt. Jenseits des Wassers ist ein breiter Schilfgürtel.

Eine ältere Frau wird uns Kindern als Hausmutter zugeteilt. Sie muß nicht mehr zur Arbeit aufs Feld. Am Abend erwarten wir unsere Mütter am Dorfeingang. Wir wohnen jetzt näher an ihrem Haus. Die Mütter sind sehr erstaunt, daß das Krätzenhaus aufgelöst worden ist. Ich bin nur ein wenig traurig, daß wir von Mayer Marieneni getrennt worden sind, aber im jetzigen Haus haben wir nicht weit zur Mutter, und es ist sehr schön, so knapp neben dem großen Teich zu wohnen. Die Frau, die uns jetzt betreut, ist nicht so lieb wie Mayer Marieneni. Sie spricht wenig mit uns, kümmert sich auch nicht viel um uns.

Mutter geht mit uns mit, um das neue Haus zu sehen. Sie bereitet unser Lager und auch das der beiden Kinder, die keine Mutter mehr haben. Das Mädchen, ein Jahr jünger als ich, und der Bub, so alt wie mein Bruder, schlafen neben uns. Es ist wieder Nacht, und ich horche ins Dunkel hinein. Es scheint mir, als sähe ich das Mädchen weinen. Ganz still sind die Kinder und bewegen sich nicht. Mutter schneidet jedem eine Scheibe Brot ab und ein Stück Speck und reicht es ihnen. Die Kinder setzen sich auf den Boden und essen, und ich schäme mich, daß es mir doch ein bißchen weh getan hat, zu sehen, wie meine Mutter eine so große Scheibe vom Brot und sogar vom köstlichen Speck abschnitt.

Wie herrlich sind jetzt die Tage des Frühsommers! Der Garten, den ein hoher Zaun schützt, ist sehr üppig, da er bewacht wird. Hier darf kein Mensch hinein, um Gras zu holen, auch wenn es schon meterhoch ist. Im Gras stehen Bäume dicht nebeneinander, und einer davon ist ein Kirschbaum. Schwarz leuchten die Kirschen, und niemand pflückt sie. Hinter den dunklen Gebüschen lauert eine gräßliche Gestalt, es ist der Gartenhüter. Er verschwindet oft tief in den Garten hinein, aber niemand wagt es, über den Zaun zu klettern.

Doch irgendwie müssen wir zu den Kirschen kommen. Der alte Wächter muß ja auch an das andere Ende des Gartens, und wir beobachten, wie er in den Sträuchern verschwindet. Da klettern wir den Drahtzaun hoch, springen auf die Kirschbaumäste und pflücken wie verrückt unsere Taschen voll. Die beiden Waisen, die im Zimmer neben uns liegen, der Knabe und das Mädchen, sind mit mir auf den Baum geklettert, und unten wartet ein zweites Mädchen und schaut, ob alles in Ordnung ist. »Er kommt, er kommt!« schreit das Mädchen. Mit zwei Sätzen sind wir über dem Zaun. Aber ich habe mir beim Flüchten am Draht des Zaunes wehgetan, und den Waisenknaben hat der Wächter erwischt. Der alte Mann tobt, und der Bub weint. »Habe ich endlich einen«, hören wir den Alten schreien, »wo sind die anderen?« Wir haben uns im Strohlager versteckt und stellen uns schlafend. Unsere Aufseherin stellt sich an die Tür, sodaß der Mann nicht herein kann. Der schlägt weiter auf den Buben ein und schreit: »Geh mit mir zum Kommandanten, der wird es dir Bankert schon zeigen!« Jetzt höre ich die Stimme der Aufseherin, und noch nie habe ich sie so wütend schreien hören: »Lassen Sie das Kind sofort los, keinen Schritt weiter! Lassen Sie sofort los, sonst spucke ich Ihnen ins Gesicht! So eine Niedertracht! Der Bub könnte Ihr Enkel sein, schämen Sie sich nicht, dieses arme Waisenkind zu züchtigen? Lassen Sie sofort los, oder ich schlage Ihnen den Schädel ein, Sie niederträchtiger Kerl!« Sie schreien beide, und der Bub weint. »Ich bringe Sie samt dem Bankert zum Kommandanten!« schreit der Alte. »Gehen Sie, laufen Sie, holen Sie ihn her! Ich werde ihm dann sagen, was für ein Heuchler Sie sind und daß Sie selber Kirschen aus dem Garten schleppen. Gehen Sie nur, aber lassen Sie das Kind los, greifen Sie es nicht mit Ihren dreckigen Händen an!«

»Der Posten muß ja die Streitenden hören«, denke ich, »und wenn der sich einschaltet, sind wir alle dran.« Mit einem Mal ist es still im Korridor und vor der Tür. Der Mann entfernt sich grollend, und die Frau kommt ins Zimmer. Der Bub hat sich bereits zu seiner Schwester gelegt. Ich warte darauf, daß die Aufseherin jetzt mit uns schimpft. Aber sie sagt nur immer wieder: »Diese Niedertracht! Ein Unsriger, was für eine Schande!«

Und es ist wieder still, die Nacht macht alles mild, der Mond ist aufgegangen. Hinter dem großen Teich ist er glühend aufgegangen, und man sieht vom Fenster aus die dunkle Silhouette des Uniformierten, wie er auf und ab geht. Seine Schritte sind lauter als sonst, sie unterbrechen die Stille. Laut sind sie, die Schritte, weil die Erde hart ist, denn es hat schon lange nicht mehr geregnet.

Bald wird die Morgendämmerung hereinbrechen, denn die Spätjuninächte sind kurz, und hinter dem Wachtturm wird die Sonne aufgehen. Nach dem Frühstück werden wieder die Großmütter kommen und mit unserer Aufseherin sprechen. Sie bleiben im Korridor stehen und werfen ihre langen Schatten auf den Boden und weiter auf die Mauer des Korridors. Die Schatten wandern und werden kürzer.

Es ist Morgen, und die Frauen kommen und sprechen mit der Aufseherin. Sie sind aufgeregter als sonst, und die Aufseherin sagt zu uns Kindern, wir müßten alle auf den Friedhof, dort würden wir sehen, was sie mit uns vorhätten. Ich laufe zu Mutter, aber das Haus ist leer, alle sind zur Arbeit gegangen. Der Friedhof ist eingezäunt, und wir werden durch den Eingang hineingetrieben. Die meisten Menschen suchen Platz unter den Trauerweiden, um vor der sengenden Sonne geschützt zu sein. Aber alle haben wir keinen Platz im Schatten, so müssen manche in der glühenden Sonne stehen oder sitzen. Uniformierte kommen, und es werden Tische und Sessel aufgestellt. Die Uniformierten nehmen Platz und beginnen Namen aufzurufen und aufzuschreiben.

Zwischen Holzkreuzen und Sträuchern, Bäumen und kreuzlosen, eingesunkenen Gräbern sitzen die alten Frauen, und wir Kinder tollen im Friedhof herum. Es wird Mittag, und es wird Abend. Wir werden nach dem Alphabet aufgerufen und aufgeschrieben. Die bereits Aufgeschriebenen können den Friedhof verlassen. Da das H im cyrillischen Alphabet am Ende steht, sind wir unter den letzten. Es ist fast dunkel. Große Lampen stehen auf den Tischen, und wir kommen an die Reihe. Alfred muß mit einer Frau, die wir nicht kennen, mitgehen, und ich werde mit anderen Buben, die bereits über zwölf Jahre alt sind, in ein anderes Haus gebracht. Mutter kommt gelaufen, und ich muß mit ihr packen. Sie teilt die paar Sachen, die wir besitzen, nochmals, aber es ist nicht leicht, unsere Habseligkeiten in drei Teile zu teilen. Wir müssen das Haus am großen Teich verlassen. Alfred kommt in ein Haus auf der gegenüberliegenden Straßenseite, wo die Kinder bis zu zwölf Jahren untergebracht werden, ausgenommen die Waisenkinder. Die kommen in ein Waisenhaus, das im Lager entstehen wird. Ich werde mit den Buben, die wie ich über zwölf Jahre sind, in einem Haus am anderen Ende des Dorfes untergebracht. Die Mädchen über zwölf Jahre kommen in andere Häuser.

Wieder gibt es viel Weinen an diesem Abend. Die Kleinen wollen sich nicht von ihren Geschwistern trennen. Aber die Uniformierten sind hart, und die Trennung vollzieht sich bis in die Nacht hinein.

Ich nehme meinen Kotzen und einen alten Sack, nachdem Mutter und ich das Schlaflager für Alfred zubereitet haben. Ihm haben wir die Tuchent gelassen. Ich gehe allein an den alten Häuserfassaden vorbei. Hinter den Dächern der Häuser ist der Mond aufgegangen, und die Schatten der Hausfassaden liegen ruhig auf der dunklen Erde.

Im Hof des letzten Hauses laufen, vom Mond beleuchtet, die Buben umher. Ein paar sitzen im Korridor. Eine Frau hockt auf dem Boden. Ich kann in der Nacht ihr Gesicht nicht erkennen und sehe nur ihre Silhouette. Aber ich gehe zu ihr, und sie steht auf und sagt: »Na, wieder einer. Aber es fehlen noch immer ein paar, warum kommt ihr so spät?« Sie führt mich in einen dunklen Raum. »Da, such dir ein Bett aus! Die anderen haben ihr Bett schon gemacht.«

Die Frau ist wieder in den Hof gegangen. Ich sehe keine Betten und taste im dunklen Raum herum, kauere auf dem Fußboden und suche nach einem leeren Platz. Dabei berühre ich einen Körper. »Drüben beim Fenster ist noch Platz«, ruft mir die Stimme eines Buben zu, eine sehr milde Stimme. Ich taste weiter und spüre Decken und Säcke. »Wo noch ein leerer, glatter Boden ist, dort ist was frei«, spricht die Bubenstimme aus dem Dunkel.

»Von wo bist du denn?« »Ich bin ein Werschetzer«, sage ich. Er sei ein St. Huberter, und es seien bereits einige Werschetzer hier, sagt der Bub.

Ich habe in der Dunkelheit den Platz endlich gefunden, lege meinen Sack auf den Boden und den Kotzen drauf und gehe wieder in die Helle des Mondlichts hinaus. Ich erkenne im Hof Karl Gutjahr, meinen Schulfreund, und Mayer Jani, der mit mir im Krätzenhaus wohnte. Meine Angst und meine Trauer sind vorbei, ich bin glücklich, mit den beiden zusammenzusein. Die Frau ruft, es sei Zeit, wir müßten schlafen gehen, sonst bekämen wir Unannehmlichkeiten.

»Wenn ihr alle liegt, werde ich ins Zimmer kommen und mit euch die

Lage besprechen. Also los, ins Bett!« Ich denke mir: Warum sie immer vom Bett spricht, wo es doch keines gibt? Wir betreten tastend den Raum, ich lege mich zwischen Karl und Jani. Die Aufseherin kommt. »Hört gut zu! Ihr seid keine kleinen Kinder mehr, sondern schon richtige Burschen und Männer. Wenn ihr euch ordentlich verhaltet, wird alles gutgehen. Nachts muß Ruhe sein, Raufen und Zanken gibt es nicht. Auf keinen Fall zu nahe an die Lagergrenze! Ihr wißt, was euch da blühen kann. Wenn wir uns alle gut vertragen, werden wir es schön haben. Wie ihr gesehen habt, ist dieses Haus ganz am Dorfende, und unmittelbar dahinter steht der Wachtturm. Gleich hinter dem Garten des Hauses ist die Lagergrenze. Wagt euch auf keinen Fall zu nahe an die Grenze, hinter dem Garten lauert der Posten, und ihr wißt, daß schon einige Buben erschossen worden sind. Macht es euren Müttern nicht noch schwerer, als es schon ist! Gute Nacht, schlaft gut!«

Ein Bub imitiert spöttisch die Rede der Frau, und wir lachen alle. Bis lange in die Nacht hinein schlafen wir nicht. Wir erzählen, was wir bisher alles erlebt haben, und besonders viel erzählen wir Werschetzer von unserer Stadt, vom Berg, vom sagenumwobenen Schloß, vom unterirdischen Gang, der vom Schloß bis zum Marktkreuz gehen soll und wo Schätze verborgen sind und daß Menschen ums Leben gekommen sind bei der Suche nach dem Schatz. Es muß schon Mitternacht sein, und wir reden ganz leise, daß uns die Aufseherin nicht hört. Sie schläft mit ihren beiden Enkeln in der Küche. Der Bub, den ich beim Eintreten in der Finsternis berührte, erzählt viel. Er ist sehr gescheit. Er ist der Sohn des Apothekers in St. Hubert und ganz allein hier im Lager. Seine Mutter ist nach Rußland verschleppt worden, der Vater beim Umbruch umgekommen. Der Bub hat niemanden mehr, und es sind noch einige andere Buben hier im Zimmer, die niemanden mehr haben: Henry, Mathes, Adam und Jani. Von zwei Buben ist die Mutter nach Rußland verschleppt worden, die beiden anderen wissen nichts von ihrer Mutter.

Mathes erzählt uns wunderbare Geschichten. Tagsüber näht er an seinem Hemd und seiner Hose, die zu Lumpen geworden sind. Die Aufseherin lobt ihn, er strolche nicht soviel im Lager herum wie die anderen, die sich sogar am anderen Ende des Dorfes herumtrieben. Adam, der Apothekersohn, sei auch sehr artig, erklärt uns die Aufseherin nachdrücklich.

7

Das Waisenhaus

Wir sind schon über eine Woche hier und haben uns gut eingelebt. Tagsüber bin ich viel bei meinem Bruder, und wenn Mutter nicht in der Arbeit ist, sind wir beide bei ihm. Spät am Abend gehen wir zurück ins Haus am Ende des Dorfes. Ich gehe immer mit Karl und Jani. Wir bleiben so lange auf, bis uns die Aufseherin auf unsere Schlafstellen treibt. Aber wenn wir dann alle liegen, ist Henry, mit dem die Aufseherin immer schimpfen muß, oft noch nicht hier, oder er kommt mit einem fremden Buben daher. Heute sagt er zu Mathes, er solle schnell laufen, seine Mutter stehe auf dem Kirchplatz, sie frage nach ihm. Ich bin sehr überrascht, daß jetzt am Abend Mütter aus anderen Lagern gekommen sein sollten. Mathes fragt aufgeregt: »Wo ist sie, wo?« Henry sagt: »Lauf, lauf! Sie wartet auf dich auf dem Kirchplatz.« Mathes springt erregt auf und verläßt das Zimmer. Henry beginnt zu lachen: »Den haben wir ordentlich erwischt!« Er ahmt Mathes' weiche Stimme nach: »Wo ist sie, wo? Ha, ha!« Ein paar Buben lachen mit, aber nicht alle. Adam sagt zu Henry, während die anderen noch lachen, daß man mit so etwas keinen Jux treiben dürfe. Henry lacht boshaft: »Ha, du Feigling, du Altweiberarschloch! Schaut nur, wie brav Adam und Mathes sind, die nähen sich sogar ihre Kleider, schaut, wie brav, ha, ha, Kleider, Hundsfetzen nähen sie wie die alten Weiber!« »Du solltest dich schämen«, sagt der Apothekersohn ruhig, »schämen solltest du dich, über Mütter so zu spotten.« Henry wirft sich über Adam, und alle raufen wir. Die Tür wird aufgerissen, die Aufseherin stürmt herein. »Was ist los, seid ihr verrückt? Auseinander mit euch, aber sofort! Ich hole den Posten, wenn nicht sofort Ruhe ist, der wird euch schon zeigen!« Es wird still, wir lassen voneinander ab. Die Frau schreit, ob wir denn von Sinnen seien. »So geht das nicht! Wenn ihr nicht hören wollt, so müssen andere Mittel her.« Es ist dunkel, und wir stehen im Zimmer. »Einer fehlt!« schreit die Aufseherin, »wo ist er?« Sie versucht uns näher zu betrachten. »Ist das möglich? Mathes fehlt!« Ob jemand wisse, wo er sei. Keiner gibt ihr eine Antwort. Sie geht wieder, und beim Hinausgehen sagt sie: »Ich will, daß sich das nicht mehr wiederholt, und Mathes werde ich es morgen zeigen.«

Wir legen uns wieder nieder, aber ich kann nicht einschlafen. Karl liegt neben mir und schnarcht. Er stöhnt im Traum auf. Eine kleine Weile, und es geht leise die Türe auf. Still kommt Mathes herein. Er muß gelaufen sein wie ein wildes Tier und sehr erhitzt sein, hastiges Keuchen verrät es. Der Kirchplatz war leer. Mathes hat sehr geweint und nach seiner Mutter gerufen. Er legt sich zu Bett, und ich höre sein Schluchzen, bis ich selber einschlafe.

Henry und Jani sind nachts öfters weg. Die Aufseherin schimpft mit ihnen am Morgen, wenn sie auftauchen und dann Weißbrot essen. Karl meint, daß sie in die ungarischen Nachbarortschaften betteln gehen.

Karl und ich tragen täglich von dem am Dorfende liegenden Brunnen Wasser für die Lagerküche herbei. Dafür bekommen wir eine Portion Suppe mehr. Wir tragen vier schwere Eimer mit zwei Stöcken. Karl bringt die Suppe, die er für das Wassertragen bekommt, seiner Mutter, die krank ist und schon seit einiger Zeit nicht mehr aufstehen kann. Sie spricht nicht viel, und ihre Stimme ist sehr matt. Eine alte Waschschüssel, die Karl in einer Scheune fand, dient ihr als Leibschüssel. Er wäscht seine Mutter täglich, und es fällt ihm nicht schwer, sie vom Lager zu heben. Sie ist sehr mager.

Meine Mutter bringt oft vom Feld etwas mit. Abends nach der Feldarbeit geht sie immer zu Alfred, wo wir zusammen unser Nachtmahl essen. Die Aufseherin meines Bruders klagt unserer Mutter, daß Alfred sehr schlimm sei. Es wäre gut, wenn ich bei ihm sein könnte, sagt die Frau, aber ich darf vom Haus am Ende des Dorfes nicht weg. Wenn ich am Abend von Mutter und Bruder weggehe, gehe ich zu Karls Mutter. Es dauert immer eine Weile, bis er mit dem Waschen und der Pflege seiner Mutter fertig ist.

Neben dem Schlaflager unserer Mutter liegt Reginaneni, die uns früher immer aufmunterte und mit uns scherzte und zu Weihnachten herrliche Lieder sang. Seit einigen Tagen ist sie schwer krank. Die Mütter sagen, sie habe die Ruhr. Wie erschreckend ihr Gesicht aussieht, die Augen groß in tiefen Höhlen, die Haut gelblichgrün. Neben ihr liegt ihre Tochter, das zehnjährige Mädchen Hilde. Unsere Mütter sagen, man müsse Reginaneni weglegen, sonst stecke sie das ganze Zimmer an. Alle haben sich von ihr weggelegt, auch Mutter. Jetzt, im Hochsommer, kann man auch in der Scheune schlafen. So sind unsere Mütter ausgezogen, nur das Mädchen liegt noch neben Reginaneni im Zimmer. Unsere Mütter wollen auch Hilde in Sicherheit bringen und versuchen

das Mädchen von seiner Mutter wegzuzerren, doch es schreit und weint und schlägt um sich. »Ich will bei meiner Mutter bleiben!« schreit Hilde, »Mama, Mama, ich will bei dir bleiben!« Man schafft sie schließlich doch aus dem Zimmer und bringt sie ins Waisenhaus. Dort ist Neumann Marieneni Aufseherin, und sie und die anderen Mütter haben zu kämpfen, um das schreiende Mädchen zu bändigen. Man schlägt sie sehr, und Hilde kann nicht mehr weinen. Sie zittert am ganzen Leib. Ihr Gesicht ist starr, ihre Augen sind groß, ihre Farbe ist die Augenfarbe ihrer Mutter. Auf dem Lager, auf das man das Mädchen hingeworfen hat, wimmert und klagt es, aber nicht mehr laut, sondern leise. Es röchelt wie die Ziege unserer Nachbarin, als man sie erstach.

Es wird Nacht. In Reihen liegen die Kinder, und vorne, neben der Tür liegt Marieneni. Sie klagt meiner Mutter: »Warum muß ich dieses Los mit den Kindern ertragen? Es ist so grausam, jeden Tag das Flehen und Rufen nach ihren Müttern zu hören. Nachts schreien die Kinder auf, und wenn der Tag beginnt, sind einige blutig. Sie haben Wunden, man weiß nicht, wovon. Es sind nicht Wunden, die man sich mit den Fingernägeln zufügt, sondern sie sehen aus wie Bisse. Jeden Tag bringen sie neue Kinder. Mir zerreißt es das Herz, zu sehen, wie sie leiden, aber ich muß mich um sie kümmern. Nachts wollen sie davonlaufen und die Mütter suchen, und sie rufen ›Mutter!‹ in die Nacht hinein. Sie laufen davon, und ich muß sie suchen. Aber sie kommen nicht weit, nur bis ans Ende des Dorfes, wo der Posten lauert. Wir fangen sie ein, und sie kratzen und beißen. Aber mit der Rute werden sie still. Wir legen sie auf den Boden. Dann sind ihre Mütter bei ihnen, und sie hören, wie sie ihnen ein Wiegenlied singen, ganz leise und sanft.«

Karl und ich sind viel bei Neumann Marieneni im sogenannten Waisenhaus, um ihr zu helfen. Es gibt viel Arbeit mit den Kindern, und ihre Zahl vermehrt sich täglich, denn die Mütter sterben an der Ruhr.

Henry ist wieder fort. Es ist schon spät am Abend. Die Aufseherin sagt nichts mehr. Es habe keinen Sinn, denn er gehe ja doch davon. Karl und ich sitzen im Korridor. Es ist eine sehr schwüle Nacht. Karl war bei seiner Mutter. Es muß etwas mit ihm sein, denn er spricht fast nichts und läßt den Kopf hängen. Wir gehen zu Bett. Es ist still im Zimmer, und in der Stille des Raumes haucht Karl mit erstickter Stimme: »Meine Mutter, sie hat nichts mehr gegessen, sie kann den Kopf nicht heben und spricht nur schwer und leise.«

Die schwüle Nacht geht vorüber, und der Morgen bringt etwas Kühle. Wenn die Sonne aufgegangen ist, wird es wieder heiß. Frauen tragen einen toten Knaben vom Dorfende hierher ins Innere des Dorfes und legen ihn auf die schwarze Erde. Man hat seinen Kopf mit Lumpen bedeckt. Die Mütter sagen, man könne das Gesicht nicht sehen, es sei zerschossen. Sie legen den Buben auf den Boden, aber es kommt keine Mutter oder Großmutter, die sich dazulegt. Das Gesicht des Buben bleibt verborgen. Ich habe das Gefühl, als wiederhole sich alles, was an jenem Frühlingsmorgen mit Jani geschah. Aber die beiden Mütter, die ihn fanden, haben mit einem Lumpen seinen Kopf eingewickelt. Ich sehe nicht Henrys Gesicht, sondern das Gesicht Janis. Immer wieder Janis Gesicht. Es ist schön, ich kann es durch die Lumpen sehen. Man sieht keine Augen, keine Nase. Es hat sich ganz nach innen gekehrt, und nur an der Oberfläche des Lumpens sehe ich ein wunderbares Antlitz, weiß und schwefelgelb, die eine Seite türkis, violett die dunkle Seite. Ich weiß, daß es Henry ist, aber ich sehe nur Jani.

Ich laufe davon, als wollte ich vor mir selber flüchten, laufe und laufe durch die Straßen des Dorfes und sehe meinen Schatten an den Fassaden der Häuser mitlaufen.

Karl ist sehr zeitig am Morgen zu seiner Mutter gegangen, und ich gehe ihm nach. Es ist dunkel im Raum. Die zwei Fenster sind mit dunklen Tüchern verhängt. Ich bleibe an der Tür stehen, abseits vom Strohlager, wo Karls Mutter auf dem Boden liegt und er neben ihr kauert. Allmählich wird der Raum heller, da meine Augen sich an die Dunkelheit gewöhnen, und Karls Gesicht wird heller und langsam auch deutlicher. Seine Augen glänzen verstört und sind riesig groß. Sein Gesicht ist so wächsern wie das seiner Mutter, aber seine Mutter hat auch etwas Grünliches darin. Ich gehe langsam auf ihn zu und sehe, daß seine Mutter die Augen geschlossen hält und nicht reagiert. Ich knie mich auf den Boden, sehe über das Gesicht Karls Tränen laufen und spüre, daß auch mir die Tränen über die Wangen rollen. Wir drei sind allein im Raum, die Mütter sind zur Arbeit fort, ihre Kinder wurden zur Neumann Marieneni gebracht.

So sind Karls Mutter und wir beiden Buben allein im Zimmer, und ich weiß nicht, was ich tun soll. Ich schäme mich. Ich lasse Karl mit seiner Mutter allein und fliehe irgendwohin, laufe durch das ganze Dorf, von einem Wachtturm zum anderen, und der Tag geht dem Ende zu. Die Nacht bricht herein, und die dunkle Gestalt Karls begegnet mir im kahlen Garten. Er kommt auf mich zu und geht mit mir wortlos durch den dunklen Garten. Die Stämme der Bäume sind noch sichtbar und auch die kahlen Äste, die zum Himmel ragen. Ich sage, um das Schweigen zu brechen: »Wir müssen uns beeilen, sonst wird es stockdunkel, und wir sehen keine Bäume mehr.« Karl bleibt stehen und beginnt zu weinen. Er lehnt sich an einen Baumstamm, und ich stütze ihn, damit er nicht fällt, denn es schüttelt ihn am ganzen Körper. Er kann sich nicht mehr halten, er weint und schluchzt in die Nacht hinein. Wir sind tief im kahlen Garten. Hier hört uns niemand, es ist ganz still. Nur die Wildtauben werden am Morgen, von ihren Ästen aufgescheucht, rufen und klagen, so wie wir es jetzt tun. Großmutter erzählte mir, daß man einmal die Tauben ausgerottet habe, da sie zur Plage geworden seien. Seit dieser Zeit klagten sie jeden Morgen, so wie die Kinder bei Neumann Marieneni es tun und so, wie es auch Karl jetzt tut. Bei Tag, als die Sonne brannte, hat man seine Mutter aus dem Zimmer getragen und dorthin gebracht, wo Jani und Henry sind, Reginaneni und die anderen Verstorbenen. Und wir gehen weiter ins Haus und legen uns nieder. Seit Henry nicht mehr da ist, ist es stiller geworden. Die Buben sind schweigsamer, sogar Adam, der Apothekersohn, trauert. Karl liegt neben mir, und sein Körper zuckt bis tief in die Nacht hinein.

Es ist Morgen. Die Wildtauben klagen, und Mutter ist wieder in der Arbeit. Karl und ich gehen zu meinem Bruder. Alle zusammen suchen wir Gras. Der neue Posten sagt kein Wort, und wir trauen uns bis ans Ufer des Teiches, dorthin, wo noch schönes, fettes Gras wächst, trotz der heißen Sommermonate, in denen es wenig regnet und alles ausgetrocknet ist.

Karl sollte eigentlich zu Neumann Marieneni ins Waisenhaus, doch er hat die Sachen seiner Mutter ins Haus am Ende des Dorfes gebracht. Er will nicht ins Waisenhaus, und Neumann Marieneni hat ihn noch nicht gesucht. Das Waisenhaus ist ohnehin mit Kindern überfüllt. So lebt er mit uns, und wenn Mutter etwas mitbringt, bekommt er genauso wie wir vom Mitgebrachten.

Jetzt haben wir schönes Gras gefunden. Der Posten geht wieder auf und ab, aber er spricht nicht mit uns. Wir schauen über den Teich in die weite Ebene hinaus und sehen, daß sich eine lange, schwarze Schlange dem Dorf nähert. Wir laufen zum Dorfeingang. Es kommen die anderen Kinder gelaufen und auch einige Frauen, die nicht zur Arbeit mußten, und deuten mit den Händen hinaus in die Ebene, dorthin, wo sich die Kolonne dem Dorf zubewegt. Wir stellen uns zum Dorfeingang an die Brücke und warten. Die Menschenkolonne wird immer größer, und ich sehe, daß es sich um Leidensgenossen handelt, Kinder und Frauen, die von Uniformierten getrieben werden. Sie scheinen sehr erschöpft zu sein und lassen sich zu Boden sinken. Es wird geschrien und geweint, Kinder schreien in die Kolonne hinein: »Tante! Tante!«

Es sind Unsrige, es sind Werschetzer und Kudritzer! Vor dem Lagerausgang rufen einige unserer Mütter: »Wir sind Werschetzer! Wir sind hier seit fast einem Jahr. Wir sind etwa zwei- bis dreihundert Menschen. Es sind sehr viele gestorben.« Aus der Kolonne kommen Stimmen, daß man bereits drei Tage unterwegs sei. Die meisten seien Werschetzer oder aus Kudritz sowie Zichydorf und Groß-Gaj. Sie seien im Kudritzer Lager gewesen. Die noch Arbeitsfähigen seien zurückgeblieben. Hierher seien die Kinder und die alten Mütter sowie die Kranken gebracht worden.

Ich erkenne bereits einige Bekannte aus Werschetz: zwei Buben, der ältere ist mein Schulfreund. Alle flehen um Wasser. Wir Kinder laufen um Kannen und Eimer zur Lagerküche und dann zum Brunnen. »Wasser! Wasser! Wir sterben vor Durst!« wird geschrien. Wir beeilen uns, und die Uniformierten lassen uns zu den Menschen, die am Verdursten sind. »Langsam, ihr schüttet dem Buben das Wasser aus!« rufen alte Mütter. Kinder bestürmen mich, ich falle beinahe zu Boden, versuche mich zu stützen. Die Kinder toben, sie raufen um das Wasser, schlagen die Köpfe gegeneinander. Alle holen wir Wasser und laufen zum Brunnen und tragen es wieder zu den nahezu Verdursteten.

Viele Bekannte sind gekommen, viele, die ich aus Zichydorf und Setschanfeld kenne. Wie nützlich ich mir vorkomme! Ich bin sehr stolz, den Dürstenden Wasser geben zu können. Viele erkennen mich, so wie ich sie auch erkenne. Kudritzer Mütter fragen mich: »Deine Mutter ist doch die Schiff Terka aus Kudritz?« »Sie ist hier und ist zur Arbeit gegangen«, antworte ich.

Die Menschen ziehen langsam über die Brücke, es gibt ein Gedränge, und sie werden in Häuser getrieben, die von Lagerinsassen geräumt werden mußten. Auch unsere Mutter mußte vor zwei Tagen ihr Haus räumen. Jetzt wohnt sie wieder in der Nähe des Teiches an der Ecke, gegenüber der Lagerküche, in einem großen Haus, unweit vom Lagerausgang. Alle sind sie dort, alle aus dem Taglöhnerviertel in Werschetz: die Müller Liesaneni, die Kleisingerin, die Balata Liesineni, die Fisch Lieseneni, die Berghaas Wettineni und unsere Mutter. In der Küche liegen die Jentner Marieneni und ihre fünfzehn Jahre alte Tochter Hilda. Die Straße, in der wir den Winter verbrachten, wurde geräumt, und die neuen Werschetzer werden darin einquartiert. Alle Altinsassen werden in die übrigen Häuser gepfercht, die in der zweiten Gasse stehen.

Erst am Abend bekommen die Neuangekommenen in der Lagerküche zu essen. Unsere Mütter kommen vom Feld heim und gehen gleich in die Häuser, in die man die neuen Werschetzer einquartiert hat. Es gibt Tränen und Wiedersehensfreude, aber auch Leid, denn die Neuen fragen nach denen, die im vergangenen Winter und jetzt im Sommer an der Ruhr gestorben sind. Unsere Mutter erzählt von den vielen Toten und sagt: »Es war eine schreckliche Zeit. Wir sind die, die übriggeblieben sind.« Irenneni und Neumann Marieneni haben auch Bekannte getroffen. Einige der Waisenkinder haben eine Tante oder Großtante bekommen.

Es ist schon sehr spät, und die Nacht ist hereingebrochen. Die Tage sind bereits etwas kürzer geworden. Wir gehen in unser Quartier. Die Aufseherin schimpft nicht mehr mit uns. Zu Karl ist sie besonders freundlich, es ist, als wolle sie ein wenig seine Mutter ersetzen. Ich kann lange nicht einschlafen. Dieser Tag hat mich sehr aufgewühlt, und mir geht alles durch den Kopf: Ich sehe die Menschenkolonne tief in der Ebene, sehe mich mit dem Wassereimer laufen. Die neuen Werschetzer haben ein Stück Heimat mitgebracht. Ich höre unseren Dialekt und typische Werschetzer Ausdrücke. Die Mädchen singen am Abend Werschetzer Lieder. Die ganze Nacht träume ich von dem vergangenen Tag.

Wir sind heute früh aufgestanden und gehen zu den neuen Dorfbewohnern. Ich erfahre, daß Elisneni aus Zichydorf, wo wir mit Krämerneni wohnten, in Setschanfeld gestorben ist. Die beiden Kinder, der Bub Rudi und das Mädchen Erna, sind mit der Tante hierher gekommen.

Karl und ich müssen jetzt immer sehr zeitig aufstehen. Wir sind Wasserträger für die Lagerküche. Jeden Tag, wenn die Sonne hinter dem Wachtturm aufgeht, sind wir bereits beim Laufbrunnen am Dorfende, unweit unseres Quartiers. Von hier sieht man tief in die Ebene bis hinüber nach Karagjörgjevo, einer serbischen Ortschaft.

Wenn wir am frühen Morgen zum Brunnen kommen, wartet bereits der Posten auf uns, um mit uns zu sprechen. Er neckt uns und greift oft in seine Hosentasche, um uns ein Stückchen Weißbrot zu geben. Er ist sehr gut zu uns. Sicherlich war er es nicht, der Jani und Henry getötet hat. Aber er steht am selben Platz, und ich sehe auch denselben Kleeacker, der noch ziemlich jung ist.

Eines Morgens greift der Posten wieder in die Hosentasche, gibt uns frischen, fetten serbischen Kuchen und sagt, wir sollten im fünften Haus unserer Straße nach einer Frau S. fragen. Sie solle zu ihm kommen. Eine sehr schöne, junge Mutter, die drei kleine Kinder um sich hat, fragt uns, was wir denn von ihr wollten. Wir berichten, daß der Posten uns gesandt hat, sie solle zu ihm zum Brunnen kommen, und die junge Mutter geht hinter uns nach. Der Posten mit seinem Gewehr geht der jungen Mutter entgegen und umarmt sie, und beide kommen zu uns an den Brunnen und tragen uns auf, wir sollten uns vor die Postenhütte stellen. Die Postenhütte war einmal ein großer Stall, eine jener Stallungen, die es neben Laufbrunnen gibt und in denen man früher die Rinder unterbrachte. Wir Buben stellen uns zur Tür, die hinter den beiden geschlossen wird, warten und denken daran, daß wir sicherlich wieder etwas geschenkt bekommen.

Es kommen Mütter, um Wasser zu holen, und nach längerer Zeit wird die Tür geöffnet, und die junge Mutter kommt allein aus dem Stall. Wir wissen, daß die Lagerköchinnen mit uns schimpfen werden, weil wir so lange ausbleiben. Die junge Mutter beeilt sich, wegzukommen, den Kopf tief zu Boden gesenkt. Die Frauen, die beim Brunnen stehen, schauen ihr nach. Der Posten kommt aus dem Stall, und die Frauen schauen sich an, haben starre, erschütterte Gesichter. Der Posten deutet uns, wir sollten ihm in den Stall folgen. Ich habe wieder diese trockene Kehle und große Angst, daß er uns im Stall etwas antun könnte, aber er gibt uns wieder ein wunderbares Stück Weißbrot. Er hat ein rotes Gesicht, so rot, wie wir es in der Schule hatten, wenn wir von der Lehrerin aufgerufen wurden und nicht antworten konnten. Aber seine Augen haben einen wunderbaren Glanz, als sei er überaus glücklich, als habe er etwas ganz Wunderbares erlebt. Die Mütze sitzt schief, und die schwarzen Haare hängen ihm ins Gesicht. Wir dürfen den Stall verlassen. Die Mütter stehen noch immer am Brunnen und schauen uns verwundert an. Aber sie fragen uns nicht, was wir in der Postenhütte gemacht haben. Die junge Mutter ist im fünften Haus verschwunden. Sie trug einen Laib Brot, den sie sicherlich ihren drei kleinen Kindern geben wird.

Es ist Mittag, und bei der Lagerküche stehen viele Menschen. Aber es wird noch lange dauern, bis es etwas zu essen gibt. Wir tragen das Wasser an den Müttern und Kindern vorbei. Vorne bei der Küchentür ruft die Lagerköchin, die Leute sollten doch Platz machen, damit die Buben mit ihren Eimern zu ihr heran könnten.

Weit hinten beim Haustor, wo die Menschenschlange, die sich durch den langen Hof windet, aufhört, ruft mich eine Frauenstimme: »Hammerstiel!« Es ist die junge Hausfrau aus Zichydorf, wo wir in der Futterkammer mit Helen, Mischi, Wastl und unseren Müttern wohnten. »Bist du es wirklich?« »Ja, ich bin Robert.« »Wo sind die anderen?« »Meine Mutter und mein Bruder sind auch hier.« Und ich sage der Frau, daß ich das Wasser in die Küche tragen werde und dann mit ihr reden könne. Als ich wieder zu ihr zurückkomme, umarmt sie mich und weint. »Wo ist deine Mutter und dein Bruder?« »Wir leben alle noch. Mama arbeitet. Alfred wohnt nicht bei mir. Wir sind alle voneinander getrennt, jeder ist woanders einquartiert.« »Mein Gott, sie leben«, schluchzt die Frau und klagt, daß ihre Mutter und der kleine Knabe verhungert seien. Sie sei voriges Jahr im Spätherbst ins Lager nach Kudritz gebracht worden, ihre Mutter und der Knabe nach Rudolfsgnad. »Ich bin jetzt ganz allein, habe niemanden mehr. Sag deiner Mutter, daß wir uns gefunden haben und daß ich sie gerne sehen würde!«

Ich bin erschrocken und denke: »Das ist die Hausfrau, die schöne Frau mit den langen, weiten Röcken und dem wunderbaren samtenen, weißen Kopftuch, gerade, stolz, groß und strahlend. Und wie sieht sie jetzt aus: ganz mager, und ihr weißes Gesicht ist dunkel.« Sie trägt ein zerschlissenes Kopftuch, große, zitternde Hände umklammern mich, daß es mich schmerzt. Ich schäme mich, daß sie mich so umarmt, da ich schon bald vierzehn bin und sie mich wie ein Kind behandelt. Ich weiß, daß ich bereits etwas gelte, denn ich kann in die Küche gehen, wann ich will, und brauche mich nicht anzustellen. Bei der Köchin sind Karl und ich beide angesehen und werden wie Erwachsene behandelt. Jetzt aber weiß ich wieder nicht, wohin mit meinen Händen oder wie ich Gesicht und Hände verbergen könnte.

Die Frau erzählt weiter, daß auch die Weiferts, Mutter und zwei Buben, nach Rudolfsgnad gekommen seien und die Mutter mit ihrem älteren Sohn ebenfalls verhungert sei. »Ich glaube, er hieß Mischi, der ältere Knabe, nicht wahr?« sagt sie mit ihrer weinerlichen Stimme. »Ich glaube, er hieß Mischi, er hieß Mischi, er hieß Mischi«, höre ich fortwährend, »er hieß«, nicht »er heißt«, und »verhungert, verhungert, verhungert, verhungert, verhungert« höre ich die Menschenmassen hier an der Küche raunen. Ich kann nicht weinen, glaube ersticken zu müssen. Wieder dieses Würgen im Hals. Mir ist, als wisse ich nicht, wer ich bin, was mit mir ist, was um mich vorgeht. Ich bin entsetzt, aber irgendwie habe ich zugleich auch ein Gefühl der Freude. Ich wage es nicht zu denken, versuche dieses Gefühl zu verdrängen. Es ist mir schrecklich, wie sich Freude, Entsetzen und Verlorensein in eins verbinden. Schuldgefühl, Freude und Entsetzen bewegen sich in einem und in derselben Sekunde. Schuldgefühl, daß ich noch lebe und mehr Suppe bekomme als die anderen, daß ich alles habe, Mutter und Bruder. Nicht nur gegenüber meinem verhungerten Mischi, sondern auch Karl Gutjahr gegenüber habe ich dieses Schuldgefühl. Aber zugleich spüre ich auch eine Art Hochgefühl, daß ich selbst bis jetzt allem entgangen bin und sogar darüber, meine Freunde auf eine so ungewöhnliche Art verloren zu haben, so daß ich beinahe versucht bin, damit anzugeben. Aber das Entsetzen übersteigt das alles. Ich nehme der Frau das Geschirr ab und stottere, daß ich ihr Essen holen werde. Sie reicht mir die Kanne und ihre Karte, und ich bin erleichtert, von ihr wegzukommen. Sie sagt mir noch, ich sei ein guter Junge. Nein, das bin ich nicht, ich habe mich selbst dabei ertappt, daß ich schlecht bin und bei etwas Entsetzlichem Freude empfinde.

Ja, ich habe Mischi so sehr gemocht, daß ich es einfach nicht verstehen und glauben kann, daß er nicht mehr existiert. Ich glaube, ihn wiedersehen zu können und daß er wiederkommt, so, wie er es in Setschanfeld getan hat. »Er ist größer als du«, sagte Maritzineni, und wir krochen ins Innere des Rechens, in die Finsternis, und wir schwiegen. Wir waren die ganze Nacht unterwegs gewesen, bis wir von der Patin am frühen Wintermorgen empfangen wurden. Ich streckte meine Finger in die Höhe, und die geistliche Schwester fragte erstaunt: »Du, Hammerstiel?« »Nein, für Michael Weifert!«

Immer hatte ich gehofft, Mischi wieder zu treffen, hatte es gehofft, als die Leute aus dem Kudritzer Lager kamen, suchte ihn unter der Menge, suchte die ganze Kolonne ab, bis ans Ende, aber ich fand ihn nicht. Die Kolonne verteilte sich in den Häusern, die Menschen legten sich nieder, und es wurde Nacht. Ich hoffte, Mischi wiederzusehen – aber er war schon seit einem halben Jahr tot, verhungert. Mir ist, als müßte ich laut in die Ebene hinausrufen: »Mischi, Mischi!«, und ich höre das Echo und das schreckliche Wort »verhungert« zurückschallen.

Mein Gott, du mußt es wissen: ich bin dreizehn Jahre und sieben Monate alt, und solange ich lebe, werde ich dieses Echo hören und seine klagende Stimme. Mit Mischi war ich immer zusammen, seit ich mich erinnern kann. Wir haben die Brote ausgeführt, die Melonen von den Gärten geholt, sind nebeneinander in der Schule gesessen. Ich war elf Jahre, vier Monate und zwölf Tage alt, als wir den letzten Schultag zusammen verbrachten.

Hier gibt es keinen Schreibstift, keinen Zeichenstift, kein Papier. Aber wenn Gott mir beisteht und mich nicht verhungern läßt, wenn ich Bleistifte, Farben und Papier besitze, werde ich alles aufzeichnen, für dich, Mischi, und auch für Jani. Hier habe ich nur alte, rostige Nägel, mit denen ich in den ausgetrockneten, kahlen Boden ritze.

8
Das Haus der Mütter

Der Herbst beginnt, und die Tage werden kürzer, die Nächte kühl. Die Strohtristen in den Höfen sind weg, und aus der weiten Ebene kommen die schwarzen Vögel in die kahlen Gärten. Sie schreien und klagen, finden nichts, schwärmen über die Erde und fliegen hinüber zu den serbischen Dörfern. Und es ist still, die Bäume sind leer. Die Gärten am Teich werden nicht mehr bewacht. Die Landschaft wird wieder eintönig und grau wie zu der Zeit, als wir herkamen.

Wir Knaben müssen das Haus räumen. Die Aufseherin meint, wir sollten irgendwohin, zu unseren Müttern oder Geschwistern. Karl Gutjahr und ich ziehen zu meinem Bruder Alfred. Seine Aufseherin hat nichts dagegen. Sie meint, daß noch Platz für uns sei und daß sie sich mit meinem Bruder nicht so ärgern müsse, wenn wir bei ihm seien. Mutter ist froh, daß wenigstens wir beisammen sind. In diesem Haus sind etwa dreißig Kinder, in der Mehrzahl Mädchen, sieben bis fünfzehn Jahre alt. Ich habe mich besonders mit einem gleichaltrigen Mädchen namens Hilda angefreundet. Karl Gutjahr und ich haben uns neben meinem Bruder das Lager gerichtet. Die Aufseherin hilft uns dabei, und sie ist sehr lieb zu uns. Sie fragt Karl, warum er denn nicht ins Waisenhaus, eingeliefert werde. Karl sagt verlegen, er fürchte sich vor dem Waisenhaus und man habe ihn nicht gezwungen, zu Neumann Marieneni zu gehen. Die Aufseherin meint, er habe es hier besser und sie werde ihn so wie ihre anderen Kinder pflegen.

Der Altweibersommer ist da. Wir steigen auf die kahlen Bäume, tollen herum und spielen Fangen. Ich suche immer die Nähe Hildas und fange sie ein. Sie ist sehr erhitzt und atmet hastig. Ich berühre ihre feuchte Haut und bekomme dabei ein eigenartiges Gefühl, das ich bisher nicht gekannt habe. Aber diesen trockenen Hals und dieses Würgen bekam ich auch, als ich Jani auf der Straße liegen sah. Jetzt kann ich an nichts anderes denken als an Hilda. Nachts im Traum ist sie bei mir. Ich bin allein mit ihr in der Scheune und küsse sie, und sie läßt es zu. Seit mir die Zichydorfer Frau von Mischi erzählt hat, spüre ich, daß in mir etwas vorgeht, was mir bisher fremd war. Alpträume verfolgen mich, aber ich habe auch wunderbare Träume, in denen ich mit Hilda zusammen bin, ganz allein, nur Maritzineni vom Heurechen sieht aus ihrem Loch. Ich bin sehr unruhig und nervös und habe Angstzustände, nicht nur nachts, sondern auch tagsüber und besonders am Morgen. Ich weiß nicht, warum ich so bin, da wir doch jetzt besseres Essen bekommen und es uns ganz gutgeht. Im Zimmer liegt die Aufseherin gegenüber unserem Schlaflager, und Hilda liegt auch hier, neben ihren Kindern, und ich glaube nachts ihren Atem zu hören.

Der Sommer tut seine letzten Atemzüge, jetzt, tief im Herbst. Die Häuser und die Bäume sind wie von einem silbernen Schleier überzogen. Die Sonne scheint matt und brennt nicht mehr. Wie herrlich ist es, hier im Haus neben Karl und Hilda sein zu dürfen! Aber immer, wenn ich besonders glücklich bin, ist mir, als mahne mich Mischi. Es ist, als stünde er, wenn die Nacht hereinbricht, in der Scheune, und auch Jani, dessen Gesicht in Tücher eingewickelt ist, sehe ich hier stehen.

Die schöne Zeit geht zu Ende, und der Altweibersommer ist vorbei. Allerheiligen ist angebrochen, und wir haben keine Kerzen. Die Nächte sind lang und die Tage verschleiert. Tag und Nacht klagen die Wildgänse und Wildenten vom Teich her. Bald wird auch der Totenvogel zu hören sein, der sich auf die kahlen Äste niederläßt und in die dunklen Fenster hereinruft: »Komm mit, komm mit!«, denn es ist die Zeit der Toten.

Karl Gutjahrs letzte Tante ist gestorben. Karl und sein Cousin haben niemanden mehr, ihre Mutter und die beiden Tanten sind tot. Neumann Marieneni, dunkel in Tücher gehüllt, denn es ist ein kalter Novembertag, kommt in unser Zimmer. Sie begrüßt unsere Aufseherin und fragt nach Karl Gutjahr. Er bleibt scheinbar ruhig neben mir sitzen, aber ich sehe, wie sich seine mageren Hände bewegen und eine Hand nach meinem Arm greift, als wolle sie sich an mir festkrallen. Marieneni beugt sich zur Aufseherin und spricht mit ihr, dann dreht sie sich um, und die Aufseherin erhebt sich langsam von ihrem Lager. Die beiden Frauen stehen vor uns, Neumann Marieneni zieht Karl hoch, und die Aufseherin sagt mit weinerlicher Stimme: »Bei Neumann Marieneni wirst du es gut haben. Dort sind alle Kinder, die keine Mutter haben, und dort hast du deine Cousins.« Über Karls Wangen rollen Tränen, ohne daß man ihn weinen hört. Marieneni geht mit Karl auf den Korridor und weiter zum Haustor hinaus. Die Abenddämmerung ist hereingebrochen, und die große breite und die kleine Gestalt verschwinden im Nebel. Vom Teich her hört man das Klagen und Weinen der Wildgänse und anderer Vögel, die in die Nacht hinein rufen.

Die Häuser mit uns Kindern werden aufgelöst, und wer eine Mutter hat, zieht zu ihr. Mein Bruder und ich nehmen die Tuchent und gehen zur Mutter. Dort sind alle Nachbarn von zu Hause beisammen, so wie im kleinen Haus am Teich. Es ist das vorletzte Haus, dahinter steht noch eines, das berüchtigte Spital. Alle sind sie hier: die Müller Liesaneni mit Joschi, die Berghaas Wettineni mit ihrem Buben Hans, die Balata Liesineni mit Robert, die Fisch Lieseneni mit dem Mädchen Kathi und die Kleisingerin mit Peter und Mitzi. Zwei neue Frauen sind noch dazugekommen: Jentner Marieneni mit ihrer fünfzehn Jahre alten Tochter Hilda und den beiden Enkeln. Der Bub ist dreizehn Jahre alt, das Mädchen zehn Jahre. Ihre Mutter ist nach Rußland verschleppt worden. Frau Jentner wohnte zu Hause in unserer Nähe, unweit der kleinen serbischen Kirche. Sie ist eine professionierte Kartenaufschlägerin. Durch unsere Einquartierung sind die beiden Räume des Hauses sehr eng geworden. Aber im Winter ist das angenehm.

Im Haus, das wir verlassen haben, ist Hilda, mit der ich befreundet war, mit ihrer Tante zurückgeblieben. Ich habe nie wieder etwas von ihr gehört.

Es wird kalt, und es gibt keine Strohtristen mehr. Nachts werden die Zäune abgerissen und verheizt. Berghaas Wettineni und unsere Mütter bauen aus Lehm einen Ofen, da der große Ofen nur für viel Brennmaterial geeignet ist. Im kleinen Ofen kann man Holz in geringen Mengen heizen. Unsere Mütter brauchen jetzt nicht mehr so oft arbeiten zu gehen, denn die schwarze Erde ist hart gefroren. Sie können uns nichts mehr mitbringen.

Müller Liesaneni ist Hausaufseherin geworden, da sie gut Serbokroatisch spricht. Sie muß oft zum Kommandanten, wie auch heute. Es ist ein kalter, nieselnder Spätnovembertag, und sie kommt etwas später zurück. Sie weiß immer Neuigkeiten zu erzählen, meistens sind es schlechte, manchmal aber auch gute. Heute kommt sie sehr aufgeregt ins Zimmer und erzählt, daß zwei große Lastautos ins Dorf gekommen und vor dem Kinderheim stehengeblieben sind. Wir laufen dorthin, und ich sehe, wie man die Kinder aus dem Heim auflädt. Sie weinen nicht, sie haben schon lange keine Tränen mehr. Karl Gutjahr kommt zu mir, und ich umarme ihn. Er hat noch Tränen. Karl wird von einem Uniformierten auf den Lastwagen gehoben. Er sieht mich an, ganz groß sind seine Augen, dann senkt er den Kopf, und ich sehe, wie ihm die Hände zittern. Im Korridor steht Neumann Marieneni und weint und klagt laut und schreiend. Die Uniformierten sagen ihr, die Kinder würden dorthin gebracht, wo es ihnen gutgehe. Sie bekämen auch neue Kleider, die sie anziehen müßten, nachdem sie ordentlich gewaschen seien, angeblich sogar mit Seife. Die Kinder mochten Marieneni nicht sehr. Sie schrie viel mit ihnen und wurde »Lautsprecher« genannt. Alle Kinder sind auf den beiden Lastwagen. Karl sehe ich ganz hinten sitzen, um ihn die vier kleinen Cousins. Er sieht zu mir her und hebt seinen Arm. Ich stehe da und kann nichts machen. Neumann Marieneni kommt vom Korridor und stellt sich neben den ersten Lastwagen, um die Kinder zum letzten Mal zu sehen. Viele von ihnen haben diese seltsamen Wunden, von denen Marieneni lange nicht wußte, woher sie kamen. Schließlich ist sie daraufgekommen, daß es die Ratten waren, die die Kinder nachts bissen und annagten. Es ist, als rächten sich die Ratten dafür, daß wir im vergangenen Winter ihre gehortete Nahrung genommen haben.

Der Tag geht zur Neige. Die beiden Lastautos fahren los, und wir sehen das Winken der Kinder nicht mehr, hören nur ihr Weinen. Aber das laute Klagen Neumann Marienenis übertönt alles. Die Nacht hat sich breitgemacht, es ist wieder alles still.

Die Tage sind kalt und feucht. Wir gehen in die Küche, um unsere Ration zu holen, aber sonst bleiben wir im Zimmer. Darin ist nur ein ganz kleiner Platz zum Stehen, der übrige Raum ist zum Schlafen. In der Mitte des Zimmers, am Rand des Schlaflagers, sitzen unsere Mütter. Wir sind dicht zusammengepfercht. Am Eingang neben der Tür befindet sich der neugemauerte Herd, in dem Feuer brennt. Das Brennzeug haben wir nachts aus den Gärten geholt. Die kahlen Äste werden mit Messern von den Bäumen geschnitten, denn eine Säge besitzen wir nicht, und das Sägen würde man auch hören.

Jentner Marieneni schlägt den ganzen Tag Karten auf. Sie sitzt auf ihrem Lager und legt die Karten flach auf die lumpige Decke. Sie besitzt auch ein herrliches Buch, aus dem sie oft vorliest.

Neumann Marieneni wohnt jetzt wieder mit Irenneni zusammen, im Eckhaus am anderen Dorfende neben dem ehemaligen Waisenhaus. Im Zimmer dort bleiben auch sie auf ihrem Schlaflager liegen, weil sie nichts zu heizen haben. Es ist Anfang Dezember, die Erde ist hart und starr.

Müller Liesaneni muß oft zum Kommandanten, und als Aufseherin hat sie auch viel mit den Uniformierten zu tun. Sie weiß mit dem Kommandanten gut umzugehen und bringt es so weit, ihn zu überreden, ins Lager Holz bringen zu lassen. Alle Häuser, in denen kleinere Kinder sind, bekommen eine Holzration. Unsere Mütter müssen das Holz vom Zerneer Bahnhof holen. Das Holz wird in den Hof des Kommandanten gebracht, und die Aufseherinnen müssen es verteilen. Der Lagerkommandant ist immer dabei. Er ist sehr gut zu uns Kindern. Müller Liesaneni meint, daß er selbst auch Kinder habe. Sie darf sich immer etwas mehr Holz zur Seite legen, und wir Buben tragen es in unser Haus, aber erst abends, wenn uns niemand sieht. Müller Liesaneni ist eine sehr resolute, schöne Frau mit dunklem Haar, das abgeschnitten ist. Wenn es nicht kalt ist, trägt sie kein Kopftuch und läßt das Haar offen im Wind wehen. Ich habe bemerkt, daß sie sogar einen Spiegel besitzt, den sie im Strohlager versteckt hält. Ich sehe, wie sie Joschi, ihrem Buben, heimlich Essen zusteckt, das sie vom Kommandanten bringt.

Ich sehe die Kinder vor dem Tor des Kommandanten stehen und auf die Holzration warten. Es ist grimmig kalt, und sie zittern vor Kälte. Bis das Holz im Hof verteilt ist, dauert es oft lange. Es kommt auch vor, daß die letzten nichts bekommen, und sie weinen, wenn sie leer heimgehen, wenn sie der kranken Großmutter das Bündel Holz nicht auf das Strohlager legen können. Es ist Nacht, und es wird starken Frost geben. In der Dunkelheit des Zimmers erzählt Jentner Marieneni herrliche Geschichten, die sie tagsüber in ihrem Buch liest. Das Buch hebt sie sorgfältig unter dem Säckchen auf, das ihr als Kissen dient. Tagsüber liest sie uns gerne daraus vor, abends erzählt sie, so wie auch heute. Ganz still ist es dabei. Die Stille wird durch schwere Schritte unterbrochen. Unsere Tür wird aufgemacht, eine Lampe leuchtet mir ins Gesicht, es wird serbisch gesprochen. Müller Liesaneni stellt sich schützend vor uns und spricht mit zwei Uniformierten, einem Mann und einer Frau. Fisch Lieseneni, unsere Mutter und ich, Balata Robert und Kleisinger Joschi müssen mit ihnen gehen. Müller Liesaneni meint, wir sollten keine Angst haben, es gehe um eine Razzia in einem anderen Haus.

Die uniformierte Frau geht vorne mit der Taschenlampe, der Mann hinten. Wir werden bis ans Dorfende geführt, zu dem einsamen Haus, in dem sich das berüchtigte Spital befindet. Mutter hält mich krampfhaft an der Hand. Die uniformierte Frau öffnet die Haustür und leuchtet in einen Raum hinein. Eine Frau steht im leeren Zimmer. Darin befindet sich nur eine Holzpritsche, aber wie kostbar, eine richtige Holzpritsche! Der Frau wird mit der Lampe ins Gesicht geleuchtet. Sie steht ganz allein neben der Pritsche und sieht starr in das Licht hinein, ohne sich zu bewegen. Vom Nebenraum hört man stöhnen. Es fällt mir ein, daß wir uns ja in dem Haus befinden, das jeder hier im Lager meidet. Hierher werden die Sterbenden getragen und die, welche aggressiv werden, und solche, die den Verstand verlieren oder die Ruhr und andere ansteckende Krankheiten haben. Es ist das Haus der Toten und der Irrsinnigen.

Es ist Nacht, und die Frau steht allein mitten im Raum. Die Uniformierte leuchtet ihr mit der Lampe ins Gesicht und beginnt sie anzuschreien, sie solle ihre Beute auf den Boden legen. Die Frau bückt sich und holt unter der Pritsche Gewänder hervor. Mäntel, Kleider, einige Bücher, ein goldverziertes Gebetbuch, schwarze Umhangtücher, Kopftücher, Kinderkleidung und falsche Zähne legt sie in der Mitte des Raumes auf den Boden. Die Lampe der Uniformierten beleuchtet die Gegenstände. Von nebenan kommt Stöhnen und Klagen, Litaneibeten und schrilles Lachen, und hier ist die Frau, allein unter den Sterbenden und Wahnsinnigen. Sie bleibt kauernd und gekrümmt auf dem Boden neben den zusammengelegten Sachen. Die Uniformierte schreit weiter, ob ihr denn nicht klargemacht und befohlen worden sei, die Sachen der Toten abzuliefern. Die Lumpen habe sie abgeliefert, aber die kostbaren Sachen behalten, sogar Gold! Die Frau deutet auf die Goldplomben am falschen Gebiß.

Die Uniformierten bedeuten uns, daß wir die Sachen tragen sollten. Wir bücken uns und nehmen die Gewänder in den Arm. Von nebenan tönen unheimliche Laute. Die Frau wird vorwärtsgestoßen und muß als erste gehen. Die Uniformierte beleuchtet sie von hinten, und wir folgen diesem Licht. Hinter uns geht der Uniformierte. Ich trage die Bücher, die ich gerne haben möchte. Ich brauchte sie nur wegzuwerfen und morgen zu holen. Aber der Uniformierte ist hinter mir. Wir werden bis zur Kommandantur getrieben, in einen großen Raum geführt, und dort legen wir die Sachen auf einen großen Tisch. Der Kommandant steht riesig mitten im Raum. Die Frau wird vor ihn gebracht, und ich warte darauf, daß man sie schlägt. Aber der Kommandant schimpft nur, ob sie denn auch schon verrückt geworden sei: Kinder würden frieren, und sie halte Kleider in ihrem Zimmer versteckt. Die Frau gibt keine Antwort. Endlich sagt sie, sie habe die Sachen von den Kranken geschenkt bekommen. Die Uniformierte versetzt ihr einen Stoß, leuchtet ihr ins Gesicht und schreit: »Schweinerei! Die Sachen gehören nicht den verreckten Schwabas, sondern der Kommandantur!« Der Kommandant befiehlt der Uniformierten, ruhig zu sein. Er bedeutet der Frau, die bereits ziemlich alt ist, sie solle sich setzen, und die Uniformierte gibt uns etwas beschämt zu verstehen, wir sollten doch endlich verschwinden und nicht glotzen wie Maulesel.

Wir eilen in die Finsternis hinaus, und ich bin glücklich, daß uns nichts geschehen ist. Wir tappen in der Dunkelheit bis zu unserem Zimmer, und ich denke noch auf meinem Lager darüber nach, was mit der Frau geschehen wird, ob man sie blutig schlagen, was ja normal wäre, oder erschießen wird, und ich sehe noch immer den Kommandanten vor mir, der ihr einen Stuhl zuweist, aber nicht schreit, sondern ruhig mit ihr spricht. So nahe habe ich ihn noch nie gesehen.

9

Das Totenhaus

Es ist die Zeit des Advent. Im ganzen Lager hat es sich herumgesprochen, daß in unserem Haus eine Kartenlegerin ist. Alte Mütter kommen, um zu erfahren, ob die Tochter in Rußland oder die Schwester in Rudolfsgnad noch leben oder was für ein Schicksal uns noch bevorsteht. So sitzt Jentner Marieneni auf ihrem Schlaflager und legt Karten. Täglich kommen Frauen zu ihr. Sie müssen nur mit einem kleinen Stück Maisbrot bezahlen, das sie sich vom Mund absparen. Nicht alle glauben an das Kartenlegen. Man solle doch nicht so dumm sein und das bißchen Brot zu der Alten tragen, meinen sie. Aber immer wieder kommen sie, unsere Großmütter. Jentner Marieneni kommt gar nicht dazu, uns aus dem Buch vorzulesen. Bis in die Nacht hinein geht es um Tod, Glück, Unglück, Reise, junge Frau, Witwer, Witwe, Falschheit und anderes mehr.

Jetzt am Abend wird wieder alles still. Wir warten auf Müller Liesaneni, denn sie hat immer Neuigkeiten zu berichten. Aber wenn sie kommt, ist es oft sehr spät. Heute sagt sie, sie habe wieder etwas zu vermelden. Für das Spital am Dorfende brauche man eine Frau, die Kranke betreuen könne. Vorgestern hatten wir ja das Spital besucht und mußten mit der Pflegerin in die Kommandantur gehen. Die Pflegerin sei nicht mehr zurückgekommen. Der Kommandant habe sie beauftragt, eine neue zu bestimmen, sagt Müller Liesaneni. Jentner Marieneni meint, wenn sie jünger wäre, würde sie gehen. Fisch Lieseneni sagt, sie würde das nicht durchhalten, dafür müsse man schon starke Nerven haben und einen guten Magen. »Stellt euch vor, die Ruhr! Aber einmal ordentlich anessen...« meint die Kleisingerin. Balata Liesineni sagt zuerst nichts. Dann erklärt sie, ohne zu zögern, sie werde es tun. Jentner Marieneni fragt erstaunt: »Du? Weißt du auch, was du da übernimmst?« »Ja, ich weiß es«, sagt Balata Liesineni, »aber ich kann es nicht mehr mit ansehen, wie mein Bub von Tag zu Tag weniger wird. Abends sieht er gar nichts mehr, und er ist schon so matt. Ich gehe wegen meines Kindes.«

Jentner Marieneni sagt, uns allen fehle die Nahrung. »Wir sehen alle schlecht, die Augen sind krank, und Skorbut haben wir auch. Wir haben kein Vitamin A und kein Vitamin C. Es sind schon zwei Jahre, daß wir so leben, begreift ihr, schon zwei Jahre! Aber bald werden wir erlöst sein, die Karten sagen es. Sie lügen nicht, lügen nicht, wie nur Menschen es können. Es kommt die dritte Weihnacht und der Friede auf Erden. Wer weiß schon von uns? Wer will von uns etwas wissen? Wer?« Jentner Marieneni schreit: »He, haben wir etwas gesagt, als man unsere Juden geholt, aus den Häusern getrieben, in die Kasernen gesperrt und dort geschlagen hat? Wir sind vor dem Gitterzaun gestanden und haben neugierig zugeschaut. Wie diese Menschen geschlagen worden sind! Wir sind auch noch ruhig geblieben, als man sie fortgeschleppt und vernichtet hat. Wir sind heimgegangen und haben gar nichts dabei gefunden, haben gegessen und uns in die weichen Betten gelegt. Jetzt wollen wir diejenigen verurteilen, die dasselbe mit uns tun? Was gehen die die Schwaben an? Und wir? Denken wir an die Sterbenden hinten im Haus, das man so großartig Spital nennt? Nein, immer denken wir nur an uns und daß wir unsere Mäuler voll bekommen. Wir haben den Ratten die Nahrung genommen, jetzt nagen sie uns nachts die Kinder an! Sie rächen sich auch. Und wehe, wenn uns die hungrigen Wölfe begegnen!«

Balata Liesineni weint und packt ihre Habseligkeiten. Jentner Marieneni sagt noch: »Die Karten lügen nicht, sie sind die Wahrheit, nichts anderes, nur die Karten!« Ich verstehe nicht alles, was sie daherredet, und unsere Mütter schauen sich an, als wollten sie sagen, die sei auch schon verrückt. Alle im Zimmer sind aufgebracht und weinen, unsere Mütter, nur Jentner Marieneni nicht und auch nicht Müller Liesaneni und wir Kinder.

Balata Liesineni und Robert haben gepackt, und Müller Liesaneni, Jentner Hilda, Müller Joschi und ich gehen mit ihr in die Nacht hinaus, bis wir das unheimliche Haus erreicht haben. Balata Liesineni legt im ersten Raum ihre Habseligkeiten auf die Pritsche. Dann öffnet sie die Tür, und wir bleiben hinter ihr stehen. In das Innere des Zimmers sieht man nicht gut. Aber der Schnee leuchtet durch die Fenster und gibt ein wenig Licht. Man sieht Schatten auf dem Fußboden liegen, hört klagen und stöhnen und laut beten.

Jeden Tag gehe ich zu Balata Liesineni und Robert. Ich bin viel mit ihm zusammen und sehe, wie seine Mutter im Zimmer bei den Kranken ist, die nicht mehr wie Menschen aussehen, aber doch welche sein müssen, denn sie sprechen noch und klagen, und sie lachen auch. Ihre Köpfe sehen wie Totenköpfe aus. Aber nicht alle können noch sprechen, sie greifen mit den Händen in der Luft herum, können nicht mehr aufste-

hen. Balata Liesineni füttert sie, beruhigt sie und deckt sie zu, wenn sie um sich schlagen.

Wir stellen wieder Büchsen auf, um Krähen zu fangen, und legen Brotkrumen darunter, denn Weizen, wie im vergangenen Winter, gibt es nicht mehr. Auch heuer haben wir kein Glück. Alles ist mit Schnee bedeckt.

Mit einem großen Eimer holen Robert und ich das Essen und Brot aus der Küche. Wir sehen, wie die Kranken und Verrückten essen und wie Balata Liesineni sie füttert. Eine alte Frau spricht Roberts Mutter als ihre Tochter an, und Balata Liesineni tut, als wäre sie es. Eine bittet, man solle den Priester rufen, sie müsse beichten und wolle die Letzte Ölung haben. Liesineni faltet ihr die Hände und betet mit ihr, bis sie ganz ruhig ist. Eine andere Mutter ruft: »Ich wußte, daß ihr kommt! Mein Gott, wie groß ihr schon seid, beide seid ihr gewachsen!« Sie sagt zu der Frau, die neben ihr liegt: »Schauen Sie nur, es sind meine beiden Enkel! Ich wußte, daß sie kommen.« Und Liesineni deutet uns, wir sollten uns zu ihr niederbeugen und sie küssen. Aber es ekelt mich davor, denn die Frau ist nicht nur schwer krank, sondern sie scheint mir auch verrückt. Wir sind doch nicht ihre Enkel. Und wieder ruft die alte Frau Liesineni zu: »Schauen Sie, sie sind gekommen, meine Täubchen!« »Ja«, sagt Liesineni, »ich habe sie hereingelassen, sie haben Sie schon gesucht.« Wie sehr strahlen die Augen der alten Frau, und ihre grünweiße Hand greift nach uns, und Liesineni sagt, wir sollten alles geschehen lassen, denn es werde gleich vorbei sein. Schrecklich sterben diejenigen, die bei vollem Bewußtsein sind und nach ihren Angehörigen rufen. Aber Liesineni ist bei ihnen und betet mit ihnen.

Den Toten wird dann nur das Gesicht mit Lumpen verdeckt, und Männer, alte Großväter, kommen die Leichen holen. Es werden immer neue Menschen gebracht, die hier sterben sollen. Eine Frau, die auf dem Boden kauert und nicht mehr aufstehen kann, fragt Liesineni, was heute für ein Tag sei. »Heute ist der Heilige Abend.« Die Frau weint und sagt leise, was für ein Glück sie habe, daß heute der Engel erscheinen werde, um sie zu holen.

Der Himmel ist klar, und es ist eine wunderbare Nacht. Still und starr ist alles, auch der Teich, der unweit von unserem Haus liegt. Es ist alles ruhig, nur die Schritte des Uniformierten sind zu hören, verklingen aber bald. Liesineni hat uns in der kleinen Küche, wo die Pritsche steht, ein Nachtmahl bereitet. Sie hat ein kleines Hölzchen brennen, das unsere Schatten an die Mauer wirft. Vom großen Raum nebenan ist das Stöhnen zu hören.

Nach dem Essen gehe ich zu unserem Haus zurück, und Robert begleitet mich ein Stückchen. Ich höre seine schnellen Schritte beim Zurücklaufen im Schnee knirschen. Ich schaue in der hellen Nacht auf die weiten Felder, ob ich nicht doch die Hirten sehe oder gar den Engel. Aber der könnte auch hier im Dorf sein. Ich würde nicht erschrecken, ihm zu begegnen.

Das Fenster unseres Hauses ist beleuchtet. Was ist das? Wieso ist es hell im Raum? Ich laufe und kann dabei meinen Atem sehen. Ein Licht in unserem Zimmer, ein wirkliches Licht! In der Mitte des Raumes sitzt Jentner Marieneni und hält das kostbare Buch in der Hand. Sie liest, und um sie herum sitzen alle Kinder und hinter ihnen unsere Mütter. Neben Marieneni steht eine brennende Kerze, und meine Mutter gibt mir mit dem Zeigefinger auf dem Mund ein Zeichen. Ich bin ganz leise und setze mich zu den anderen.

Im Haus nebenan ist ein Mädchen gestorben. Es ist tiefer Winter, und der Sturm treibt den Schnee, sodaß es Verwehungen gibt. Alle sind wir im Zimmer, und wir Kinder sehen vom Fenster aus dem Schneetreiben zu. Aber wir müssen zur Küche, um die Suppe zu holen. Kleisinger Peter und ich gehen, denn eigentlich gefällt uns dieses Schneetreiben. Wir laufen durch die Wächten und werfen Schneebälle. Da fällt vor uns etwas Grauschwarzes auf den Boden. Wir trauen unseren Augen nicht: Es ist eine Wildente, die mit ihren Flügeln wild um sich schlägt. Wir packen sie und laufen, vorerst ohne Suppe, nach Hause. Alle starren uns sprachlos an, schauen zuerst auf die Ente, dann auf uns. Und die Ente wird auf dem Herd gekocht und verteilt. Die Suppe von der Ente wird mit der aus der Lagerküche vermengt und mit einem Stückchen Maisbrot gegessen, dann verzehren wir das Fleisch.

Abends sitzen wir auf dem Lager und warten, bis es Nacht wird. Dann legen wir uns nieder. Jentner Marieneni ist krank und bleibt auf ihrem Lager liegen. Die Frauen, die sich Karten legen lassen wollten, werden fortgeschickt, und es wird auch nicht gelesen. Müller Liesaneni wird zur Lagerleiterin des Sprengels befördert. Ihr Joschi ißt oft etwas und dreht sich dabei zur Wand, damit es niemand bemerkt. Wir wissen aber, daß seine Mutter oft etwas mitbringt und es im Stroh ihres Schlaflagers versteckt.

Liesaneni muß spät am Abend zur Kommandantur, ein Uniformierter hat sie geholt. Nach etwa einer Stunde kommt sie zurück und sagt, einige Frauen sollten mit ihr gehen, da jetzt in der Nacht ein Transport mit Kikindarern komme. Man müsse helfen, die Leute am anderen Ende des Dorfes unterzubringen. »Mein Gott, jetzt in der Nacht und mitten im

Winter?« fragen unsere Mütter erstaunt. Mutter, Fisch Lieseneni und Berghaas Wettineni gehen mit Liesaneni. Es ist Lärm auf der Straße: Die Kikindarer werden vorbeigetrieben. Alle im Zimmer sind bleich wie Wachs und schauen zum Fenster hinaus, nur Jentner Marieneni bleibt liegen und klagt: »Mein Gott, jetzt im Jänner, in dieser eiskalten, stürmischen Nacht!« Hilda geht auf die Straße, um zu helfen. Gegen Morgen kommen unsere Mütter zurück. Sie sind sehr erschöpft, und Liesaneni bemerkt, es seien auch sechzehn bis achtzehn Jahre alte Burschen unter den Neuangekommenen, wobei sie Hilda schmunzelnd ansieht. Liesaneni meint, daß wir von Glück reden könnten, nicht mehr den Lagerkommandanten vom vorigen Winter zu haben, denn unter ihm würden wir alle krepieren. Der jetzige sei ein Mensch, und wir könnten Gott danken, daß er ihn uns gesandt habe. Er sei gut und menschlich. »Ihr könnt euch nicht vorstellen, wie er sich bemüht, mehr Lebensmittel zu bekommen«, sagt sie, »er fährt deswegen bis Belgrad, um zu intervenieren. Er versucht das Menschenmögliche. Ich sage euch, er ist ein großartiger Mensch. Ihm geht es besonders um die Kinder. Wir können nur Gott bitten, daß er bleibt.«

Der Winter ist so, wie er in dieser pannonischen Tiefebene eben ist: eine weite, weiße Fläche, soweit das Auge reicht. Schwarze Vögel ziehen schreiend über das Land. Die Gärten sind lichter geworden, die Bäume fehlen. Es ist jetzt streng verboten, Holz von den noch stehenden Bäumen zu holen. Die Tage sind fast alle gleich. Manchmal müssen unsere Mütter nach Zerne, um auf dem Bahnhof Fracht auszuladen. Trotz des schlechten Weges und der Kälte gehen sie gerne, um bei dieser Arbeit vielleicht etwas für die Kinder zu finden.

Ich verbringe die Tage bei den Balatas im Totenhaus draußen am Ende des Dorfes, wo die Schneestürme besonders wüten. Im Totenhaus und bei uns ist eingeheizt, denn Liesaneni bekommt für uns und für das Spital mehr Holz als andere. Wir Buben tragen es von der Kommandantur heim. Wir müssen auch um das Essen fürs Totenhaus gehen. Aber abends gehe ich zur Mutter zurück und lege mich auf mein Strohlager.

Jentner Marieneni ist wieder gesund, und es ist viel Leben im Zimmer, da sie wieder Karten aufschlägt. Sie sagt, die Karten zeigten, daß wir bald weggebracht würden, weit weg. Wir würden eine große Reise machen. Zwei furchtbare Jahre hätten wir hinter uns, aber bald würden wir die schlimme Zeit überstanden haben. »Bald wird es Frühling, und wir werden zu unseren Vorfahren nach Hause fahren, aber nicht nach Werschetz, denn das ist nicht mehr unser Zuhause. Nach Deutschland müssen wir, dorthin, wo alle unsere Sprache sprechen. Stellt euch vor, sogar die Behörden und die Uniformierten sprechen dort unsere Sprache!« »Und wenn wir nicht gestorben sind, so leben wir noch heute«, sagt Berghaas Wettineni. Marieneni sieht Wettineni böse an: »Aber die Karten zeigen es, und sie lügen nicht! Laß uns doch diese eine Hoffnung, eine andere haben wir nicht! Ich beschwöre sie, die Karten, und sie sagen, daß es bald soweit ist.« Alle unsere Mütter glauben an Jentner Marieneni und ihre Karten, wenn auch darin der Tod mit seiner Sense immer wieder auftaucht. Marieneni sagt, sie werde es noch einheizen, dieses Luder von Karte.

Ich kann mir nicht vorstellen, daß es ein Land geben soll, in dem unsere Sprache öffentlich gesprochen werden darf. Aber Jentner Marieneni spricht immer vom deutschen Land und daß es auch in den Karten zu sehen sei.

Wir haben den schrecklichen Winter überstanden, und das Gras beginnt zu wachsen. Bald werden wir wieder Gras zu essen haben. Der Schnee ist geschmolzen, und im Vorraum des Hauses singt Jentner Hilda. Es kommen Uniformierte, und sie besprechen mit Müller Liesaneni, daß die ersten Häuser hier am Eingang des Dorfes geräumt werden müßten. Ihre Insassen sollten sich in die übrigen Häuser aufteilen.

10
Abschied von Molidorf

Und wieder müssen wir übersiedeln, unser Haus räumen. Liesaneni meint, es würde sehr schwer werden, die Leute von den vier Häusern hier am Ausgang des Dorfes irgendwo im Ortsinneren unterzubringen. Mutter läuft zu Irenneni und Neumann Marieneni. Nach einer Stunde kommt sie zurück und sagt, daß sie bereits Platz bei ihnen gefunden habe. Wir tragen also unsere Habseligkeiten ins Haus gegenüber der Lagerküche, unweit von dort, wo man Jani und Henry erschossen hat. Ich fürchte mich, den Platz zu betreten, wo Jani auf dem Boden gelegen ist, mitten auf der Straße. Es wird nicht mehr lange dauern, bis es ein Jahr her ist, jenes Ereignis, das ich nie vergessen werde.

Jentner Marieneni und Hilda sowie die beiden Enkel haben wir im alten Haus zurückgelassen. Sie warten im Korridor, bis Müller Liesaneni ihnen Anweisungen gibt, wohin sie gehen sollen. Irenneni und Marieneni haben uns Platz gemacht. Irenneni meint, es sei gut, daß wir wieder beisammen seien, so wie im vorigen Winter, der das Schrecklichste war, was Menschen ertragen können. Die Starks wohnen auch hier, im zweiten Haus, und auch die Seemayer Anna und ihre Schwester mit dem Buben. Unser Haus hat zwei Zimmer und eine kleine Küche. Im kleineren Zimmer liegen auf der linken Seite Irenneni und ihre beiden Kinder, das bucklige Mädchen und der allzu lang geratene Knabe. Wir haben neben ihnen Platz bekommen. So liegen wir zu sechst auf der linken Seite. Auf der rechten Seite liegen auch sechs Personen: eine ältere Frau mit ihrer Tochter Melitta, die mich sehr an Helen erinnert. Die beiden stammen aus Mokrin, nördlich von Kikinda. Melitta ist achtzehn Jahre alt. Daneben liegen zwei siebzehnjährige Mädchen, Kathi und Hilda, anschließend Neumann Marieneni mit ihrem Buben Joschi. Marieneni liegt am Eingang ins Zimmer, knapp neben der Tür, so wie sie es auch im Waisenhaus tat.

Melitta muß mit den beiden anderen Mädchen zur Feldarbeit, so wie unsere Mütter auch. Ihre Mutter, die meist krank auf dem Lager liegt, erzählt meiner Mutter, daß Melitta noch ein schönes Kleid habe, das man ihr nicht weggenommen hat. Sie holt das Kleid aus dem Sack, den sie auf ihrem Lager als Kopfkissen verwendet, und sagt, Melitta werde es anziehen, wenn wir befreit seien, aber sie sehe es nicht gerne, wenn sie das Kleid herzeige. Sie fürchte, man könne sie verraten, und dann würde es ihr weggenommen. »Sie war noch keine fünfzehn, als sie es bekommen hat, und es wäre ihr jetzt zu eng«, sagt Melittas Mutter, »aber ich habe es weiter gemacht, und sie könnte es tragen. Sie wird es tragen, sobald wir befreit sind.«

Kathi hat keine Eltern mehr, ihre Mutter ist im Lager gestorben, ihr Vater ist gefallen. Wäre sie noch jünger, hätte man sie auch mit dem Lastwagen weggeholt wie die anderen Kinder, aber sie war bereits sechzehn, als der Transport durchgeführt wurde. Hilda hat noch eine Mutter, sie ist im Frauenarbeitslager St. Georg.

Die Tage sind jetzt schon ziemlich lang, und Irenneni erzählt am Abend wieder ihre Geschichten. Wir liegen auf unserem Lager. Melitta und Kathi sind auch schon hier, nur Hilda nicht. Irenneni fürchtet, daß ihr etwas zugestoßen sein könnte. Die Mädchen kommen oft erst spät nach Hause, weil sie die Uniformierten angeblich erst nach Hause lassen, wenn es dunkel ist. Oft weinen sie, wenn sie dann kommen, und es wird leise gesprochen, damit wir Kinder es nicht hören.

Irenneni erzählt uns wieder und länger als sonst. Da kommt das Mädchen, lacht und ist fröhlich und sagt, daß Frauen aus dem Lager St. Georg hierher gebracht würden. Es könne sein, daß auch ihre Mutter dabei sei, ein Uniformierter habe es ihr gesagt. »Jetzt in der Nacht?« fragt Irenneni. Hilda gibt keine Antwort.

Ich gehe zur Küche und frage die Köchinnen, ob ich wieder Wasser tragen darf. Eine von ihnen fragt mich, wo denn der andere Bub sei. »Ihr wart ja immer unzertrennlich.« »Er ist im November mit dem Lastwagen fortgebracht worden«, sage ich leise. Ich muß allein mit zwei Eimern gehen und jedesmal dorthin, wo ich vergangenes Jahr mit Karl zum Brunnen ging, unmittelbar an dem Haus vorbei, wo Jani erschossen worden ist. Wenn ich allein bin, weine ich dann. Andere Buben in meinem Alter arbeiten auch für die Küche, tragen ebenfalls Wasser herbei, und ich muß mit ihnen zusammen Holz schneiden. Die Mädchen in meinem Alter müssen in der Küche helfen. Die Frauen in der Küche wollen immer wieder unsere Mädchen singen hören, weil das die Werschetzer Mädchen besonders gut können. Wir stellen unsere Eimer ab, die Köchinnen hören zu heizen auf, und die Mädchen singen: »Dort draußen am Friedhof, dort steht ein Kreuz ...« Alles hört zu, und die Köchinnen wischen sich die Tränen mit ihrer fleckigen Schürze ab.

Ich bin vierzehn Jahre alt und muß nun mit den anderen gleichaltrigen Buben täglich zur Arbeit gehen. Alfred, Hansi, Irene und Joschi sind tagsüber mit der Mutter Melittas allein im Haus. Ich werde mit den anderen Buben auf einen Salasch getrieben. Wir dürfen den Weg nicht verlassen, die Uniformierten steigen im Gras herum und treiben uns dahin, wo von weitem die Bäume, die tiefgrün leuchten, und ein weißes Haus sichtbar werden. Wir müssen harken bis zum Abend, erst wenn die Sonne untergegangen ist, dürfen wir ins Lager zurück. Ich habe mir ein Säckchen bereitet, das ich während des Harkens mit herrlichem Gras und Sauerampfer fülle. Es ist der dritte Tag, daß ich auf den Feldern arbeite, und ich bin sehr müde. Ich fürchte zusammenzubrechen. Ich sehe, wie sich die jungen Pflanzen bewegen und verdoppeln. Ich sehe auch den Uniformierten neben mir stehen, sehe seine großen Hände, sein Gesicht und sein Gewehr. Dann liege ich auf dem Erdboden und sehe seine mächtige Gestalt über mir. Ich bin zusammengebrochen und ohnmächtig geworden. Der Uniformierte sagt zu mir, ich solle morgen zu Hause bleiben und mich nicht mehr auf dem Feld blicken lassen.

Ich bleibe einige Tage auf meinem Strohlager liegen. Tagsüber bin ich mit Melittas Mutter, die nicht viel redet, allein im Zimmer, abends kommt die Mutter und bringt herrliches frisches Gras mit. Die Buben, die für die Küche Wasser tragen, besuchen mich. Sie bringen mir Suppe, die ihnen die Köchinnen für mich mitgegeben haben. Die Köchin läßt mir ausrichten, ich dürfe wieder Wasser tragen, sobald ich gesund sei.

Ich treffe wieder die alten Bekannten, Mayer Jani trägt das Wasser mit mir, und auch zwei Mädchen. Wir gehen wieder zum Brunnen ans Dorfende. Ich muß mich sehr bemühen, durchzuhalten, denn die Eimer sind schwer. Ich darf nicht schlappmachen, rede ich mir ein, denn wenn ich in der Küche meine Pflicht nicht erfüllen kann, muß ich sicherlich wieder auf die Felder. Dort werde ich vom Morgen bis zum Abend angetrieben. Ich muß die Last bewältigen. Am Abend trage ich die Suppe nach Hause, und oft bekomme ich eine ganze Kanne voll, die dann im Zimmer aufgeteilt wird. Erschöpft lege ich mich nach dem Essen zu Mutter und Bruder. Meine Knochen schmerzen, und durch die starke Müdigkeit werde ich nachts häufig wach. Eines Nachts höre ich ein Geräusch und sehe im Mondlicht, das durchs Fenster hereinkommt, wie Kathi an der Zimmerwand herumsucht und dann hinausgeht. Nach einiger Zeit kommt sie wieder ins Zimmer.

Wie schnell die Nacht vergeht, und ich muß wieder die schweren Eimer tragen. Ich mag Mayer Jani gerne, aber er kann Gutjahr Karl nicht ersetzen. Abends, wenn die Leute um das Nachtmahl angestellt

sind und auf das Essen warten, sehe ich öfter die Hausfrau aus Zichydorf. Dann nehme ich ihre Eßkanne und gehe damit zur Köchin, die mir
die Suppe für sie gibt. Jedesmal, wenn ich sie sehe, muß ich an Mischi
denken, an seine Mutter und an Helen und Wastl, an die Futterkammer,
an die Ziege und an Mariebas, die in der Nähe des Friedhofs wohnte.

Nach dem Nachtmahl, ehe es ganz dunkel wird, holen wir das Wasser
vom Brunnen am Dorfende, und da stehen der Posten und die Hütte, von
wo man weit draußen in die Ebene eine Herde Kühe sieht. Wir hören das
Muhen der Kühe, und am Horizont, wo sie verschwinden, verschwindet
auch die rote Kugel der Sonne, und über der Weite macht sich ein vio-
letter Schein bemerkbar. Bis in die Nacht hinein hören wir das Muhen
der Kühe und vom Teich her die Frösche und Vögel. Die Nächte sind
hell, und der betörende Duft der Akazien zieht durch das ganze Lager.
Weiß leuchten sie in der Nacht, wenn der Mond hinter den Dächern hervorkommt. Wir haben bereits das Wasser für die Frühstückssuppe getragen, und die beiden Mädchen lachen am Brunnen. Es ist Mai, und sie
tragen die Eimer durch die Gärten. Der Mond bescheint sie, und die
Bäume werfen Schatten, dort, wo ich vor einem Jahr geflüchtet bin, als
man Jani tötete und sein Gesicht zerstörte.

Wir steigen auf die Akazienbäume und pflücken die süß duftenden
Blüten. Auch wenn sie noch nicht alle aufgeblüht sind, werden sie gepflückt und gegessen. Hilda sagt zu Irenneni, daß von dem Abendbrot,
das sie für morgen aufgespart hat, nur noch ein kleines Stück vorhanden sei. Marieneni rät Hilda, sie solle weiter Brot aufheben, dann werde man den Dieb schon erwischen.

Alle gehen wir zu Bett. Es wird nicht viel gesprochen, denn das Stückchen Brot hat alle zum Schweigen gebracht. Plötzlich höre ich Marieneni
schreien: »Du bist also das Schwein!« Ich bin wie die anderen aufgewacht
und sehe, wie Kathi in der Dunkelheit fluchtartig das Zimmer verläßt.
Hilda weint. Sie kann es nicht glauben, daß ihr die beste Freundin das
Brot genommen hat. Es wird wieder ruhig. Nach längerer Zeit erst geht
die Tür auf, und Kathi legt sich neben ihre Freundin, der sie das Brot gestohlen hat.

In der Früh stehen wir alle auf. Unsere Mütter müssen zur Arbeit aufs
Feld, und ich muß Wasser tragen. Sonst wird immer geredet, heute ist
alles still. Hilda spricht nicht mit Kathi, auch unsere Mütter schweigen.
Es ist aber, als sei nichts geschehen. Stumm gehen alle ihren Weg

Am kommenden Tag findet Hilda ein unangeschnittenes Brot, das
neben ihrem im Futtersack liegt. Sie reicht das Brot Kathi und sagt:
»Nimm, Kathi!« Kathi bricht in heftiges Schluchzen aus, und dann ge-

hen die Mädchen und unsere Mütter fort zur Arbeit. Ich gehe zur
Küche, Jani wartet bereits auf mich. Die Eimer sind leer, und die leeren
Kessel sind zu füllen. Von der Küche nehme ich Holzkohle aus der
Asche, mit der zeichne ich auf dem Brunnenrand. Am Abend kommen
Melitta, Hilda und andere Mädchen, beugen sich über den Laufbrunnen, waschen sich das Gesicht und trinken. Auf den Feldern gibt es
nicht viel Wasser, nur einen Brunnen auf dem Salasch. Die Mädchen
waschen sich auch die Beine und lassen das Wasser aus dem Eimer über
ihre Füße rinnen. Hilda trinkt heute abend ganz schnell und läuft weiter. Ihre Mutter sei gekommen, sie sei bei der Kirche, mitten im Dorf
stünden die Mütter, die aus St. Georg gekommen seien. Sie läuft vom
Brunnen durch die Gärten und ruft in den Abend hinein: »Meine
Mutter ist gekommen, meine Mutter ist gekommen!«

Wir kommen heim, unsere Mütter sitzen auf ihrem Lager, und es wird
Nachtmahl gegessen. Kathi sitzt auch auf ihrem Lager, blaß und mit
starrem Gesicht. Hilda kommt spät, und sie weint, aber es sind
Freudentränen. »Meine Mutter ist gekommen, sie ist wirklich hier!«
ruft sie Kathi freudig zu. »Komm , Kathi, Mutter will dich sehen. Sie
will meine beste Freundin kennenlernen. Komm, zieh dich an! Sie hat
einen großen Laib Brot mit und ein herrliches Kleid! Ich habe es schon
probiert!« Sie zieht Kathi vom Lager und hilft ihr beim Anziehen. Kathi
läßt alles mit sich geschehen. Die Mädchen laufen aus dem Zimmer, eine Weile hören wir sie noch laufen, dann ist es wieder still.

Die Bäume sind verblüht, es gibt keine Gartenwächter mehr. Die
Früchte schlüpfen aus der Blüte und werden gegessen, ehe sie größer sind
als ein Fingerhut. Die Gärten sind verwildert, die Zäune wurden im
Winter verheizt.

Wieder ist es Morgen. Wir gehen zur Küche, um unsere Arbeit aufzu-
nehmen. Die Eimer stehen bereit. Aber die Köchinnen sagen, wir sollten heimgehen, heute werde nichts gekocht. Auch unsere Mütter sind
wieder heimgeschickt worden. Sie müssen heute nicht mehr zur Arbeit.
Irenneni sagt, es liege etwas in der Luft. »Es wird etwas geschehen! Kein
Mensch muß heute aufs Feld, es wird keine Suppe gekocht, es wird nur
Brot verteilt.« Uniformierte gehen durch die Gassen des Lagers. Auch
eine uniformierte Frau ist zu sehen. Melitta kommt gelaufen und sagt,
sie habe erfahren, daß wir alle fortkämen, wir sollten packen. Sie hilft
ihrer kranken Mutter, die nicht gut gehen kann, und fragt, wie es ihr gehe. »Sehr gut«, meint die Mutter. »Wenn wir aus diesem Dreckloch herauskommen, werde ich wieder ganz gesund. Es geht mir gut, mein Kind,
ich habe keine Schmerzen.« Die Aufseherinnen kommen und rufen in

die Häuser hinein, daß alle auf den Kirchplatz müßten. Uniformierte gehen von Haus zu Haus. Wir beeilen uns, denn sie werden bald in unser Haus kommen.

Hilda nimmt ihre Habseligkeiten und eilt mit Kathi davon. »Wir gehen zur Mutter«, sagt sie noch und verabschiedet sich. Marieneni, die auch kranke Beine hat, packt nervös ihre Sachen und schimpft mit ihrem Buben: »Du Mistbub, hilf mir, gleich werden wir hinausgetrieben! Ich will die paar Lumpen nicht auch noch verlieren. Wo werden wir denn hingebracht, wenn wir gleich unsere Sachen mitnehmen müssen? Zwei Winter haben wir hier durchgestanden, und viele sind in dieser Erde begraben. Vielleicht führt man uns nach Werschetz zurück, zu meiner Tochter?«

Irenneni ist bereits fertig. Sie trägt eine Tasche und den Sack, Hansi die große Tasche. Ich trage die Tuchent, Mutter den Sack und Alfred den kleinen Sack. Melittas Mutter trägt nichts. Melitta stützt sie, denn die Frau muß sich sehr bemühen, um überhaupt gehen zu können.

Wir beeilen uns, das Haus zu verlassen. Alle gehen wir in Richtung Kirchplatz. Aus allen Gassen kommen die Menschen. Mütter und Kinder haben ihre Habseligkeiten auf dem Rücken. Der Kirchplatz wird voll, und es kommen die Uniformierten. Es ist auch eine Frau dabei, und es gibt einen neuen Kommandanten.

Hilda muß uns bemerkt haben. Sie kommt zu uns und stellt unsere Mütter ihrer Mutter vor. Hinter ihr steht Kathi. Wir verabschieden uns, obwohl man nicht weiß, was weiter geschehen wird. Ich sehe, daß Hilda sehr glücklich ist.

Es wird geschrien: »In Reihen aufstellen!« Ganz vorne, wo die Reihe beginnt, bleiben die Uniformierten stehen. Wir stehen weiter hinten und können sie deshalb schlecht sehen, wir wissen nicht, was sie tun. Da beginnt ein lautes Schreien und Klagen.

Was für ein wunderbarer Junitag! Die Häuser der großen Dorfstraße stehen wie zu einer Kette aufgefädelt, so auch die Mütter und die Kinder. Schmutzig weiß sind die Fassaden der Häuser, dunkel hineingebohrt die Fenster. Irenneni und ihre bucklige, wunderschöne Tochter Irene mit dem Bruder Hansi stehen dicht an uns gedrängt, vor ihnen Neumann Marieneni mit Hansi. Wir hören das Schreien und Klagen von vorne und wissen nicht, was geschieht, aber wir hören, daß geschlagen wird. Die Kinder haben die Köpfe eingezogen wie wir auch. Irene braucht den Hals nicht einzuziehen, denn sie hat keinen, weil ihr Kopf fest am Rumpf steckt. Sie muß nicht fürchten, man schlage so lange zu, bis sich der Kopf vom Leib trennt. Hansi hingegen hat einen dün-

nen, langen Hals. Hansi, der allzu lang geratene Knabe, zieht seinen Hals ein, und Irenneni, die sehr groß ist, zieht sich auch zusammen. Unsere Mütter können ihren Hals einziehen, ohne es merken zu lassen, weil sie große Kopftücher tragen. Das Tuch fällt ihnen bis zur Schulter hinunter. Vorne ist es zu einem Knoten zusammengebunden.

Aus der Reihe werden große und kleine Personen herausgeholt, und wenn sie sich weigern, wird das Klagen und Schreien lauter. »Um Gottes willen, was machen sie mit denen, die aus der Reihe geholt und auf die andere Seite der Straße getrieben werden?« flüstert eine Frau neben uns. Mir schnürt es den Hals zu. Irenneni drückt jetzt fest ihr buckliges Mädchen und den allzu lang geratenen Knaben an sich, denn bald werden die Uniformierten bei uns angelangt sein. Das Schreien wird immer lauter. Die Uniformierten schlagen zu, und ihre Hände bleiben nicht immer oben bei den Müttern, sondern sie schlagen auch nach unten, wo sich die Gesichter der Kinder im Gewand der Mütter verbergen. Die Uniformierten schlagen zu, bis sich der kleine Körper von dem größeren löst und auf die andere Seite getrieben wird. Bei einer Mutter löst sich dabei der Knoten des Kopftuchs, und ihre wirren Haare quellen heraus.

Sie sind hier, die Uniformierten, und stehen mächtig da. Unsere Mütter ziehen sich ganz in sich zusammen, und die Kinder klammern sich an sie, ihre Köpfe wenden sich nach unten, wo sich die Köpfe ihrer Kinder fest in ihre Körper bohren.

Neumann Marieneni steht mit Joschi als erste vorne, wo jetzt die Uniformierten angekommen sind. Einer der Uniformierten versucht Joschi von seiner Mutter loszureißen. Der Kommandant sagt: »Jagt die beiden hinüber!« Marieneni schreit und hebt ihren Rock in die Höhe, um ihr dickes Bein zu zeigen, das vom Wasser bamstig ist. Aber die Uniformierten hören nicht auf sie. Jetzt stehen sie vor uns. Irenneni und unsere Mütter ziehen sich weiter in sich zusammen, und wieder habe ich dasselbe Gefühl wie damals, als Jani und ich das Gras holten und Jani sein Leben und sein Gesicht verlor. Die Uniformierten deuten auf uns, und ich glaube, mir zerspringt das Herz. Sie sprechen über uns, und es ist, als bliebe die Zeit stehen. Der Kommandant winkt ab und geht weiter, die anderen hinter ihm nach. Einer der Uniformierten dreht sich nochmals um und kommt wieder zu uns zurück, sieht auf Irenneni, auf das bucklige Mädchen und den allzu lang geratenen Knaben, dann auf die Mutter und mich und meinen Bruder. Ganz langsam haben sich unsere Mütter wieder zusammengezogen, und der Uniformierte folgt den anderen.

Nach dieser unendlich schrecklichen Zeitspanne, während der wir einen halben Tag lang Angst, Schrecken und Entsetzen durchgestanden haben, beginnt sich die Kolonne zu bewegen. Das schmutzige Weiß der Häuser hat eine ganz andere Farbe, da die Sonne nun am Nachmittag hinter den Häusern steht. Die Fassaden der Häuser werfen sehr lange Schatten, so wie wir, und die Schatten bewegen sich. Nur die Ausgesuchten müssen drüben im Schatten der Häuser stehenbleiben, und dort wird laut geweint und geklagt, aber unsere Kolonne schreitet dem Dorfausgang zu.

Wir sind die Glücklichen, da wir dieses schreckliche Dorf verlassen dürfen. Die Unglücklichen, die im Schatten der schmutzigen Häuser stehenbleiben müssen, werden immer kleiner. Sie stehen wie erstarrt in der Mitte des Dorfes, an der Wand der schmutzigen Hausfassaden. Wir hören ihr Weinen und sehen ihre langen Schatten, aber auch den unsrigen, der dahinzieht bis ans Ende des Dorfes zum kleinen Haus am Teich, wo wir lebten und andere starben. Der Teich ist jetzt in der späten Nachmittagsstunde sehr ruhig. Nur das Haus am Teich bewegt sich, als die Schatten an seiner Fassade vorbeiziehen. Nun wird die Brücke sichtbar, die Brücke, die unsere Welt hier in diesem Dorf von der ersehnten Außenwelt trennt. Wie wird es sein, wenn wir die Brücke überschritten und dieses Dorf verlassen haben?

Jetzt wird die Kolonne langsamer. Angeblich sollen, wie geflüstert wird, einige die Brücke bereits überschritten haben und auf freiem Feld stehen. Aber vor dem Haus am Teich stehen Uniformierte, und wir sehen, wie Menschen noch vor der Brücke aus der Kolonne gezerrt werden. Wir haben nur noch ein kleines Stück bis zur Brücke, nur noch ein paar Schritte. Schritt für Schritt wandert die Kolonne weiter, und an der Wand des niederen Hauses am Teich stehen die Weinenden und Klagenden, die die Uniformierten aus der Kolonne noch herausgeholt haben.

Die Frau, die auch eine Uniformierte ist, steht ganz vorne. Hinter ihr sind die männlichen Uniformierten. Die uniformierte Frau ist sehr groß, sie ragt über die Vorbeischreitenden. Es scheint, als stünde sie auf den Zehen. Und wie lang ist ihr Hals, den kein Kopftuchknoten verkürzt! Wie starr und erbarmungslos stechen ihre Augen! »Nur ein ganz kleines Stückchen, mein Täubchen«, flüstert meine Mutter, »Bald werden wir über der Brücke sein, bald haben wir sie überstanden.« Es ist, als kämen wir nicht von der Stelle und als bliebe die Zeit stehen, als wir an den Uniformierten vorbeirücken. »Nur ein ganz kleines Stückchen, mein Täubchen!« Ich spüre, wie meine Mutter mich festhält, so fest, daß es beinahe weh tut. »Nur ein kleines Stückchen, mein Täubchen!«

Wir sind da und stehen, wo der Uniformierte steht. Einige Schritte noch, und wir sind auf der Brücke. Für Sekunden höre ich nichts, sehe nichts. Etwas schnürt sich um meinen Hals, so wie es jene Nachbarin machte, die den Knoten ihres Halstuchs um den Hals einer Katze knotete, ganz langsam, bis das markerschütternde Schreien aufhörte. Und langsam zieht unsere Mutter sich zusammen. Sie ist nicht mehr größer als ich, obwohl auch ich mich zusammenziehe. Ganz fest hält mich die Mutter, als seien wir ein Block. Irenneni geht neben dem buckligen Mädchen und dem allzu lang geratenen Knaben. Sie zieht sich wie unsere Mutter zusammen, so weit es nur möglich ist. Ganz langsam, damit man es nicht merkt, wird sie kleiner und immer kleiner, so lange, bis sie nicht mehr aus der Kolonne ragt.

»Mein Täubchen, sei doch still, mein Herz, ganz still.« Wir drücken uns aneinander und sind jetzt wie ein Knoten, alle sechs, die Mutter, mein Bruder und ich, Irenneni, das bucklige Mädchen und ihr Bruder. »Sei still, mein Täubchen, sei still! Mein Gott, wir sind vorbei, mein Täubchen, es ist alles vorbei, mein Herz, alles ist gut!«

»Halt, halt!« – ein Dolch von einem Wort! »Es ist vorbei, mein Täubchen, vorbei!« Alles steht, Irenneni mit dem buckligen Mädchen und dem allzu lang geratenen Knaben, das niedere Haus am Teich, der Teich selbst und die Brücke, die Kolonne und wir. Nur die Stimme der Uniformierten bewegt sich. »Halt, heraus mit dieser Großen, die Große mit den beiden Kreaturen!« Die uniformierte Frau wird noch größer, und sie hebt ihren Arm, um die Hand auszustrecken. Bös und langsam hebt sie die Hand, die über die Kolonne ragt. Und der Zeigefinger löst sich von der Faust, um sich auf Irenneni, die Mutter des buckligen Mädchens und des langen Knaben zu richten. Die Kinder klammern sich an ihre Mutter, die den Kopf hebt und verzweifelt meine Mutter ansieht. »Heraus mit der dort, heraus mit ihr!« schreit die Uniformierte. »Heraus aus der Kolonne!«

Irenneni wird mit einem Mal größer und größer, ganz langsam größer, bis sie die Uniformierte überragt, die auch groß ist und die noch immer versucht, das bucklige Mädchen und den mageren, langen Knaben von ihrer Mutter zu reißen. Groß, breit und mächtig wird die Mutter, und ihr Gesicht ähnelt dem eines Raubtiers.

IV
DIE FLUCHT

1
Der Transport

Wir sind schon weit weg von der Brücke, vom Haus am Teich, vom Teich selbst und vom Dorf. Wir wagen uns nicht umzusehen, denn immer noch hört man das Klagen und Weinen, und wie ein Raunen hört man es noch, das Dorf. Es ist, als weinten und klagten sie alle, auch die, die unter der Erde sind, und es sind viele.

Jetzt drehe ich mich um und sehe das Dorf schon weit weg von uns. Das Weinen und Klagen hat aufgehört. Nur die vielen Schritte sind zu hören, die im Staub der Landstraße schreiten. Es ist eine unendliche Kolonne von uns Glücklichen, die wir nicht in dem grausamen Dorf bleiben mußten. Doch noch immer sehe ich die Hand und den Zeigefinger, der wie ein Dolch in unsere Gruppe stach, das Schreien der Uniformierten und das Weinen und Klagen des buckligen Mädchens und ihres mageren Bruders. Das Dorf ist nur noch ganz klein, der Kirchturm leuchtet in einen wunderschönen Tag. Es ist der 1. Juni 1947, und heute Mittag ist die Molidorfer Passion zu Ende gegangen.

Wir gehen denselben Weg, den wir vor zwanzig Monaten gegangen sind. Die Landschaft hat nichts mehr von der Trostlosigkeit des November 1945, als alles schwarz und grau war und die schreienden schwarzen Vögel uns begleiteten. Jetzt wiegen sich die gelbgrünen Weizenfelder, und die Sonnenblumen haben bereits ihre Blütenköpfe. Bald werden sie blühen.

Am späten Nachmittag erreichen wir das ungarische Dorf. Die Bewohner stehen auf der Straße und an die Fassaden ihrer Häuser gelehnt, oder sie sehen aus den Fenstern. Mütter rufen um Brot. Eine Ungarin schreit zurück, sie hätten selbst nichts zu essen. Die Menschenkolonne biegt in eine Seitengasse ein. Eine Frau kommt aus einem Haus und wirft Frühäpfel in die Menge. Sie sind noch nicht reif, aber wir Kinder versuchen sie zu erhaschen.

Wir werden wieder aus dem Dorf getrieben. Der Schatten der Kolonne und die Schatten der Bäume sind sehr lang. Die Sonne wird bald den Horizont erreicht haben. Wir werden hinausgetrieben, aber nicht zum Bahnhof, sondern ins Freie, bis zu dem Damm, der die Bahnstrecke entlangführt. Wir haben nicht sehr schwere Last zu tragen, sie ist viel leichter als die auf dem Treck von Zichydorf nach Setschanfeld vor mehr als zwei Jahren. Damals war ich zwölf, jetzt bin ich vierzehn Jahre, mein Bruder war acht, jetzt ist er zehn. Also können wir mehr tragen, und es fällt uns viel leichter, besonders wenn Mutter da ist. Leider besitzen wir nicht viel, was zu tragen wäre.

Auf dem Bahndamm ordnen die Uniformierten an, daß wir uns niederlassen. Es heißt, daß wir hier auf den Zug warten müßten. Die Menschen setzen sich auf den Erdboden, und die Mütter können nicht aufhören, das herrliche Gras zu rupfen, das hier wächst. Ich muß meine Notdurft verrichten und darf das nur am Ende der Kolonne. So muß ich zurückgehen und über viele Menschen steigen, die hier sitzen oder liegen. Beim Zurückgehen treffe ich Balata Liesineni und Robert, die auf dem Boden kauern. Liesineni springt auf, nimmt mich in die Arme und küßt mich. »Um Gottes willen, wo seid ihr denn? Du wirst doch nicht allein hier sein?« flüstert sie weinend. »Mutter und Bruder sind weiter vorne, oben auf dem Damm.« Ich rufe die freudige Nachricht Mutter und Alfred zu, und wir nehmen unsere Habseligkeiten und gehen und steigen über Menschen hinweg auf die Balatas zu. »Warum die Leute nicht bleiben können, wo sie sind?« hören wir schimpfen. Mutter fragt nach den übrigen Nachbarn, aber auch Liesineni weiß nichts von ihnen. »Es ist alles so schnell gegangen«, sagt sie, »ich mußte mit meinem Buben gleich zur Kirche, und das Haus, in dem die anderen waren, war schon leer. Ich weiß nicht, ob sie hier sind oder zurückbleiben mußten.« Und Mutter erzählt, was mit Irenneni Schreckliches geschehen ist.

Seit zwei Stunden sitzen wir hier auf dem Damm. Ein Güterzug mit offenen Waggons fährt vor, und die Kolonne gerät in Bewegung. Es gibt ein großes Gedränge. Alle fürchten wir, keinen Platz im Zug zu bekommen und dann wieder zurück nach Molidorf zu müssen. Es wird geschrien, geweint und gestoßen, jeder versucht die anderen vom Waggon wegzudrängen. Die Waggons sind voll, aber immer noch wollen Frauen und Kinder hinauf. Neue Waggons fahren ein, und nach fast unerträglichem Gedränge und ungeheurer Mühe haben wir einen Waggon erreicht. Drinnen ist es so voll, daß man fast erdrückt wird. Und immer noch werden Menschen hineingepfercht. Alte Frauen und kleine Kinder kommen sehr schwer hinauf. Es dämmert, und noch immer sind nicht alle untergebracht.

Nach einer Stunde fährt der Zug los. Die Sonne hat endlich der Horizont drüben im Westen mit seinem großen Molidorfer Maul ge-

fressen. Wir stehen und können nicht umfallen, so sehr sind wir aneinandergepreßt. Die Mütter sagen: »Wir haben es Gott sei Dank geschafft, auch wenn wir fast erdrückt werden. Seien wir froh, aus dieser verfluchten Gegend wegzukommen!« Was wird mit denen geschehen, die keinen Platz in den Waggons bekommen haben? Werden sie wieder nach Molidorf getrieben? frage ich mich.

Im Waggon wird gejammert und geschrien. »Auweh! Ich bekomme keine Luft! Mein Kind wird erdrückt!« schreien die Mütter. »Platz, Platz, mein Gott, macht Platz!« »Ruhe, Ruhe, seid doch ruhig! Mit dem Geschrei wird ja doch nichts besser. Nur fort, fort, um Gottes willen, nur fort aus dieser Hölle!« Ich stehe dicht an die Wand gedrückt, Robert und Alfred neben mir, dahinter, fest an uns gedrängt, Mutter und Liesineni. Keiner von uns könnte umfallen, auch wenn er es wollte.

Bäume und Dörfer laufen zurück, kleine und große serbische Dörfer. Die Dämmerung ist vorbei, die Nacht ist eingetreten. Verschwunden sind die Konturen und Silhouetten der Häuser und Bäume, der vorbeigehenden Menschen, die für Sekunden zu uns heraufgesehen und uns wieder vergessen haben, denn es war nur ein Augenblick.

Man sieht nun in die beleuchteten Fenster der Häuser, denn der Zug fährt ganz knapp und leise an ihnen vorbei. In einem Raum sitzen Kinder und ein Mann. Die Kinder spielen Flöte, der Mann spielt Geige. Ich habe es nur einen Augenblick lang gesehen, werde es aber nie mehr vergessen können. Das Fauchen der Lokomotive und das Rattern der Waggons müssen der Mann und seine Kinder gehört haben, ich aber habe in den Raum gesehen, gesehen, wie sie spielten, die Kinder und der Mann. Seit zweieinhalb Jahren hatte ich nur noch Männer mit Gewehren gesehen, mit denen sie meine Freunde töteten und ihnen das Gesicht zerstörten. Aber jetzt habe ich einen Mann gesehen, der Geige spielte und das Flötenspiel seiner Kinder begleitete. Ich habe es nur gesehen, nicht gehört, nur für einen Augenblick. Die hellen Fenster sind vorbei, und der Zug fährt in die Finsternis.

Wir werden uns zu Bett begeben, brauchen aber nirgends hinzugehen oder uns hinzulegen. Wir werden schlafen, indem wir nichts tun als die Augen zufallen zu lassen. Was für ein merkwürdiges Gefühl: Wir fahren in die Weite des Landes und können uns nicht von der Stelle rühren. In Molidorf konnten wir laufen, von einem Dorfende zum anderen und wieder zurück, zwanzig Monate lang. Aber es gab nur Männer mit Gewehren, und keiner spielte Geige.

Der Zug bleibt stehen. Es ist still. Weit hinaus in die Dunkelheit schaue ich, kein Licht. Man läßt uns erbarmungslos stehen und erlaubt uns auch nicht auszusteigen. Es muß schon weit über Mitternacht sein. Ein Salasch oder ein Dorf muß in der Nähe sein, denn es krähen Hähne. Dieses Krähen macht alles leichter, denn es ist das Zeichen, daß es dem Morgen zugeht.

Man bittet die Uniformierten, die mit Taschenlampen an den Waggons unten vorbeigehen, mit den Kindern aussteigen zu dürfen, um die Notdurft zu verrichten. Es wird nicht erlaubt. Die Mütter heben die Kinder in die Höhe und halten sie über den Waggonrand hinaus, damit sie ihre Notdurft in die Dunkelheit hinaus verrichten können.

Ich sehe, wie die Nacht der Morgendämmerung weicht und sich im Osten der Horizont erhellt. Weit draußen in der Ebene ist ein Gutshof zu sehen, von dort müssen wir die Hähne gehört haben. Langsam beginnt es zu dämmern, und die Ebene liegt in einem wunderbaren gelblich-violetten Schein. Endlich, bevor noch die Sonne aufgegangen ist, fährt der Zug wieder los. Er fährt durch die Ebene dahin, und Dörfer und Felder laufen zurück. Dörfer sind tief in der Ebene bis hin zum Horizont zu sehen, über dem die Sonne steht.

Im Waggon höre ich klagen, daß die Beengtheit nicht mehr auszuhalten sei. Es könne nicht mehr lange dauern und wir würden in Groß-Betschkerek sein. Dort ist der große Bahnknotenpunkt, wo die Schmalspur endet und Bahnlinien nach Belgrad, Werschetz und in die Batschka gehen, zur ungarischen Grenze und in Richtung Zenta, Szegedin und auch nach Kikinda und weiter nach Rumänien.

Wir fahren in die Stadt ein und sind am Ende der Schmalspurstrecke, die aus Hatzfeld kommt. Es heißt aussteigen, und wieder gibt es ein Gedränge und Geschrei. Auf der anderen Seite des Bahnsteigs steht bereits ein langer Zug mit großen, normalen Waggons. »Es sind Viehwaggons, in die wir einsteigen müssen, Gott sei Dank«, rufen die Mütter, »da haben wir wenigstens ein Dach über dem Kopf!«

Wieder beginnt das Hasten. Es stehen weit mehr Waggons bereit als die, mit denen wir hergefahren worden sind, darum sind wir nicht mehr so beengt. Mit dem Umsteigen ist es sehr schnell gegangen. Balata Liesineni mit Robert und wir drei sitzen vorne bei der Waggontür, die offen ist. Der Zug fährt los in Richtung Pantschowa. Nach einigen Ortschaften gibt es eine Seitenlinie, die in Richtung Rudolfsgnad führt.

Im Waggon sind große Trauer und auch Erwartung spürbar geworden, die Gespräche sind verstummt. Die wenigen Dörfer vor Rudolfsgnad, an denen unser Zug vorbeifährt, dösen in der Vormittagssonne. Es ist, als kämen wir nicht weiter, denn es dauert sehr lange, bis wir Rudolfsgnad erreichen. Wir stehen wieder auf dem Damm, wie vor zwei

Jahren, sind an den Dörfern Etschka und Perles vorbeigefahren, und der Zug hat einmal gehalten, aber wir durften nicht aussteigen. Wir haben großen Hunger, aber wenn wir auch die Mütter und Großmütter um etwas zu essen bitten, es gibt nichts.

Links vom Damm liegt Rudolfsgnad. Die Schiebetür ist aber auf der rechten Seite, links gibt es nur ein vergittertes Fenster. Die Mütter und Großmütter heben ihre Kinder zum Fenster, damit sie ins Dorf sehen und Menschen erkennen können. Im Waggon wird geweint. Eine Frau hat hier in Rudolfsgnad alle ihre Angehörigen verloren, sie sind verhungert. Eine andere weint, weil ihre Leute hier sind, und schreit, daß sie dableiben möchte. Unsere Mütter rufen, ob sie denn verrückt sei, dieses Lager sei das größte Totenlager, hier seien die meisten Insassen verhungert. »Nur fort, um Gottes willen, nur fort von hier!« Aber der Zug steht und fährt nicht weiter.

Bäume, Kirschbäume mit blutroten Kirschen, ziehen an unserem Waggon vorbei. Alle drängen zum Waggonfenster und heben die Kinder in die Höhe, damit sie hinaussehen und Bekannte finden können. Die Kinder weinen, nicht, weil sie hier in Rudolfsgnad Angehörige haben und nicht aussteigen dürfen, sondern weil sie Hunger haben. Eine Mutter klagt: »Alle habe ich hier und darf sie nicht sehen!« Es ist unheimlich, dieses Rufen und Klagen. Ich weiß, daß Mischi und seine Mutter hier verhungert sind, aber ich kann vor Hunger nicht richtig denken. Plötzlich sehen wir, daß Menschen aus dem Waggon springen und nach vorne laufen, dorthin, wo die Lokomotive steht. Was ist los? Alle laufen sie nach vorne, auch Robert und ich. Es wird getreten, geschlagen und gestoßen, ein jeder will nach vorn, wo Frauen und uniformierte Männer Brot ausgeben. Wir sind schwindlig vor Hunger. Mir ist, als tanzten kleine Käfer vor meinen Augen. Wir haben gerade noch Brot erhascht. Auch einen Brunnen gibt es hier, und es ist dasselbe Gedränge wie bei der Brotausgabe, aber wir können unsere Kanne noch füllen. Bei dem Gedränge geschieht es, daß alte Frauen zu Boden stürzen. Die Uniformierten amüsieren sich.

Man befiehlt uns einzusteigen, und es dauert eine Weile, bis wieder alle in den Waggons sind. Wir fahren die Ortschaft Rudolfsgnad entlang, und es wird sehr ruhig in den Waggons. Erst jetzt wissen wir, daß wir nicht hierbleiben müssen, sondern der Theiß zufahren, und ich denke an Mischi und seine Mutter, an Krämerneni und an Maritzineni, die im Rechen hauste.

Wir haben Rudolfsgnad hinter uns und fahren über die Theißebene. Vor uns liegt ein kleiner Berg. Die Kinder aus der Banater Tiefebene haben in ihrem Leben noch keinen gesehen, wir Werschetzer hingegen kennen weit höhere Berge. Die Großmütter stellen ihre Enkel nach vorn zur Schiebetür, damit sie den Berg sehen können. Wir fahren nun auf Batschkarer Boden dahin. Die Sonne geht unter, die Ebene leuchtet rot. Wieder laufen Dörfer zurück, bis die Dunkelheit hereinbricht.

Wir fahren auf einer offenen Bahnstrecke, und die Kinder werden zur Waggontüre hinausgehalten, damit sie ihre Notdurft verrichten können. In der Nacht schlafen wir zusammengekauert auf unseren Habseligkeiten. Diesmal geht es uns viel besser, denn wir können auf dem Waggonboden sitzen und den Kopf auf Mutters Schoß legen.

Der Zug bleibt stehen, und Mütter fragen vorbeigehende Uniformierte, was man mit uns vorhabe. »Morgen früh geht es weiter nach Neusatz«, hören wir. Dann ist wieder Tag, und der Zug fährt in der Helligkeit des Morgens mit uns los. Wieder werden die Kinder bei der Waggontür hinausgehalten, und auch alte Mütter setzen sich knapp über den Waggonrand.

Wir fahren in Neusatz ein, vorbei an Villen, an vielen Kirschbäumen, und sehen das Panorama der Stadt mit den zahlreichen Türmen. Neusatz ist die größte Stadt der Batschka. Früher war es Subotica, aber Neusatz hat diese Stadt durch seine vielen Neubauten überholt. Es gibt wieder Brot, und vom Brunnen dürfen wir Wasser holen. Wieder dasselbe Stoßen und Schlagen wie bei Rudolfsgnad. Gegenüber den vielen Schienen ist die Landstraße, an der kleine, alte Häuser liegen. An ihren Fassaden stehen Menschen und beobachten uns. Und wir müssen wieder einsteigen, und der Zug fährt mit uns weiter.

Wir sind den dritten Tag unterwegs und halten es fast nicht mehr aus. Die Kinder weinen immer mehr. Sie werden von den Müttern und Großmüttern mit dem Versprechen getröstet, daß wir bald am Ziel sein würden und daß wir es doch besser hätten als vorher in den offenen Waggons, in denen man fürchten mußte, erdrückt zu werden.

Sehr warm ist es im Waggon. Draußen laufen die Maulbeerbäume zurück. Sie sind voll von Früchten, die zu Boden fallen und zugrunde gehen werden. Unser Brot ist schon lange aufgegessen. Mutter aß sehr wenig davon. Der Zug fährt mit uns nordwärts dahin. Jetzt hält er, und wir dürfen aussteigen. Neben der Bahnstrecke zieht ein Weg vorbei, den Maulbeerbäume säumen. Auf dem Boden liegen die reifen Früchte. Ich habe eine Kanne, in die ich die Beeren sammle, und ich bekomme sie voll. Die Uniformierten lassen uns die Früchte zusammenraffen, woran sich außer den kranken und schwachen Zuginsassen alle beteiligen.

Der Zug setzt sich wieder in Bewegung. Er fährt an Dörfern vorbei und durch ebenes Land. Aber diese Ebene ist anders als die im Banat, nicht so offen, und alles scheint näher zu sein. Es gibt viele Bäume und kleine, bewaldete Flecken, alles wirkt grüner. Die Landschaft erscheint nicht so verlassen, nicht so trostlos. Der schrille Pfiff der Lokomotive läßt ahnen, daß es hier mehr Dörfer, mehr Straßen, mehr Abwechslung gibt.

Der Zug fährt in eine Stadt ein, aber es darf nicht ausgestiegen werden. Sombor ist etwa so groß wie Werschetz. Nach ungefähr einer halben Stunde fahren wir wieder los, und eine Frau sagt, daß wir nicht mehr viel weiter fahren würden, weil die ungarische Grenze nahe sei. Und der Zug fährt nordwärts der ungarischen Grenze zu. Er bleibt wieder stehen, das schrille Pfeifen und das schwere Pfauchen haben aufgehört, und die Uniformierten rufen: »Alles aussteigen, mit dem Gepäck aussteigen!« Alfred weint, er könne nicht gehen, Mutter muß ihn tragen. Meine Beine schmerzen auch sehr, ich muß mich bemühen, sie in Bewegung zu bringen. Das Aussteigen geht langsam vor sich, denn Mütter und Kinder sind von dem dreitägigen Transport vollkommen erschöpft. Gegenüber dem stehenden Zug ist das Bahnhofsgebäude mit der Aufschrift Gakovo.

Die Mütter und Kinder stehen oder sitzen vor dem Zug und warten, was weiter geschehen wird. Wir essen die letzten Maulbeeren. Uniformierte schreien, wir müßten wieder aufbrechen, und wir stellen uns zu einer Kolonne auf und gehen auf einer Landstraße, die ins Dorf führt. Mutter trägt noch immer meinen Bruder.

Im Dorf sehen wir Kinder und Frauen an den Fassaden der Häuser stehen. Es sind Lagerinsassen, die mit Eimern zu den Brunnen laufen und uns Wasser bringen. Die Ortschaft scheint sehr groß zu sein, da wir schon lange marschieren und noch immer nicht das Zentrum erreicht haben. Die unendliche Straße säumen große, herrlich verzierte Bauernhäuser. Es gibt weite Straßen, asphaltierte Gehsteige und gepflasterte Fuhrwege. Man sieht das andere Ende des Dorfes nicht, die Häuserzeilen scheinen ins Unendliche zu gehen. Überall stehen vor den Häusern unsere Batschkarer Leidensgenossen unter Bäumen. Es scheint mir sicher, daß es hier nicht so schrecklich sein kann wie in Molidorf, weil die Bäume ihre Blätter haben und am Straßenrand das Gras wächst.

Gakovo ist das Lager für die Batschkarer Deutschen. Es war ein rein deutsches Bauerndorf, mehr als doppelt so groß wie Molidorf. Jetzt sind Menschen aus allen Orten der Batschka hier.

Hinter der Kirche werden wir auf eine große Wiese getrieben. Wir legen unsere Habseligkeiten auf den Boden, und Robert und ich fragen, ob wir herumgehen dürften, um zu sehen, ob Bekannte zu finden seien.

Auch Alfred kann wieder laufen. Balata Liesineni sagt, sie verstehe uns nicht, sie selbst breche vor Erschöpfung fast zusammen, und wir wollten noch herumlaufen. Mutter meint, wir könnten uns verlieren und wer weiß, was man mit uns vorhabe. Mütter, die neben uns Platz genommen haben, sagen, man müsse nach vorne gehen, dort könne man etwas erfahren. Einige Frauen gehen, um nachzusehen. Wir betteln nochmals, daß uns Mutter gehen läßt. »Geht in Gottes Namen«, sagt sie, und Liesineni meint: »Wir bleiben hier sitzen, merkt euch die Stelle, damit ihr wieder zurückfindet!«

Wir laufen und springen über kauernde Menschen. Vorne steht ein Fuhrwerk mit rauchenden Kesseln auf dem Wagen. Rund um das Fuhrwerk und die Kessel sind Kinder und Mütter versammelt. Wir laufen zurück, um unsere Kannen zu holen. Eine halbe Stunde dauert es, bis wir die Suppe bekommen. Beim Zurücklaufen treffen wir Müller Joschi, der mit einer Schüssel in der Hand ebenfalls um Suppe gegangen ist. Was für eine Freude, wie glücklich sind wir beide, Robert und ich, einen Bekannten aus unserem Zimmer in Molidorf zu treffen! Joschi sagt, daß auch die anderen Nachbarn, mit denen wir in Molidorf das Zimmer geteilt haben, bei ihnen seien. »Alle sind wir hier, nur ihr und Balata Liesineni habt gefehlt. Wir glaubten schon, ihr seid in Molidorf geblieben.« Joschi begleitet uns zu unseren Müttern, die vor Freude über das Zusammentreffen mit unseren lieben Nachbarn weinen. Joschi führt uns zu dem Platz, wo unsere Leute auf dem Erdboden sitzen. Müller Liesaneni fährt von ihrem Platz auf, und auch die anderen springen auf, nur Jentner Marieneni bleibt sitzen. Alle umarmen sich. Fisch Lieseneni weint, und Jentner Marieneni sagt: »Alle sind wir aus Molidorf herausgekommen! Seht ihr, meine Karten lügen nicht!« Während sie spricht, dreht sie sich eine Zigarette aus getrockneten Kräutern, die ihr ihre Tochter Hilda von den Feldern bei Molidorf brachte. Was für ein Glück, wir sind davongekommen!

Zwei bis drei Stunden sind bereits vergangen, und es beginnt zu dämmern. Gruppenweise werden die Menschen weggebracht. Gakovoer Lagerinsassen führen die Ankömmlinge in die Häuser. Der wolkenlose Tag geht zu Ende, und wir sind noch immer auf der Wiese. Müller Liesaneni spricht mit einem Uniformierten und sagt uns, daß alle noch untergebracht würden. Jentner Marieneni meint: »Und wenn schon, es ist eine laue Nacht, und es ist immer noch besser, hier auf der Wiese zu schlafen als in den schrecklichen Güterwaggons. Außerdem sind die Nächte im Juni sehr kurz, und um drei Uhr wird es wieder hell.«

Es sind keine Uniformierten mehr zu sehen, und die Leute gehen ins

Dorf. Gakovoer Frauen meinen, wir sollten auch ins Dorf gehen und vor den Häusern warten, wir würden alle untergebracht. Wir nehmen unsere Habseligkeiten und gehen in die Nacht hinein, dem Dorf zu. In der ersten Straße bleiben wir vor der Fassade eines Hauses sitzen. Jentner Marieneni meint, es wäre doch gescheiter gewesen, auf der Wiese zu bleiben, als hier auf der harten Straße zu schlafen. Es ist eine klare Sternennacht, Grillen zirpen, und wir Buben suchen in der Finsternis Beeren auf dem Boden. Unsere Mütter sitzen unter den großen Maulbeerbäumen. Man sieht sie nicht, nur dunkle Umrisse ihrer Körper nimmt man wahr, die ganz ruhig sind und sich nicht bewegen.

Frauen kommen aus der Dunkelheit. Die Fassaden der weißgetünchten Häuser geben ein wenig Licht, sodaß die dunklen Gestalten zu erkennen sind. Die Frauen sagen, daß sie Platz für dreizehn Personen hätten, sie könnten mit ihnen kommen. Wir sind unser achtzehn, fünf müssen zurückbleiben. Mutter meint, wir drei sollten zurückbleiben, und Balata Liesineni schließt sich mit Robert uns an. Die anderen gehen mit den Frauen weg, wir bleiben sitzen. Da kommt wieder eine Gruppe von Menschen. Mutter sagt leise, daß es dem Akzent nach Kudritzer sein müßten, Mutters Dorfgenossen aus ihrer Jugendzeit.

Mutter fragt in die Finsternis hinein, ob sie Kudritzer seien. »Ja, freilich!« »Ich bin auch eine Kudritzerin«, sagt Mutter. »Ich bin die Schiff Terka.« »Allmächtiger, ist das möglich? Ich bin die Unger Elis!« Die Frau umarmt meine Mutter. Ein Bub, etwas größer als ich, steht neben ihr. »Das ist mein Jüngster, den haben sie mir Gott sei Dank gelassen«, weint die Frau. Unsere Mutter sagt, sie habe zwei Buben, und die Frau sucht mit der Hand unsere Köpfe zu ertasten, fährt mir ins Gesicht und vom Gesicht wieder auf den Kopf. »Mein Gott, was für eine Zeit! Daß wir uns hier treffen müssen! Und die Kinder sind trotzdem gewachsen«, sagt die Frau mit weinerlicher Stimme.

Unger Elisneni und drei weitere Frauen mit Kindern bleiben bei uns, lauter Kudritzer. Da kommen wieder Frauen aus der Dunkelheit und fragen, ob wir noch kein Quartier hätten. Sie führen uns weg, und wir marschieren hinter ihnen in die Dunkelheit hinein. Das Dorf scheint unendlich zu sein. Wir gehen etwa zwanzig Minuten, und noch immer stehen Häuser da. Die Frauen führen uns zu einem der Häuser. Die Türen zu den Räumen sind abgesperrt und wir bereiten unser Nachtlager auf dem Erdboden im Hof. Die Nacht ist ja nicht kalt, und die Junitage sind schwül. Der Boden ist hart, doch ich bin so schläfrig, daß ich bald einschlafe.

2
Malaria

Jetzt am Morgen sehe ich erst, wie Elisneni und ihr Sohn aussehen. Sie ist eine kleine Frau mit einem riesigen Kropf, weswegen sie ihr Kopftuch nicht gut binden kann. Der Knoten des Kopftuchs ist sehr klein, weil der große, wulstige Kropf den ganzen Hals in Besitz genommen hat. Ihr Sohn ist etwas größer als ich und auch um ein Jahr älter. Er heißt Lui. Elisneni lebte über zehn Jahre in Amerika, in St. Louis. Danach hat sie ihren Buben, der dort geboren ist, taufen lassen.

Jetzt kommen auch Frauen und öffnen die beiden hinteren Räume des Hauses. Vorne sind Batschkarer einquartiert, Elisneni und wir bleiben in der kleinen Küche. Da in der Küche nur für fünf Leute Platz ist, gehen Balata Liesineni und die anderen ins Zimmer. Unter den drei Kudritzer Frauen ist eine gute Bekannte meiner Mutter. Am Vormittag kommen noch zwei Familien dazu, denen Liesineni und die anderen Platz machen müssen. Die Neuen sind Bekannte. Ich kenne vor allem die Buben der Werschetzerin Stark Lisaneni gut, denn sie waren mit mir in Setschanfeld beisammen. Mit dem Älteren, Jani, bin ich zur Schule gegangen. Sie sind die Cousins von Mayer Jani aus dem Krätzenhaus. Ihre Großmutter ist in Rudolfsgnad verhungert. Ich bin glücklich, wieder Freunde zu haben.

Wir gehen zur Lagerküche. Alfred bekommt das Essen von einer anderen Küche, von der Kinderküche, durch die Kinder bis zu zehn Jahren oder besonders schwache Kinder bis zu zwölf Jahren verköstigt werden. Alfred ist bereit elf Jahre, wurde aber von einem Arzt, der alle Kinder untersucht, den Unterernährten zugeordnet. Mutter und ich bekommen schlechteres Essen in der Küche für Erwachsene.

Unsere Nachbarsleute wohnen neben der Kinderküche. Wir haben sie getroffen, als wir mit Alfred ums Essen gingen. Alle sind sie in einem Zimmer beisammen, Liesaneni und Joschi, die Kleisingerin, die Fisch Liese, die Jentners und die Berghaas. Ich habe wieder alle meine Freunde, außer Mischi, Gutjahr Karl und Jani. Die Straßen sind voll von Maulbeerbäumen, und wir haben neben der Lagersuppe und dem

Stückchen Brot Maulbeeren, soviel wir nur essen können. Täglich sind wir Kinder beisammen und inspizieren das ganze Dorf. Wie herrlich ist es doch, so weit laufen und gehen zu können! Die Straßen hier sind viel länger, und es gibt viel mehr Gassen als sonstwo.

Wieder kommt der Hochsommer und mit ihm die große Hitze. Die Sonne brennt erbarmungslos auf das Lagerdorf nieder. Die wenigen Maulbeeren, die wir noch finden, sind verdorrt. Die Erde ist ausgetrocknet, der Boden bildet Risse. Diese Risse ergeben Ornamente, und ich fahre sie mit einem Nagel nach. Es bilden sich wunderbare Figuren.

Mutter muß wieder arbeiten gehen, und wir Vierzehnjährigen müssen zur Arbeitsmusterung. Stundenlang stehen wir in der heißen Sonne und warten, bis wir an die Reihe kommen. Viele fallen in Ohnmacht, aber die Musterung geht weiter. Müller Joschi, Berghaas Jani, Stark Jani, Balata Robert und ich stehen alle beisammen. Joschi, Robert und ich werden ausgemustert, die anderen werden genommen und bekommen gleich eine Arbeitskarte. Ich würde gerne Wasser für die Lagerküche tragen, um mehr Suppe zu bekommen, und erkundige mich danach. Aber man braucht keine Wasserträger, denn Wasser ist in jedem Haus, auch bei der Küche ist ein Brunnen.

Robert und ich durchsuchen die Gassen des Dorfes nach verdorrten Maulbeeren und sammeln wieder Gras, um Spinat zu kochen. Die Kinder aus unserem Haus sind oft mit dabei.

Es ist ein glühend heißer Tag, und den anderen rinnt der Schweiß über das Gesicht. Mir aber ist kalt, ich bekomme Schüttelfrost. Wir gehen in unser Quartier zurück, wobei Robert mich führen und stützen muß, denn ich kann allein fast nicht gehen. Außer Elisneni und den kleineren Kindern sind alle bei der Arbeit. Elisneni sieht mich verwundert an und meint, ich solle mich sofort hinlegen. Sie deckt mich mit der Tuchent zu. Mir ist, als müsse ich erfrieren, dann wieder wird mir sehr heiß, und in der nächsten Minute glaube ich wieder zu erfrieren. Mir ist, als müsse ich sterben. Elisneni bleibt bei mir, aber sie kann mir nicht helfen. Sie muß zusehen, wie es mich schüttelt. Ich bin erschöpft eingeschlafen, und als ich wach werde, höre ich Mutters Stimme, höre Elisneni mit ihr sprechen, höre, daß ich wahrscheinlich Malaria habe.

Zwei Tage vergehen, und am dritten Tag habe ich wieder Schüttelfrost. Mir ist, als könne ich es nicht mehr ertragen, als reiße mir der Kopf auseinander. Auch Balata Robert hat die Krankheit und noch andere im Zimmer. Wenn der Anfall bei mir vorbei ist, höre ich andere im Zimmer stöhnen. Ich werde wieder sehr schwach.

Eine Frau besucht meine Mutter und mich. Sie ist als Quacksalberin

bekannt. Sie hat ein mageres, runzliges Gesicht und sehr kalte, trockene Hände, mit denen sie uns abtastet. Zu Mutter sagt sie, man solle den Urin eines Gesunden trinken, davon werde die Krankheit zurückgehen. Alfred muß in eine Dose pissen, und ich muß das trinken, Robert muß die Pisse seiner Mutter trinken, und die anderen Kranken im Zimmer trinken auch.

Es ist Hochsommer. Die Tage sind unerträglich heiß, und alles ist dürr. Mutter kommt mit den anderen Frauen von der Arbeit zurück. Ich sehe, wie sie und eine der Kudritzer Mütter geführt werden, da sie auch Schüttelfrost bekommen haben. Mutter legt sich auf das Lager. Elisneni deckt sie nicht nur mit der Tuchent zu, sondern gibt noch zwei Kotzen darüber. Aber das nützt nichts, Mutter schüttelt es. Ich sitze neben ihr und muß zusehen, ohne ihr helfen zu können. Im Zimmer liegen noch einige Kinder und drei Frauen mit Malaria, und auch Liesineni hat bereits das Schütteln. Elisneni sagt: »Das müssen diese gottverdammten Mücken sein, die diese Krankheit übertragen.«

Ich bekomme wieder das Wechselfieber, denn es ist bereits der dritte Tag seit dem letzten Anfall. Ich liege neben Mutter, und Alfred muß für uns beide sorgen. Er bringt die Suppe, aber ich kann nichts essen. Elisneni beschwört Mutter und mich, es doch zu versuchen, sonst seien wir verloren. Auch ihr Sohn hat das Wechselfieber.

Mir geht es wieder besser, ich bin bereits auf. Es ist Ende Juli, und die Sonne brennt unerbittlich. Mutter bleibt trotz der Warnungen Elisnenis nicht liegen. Sie sagt: »Ich muß aufstehen, sonst bleibe ich für immer liegen. Ich muß für die Kinder da sein.«

Unsere Nachbarsleute besuchen uns oft. Diesmal ist Fisch Liesieneni gekommen, und sie erzählt, daß Leute aus dem Lager ins Ungarische hinüber geflüchtet seien. Es sollen schon viele Batschkarer fort sein.

Am Spätnachmittag kommt die Quacksalberin nachsehen, wie es Mutter geht. Im Zimmer drüben besucht sie auch Balata Liesineni und die anderen Kranken. Sie fragt, ob wir regelmäßig den Urin trinken. Alle, die gesund sind, geben ihren Urin in einen Behälter, und wir Kranke trinken davon. Es ist beinahe nicht zu ertragen, es ist, als trinke man ein stinkiges Salz. Die Quacksalberin bleibt bei Mutter und Elisneni sitzen. Da sie eine Kudritzerin ist, haben sie sich von früher viel zu erzählen. Auch über die Heilkunst wird geredet. Die Quacksalberin meint, sie wisse noch ein Mittel gegen Malaria, und zwar eine große, fette Spinne, die man lebendig schlucken und mit viel Wasser in den Magen spülen solle. Als sie wieder fort ist, meint Elisneni zur Mutter, daß es einfach lächerlich sei, Spinnen zu schlucken. Sie glaube auch nicht, daß Urin helfe, obwohl sie ihn auch trinkt, aber nur ihren eigenen, gesunden Urin.

Und wieder ist es Tag geworden. Mutter leidet sehr stark unter dem Wechselfieber. Sie liegt auf ihrem Lager und klagt laut. Ich kann es nicht mehr anhören und laufe auf die Straße hinaus, auf die unendlich lange Straße. Ich laufe, so gut ich laufen kann, bis ans Ende des Dorfes. Hier sieht man in die Landschaft hinaus, aber nicht weit, weil es hohe Maisfelder gibt und viele Bäume. Der Schweiß rinnt mir über das Gesicht und auch die Tränen, und ich habe wieder den bitter-salzigen Geschmack im Mund, aber nicht vom Urintrinken, sondern von Schweiß und Tränen. Ich flüchte und laufe wieder der Dorfmitte zu und bete dabei laut und wie verrückt: »Mein Gott, hilf doch meiner Mutter, sie hat diese schreckliche Krankheit viel stärker als ich! Mein Gott, hilf!«

Der Abend ist hereingebrochen, und die Dämmerung macht alles milder, sogar die Häuser, in denen Mütter und Kinder vom Fieber geschüttelt werden. Die Grillen beginnen zu zirpen. In der Dämmerung komme ich wieder in der Küche an. Es ist alles ruhig. Mutter liegt auf dem Boden, Elisneni und mein Bruder Alfred sitzen neben ihr. »Wo warst du, Kind?« fragt mich Mutter, aber nicht vorwurfsvoll, sondern bittend, mit matter Stimme. »Ich habe Spinnen gesucht und habe welche in meinem Fläschchen.« Ich lege mich neben Mutter und Bruder, Elisneni legt sich ebenfalls nieder, und auch Lui betritt die Küche und bleibt für Sekunden an der Tür stehen. Denn die Nacht hat die Dämmerung abgelöst. Ich höre Elisneni beten und dann leise mit Mutter sprechen. Mutter flüstert: »Wenn ich wieder bei Kräften bin, werde ich es tun müssen, um der Kinder willen werde ich mit ihnen flüchten, in den Mais hinein, werde mit Batschkarern über die Grenze gehen.« »Aber du mußt essen«, beschwört Elisneni unsere Mutter. »Du tust nichts Gutes, wenn du alles den Kindern gibst. Was haben sie denn davon, wenn du zugrunde gehst? Du mußt essen, denn das Fieber zehrt. In Rudolfsgnad sind erst die Großmütter zugrunde gegangen, dann folgten ihnen die Kinder. Sie haben alles, den letzten Bissen den Enkeln gegeben!«

Heute morgen geht es Mutter besser, und ich bekomme wieder Malaria, aber nicht mehr so heftig wie vor sechs Tagen. Auf der Straße trommelt der alte Trommelmann. Er vermeldet, daß Leute, die Malaria haben, zur Ambulanz kommen sollen.

Mutter fürchtet, daß sie heute wieder das Fieber bekommen könnte. Bei der Eingangstür entdecken wir in der Ecke der Wand eine große Spinne. Mutter kommt aus dem Hof herein, sieht das Spinnennetz und sagt kein Wort. Sie holt ein Gefäß, und ehe es uns zu Bewußtsein kommt, hat sie die Spinne mit ihrem Netz im Gefäß. Sie hält einen Lumpen darauf, damit die Spinne nicht entweichen kann, und bittet mich, Wasser zu holen. Mir zittert das Glas in der Hand. Die kleinen Spinnen, die ich Mutter unlängst gebracht habe, hat sie mit Todesverachtung hinuntergeschluckt, aber dieses dicke, fette Exemplar? Ich fürchte, daß Mutter beim Schlucken ohnmächtig wird. Aber sie tut die Spinne schnell ins Wasser und trinkt es, bevor das Tier herauskrabbeln kann. Mutters Gesicht ist schneeweiß und starr, aber die Starre löst sich, und sie sagt mit einem gezwungenen Lächeln: »Es ist halb so schlimm. Ein bißchen war mir unheimlich, aber ich spürte nicht viel von der Spinne, es war eher der Ekel, der mir zu schaffen machte. Aber jetzt ist es vorbei.«

Robert und ich laufen zur Ambulanz, wo schon viele Menschen warten, Kinder und Mütter. Am Ende der langen Menschenschlange setzen wir uns auf den Boden. Es wird Mittag, und wir kommen noch immer nicht an die Reihe. Kinder und Frauen legen sich auf den Boden und werden von Fieber geschüttelt. Man trägt sie weg. Ich bete, daß uns das nicht passiert. Mutter ist zu Hause und wird sicher wieder das Fieber haben. Endlich, am frühen Nachmittag, werden wir in einen Raum gelassen, in dem ein Mann in einem weißen Mantel an einem Tisch sitzt. Eine Frau, ebenfalls in Weiß, nimmt uns Buben die Ausweiskarten ab. Die Schwester fragt: »Warum kommt eure Mutter nicht selbst?« »Sie hat heute einen Malariatag«, gebe ich zur Antwort. Der Mann im weißen Mantel schaut uns in die Augen und in den Mund und fühlt den Puls. Er sagt kein Wort, sondern deutet, wir sollten wieder zur Schwester gehen, die mit Handschuhen gelbe Tabletten aus einen Glas holt und uns in die Hand drückt. »Auch für eure Mutter«, sagt sie. Wir laufen aus der Ambulanz und sehen noch immer viele Menschen stehen und warten. Wir sind die Glücklichen und haben in der Hand gelbe Tabletten, zehn Stück.

Mutter liegt wieder, aber sie sagt, ich solle nicht erschrecken, sie habe nur einen leichten Malariaanfall gehabt, die Spinne müsse schon gewirkt haben. Ich öffne die Hand und zeige Mutter die gelben Tabletten. Sie lächelt mir zu, und beide nehmen wir mit einem Schluck Wasser aus demselben Glas, in dem zuvor die Spinne war, die Tabletten ein. Als ich wieder das Fieber bekomme, ist es nicht mehr so heftig wie vorher, und so geht es auch Mutter, Liesineni und Robert.

Viele sind schon aus dem Lager geflüchtet, meist Menschen aus dieser Gegend, die die Umgebung gut kennen. »Wir Banater können nicht alleine flüchten, weil wir uns verirren und den Uniformierten in die Hände fallen könnten«, berichtet Balata Liesineni, nachdem sie unsere

Nachbarn besucht hat. Jentner Marieneni schlägt wieder Karten auf und prophezeit, daß alles gutgehen werde, die Karten zeigten es. Liesineni sagt, sie habe gehört, daß die einheimischen Batschkarer Banater mitnehmen würden, wenn sie flüchten, aber sie ließen sich ihre Habseligkeiten von den Banatern tragen. Wenn man Geld habe, könne man sich die Flucht bei ihnen auch erkaufen und brauche nicht ihre Sachen zu schleppen. »Aber wer hat schon Geld?«

In der letzten Zeit wird von nichts anderem mehr gesprochen als von Flucht. Jeden Tag gehen wir zu unseren Nachbarsleuten und beraten, was zu tun sei. Die Kleisingerin meint, wir sollten uns einfach selbst auf den Weg machen, die Grenze sei ja genau im Norden. Die Batschkarer seien sehr unverschämt und ließen sogar die Kinder tragen, schimpft Jentner Marieneni. »Es sind solche unter ihnen, die damit sogar Geschäfte machen und es wöchentlich zweimal für Geld und gute Kleider tun. Sie bringen die Leute über die Grenze und verstecken drüben die gehamsterten Sachen, und wenn sie genug davon beisammen haben, bleiben sie selber in Ungarn. So sind auch unter unseren Leuten Bestien. Mein Gott, was für eine Zeit!«

Mutter ist noch sehr schwach. Elisneni beschwört sie, nichts zu unternehmen. »Wie sollst du die Sachen anderer tragen, wenn du schon die eigenen nicht schleppen kannst? So eine Schande, daß unsere eigenen Leute so herzlos sind, ihre Sachen von uns tragen zu lassen! Wir sollten doch zusammenhalten. Wie kann man Gutes von den Serben erwarten, wenn unsere eigenen Leute so grausam sind? Unter ihnen hat es schon immer Materialisten gegeben.«

Mutter bekommt wieder einen Malariaanfall, aber nicht so heftig wie bisher. Sie bleibt nur kurz auf dem Boden liegen. Elisneni gibt ihr eine Tablette. Am darauffolgenden Tag bekomme wieder ich das Fieber, als ich mit Mutter unterwegs bin. Diesmal ist es etwas heftiger. Mutter ist neben mir und spricht auf mich ein, aber ich verstehe sie nicht. Darüber vergeht der Nachmittag. Und als wir ins Zimmer kommen, hat Robert einen Anfall. Bei mir ist er bereits vorbei.

Mutter sagt zu Elisneni, sie werde sich bei den Batschkarern umsehen, und sie werde ihre Kräfte zusammennehmen, um die Last der Batschkarer tragen zu können. Elisneni meint, sie solle nicht mit ihrem Leben spielen, sondern überlegen, was sie tue, wenn sie einen Anfall bekomme, mit dem Gewicht auf dem Rücken. Man werde sie mit den Kindern im Maisfeld liegen lassen, und sie werde von dort nicht mehr herausfinden. Sie selbst sei auch schwach, und obwohl sie keine Malaria habe, traue sie sich das nicht zu.

Und wieder gehen wir mit Elisneni zu unseren Nachbarn, denn auch sie schlägt sich nun mit dem Gedanken herum, zu flüchten. Müller Liesaneni hat sich bei den Batschkarern erkundigt, um ein wenig über den Weg zu erfahren. Berghaas Wettineni wehrt ab: »Wir können auf keinen Fall allein in dieser Fremde umherirren. Denn wir können nur nachts flüchten und nur, wenn es keinen Mond gibt. Wir sind ja keine Hunde, die die Grenze spüren.«

Heute abend erwartet Mutter eine Kudritzerin, eine Freundin aus ihrer Jugendzeit. Mutter sagt, diese sei das wohlhabendste Mädchen im Dorf gewesen, habe immer die feinsten Kleider getragen, und ihre Eltern hätten sogar ein Auto gehabt. Wir müssen uns ordentlich waschen, und Elisneni hat ihr ganz großes Kopftuch aufgesetzt und ihren Kropf eingebunden. Am frühen Abend kommt die Freundin mit einem Sack, umarmt Mutter und Elisneni und sagt zur Mutter, sie habe ihr etwas mitgebracht, ein Kostüm, ein Kleid und einige Bücher. »Ich kann das nicht alles mitnehmen, da ich für unsere Führer tragen muß und meine Kleine nur wenig von unseren Sachen tragen kann«, sagt die Kudritzerin. Mutter freut sich sehr, besonders über das Kleid, da sie sich bereits eines aus einer lumpigen Bettdecke genäht hat. Jetzt besitzt sie nicht nur ein Kleid, sondern auch ein wunderbares Kostüm. Ich habe große Freude an den Büchern und trage sie vor die Küchentür ins Freie, weil außerhalb der Räume noch genügend Licht ist, um sie ansehen zu können. Ein dickes, schwarz gebundenes ist eine Bibel. Aber sie ist nicht illustriert wie die Bibel unserer Großmutter, worin viele Bilder zu sehen waren. Ein zweites Buch ist George Sands »Indiana« und ein drittes Joseph von Eichendorffs Gedichte. Das Buch hat einen dicken, moosgrünen Pappumschlag, auf dem der Titel mit einem geflochtenen Blumenkranz umrandet ist. Aber auch innen sind herrliche Blumenornamente um jedes Gedicht geflochten. Unter den Büchern sind auch Goethes »Hermann und Dorothea« und noch einiges andere. Mutter ruft mich, was denn mit mir los sei, ich solle doch die Bücher lassen und mit dem Besuch mitgehen. Elisneni hat für das Mädchen einen kleinen Rucksack genäht, damit es besser tragen kann, und Mutter und ich begleiten die Frau, die eine Dame ist, wie Elisneni sagte.

Wir sind bald bei dem Haus angekommen, in dem die Dame wohnt, und wir gehen mit ihr ins Zimmer, wo lauter fremde Menschen auf dem Boden sitzen oder kauern. Das kleine, magere Mädchen liegt auf seinem Lager. Es hat riesig große, blaue Augen. Mutter küßt es und hilft der Dame, ihre wenigen Sachen in dem kleinen Rucksack unterzubringen, den das zarte Mädchen heute nacht tragen wird müssen. Die Gestalten im Raum sitzen und liegen und werden dunkler, da die Nacht hereinbricht. Die Dame hat bereits den schweren Sack, den sie tragen wird, neben ihrem Lager stehen. Sie und unsere Mutter umarmen sich, und ehe es ganz dunkel ist, verlassen wir das Zimmer. Obwohl es eine mondlose Nacht ist, ist es nicht stockdunkel. Die hellen Fassaden der Häuser geben uns Licht, und die Akazienbäume zeigen uns den Weg.

Und wieder ist der Morgen da. Ich habe die ganze Nacht die Bücher unter meinem Kopfkissen gehabt. Alfred und Robert sind bei der Ambulanz, um Tabletten zu holen, denn Alfred ist erst elf, und kleine Kinder bekommen eher etwas als ich mit vierzehn Jahren. Lui und ich suchen im Dorf, ob wir Maislaub oder Klee finden. Am Nachmittag geht Mutter fort und sagt, sie werde erst abends zurückkommen. Heute ist der 20. August 1947, ein klarer, ruhiger Spätsommertag. Es ist, als habe die Sonne einen ganz dünnen Schleier. Kein Blatt bewegt sich, und die Bäume stehen still. Ich bin vierzehneinhalb Jahre und zwei Tage alt, und es werden in drei Monaten drei Jahre, seit wir von zu Hause fort sind. Hier hört man nicht das Klagen der vielen Vögel wie in Molidorf, hier gibt es keine Teiche. Lui und ich wandern durch das ganze Dorf, von einem Ende bis zum anderen, wo auch die Uniformierten stehen. Um das Dorf herum erstreckt sich ein Meer von Maisfeldern. Der Mais ist mehr als zwei Meter hoch. Deshalb flüchten die Menschen jetzt im August und in der ersten Hälfte des September. In der zweiten Hälfte bis zum Oktober beginnt das Maisbrechen, dann ist es mit dem Flüchten vorbei.

Auf der Dorfstraße ziehen Kinder, Mütter und Großmütter in ihren dunklen Gewändern dahin, manchmal laufen die Kinder voraus, und die Großmütter schreiten langsam hinter ihnen nach. Es ist ein merkwürdig ruhiger Tag. Es ist, als werde bald etwas geschehen, denn die Ruhe ist unheimlich. Im Hof unseres Hauses sitzen auf dem Erdboden Balata Liesineni und die zwei anderen Mütter an die Hauswand gelehnt, die Kinder mitten im Hof. Das Haus wirft lange Schatten bis an die Wand des Nachbarhauses, auf der man nur einen kleinen Streifen Sonne sehen kann. Langsam wird der Streifen auf der Wand schmaler, bis er ganz verschwindet und die Dämmerung eintritt. In dieser Dämmerung kommt unsere Mutter und geht zu Elisneni, die jetzt bei den anderen Müttern an der Wand sitzt. Sie beugt sich zu ihr und sagt etwas. Dann nimmt sie mich in die Arme, und in ihren Augen sind Tränen. »Robert, morgen nacht ist es so weit! Batschkarer nehmen uns mit. Ich habe mit einer Frau gesprochen, die morgen mit ihrer Mutter und ihren beiden Söhnen gehen wird. Es sind noch mehrere Leute dabei. Ich trage der Frau den Rucksack, weil ihre alte Mutter nichts tragen kann.«

Die Grillen beginnen zu zirpen. Es ist eine wunderbare Augustnacht. In der Dunkelheit des Zimmers höre ich Mutter mit Elisneni sprechen. Ich höre, wie sich ihre wispernden Laute mit dem Zirpen der Grillen vermengen und höre, wie sich unsere Mütter zum Schlafen begeben. Türe und Fenster sind offen geblieben, und es wird still im Raum. Nur das fortwährende Zirpen der Grillen dringt schrill in die Küche herein. Alfred, mein Bruder, schläft neben mir. Ich kann nicht einschlafen, bin überaus aufgeregt, in mir vermengen sich Freude mit großer Angst, Gelassenheit mit höchster Erregung.

Was wird morgen nacht geschehen? Werden uns die Posten nicht bemerken? Werden wir im Mais verschwinden können? Seit einem Jahr komme ich mir fremd vor, als bestünde ich aus zwei verschiedenen Personen, aus dem Kind vom November 1944 und aus dem unbegreiflichen Wesen von heute, von jetzt, in dieser Nachtstunde, an dem ich glaube ersticken zu müssen. Im November wären es drei Jahre, daß wir im Lager sind. Es war eine sehr lange Zeit, und es gab viel Leid, aber auch manche Freude. Bin ich noch ein Kind? Nein, sie ist vorbei, meine Kindheit. Mein Gott, wie herrlich war sie, diese Kindheit! Jetzt kommt etwas Neues, vor dem ich mich sehr fürchte. Was soll ich mit mir tun? Wo soll ich hinlaufen oder hinsehen? Mischi ist verhungert. Jani ist erschossen worden und hat sein Gesicht verloren. Gutjahr Karl ist verschleppt worden. Ich komme mir so verlassen vor, und ich habe so sehr Angst und ein großes Schamgefühl, und fortwährend klagen die Grillen. Wenn nur Mischi da wäre, mit ihm wäre es viel leichter zu ertragen. Mutter sieht in mir noch das Kind, das ich nicht mehr bin. Ich bin etwas anderes, ganz Neues, und darin liegt dieses Ungewisse und Verworrene.

Ganz allein werden wir flüchten, ohne Balata Liesineni und Robert, ohne Elisneni und Lui, ohne unsere Nachbarn, ohne Jentner Marieneni, ohne Hilda, Joschi, Berghaas Jani, ohne Peter Kleisinger, ohne die Fisch Liese, ohne Helen, ohne Mischi. Morgen kommt die Verabschiedung von unseren Lieben, mit denen wir drei Jahre der Qual, Bitterkeit, Freude und Glück erleben durften. Irenneni, Hansi, der allzu lang geratene Knabe, das bucklige Mädchen Iren, Neumann Marieneni, Melitta, Hilda und Kathi, Mayer Jani, seine Mutter, der gute Posten von Molidorf, Krämerneni, Maritzineni und die Seemayerin, die Patin, Koco und der Hund, wo sind sie alle? Mischi ist bei mir, und wir flüchten durch den Mais, und ich trage die Last der Batschkarerin, und es ist der gute Posten da, und Helen kommt aus dem Mais und küßt uns, und der Hund läuft zu mir und leckt meine Tränen, denn ich darf nur noch nachts weinen, bei Tag sehen es die anderen. Ich höre Mutter flüstern:

»Elis, schläfst du?« »Wie soll ich schlafen können? Ich mache mir große Sorgen deinetwegen und wegen der Kinder«, flüstert Elisneni. »Ich muß es tun, sonst krepieren wir noch. Gott wird uns beistehen. Er hat uns bis jetzt beschützt, also wird er uns auch weiterhin nicht im Stich lassen.«

Es ist wieder Morgen. Wir gehen um die Morgensuppe, nachdem wir auf nüchternen Magen unsere tägliche Ration Urin getrunken haben. Alfred mußte sehr viel trinken, um eine ausreichende Menge pissen zu können. Nachdem wir die Suppe gegessen haben, tragen wir Stück für Stück von unserem Gepäck in das Haus, von wo wir heute nacht flüchten werden. Mit dem Gepäck trauen wir uns nicht herumzugehen, denn es könnte uns jemand verraten. Mutter leert Federn aus der Tuchent, damit wir nicht so viel zu tragen haben, denn nur Alfred und ich dürfen unsere Sachen tragen. Mutter muß den Rucksack der Frau tragen, die uns mitnimmt. Mir tut es sehr leid, die Federn hier zu lassen. »Aber wir können nicht alles tragen, die Bücher müssen auch hier bleiben«, sagt Mutter zu Elisneni, die ihr beim Zusammenpacken hilft. Es gibt mir einen Stich ins Herz. Schon einmal durfte ich meine Bücher nicht mitnehmen, als wir von zu Hause fort mußten. Nur einige Tage habe ich die neuen Bücher besessen, und jetzt muß ich sie wieder lassen.

Wir haben unsere Habseligkeiten alle im Haus am Ende des Dorfes untergebracht. Dort müssen wir am Abend hin, und von dort werden wir flüchten. Am späten Nachmittag gehen wir zu unseren Nachbarn, um uns von ihnen zu verabschieden. Liesaneni, Fisch Liese und Jentner Marieneni sind sehr überrascht, daß wir die ersten sind, die das Unternehmen wagen. Mutter verabschiedet sich von allen Müttern, und es wird viel geweint. Ich werde meine Freunde nicht mehr sehen, Müller Joschi und die anderen. Es ist der 21. August und ein wunderbarer, lauer Abend.

Wir gehen dem Haus zu, das sich am Ende des Dorfes befindet. Es ist bereits ganz dunkel und still. Einige Gestalten huschen an uns vorbei, sonst ist die Straße leer. Manchmal ist mir, als fielen einzelne Blätter von den Bäumen. Aber das kann nicht sein, denn es ist erst Ende August. Noch immer stehen die Mütter und meine Freunde an der blaugrauen Wand des Hauses, einige an der Tür, die anderen etwas abseits. Sie winken nicht, sondern stehen nur da. Wir verschwinden im Dunkel des schützenden Gartens und werden gehen, bis wir das letzte Haus erreicht haben, das letzte Haus am Ende des Dorfes. Eben schien es mir, als hörte ich vom entfernten Bahnhof das klagende Pfeifen eines Nachtzuges, und dieses Pfeifen macht mir unsere Einsamkeit und unser Verlorensein noch bewußter. Die Tränen rinnen mir in den Mund, aber es ist dunkel, und niemand wird sie sehen.

3
Auf dem Weg

»Das sind meine beiden Söhne«, sagt Mutter zu der Frau, deren Last sie tragen wird. »Die sind ja schon groß, da können sie ordentlich tragen. Wissen Sie, mit kleinen Kindern ist es ein großes Wagnis. Man weiß nie, wann es ihnen einfällt, zu schreien und zu weinen.«

Wir werden ins Zimmer gelassen. Der Raum ist voll von Menschen, die auf dem Boden sitzen oder liegen. Eine kleine Kerze brennt auf dem Boden und macht hinter den Gestalten große und breite, lange Schatten auf der Zimmerwand. Hinter der Tür liegen die Rucksäcke bereit. Die Frau sagt zur Mutter: »Wir sind unser zwölf Personen, zu meiner Familie gehören vier: meine Mutter und meine beiden Söhne, elf und fünfzehn Jahre alt. Weiters ist eine Frau mit zwei Mädchen da, zehn und zwölf Jahre alt, und dann gibt es noch zwei alte Mütter.« Während die Frau spricht, geht sie auf und ab, und der Schein der Kerze macht aus ihrem Schatten eine riesig große Figur, die sich bis auf die Zimmerdecke hinauf bewegt. Zu ihren Buben sagt sie, daß die beiden es schon schaffen würden, wenn sie selbst den Weg nicht mehr wisse.

Alle haben sich im Zimmer zusammengefunden, die beiden alten Mütter sitzen auf dem Boden, und es ist so, als verharrten sie und rasteten für den großen Weg. Ich solle mit dem großen Buben vorangehen, deutet die Frau mit den beiden Mädchen. Wie lange habe ich keine Kerze mehr gesehen, und hier brennt sie ganz ruhig. Nur wenn die Frau mit ihren Händen in die Luft greift, wird die Flamme unruhig und flackert nervös mitten unter den ruhig sitzenden Müttern und der sich bewegenden Frau. Die Fenster sind verhängt, damit man das Licht nicht merkt.

Wir sollten uns noch ein wenig hinlegen, eine halbe Stunde vor Mitternacht würden wir aufbrechen, das ist die Zeit der Ablöse für den Wachtposten. Einschlafen kann ich nicht, denn immer sehe ich den Posten mit dem auf uns gerichteten Gewehr, höre den ersten Schuß und lasse das Kleesäckchen fallen. Ich sehe die Großmutter kommen. »Ich bin es, deine Großmutter, Robert!« Es ist Mutters Stimme, wir müssen aufbrechen. Die Mütter hängen sich die Säcke auf den Rücken. Die

Frau fragt, ob noch jemand etwas wissen wolle, jetzt könne er noch fragen, aber während des Flüchtens dürfe auf keinen Fall gesprochen werden. Wir würden gehen, wenn es graut. Während des Tages würden wir uns im Maisfeld ruhig verhalten und so den ganzen Tag verbringen.

Im Zimmer werden die Zurückgebliebenen geküßt, und es wird in die Dunkelheit hinein geweint. Die Frau beginnt wieder zu sprechen, sie werde mit ihrem größeren Sohn mit etwas Abstand vorausgehen. Sie öffnet die Tür, und wir gehen ihr in der Finsternis nach. Vor dem Haus gehen die Frau und der große Bub voraus, wir bleiben ruhig an der Hauswand stehen. Mutter hält uns an den Schultern fest. Es ist ganz still, kein Laut ist zu hören. Aber mein Herz klopft, ich spüre es bis zum Hals. Die Frau gibt uns ein Zeichen, indem sie die rechte Hand hebt. In der Dunkelheit sieht man nur die Schatten, denen wir nachgehen. Ich gehe als erster hinter der Mutter der Frau nach, hinter mir kommt mein Bruder Alfred, dann die Mutter, und hinter ihr gehen die beiden Mädchen mit ihrer Mutter, zum Schluß die beiden alten Großmütter.

Ganz leise schreiten wir in die Nacht hinein, langsam, und ich spüre Schollen unter den Füßen. Wir haben den Acker erreicht. Ich sehe nur den Schatten einer Gestalt vor mir, die gebeugt auf dem Rücken die Last trägt. Diesen muß ich beachten, sonst nichts. Er beginnt zu laufen, ich auch. Es ist sehr schlecht zu laufen auf dem umgeackerten freien Feld. Ich fürchte, in der Erde steckenzubleiben. Das Gelände ist so schlecht, daß es mich an das Werschetzer Ried erinnert. Aber dort hatte ich nicht diese schreckliche Angst wie hier, wo der Posten jede Sekunde auf uns zielen kann. In meiner Angst höre ich ihn wieder rufen »Halt, halt!«, aber es ist still, nur unser Keuchen ist zu hören. Wenn nur bald das Maisfeld käme! Die Frau mit den beiden Mädchen ist zurückgeblieben, da sie ein kürzeres Bein hat. Endlich sind wir am Ende des umgeackerten Feldes angelangt. Ich höre das Laub rascheln, die ersten sind bereits im Feld verschwunden, und ich spüre nun auch den Schutz der hohen Pflanzen. Jetzt laufen wir nicht mehr. Die Frau bleibt nicht stehen, aber sie beginnt langsamer zu gehen. Wir gehen einzeln hintereinander zwischen zwei Zeilen. Ich kann den Schatten vor mir sehr schlecht sehen, da es im Dickicht des Feldes stockdunkel ist. Aber verirren kann ich mich nicht, weil ich der Furche folge. Die Maispflanzen, die über zwei Meter hoch sind, geben uns Schutz. Wieder breitet sich das offene Feld aus. Unsere Führerin bleibt stehen. Ihre Mutter ist die erste, die zu sprechen beginnt. »Bleiben wir doch hier, um zu rasten«, sagt sie. »Nein, Mutter, es ist noch zu gefährlich. Wir müssen die kahlen Felder überqueren, um wieder im Mais verschwinden zu können.«

Wir gehen lautlos hintereinander zwischen den Maispflanzenzeilen, nur unsere Schritte in der Furche sind zu hören. Es ist, als bestünde die Welt aus Maisfeldern. Die alten Mütter können nicht mehr weiter, und wir rasten, trotz des Widerstrebens unserer Führerin. Es graut, und wir gehen immer noch durch den Mais. Hier können wir auch gehen, wenn es bereits Tag ist, bis die Serben auf ihre Felder kommen.

Die Sonne geht auf, und unsere Führerin läßt uns haltmachen. Alle lassen wir uns erschöpft auf den Boden nieder und beginnen zu frühstücken und im Mais die Notdurft zu verrichten. Alfred muß in eine Dose pissen, und Mutter und ich trinken den frischen Urin und essen Maiskolben. Der Urin macht sehr durstig, weil er wie reines Salz schmeckt. Wir haben aber nicht viel Wasser mit, also dürfen wir nur ein wenig trinken, damit wir noch für den ganzen Tag und die Nacht zu trinken haben. Wir werden den ganzen Tag auf demselben Fleck liegenbleiben und dürfen nicht sprechen und uns nicht bewegen, damit wir uns nicht durch das Rascheln verraten, denn auf den Feldern arbeiten serbische Bauern. Wir liegen auf dem Erdboden, die beiden alten Mütter kauern nur. Die Sonne hat sich hinter dem Mais emporgehoben und brennt auf uns nieder. Es ist ein sehr heißer Tag.

Die Hitze weckt uns auf. Es muß gegen Mittag sein, da die Sonne im Zenit steht und das Maislaub wenig Schatten gibt. Es ist nicht leicht, das zu ertragen und nicht sprechen und sich nicht bewegen zu dürfen. Manchmal halte ich den Atem an, denn mir ist, als ob ich es rascheln hörte, als kämen Serben oder Uniformierte und entdeckten uns hier. Es sind sicherlich Tiere, die im Dickicht den Mais streifen. Es ist wieder still. Dieses Horchen in die Stille hinein schmerzt im Ohr. Es ist der längste Tag meines Lebens. Es ist erst Mittag, und noch einmal so lange müssen wir hier ausharren. Alfred bittet um Wasser, er bekommt nur ganz wenig. Ich habe auch Durst, Mutter gibt mir ein bißchen Wasser, es ist warm. Wie sehr quält mich der Durst! Wären wir im Lager geblieben, denke ich, da hätten wir Wasser, ganze Eimer klares Wasser, und könnten so lange trinken, wie wir wollten. Ich darf nicht daran denken, sonst könnte ich vor Sehnsucht nach dem herrlichen kühlen Wasser noch ohnmächtig werden.

Die Erde ist heiß, und die Maisstengel werfen ganz dünne Schatten auf die schwarze Erde. Ich habe ein wenig Kopfschmerzen und versuche einzuschlafen. Als ich erwache, ist die Sonne untergegangen. Wir essen und trinken das warme Wasser. Die Abenddämmerung ist hereingebrochen, bald wird es Nacht, und wir dürfen wieder gehen.

Heute nacht werden wir die Grenze überschreiten, etwa um Mitternacht. »Ich bitte um absolute Stille«, beschwört uns die Führerin. Es ist ganz dunkel geworden, die Nacht verschlingt alles Sehbare. Ein milder, kühler Windhauch streift über die Spitzen der Maispflanzen. Mich quält wieder der Durst. Das Maisfeld ist zu Ende, wir überqueren ein unbebautes Feld, auf dem mir das Gras bis zum Hals reicht. Es ist schlecht zu gehen, da das Unkrautgestrüpp sehr dicht ist. Wir gehen durch Maisfelder, über nasse Wiesen, brache Äcker und umgepflügtes Ackerland. Die Frau, die uns führt, bleibt stehen, und wir rasten ein bißchen. Aber ich bin nicht müde. Die Angst, die Erwartung, die Spannung lassen mich nicht an Müdigkeit denken. Die Frau steht auf, und wir alle mit ihr. Sie sagt: »Jetzt müssen wir uns unbedingt richtig verhalten, vorsichtig und ruhig gehen, denn wir sind nicht mehr weit von der Grenze entfernt. Alle fünf bis zehn Minuten leuchten Scheinwerfer auf und streifen über die Felder. Wir müssen über den großen Acker, der umgepflügt ist. Sobald die Scheinwerfer dieses Feld gestreift haben, müssen wir laufen, damit wir das Maisfeld erreichen, denn dort sieht man uns nicht mehr. Sollten uns die Scheinwerfer auf dem offenen Feld erwischen, zu Boden fallen lassen und flach liegen bleiben, bis die Scheinwerfer wieder weg sind. Dann müssen wir sofort wieder laufen, bis ein Graben kommt. Das die schwierigste Stelle.«

Mutter hält Alfred und mich fest. Ich spüre, wie ihre Hand zittert. Es gibt nur den Gedanken, geradeaus zu laufen und, wenn das Licht kommt, uns flach auf den Boden zu werfen. Die Scheinwerfer leuchten auf und leuchten auf das graue Feld, sodaß alles eine merkwürdig gelbbraune Farbe bekommt Es wird wieder dunkel, und die Frau flüstert: »Jetzt schnell, so schnell es nur geht!« Wir laufen hinter der Frau, den beiden Söhnen und der Großmutter. Die beiden alten Mütter und die Frau mit den Mädchen sind hinter uns. Es ist nicht viel zu sehen, aber die laufenden Schatten sieht man, und denen folgen wir. Das Licht leuchtet auf, und wir sind mitten auf dem nackten Feld. Wir werfen uns auf den Boden. Ich kann vor Entsetzen nichts mehr denken, das grelle Licht leuchtet über uns, und ich höre »Stoj!« rufen und höre die Schüsse. Ich laufe durch den Garten, Jani folgt mir nicht – nein, es sind nicht die Schüsse, die Jani und mir gelten, es sind andere. Kalt und heiß läuft es mir über den Rücken, ich werde wieder das Wechselfieber haben, die Kehle ist mir wie zugeschnürt. Gleich wird alles vorbei sein, die zugeschnürte Kehle, mein großer Durst. Dann werde ich Mischi und Jani sehen, gleich ist alles vorbei. Ich liege, der Atem stockt mir, meine Mutter hält meine Hand fest, sie zittert nicht mehr, sie ist ganz starr. Alles ist gleich vorbei. Ich habe mein Gesicht auf der Erde liegen, ich se-

he, daß es wieder dunkler wird. Es ist herrlich, diese Helligkeit verschwinden zu sehen. Jetzt ist wieder alles in Dunkelheit gehüllt, und die Nacht ist unser Engel, der uns beschützt. Ich höre die Stimme unserer Führerin, heiser und schrill: »Schnell, so schnell es geht!« Wir haben die Säcke wieder auf dem Rücken, und wir laufen, so schnell wir nur können. Der Graben ist da, er ist nicht sehr tief, wir kommen leicht hinüber. Alle haben wir den Graben überwunden, außer der einen alten Mutter, die nicht nach oben kommen kann. Sie fleht leise: »Helft mir, laßt mich doch nicht hier liegen, helft mir!« »Um Gottes willen, nicht so laut!« Der ältere Bub und die Frau ziehen an beiden Armen der alten Mutter. Ich sehe es nicht, ich höre es nur, denn wir laufen so schnell, wie uns die Beine nur tragen können. Der Acker ist sehr groß, größer, als die Frau glaubte, und es kommt kein Maisfeld. In letzter Sekunde haben wir das Maisfeld erreicht, das Licht streift über den Acker, nur die alte Mutter liegt noch, aber bereits außerhalb des Grabens, flach auf der Erde. Sie weint und klagt. Die Frau, die sie mit ihrem Buben losließ und in den Mais flüchtete, sagt, sie solle ruhig sein. Ich sehe ihre liegende Gestalt, sie bewegt sich nicht. Das Licht verlöscht, und es ist wieder herrliche Finsternis.

In dieser Finsternis ziehen die Frau und der große Bub die erschöpfte Frau ins Maisfeld. Sie weint und sagt: »Laßt mich doch hier verrecken, es hat doch keinen Sinn.« Alle reden auf sie ein, sie solle durchhalten. Wir gehen weiter, und die andere alte Mutter ruft: »Habt Erbarmen, wir können sie doch hier nicht verrecken lassen!« Die Frau ist verzweifelt. Wir laufen, so wie man durch den Mais eben laufen kann, um schnell vom Graben wegzukommen. Am Ende des Maisfeldes warten wir. Die eine alte Mutter stützt die zweite, die unter Aufbietung all ihrer Kräfte das lange Maisfeld durchquert hat und bittet, rasten zu dürfen. Auf keinen Fall, heißt es, dürften wir uns hier lange aufhalten, später dann könnten wir lange rasten, aber jetzt nur fort.

»Wir haben die Grenze überschritten und sind auf ungarischem Boden«, sagt unsere Führerin in die Finsternis hinein. Ich höre Schluchzen, und ein merkwürdiges Gefühl überkommt mich. Ich spüre nichts mehr, weder Last noch Schmerz, es ist mir, als flögen wir über das vor uns liegende Stoppelfeld. Ich kann es nicht glauben, daß wir in einem anderen Land sind. Hier schleichen wir uns genauso durch Mais- und Stoppelfelder, und doch ist es anders. Mir ist sehr leicht, so, als öffne sich meine Kehle und ich bekäme mehr Luft, eine Luft, die ganz anders ist als bisher. Wir stehen wieder vor Maisfeldern. Die Frau, die uns führt, meint, daß es jetzt mit ihrer Kenntnis der Landschaft vorbei sei, wir müßten uns auf unser Gefühl oder Gespür verlassen, die Grenze sei im

Südosten. Wir dürften nicht südlich oder dem Osten zugehen, sondern müßten uns nach Norden richten. Der große Stern, den wir alle sehen, müsse immer vor uns im Zenit bleiben, erklärt die Frau. Nordöstlich müsse die Ortschaft Csátalja liegen. Die eine der alten Mütter fragt, ob sie denn ganz sicher sei, daß wir auf ungarischem Boden seien, sie könne es nicht glauben, viel weniger noch fassen. »Ja, wir haben das große Feld überquert und den Graben«, sagt die Führerin, »das war sie, die Grenze. Wir sind in Ungarn, so wahr mir Gott helfe.« Wir gehen durch Mais- und Stoppelfelder, durch Wiesen und Weinberge. Was für ein merkwürdiges Gefühl: Ich bin zum ersten Mal in meinem Leben in einem anderen Land. Ich glaubte immer, die Länder unterschieden sich stark voneinander und daß sogar die Farben der Landschaft anders seien, rosa zum Beispiel, was bei uns rot ist. Die Häuser der Dörfer würden sicherlich anders aussehen. Jetzt, in der Nacht, sieht man ja kein Rot, alles ist blau, grau oder violett. Ich beginne alles genau zu beobachten. Es gibt nicht mehr diese peinigende Angst, aber ich habe großen Durst.

Die Frau, die uns vorangeht, bleibt stehen und horcht. Ich höre aus nächster Nähe das Blöken von Schafen und das Klingen von Schellen. Ich sehe Jentner Marieneni vor mir mit dem Buch, in dem sie zu Weihnachten las. »In derselben Gegend hielten Hirten Wache bei ihrer Herde ...« Jetzt erst empfinde ich, daß wir in einem anderen Land sind und die Grenze überschritten haben. Wir dürfen rasten, und alle fallen wir zu Boden. Der alten Mutter geht es besser, sie kann wieder laufen.

Es muß bereits weit über Mitternacht sein. Der ältere Bub unserer Führerin und sie selbst gehen nachsehen, wie der Weg ist und ob wir ungehindert nach Norden weiterziehen können. Sie kommen nach kurzer Zeit wieder zurück, sie haben Weintrauben gefunden. Eines der beiden Mädchen geht mit dem älteren Buben mit, um auch welche zu holen. Gar nicht weit von unserem Rastplatz entfernt breitet sich ein wunderbarer Weinberg aus. Ich kann die Trauben nicht sehen und suche mit den Händen den Weinstock ab. Ich lese meinen Sack voll, und mein Hunger und Durst werden gestillt. Wir haben die Säcke vom Rücken genommen und legen uns ins Gras. In der Nähe hören wir die weidende Schafherde. Aber wir müssen weiter, denn es ist wichtig, möglichst weit von der Grenze weg zu kommen, sagt unsere Führerin. Niemand klagt, es ist still, alle gehen wir der Frau nach, in den unbekannten, ungewissen Norden. Hier gibt es sehr viele Wiesen, auf denen angenehm zu gehen ist. Wir hören Hundegebell, bleiben stehen und horchen in die Dunkelheit hinein.

Vor uns leuchtet ein Licht auf, wir sehen ein hell beleuchtetes Fenster. Es ist, als seien das Licht und das Haus selbst aus dem Erdboden hervorgetaucht. Aus dieser Richtung kommt das Hundegebell. Wir hören eine Männerstimme, die die Hunde beruhigt, und sehen ein zweites Licht, das sich bewegt und nach oben gehoben wird. Schritte nähern sich, und wir hören rufen, ob denn wer hier sei. Wir stehen ganz still und warten. Die Schritte werden lauter. Man hört, daß die Erde hart ist und es schon lange nicht geregnet haben dürfte. Das sei ein Glück, meint eine der alten Mütter, wir seien ja dem Wetter ausgesetzt, und ein Regen wäre eine Katastrophe. Ich denke, ob es nicht doch besser wäre, davonzulaufen, aber die Hunde würden uns einholen und uns zerreißen. »Fürchtet euch nicht!« höre ich die Männerstimme rufen. Ich muß mich erst besinnen, ob das Wirklichkeit ist oder nur ein Traum aus Marienenis Buch. Der Mann kommt ganz nahe an uns heran und fragt, ob wir über die Grenze gekommen seien. Unsere Führerin bittet ihn, uns zu helfen. Der Mann sagt, das sei er gewöhnt, weil er sein Haus nicht weit von der Grenze habe. Er erklärt, es seien schon viele vorbeigekommen, Menschen, die am Verdursten waren. Es sei hier nicht ungefährlich, da ein paar Kilometer weiter Militär sei, das die Leute nach Jugoslawien zurücktreibe. Ich sehe in der Finsternis die Gestalt des Mannes und daß er in seiner linken Hand einen blanken Eimer hält, der in die Nacht hineinleuchtet. Das Wasser im Eimer bewegt sich und glitzert. Der Mann hat auch ein Trinkgefäß mit, und wir trinken alle das kostbare Wasser. »Ich werde euch den Weg erklären«, sagt der Mann, »damit ihr nicht den Soldaten in die Hände lauft.« Er rät uns, den Feldweg zu nehmen, der zu einer Anhöhe, dann über einen kleinen Hügel führt, unter dem wieder die großen Maisfelder beginnen, dann durch das große Maisfeld hindurch bis ans Ende der Felder, wo sich ein breiter Fuhrweg befindet. An seinem Rand sollten wir im Mais warten, bis es Tag sei und die Bauern auf das Feld fahren. Wir sollten die Leute bitten, uns den Weg ins Dorf zu zeigen. »Ihr braucht keine Angst zu haben, es sind gute Leute, sie werden euch helfen. Gott stehe euch bei!« Wir gehen über den Hügel und weiter durch das Maisfeld, das genauso aussieht, wie die Maisfelder vor der Grenze ausgesehen haben. Von den alten Müttern ist kein Klagen mehr zu hören. Wir sind am Ende des Maisfeldes angekommen, an dem der große Feldweg vorbeizieht, und legen unsere Habseligkeiten ab. »Es wird heute wieder ein schöner Tag werden, denn es gibt starken Morgentau, und der Himmel ist tiefblau«, sagt eine der alten Mütter. Im Osten geht die Sonne auf. Wir setzen uns und essen die Weintrauben, die wir in der Nacht gefunden haben.

Wir sitzen im Mais und warten. Ich bin überhaupt nicht müde. Etwas Erwartungsvolles ist in mir, etwas Befreiendes, aber auch Bangigkeit. Die ersten Lebewesen, die wir zu sehen bekommen, sind Schweine, die ins Maisfeld laufen, junge Schweine, die gar nicht scheu sind und unsere Säcke beschnüffeln. Unsere Mütter meinen: »Was wollen wir noch mehr, wir haben Schwein, und nicht nur eines, sondern gleich ein ganzes Dutzend!«

Ein Knabe kommt den Feldweg entlang und sucht die Schweine. Ein wenig erschrocken sieht er uns an. Unsere Führerin fragt ihn, wie man ins Dorf gelange. Er deutet geradeaus und rechts, aber er fragt nichts und läuft mit seinen Schweinen den Weg weiter. Die Frau mit den beiden Mädchen meint, wir sollten nicht auf den Knaben hören, sondern warten, bis Erwachsene vorbeikämen. Der Bub hielte uns vielleicht nur zum besten. Aber wir gehen den Weg, den uns der Knabe angegeben hat.

Ein Pferdefuhrwerk kommt uns entgegen. Der Kutscher hält an, eine Frau sitzt hinter ihm auf dem frisch gemähten Gras. Sie fragt, ohne daß wir sie ansprechen: »Ihr wollt ins Dorf? Dann müßt ihr in den ersten Feldweg rechts einbiegen und dann geradeaus weitergehen.« Unsere Führerin meint, die Bauern hier seien Grenzbauern, die es gewöhnt seien, Flüchtlingen von drüben zu begegnen.

Die Landstraße, die zum Dorf führt, staubt, weil es schon lange keinen Regen gegeben hat. Unter einem der Maulbeerbäume, die die Landstraße säumen, liegen zwei Männer im Schatten und schlafen. Hähne krähen laut, also wissen wir, daß wir bald ins Dorf kommen. Am Eingang des Dorfes steht ein Laufbrunnen. Wir legen unsere Habseligkeiten neben dem Brunnen auf den Boden und trinken das Wasser. Frauen kommen aus den Häusern und fragen uns, wohin wir wollen. Eine Frau bedauert meinen Bruder: »Mein Gott, schaut euch diesen Kleinen an!« Sie läuft ins Haus und bringt Lebensmittel, die sie meinem Bruder gibt: einen Laib Brot, Äpfel und Kuchen. Sie wischt sich mit der Schürze das Gesicht ab. Wir fragen die Frauen am Brunnen, ob man uns wohl in die Häuser ließe, damit wir rasten und beraten könnten, wie wir einen Unterschlupf finden. Eine Frau meint, wir sollten in die hintere Gasse gehen, damit wir von der Hauptstraße wegkämen und die Miliz uns nicht bemerke, denn man wisse nie, was denen einfalle.

Aus den Häusern strömen Frauen und Kinder, aber auch Männer. Es ist noch früh am Tag, und es riecht nach herrlichem Essen. Wir werden gefragt, wo wir denn hin wollten, hier im Dorf gebe es keinen Platz. Wir geben keine Antwort und gehen unter den schattigen Maulbeerbäumen dahin. Die Häuser sehen stattlich aus, es müssen sehr wohlhabende

Bauern darin wohnen. Hühner, Hunde und Kühe sind zu hören. Es ist ein gutes Gefühl, nicht von Uniformierten getrieben zu werden, auch wenn uns die Leute beschimpfen und sagen, wir sollten aus dem Dorf verschwinden. Wir gehen und wissen nicht, wohin und wie weit. Bei jedem Hauseingang fragen unsere Mütter, ob man uns aufnehmen könne. Manche sagen, sie würden uns aufnehmen, aber sie könnten dadurch Unannehmlichkeiten bekommen. Es geht dem Dorfende zu, wo weniger stattliche Häuser stehen, solche, die eher armselig aussehen. Ein Mann steht vor einem kleinen Haus, dessen Tor offen ist, und sagt, zu ihm könne man kommen, er habe schon öfter Leute aufgenommen. Unsere Mütter zögern, weil sie nicht glauben können, daß der Mann es ehrlich meint. Er sieht nicht aus wie ein Bauer, sondern eher wie ein Lehrer. Wir gehen durch einen langen Korridor. Er sieht aus wie der in Zichydorf, hat zwei Türen und eine dritte, die aussieht wie die Futterkammertür. Eigentlich würde ich gerne hineinsehen: Es könnte doch sein, daß Mischi, Helen, Wastl und ihre Mutter drinnen sind und auch die Kuh und die Ziege. Wir werden aber weitergeführt, an der Tür vorbei, bis zur Strohtriste. Hier steht auch eine Scheune, und mir ist, als sehe ich den Rechen und sehe Maritzineni daraus hervorkriechen und meinen Namen rufen. Wenn es Regen gebe, seien wir gut unter Dach, meint der Mann, der uns hierher geführt hat, und wir könnten soviel Stroh nehmen, wie wir wollten, um uns ein ordentliches Schlaflager zu machen.

Die Hausfrau kommt zu uns in die Scheune, sie hält einen Laib Brot in der Hand, begrüßt uns und schneidet große Scheiben ab. »Es ist ganz frisches Brot, ich habe es heute gebacken«, lacht die Frau und nickt uns freundlich zu, und ich sehe, wie meine Mutter und auch die anderen Frauen weinen. Was für ein herrlicher Geruch, es duftet so, wie wenn Vater das Brot ausbuk und Mischi und ich es mit dem Karren zu den Kaufleuten führten.

Mutter reißt mich aus meinen Erinnerungen: Unser Gepäck muß neu geordnet werden, denn hier in Ungarn muß sie den Sack unserer Führerin nicht mehr tragen, nur bis über die Grenze, war ausgehandelt worden, bis wir unser erstes Heim gefunden hätten. Wir haben ein Heim gefunden, hier im Haus, bei großartigen Leuten, es sind Ungarn. Wir sind in einem anderen Land, nicht mehr im Lager, und sie muß den schweren Sack der fremden Frau nicht mehr tragen. Wir können unsere Sachen auf drei Teile teilen, wir haben Kuchen, Brot und Obst, und wir sind in Ungarn, und es ist ein gutes Land mit guten Menschen.

4
Wege durch Ungarn

Eine ungarische Nachbarin kommt zu uns in die Scheune und fragt, ob wir schöne Kleider hätten oder Schmuck. Sie würde uns das abnehmen, denn sie wisse, daß wir zu essen bräuchten und Geld, um weiterzukommen. Es kommen auch andere Leute, um nach uns zu sehen, aber auch aus Neugierde. Sie fragen uns, wo wir hinwollen, nach Deutschland etwa? Mutter sagt, dorthin, wo unsere Leute sind und wo man unsere Sprache spricht. »Es ist sehr weit nach Deutschland. Wie wollt ihr denn so weit kommen?« fragt die Tochter der Bäuerin, die sich mit Mutter unterhält. Sie meint weiter, wir sollten hier einige Wochen arbeiten, bis wir das nötige Geld beisammen hätten. Wenn wir etwas zu verkaufen hätten, sollten wir hausieren gehen, Schmuck und gute oder schöne Kleidung würden immer genommen. Die Frau, für die Mutter die Last trug, ist bereits im Dorf unterwegs, um zu hausieren, denn in dem schweren Sack sind lauter Sachen, die sie verkaufen will, um das Geld für die Fahrt bis zur österreichischen Grenze zusammenzubringen.

Mutter sagt, wir sollten nicht verzweifeln, das Kostüm und das Kleid, das sie von der Kudritzer Freundin bekommen hat, seien fast neu, und sie werde damit hausieren gehen. In einem Haus fragt sie eine ältere Frau, die mit zwei Eimern voll Milch vom Stall nach vorne zur Küche kommt, ob sie uns etwas abkaufen möchte. »Nein, nein, ich will mit diesen Sachen nichts zu tun haben. Man könnte ja krank werden, denn wer weiß, wer in den Kleidern gesteckt ist. Vielleicht sind sie gar gestohlen.« Sie stellt die Eimer auf den Boden, und ich starre auf die Milch. Sie habe keine Zeit, sich mit uns zu unterhalten, sagt sie, und geht in die Küche, ohne weiter von uns Notiz zu nehmen. Mutter ruft ihr flehend nach, ob sie für die Kinder nicht ein bißchen Milch bekommen könne, denn wir hätten schon jahrelang keine mehr getrunken. Widerwillig kommt die Frau zurück und bringt uns mit einem kleinen Gefäß Milch aus der Küche. Mutter hält eine Kanne bereit, und die Frau gießt die Milch hinein. Wir gehen wieder. Mutter spricht kein Wort, aber ich fühle, wie ihr zumute ist. Wir lassen ein paar Häuser aus, um wieder in ein großes hineinzugehen. Der Hund im Hof ist angekettet und wütet sehr. Eine junge Frau öffnet die Tür, nur einen kleinen Spalt weit, und ich sehe ihr Gesicht und ihre Hände und hinter ihr im Hof den bellenden, angeketteten Hund. Die Frau fragt Mutter, was sie wolle. »Ein Kostüm habe ich und ein wunderbares Kleid.« Die Frau mustert uns mißtrauisch. Sie macht uns Platz, damit wir eintreten können, beruhigt den Hund und führt uns in den Korridor. Mutter öffnet den Sack und holt die Kleidungsstücke hervor. »Tatsächlich, ein richtiges Kostüm, und dieses schöne Kleid! Ich darf es doch gleich anprobieren?« Die junge Frau kommt nach kurzer Zeit wieder und hat das Kleid an. Sie lacht und fragt die Mutter, wie es ihr denn stehe. »Wie nach Maß, großartig«, sagt Mutter. »Was verlangen Sie?« Mutter hat sich bereits nach dem Wert des Geldes erkundigt und wieviel man braucht, um an die österreichische Grenze zu kommen. »Siebzig Forint«, sagt sie zögernd. »Was, siebzig Forint? Sie sind ja nicht bei Sinnen! Für so ein altes Kleid gebe ich Ihnen zwanzig, zwanzig und nicht mehr!« Mutter sagt flehentlich: »Ich würde es Ihnen ja gerne geben, aber ich brauche das Geld. Ich will mit meinen Kindern zur österreichischen Grenze, verstehen Sie doch, ich habe sonst nichts.« »Es tut mir leid, aber ich kann Ihnen nicht helfen, weil mein Mann nicht zu Hause ist.« Sie gibt Mutter das Kleid zurück und sagt wieder, es tue ihr sehr leid. Mutter fragt, ob sie nicht das Kostüm probieren wolle. »Nein, das gefällt mir weniger.« Wir gehen wieder, der Hund bellt sehr arg, und hinter uns wird die Tür zugemacht.

Die Schatten der Bäume sind länger geworden, sie sind über die Fenster der Häuser gestiegen. Ich sehe noch die Frau vor mir, die sich vor dem Fensterflügel betrachtet und sich mit dem Kleid im Kreis dreht. Wir gehen einige Häuser weiter, klopfen an Türen, aber es wird bereits Abend, die Schatten sind fort von den Fassaden der Häuser. Die Sonne hat sich verkrochen, und Mutter hat noch immer kein Geld, aber zu essen haben wir bekommen. Es beginnt bereits dunkel zu werden. »Wir wollen es noch in einem Haus versuchen«, meint Mutter mutlos. Wieder der lange Korridor, so wie in Zichydorf. An der ersten Tür klopft Mutter an. Ein Mann öffnet uns und läßt uns ins Zimmer. Rund um den Tisch sitzen Frauen und Kinder und noch ein junger Mann beim Abendessen. Mutter öffnet abermals den Lumpensack und zeigt die Kleidungsstücke. Alle beginnen zu lachen. Ich stehe neben Mutter, und mir ist, als müsse ich in den Erdboden versinken, so sehr schäme ich mich. Man lacht nur und fragt uns nicht, ob wir Hunger hätten. Ich könnte hier auch nichts essen, denn das Essen dieser lachenden Leute würde mir im Hals steckenbleiben. Mutter sagt kein Wort, und man öffnet die Tür, damit wir gehen können. Im Korridor und auf der Straße höre ich noch immer dieses Lachen, obwohl wir schon einige Häuser weit weg sind. Sie essen ihr Nachtmahl, aber es wird bald die Nacht kommen, denke ich, auch für sie, die uns auslachen. Wir beeilen uns, um von diesem Haus möglichst weit weg zu kommen, ehe es ganz dunkel ist und wir unser Quartier gefunden haben.

Im Hof stehen unsere Leidensgenossen, sie sprechen mit dem Bauern. Wir hören, daß er uns mit seinem Pferd zur Donau bringen würde. Für jede Person sei ein Forint zu zahlen, denn das Pferd würde sich mit zwölf Personen auf dem Wagen sehr plagen müssen. Die anderen haben bereits Geld, nur wir und die Frau mit den beiden Mädchen nicht.

Bei der Strohtriste bereiten wir unser Nachtlager. Alfred und die beiden Mädchen haben beim Betteln Lebensmittel bekommen. Mir fällt Maritzineni ein. Vor zwei Jahren bin ich mit ihr um dieselbe Jahreszeit in den Garten gegangen, und die Luft war so mild wie jetzt. Auch damals mit Krämerneni sind wir zur Strohtriste schlafen gegangen. Aber jetzt ist unsere Mutter bei uns, und es ist ein unersetzliches Geschenk, daß wir sie haben, daß sie uns nicht verlorengegangen ist. Die Nacht ist mild. Erst gegen Morgen, wenn die Hähne zu krähen beginnen, zieht ein frischer Wind über unsere Köpfe, wie wir so daliegen in der Scheune neben der Strohtriste.

Am nächsten Tag geht Alfred wieder betteln, Mutter und ich gehen mit unseren Sachen hausieren. In einem Haus sind drei Frauen im Korridor, zwei junge und eine alte. Mutter erzählt den Frauen zuerst, daß sie nur deshalb hausieren gehe, um das Geld für die Fahrt mit dem Zug zusammenzubringen. Sie sind sehr freundlich zu uns, und die ältere von ihnen lädt uns ein, in die Küche zu kommen. Im Korridor stehen viele leere, grüne Flaschen und einige Körbe, auf denen Tuchenten liegen. In der Küche riecht es stark nach Tomaten, weil eben für den Winter Tomaten eingekocht werden. Großmutter hat zu Hause um diese Zeit dasselbe gemacht. Mir kommt es fremd vor, daß man uns niedersetzen läßt. Mutter öffnet wieder den Sack und zeigt die beiden Kleidungsstücke. Die beiden jüngeren Frauen sehen sich die Kleider an. Eine der beiden zahlt Mutter dreißig Forint. Wir haben zum ersten Mal Geld in der Hand und bekommen noch Brot und Melonen.

Wir kommen in ein Haus, wo uns der Bauer auf deutsch antwortet. Er sagt Mutter, daß auch er Deutscher sei und daß es hier in Csátalja einige Dutzend Schwaben gebe. Er läßt uns in das Preßhaus hinein, und wir bekommen süßen Most zu trinken. Er lädt uns auch zum Mittagessen ein. Wir holen Alfred und dürfen uns in der Küche an den Tisch setzen, wo die Bäuerin und ihr Mann das Essen aufgetragen haben. Wir bekommen warme Fleischsuppe in weißen Tellern serviert und Fleischlaibchen mit herrlichem Weißbrot und süßem Most. Wie lange mag es her sein, daß wir so festlich gegessen haben?

Die Frau erzählt, daß sie einen Sohn hat, von dem sie seit Kriegsende keine Nachricht mehr habe. Sie weint. Wir werden mit Lebensmitteln beschenkt. Mutter fragt, ob man nicht wisse, wer ein Kostüm brauchen könne. Der Bauer führt uns über die Straße in ein Haus und spricht mit zwei Frauen ungarisch. Mutter legt das Kostüm heraus. Der jüngeren Frau gefällt es, sie bietet vierzig Forint dafür. Der Bauer sagt, daß das Kostüm eigentlich sechzig Forint wert sei. Die Frau meint, wir sollten um die Abendzeit wiederkommen, da sei ihr Mann zu Hause. Vielleicht könne sie dann fünfzig Forint zahlen. Wir verabschieden uns von dem guten Bauern und gehen weiter. Eine Frau sagt, sie wolle mit uns und mit allen anderen Schwabok nichts zu tun haben. Manchmal wird uns die Tür gewiesen, aber es gibt auch Häuser, in denen man mit uns spricht und uns ins Haus läßt. Man gibt uns Almosen.

Mutter besitzt noch ein Halskettchen aus Silber mit einem kleinen Kruzifix. Sie meint, daß sie auch dieses Kettchen verkaufen müsse. Es wird wieder Abend, und wir gehen noch immer in die Häuser. Die Kühe kommen von der Weide und stellen sich muhend vor die Tore. Diese werden ihnen aufgetan, und sie werden in den Hof gelassen. Wir sind oft abgewiesen worden, den Kühen hingegen geht es viel besser, die haben ein Heim. In den Ställen werden sie gemolken, und die Bäuerinnen tragen die Milch in Eimern in die Küche.

Wir gehen wieder in ein Haus. Mutter fragt, ob man ihr das Kostüm abkaufen wolle. Die Frau wehrt ab. Da sagt Mutter, sie habe noch eine Halskette. Die Bäuerin stellt die Milcheimer ab und kommt der Mutter entgegen. Sie betrachtet das Kruzifix und die Kette. »Was verlangen Sie dafür?« Mutter zögert. Die Frau sagt schnell: »Zehn Forint und eine Kanne Milch.« Mutter läßt die Kette in ihren Kotzen gleiten. Sie schüttelt nur den Kopf, und ich sehe, wie ihr die Tränen kommen.

Wir gehen wieder zu dem Haus, wohin uns der volksdeutsche Bauer brachte. Die Frau meint, sie habe gewußt, daß wir wiederkommen würden. »Wer gibt Ihnen schon fünfzig Forint oder gar mehr für das schäbige Kostüm?« Ihr Mann ist jetzt zu Hause, und sie zeigt ihm das Kostüm. »Wenn es dir gefällt, nimm es«, sagt der Mann. »Sie will gar sechzig Forint, fünfzig geb ich. Ist es recht, Mann?« »Gib ihr fünfundfünfzig, und es ist gut, und gib ihr noch eine Melone.«

Ein weiterer Tag ist vorbei, und wir gehen zu unserem Quartier. Die anderen haben das Geld schon beisammen und sind ungeduldig. Sie wollen weiter. »Zwei Tage warten wir noch, dann gehen wir, ob Sie das Geld haben oder nicht. Wir müssen sehen, daß wir von hier fortkommen. Hier an der Grenze ist es gefährlich, die Behörden könnten uns nach Jugoslawien zurückweisen«, meint die Frau, für die unsere Mutter die Last getragen hat. Sie hat alles verkauft, was sie im Sack hatte, sie hat das Geld.

Heute ist Samstag. Mutter hat fünfundachtzig Forint, zuwenig für die Fahrt, denn drei Forint müssen wir dem Bauern geben, der uns zur Donau bringt. Wir essen unser Frühstück. Die Tochter des Bauern gibt uns Käse und sagt, daß ihr Vater uns am Montag zur Donau bringen würde. Mutter erschrickt. Sie sagt, daß wir das Geld für die Fahrt noch nicht beisammen hätten, aber das brauche ja niemand zu wissen. Hauptsache, wir kämen einmal bis zur Donau.

Zu Mittag kommt der Bauer vom Feld nach Hause und sagt: »Leute, am Montag werde ich euch zur Donau bringen. Von dort fahrt ihr dann mit der Fähre über den Fluß. In Baja gibt es einen Bahnhof, von dort könnt ihr bis Pécs fahren.« »Sie sprechen ein perfektes Ungarisch«, sagt er dann zu Mutter, »aus welcher Gegend kommen Sie?« »Aus dem Banat, aus der Stadt Werschetz.« »Werschetz kenne ich gut«, sagt der Bauer. »Es gibt dort viele Ungarn.« »Ja«, sagt Mutter, »da gibt es ein ungarisches Viertel, wo wir auch gewohnt haben. Als Geschäftsfrau ist es notwendig, mehrere Sprachen zu sprechen, wir waren in diesem Viertel die Bäcker.« »Es freut mich sehr, daß Sie unsere Sprache so herrlich sprechen. Ich kenne die Stadt und auch ihre Umgebung. Es gibt dort rein ungarische Dörfer. In einem dieser Dörfer habe ich in meiner Jugend schöne Tage verbracht. Ich hatte dort einen Freund, einen jungen Lehrer, der auch Deutscher war. Er unterrichtete ungarische Kinder. Ja, wir haben zusammen eine schöne Zeit erlebt, wir waren auch noch jung. Es war in dem ungarischen Dorf Sekelkeve. Arthur hieß er, Arthur Schiff. Ich konnte seinen Namen schlecht aussprechen.« Mutter wird ganz rot im Gesicht. »Er war mein Bruder«, sagt sie heiser. Der Mann sieht sie erschrocken an. »Kann es so einen Zufall geben?« Mutter läuft zur Strohtriste, wühlt in ihrem Sack und kommt mit einem Photo zurück. »Das ist er! Mutter, komm, das ist er, mein Jugendfreund! Diese Frau mit den beiden Buben ist seine Schwester.« Der Bauer läßt Mutter in die Küche kommen. Sie muß ihm alles erzählen über Onkel Arthur und daß er sich, als die Deutschen einmarschierten, erhängt hat, mit einundvierzig Jahren.

Es ist Sonntag. Die Frauen gehen zur Kirche, die auch hier mitten im Dorf ist. Sie tragen ebenso weite Röcke wie bei uns in den Banater Dörfern. Gestern waren Mutter und wir zwei Buben unterwegs, um das Kettchen zu verkaufen und das nötige Geld zusammenzubringen. Viele haben uns wieder die Tür gewiesen. Eine Bäuerin gab Mutter ausgepreßte Tomatenschalen, aber keine einzige ganze Tomate. Ich gehe auch zur Kirche und sehe die vielen Frauen mit ihren Kopftüchern in den Bänken sitzen, hinten stehen die Männer, genau wie zu Hause. Aber unsere Kirche war mehr als noch einmal so groß wie diese hier.

Mutter meint, wir sollten am Nachmittag wieder hausieren gehen. Als ich von der Kirche zurückkomme, sagt sie mir, daß wir beim Bauern zu Mittag eingeladen seien. Und wir werden gerufen und setzen uns mit dem Bauern, seiner Frau, den beiden Kindern, einem Buben und einem Mädchen, an den Tisch. Es macht mich verlegen, hier richtig aus Tellern mit Messer und Gabel zu essen. Nach Suppe, Sauce und Braten gibt es noch Kuchen. Der Bauer erzählt unserer Mutter von der Zeit im Banat, als er mit meinem Onkel Feste feierte, Hochzeiten, die mehr als drei Tage dauerten. Schließlich fragt er Mutter, ob sie genug Geld habe, um morgen die Fahrt anzutreten. Mutter wird verlegen und gesteht, daß sie zuwenig habe, aber irgendwie würden wir schon weiterkommen, wenn wir einmal über der Donau seien. Der Mann steht auf, geht ins Zimmer und bringt einen Hundertforintschein, den er Mutter in die Hand drückt. Sie will etwas sagen, aber er bedeutet ihr, daß alles in Ordnung sei, sie solle sich über seine Hilfe nicht wundern, die sei er seinem Jugendfreund schuldig. Ich sehe, wie meiner Mutter die Tränen kommen, und auch die beiden Frauen haben Tränen in den Augen.

Unsere Leute wundern sich, daß wir zum Essen in der Stube eingeladen waren, besonders die alten Mütter und die Frau, für die Mutter die Last trug. Mutter verliert aber kein Wort darüber, daß sie Geld erhalten hat. Sie sagt zu mir, der Bauer sei nicht reich, habe nur ein Pferd, und wie sehr habe er uns beschenkt, nicht nur mit dem Mahl und dem Geld. Er habe uns weit mehr gegeben. Er habe uns Beachtung geschenkt und unsere Würde gestärkt. Das genüge, um die bösen Erlebnisse, die wir hier hatten, zu vergessen. Es genüge, um dieses Land zu lieben und nie zu vergessen. Es sei ein gutes Land, und seine Menschen seien noch Menschen. Sie habe es gleich nach unserer Ankunft gesagt, nie würden wir es vergessen, nie.

Es ist vier Uhr morgens. Wir stehen im Finstern auf, und ehe es tagt, fahren wir aus dem Hof. Das Pferd hat viel zu ziehen, wir sind zwölf Personen, dazu der Bauer, eine schwere Last für ein einziges Pferd. Das

Wetter ist uns seit der Flucht gnädig. Jeder Tag war bisher wolkenlos, und heute ist es ebenso, denn die rote Scheibe hebt sich aus der Erde empor, und über die flachen Felder zieht ein feiner Dunst. Wo Weizen war, ist geackert, aber der Mais, der uns zur Flucht verhalf, steht noch. Das Pferd zieht schwer, und oft steigen wir ab, um es zu entlasten.

Wir fahren die Ebene dahin, vorne breitet sich ein Bergzug aus. Der Bauer sagt, es sei das Mecsekgebirge. Hinter dem Gebirge liegt Pécs. Gegen Mittag erreichen wir den Ort Dunaszekcsö, den wir durchfahren, und schließlich breitet sich vor uns der große Strom aus. Der Bauer hält, und wir laden unsere Habseligkeiten ab. Wir haben jetzt viel weniger Gepäck, auch unsere Führerin hat den Sack voller Kleider, den Mutter für sie tragen mußte, verkauft. Wir steigen alle vom Fuhrwerk, und Mutter dankt dem Bauern. Wir sehen noch, wie der Wagen mit dem Pferd und dem Bauern in der Ebene verschwindet. Nie mehr werden wir ihn wiedersehen. Er ist ein guter Mensch, und mit ihm sind es alle Menschen dieses Landes.

Ich sehe, wie das Wasser dahinzieht und Frauen an seinem Ufer Wäsche waschen. Wir sitzen auf unseren Säcken und nehmen unser Mahl ein. Es erscheint mir so unwirklich, daß ich an der Donau sitzen und mich mit ihrem Wasser waschen und kühlen kann. Es ist der Fluß, den meine Ahnen stromabwärts gefahren sind. Ich weiß, daß sie aus dem Ort kamen, an dem der Strom entspringt, der sie bis ins Banat hinunter brachte, aus Württemberg, aus dem Schwarzwald, der Pfalz und dem Elsaß.

Wir warten auf die Fähre, die uns an das jenseitige Ufer bringen soll. Schwarzgekleidete Frauen mit schwarzen Kopftüchern kommen zu uns und fragen nach unserem Vorhaben. Es sind volksdeutsche Bäuerinnen, die hier in Dunaszekcsö wohnen. Sie sagen uns, wie wir weiterkommen können. Am Landeplatz sind schon viele Menschen versammelt. Ein Karren, vor den zwei Ochsen gespannt sind, bringt Frauen mit weiten Röcken. Sie tragen Körbe auf dem Kopf, so wie es auch Großmutter tat. Die Fähre kommt, und die Menschen drängen auf das Fahrzeug. Ochsen mit riesigen Hörnern stehen auch darauf, sie haben ihre Köpfe bis auf den Boden hängen und dösen während der Überfahrt.

Nach der Landung in Baja gehen wir durch die Straßen des Städtchens, die bergauf führen. Wir müssen nach Bátaszék, von dort geht es mit dem Zug weiter. Es ist ein heißer Spätsommertag. Wir gehen auf der Landstraße und dürfen uns dabei nicht Zeit lassen, sonst kommen wir erst am Abend nach Bátaszék. Wir rasten unter einem Nußbaum neben einem Weingarten. Menschen sind keine zu sehen. Wir stehlen noch nicht ganz reife Weintrauben und wandern weiter. Es ist ein Hügelland mit vielen Bäumen und kleinen Wäldern, die Landstraße geht bergauf und bergab. Die beiden alten Mütter sind bereits erschöpft. Die Frau, für die Mutter die Last trug, meint: »Ist es bis jetzt gegangen, so muß es auch weiter gehen, wo wir doch nicht mehr zu fürchten brauchen, niedergeschossen zu werden.« Am Spätnachmittag erreichen wir das Bahnhofsgebäude, das wir schon von weitem gesehen haben. Es liegt außerhalb des Ortes Bátaszék, unten im Tal. Auf dem Bahnhof sehen wir sehr viele Menschen, die ihre Habseligkeiten auf den Rücken gebunden oder auf dem Boden liegen haben. Wir treffen viele Landsleute, die ebenfalls aus Gakovo geflüchtet sind. Hier warten wir, nachdem wir alle vom Brunnen das eiskalte Wasser getrunken haben.

Nach etwa einer Stunde fährt ein Zug ein, aber es sind wieder Viehwaggons. Mir kommt es vor, als wären wir noch im Lager, dasselbe Gedränge, und ich denke, die Waggons sind dieselben wie die von Betschkerek nach Gakovo. Auch hier ist der Waggon voll, und wir sitzen alle auf dem Boden. Die Schiebetür wird zugezogen, wir können nicht hinaussehen. Mutter hat die Fahrt bis Pécs bezahlt.

Der Zug bleibt stehen, die Schiebetür wird aufgeschoben, und wieder beginnt das Gedränge und die Hasterei. Menschen mit Rucksäcken, Kinder, alte Leute, alles läuft dem Bahnhofseingang zu. Auf dem Perron eilen Frauen, die auf den Rücken Säcke oder Kinder gebunden haben, in lumpigen Kleidern neben elegant gekleideten Damen mit roten Lippen und roten Fingernägeln, in Stöckelschuhen und mit merkwürdig breiten und hohen Hüten. Wir gehen in den Wartesaal, einen großen und hohen Raum, und legen unsere Habseligkeiten auf den Boden. Mutter breitet die Decke aus. Die Tuchent hat wieder Federn, da die Bäuerin in Csátalja sie ihr mit Federn füllte. Auf den Bänken sitzen elegante Frauen. Wir legen uns nieder, denn wir haben einen weiten Weg hinter uns. Die Frau mit den beiden Mädchen sagt, sie habe gehört, daß es hier im Saal oft eine Razzia geben solle. Die Polizei räume den Saal, wenn er zu voll werde oder wenn den Beamten etwas nicht passe. So müsse man fürchten, ins Freie getrieben zu werden oder gar ins Gefängnis zu kommen. Mutter spricht eine der Frauen an, die auf der Bank sitzen und warten. Die gibt ihr keine Antwort, sondern steht auf und verläßt den Platz. Mutter meint, wie könnten wir denn auch verlangen, daß uns eine so elegante Dame Antwort gebe, wo wir doch wie Ratten aussähen.

Die Frau, für die Mutter die Last trug, kommt zu uns und sagt, sie habe erfahren, daß hinter dem Bahnhofsgebäude eine Mission sei und wir dort zu essen bekämen. In einer langen Baracke mit Tischen und Bänken sitzen Kinder und Frauen an den Tischen und essen aus Blechtellern. Eine Frau kommt uns entgegen und fragt, ob wir auch von »drüben« seien. Man kennt es uns und den anderen Leuten, die mit uns sind, an, daß wir vom Lager kommen, man sieht es an unserer menschenunwürdigen Gewandung und unseren totenähnlichen Gesichtern. Wir dürfen uns auf eine Bank setzen. Mir kommt alles wie im Traum vor, alles ist sehr unwirklich: Frauen, die weiße Mäntel und weiße Hauben tragen, servieren ein richtiges, gekochtes Gericht. Sie sind sehr freundlich zu uns, eine sagt: »Eßt nur, es ist genug da!« Vier Portionen esse ich, und Mutter sagt wieder: »Es ist ein gutes Land, es sind gute Menschen.« Wir gehen wieder in den Wartesaal zurück, breiten Decken und Tuchent aus und legen uns nieder. Die Leute mit den Hüten und den Stöckelschuhen sind verschwunden. Mir wird übel, und ich muß mehrere Male auf das Klosett. Drei Jahre habe ich mich nicht sattessen können, heute bin ich satt, aber mir ist sehr schlecht, und ich muß erbrechen. Im Saal sind Polizisten, die langsam an den kauernden Menschen vorbeigehen, aber nichts sagen. Wir halten den Atem an. Aber sie gehen wieder fort, nachdem sie uns allen ins Gesicht gesehen haben. Der Saal wird dunkel, und ich bin endlich eingeschlafen. Im Traum höre ich noch das schrille Pfeifen der Nachtzüge und nehme das Hereinleuchten des Lichtes vom Bahnsteig wahr. In Zichydorf, Setschanfeld, Molidorf und Gakovo kannten wir als Lichter der Nacht nur den Mond und die Sterne. Hier verwirren mich die vielen künstlichen Lichter. Alles ist so unruhig, alles bewegt sich.

Es wird Tag, das künstliche Licht ist verschwunden, und wir stehen in der Dämmerung auf. Die Frau mit den beiden Mädchen sagt zu Mutter, daß sie nach Salzburg wolle, dort habe sie Bekannte. Sie fragt, wo wir Bekannte oder Verwandte hätten. Mutter sagt: »Nirgends.« »Um Gottes willen, wo wollen Sie dann hin?« sagt die Frau. »Irgendwohin, wo wir nicht mehr verfolgt werden wegen unserer deutschen Sprache. Wir haben niemanden, wir wollen nur frei sein«, gibt Mutter zur Antwort.

Viele Menschen gehen an uns vorbei, und alle scheinen es sehr eilig zu haben. Mutter und wir zwei ziehen ihnen wie Verlorene nach. Am Bahnhofskiosk kauft sie Bonbons und Brezeln. Es ist überwältigend für mich: Man geht einfach in ein Geschäft oder stellt sich zum Kiosk und braucht nur auf die Sachen zu deuten, und man bekommt alles, indem man mit Geldscheinen bezahlt. Menschen fahren auf Fahrrädern, Autos fahren vorbei. Verschiedene Gerüche vermischen sich: Parfüm, Benzin und anderes mehr, alles ist bunt und vielfältig, daß mich die Augen schmerzen. Es scheint mir unbegreiflich, einfach in der Stadt umherzu-

gehen, ohne an ihr Ende zu kommen, und in ein Geschäft oder in eine Gaststätte zu gehen, wie man eben Lust hat. Man braucht keine Angst zu haben, daß vom Wachtturm die Posten mit dem Gewehr zielen. Die Häuser sind sehr hoch, haben bis zu sechs Stockwerke, die in Werschetz hatten höchstens zwei.

Auf dem Markt sehen wir viele Menschen. Sie müssen nicht alle in eine Richtung gehen und werden nicht von Uniformierten getrieben. Man kann laufen, stehen oder sich niedersetzen, niemand schaut auf uns. Im Herzen spüre ich ein starkes Wehgefühl, und obwohl Mutter bei mir ist, komme ich mir unendlich verloren vor. Ich denke, daß alle Leute ihre Blicke auf mich richten, obwohl ich weiß, daß sich niemand um uns kümmert, außer der Bahnhofsmission und dem Roten Kreuz, die uns zu essen gegeben haben. In der Missionsbaracke treffen wir Bekannte aus Werschetz, eine Frau mit zwei Töchtern. Das eine Mädchen ist älter als ich, dürfte bereits über fünfzehn Jahre sein, ich kenne es von der Schule her, das zweite ist jünger, etwa dreizehn Jahre. Die Frau erzählt unserer Mutter, daß sie erst vor kurzem aus Rudolfsgnad zu ihren beiden Mädchen nach Gakovo gekommen und zusammen mit noch einer Familie über die Grenze gegangen sei. Sie wisse aber nicht, wie sie ohne Geld weiterkomme. Sie werde so lange hier in der Stadt bleiben, wie dies möglich sei. Mutter sagt kein Wort davon, daß wir bis zur Grenze Geld haben. Die Frau sitzt uns bei Tisch gegenüber und erzählt von Rudolfsgnad. Mutter fragt, ob sie etwas von den Weiferts wisse und von der Krämerneni, die in Werschetz ja weithin bekannt war. Die Frau sagt, daß Krämerneni mit einer gewissen Maritzi Mayer verhungert sei. Ich weiß sofort, daß es sich um Maritzineni handelt, mit der ich mich im Rechen versteckt hielt und mit der ich nachts in den Setschanfelder Gärten Gemüse holte, Maritzineni, die mich so vieles lehrte, die sagte: »Siehst, Robert, der Mond hat einen Hof, da wird es morgen Regen geben!« »Die Maritzi hat die Krämerin gepflegt«, höre ich, »als sie am Verhungern war, und als sie verhungert dalag, ließ sie niemanden zur Leiche. Sie war ja schon verrückt, diese Kräuter-Maritzi, und eigentlich war sie ohnehin nie normal. Aber als die Krämerin nicht mehr von ihrem Lager konnte, hegte und pflegte sie sie wie ein kleines Kind. Sie fütterte sie mit den paar Löffeln Wassersuppe, und sie betete laut neben ihr auf dem Boden, bis sie tot war. Es war, als wollte sie den Tod der Krämerin nicht wahrhaben, und als man die wegtrug, kauerte sie auf dem Boden und krallte sich daran mit ihren Händen fest. Sie kam selber nicht mehr auf, und einige Wochen darauf ist sie selbst verhungert.«

Ich löffle aus meinem Teller, und mir ist wieder, als müsse ich ersticken. Die Frau hört nicht auf zu erzählen, ich ertrage es kaum mehr. Es gibt für mich ja kein Weinen, denn ich bin kein Kind mehr, und ich zittere nur.

»Mit der Weifert war ich in einem Zimmer«, erzählt die Frau, »sie ist mit dem älteren Sohn verhungert. Der Kleine war allein, als ich wegge-gangen bin. Er weinte nicht und schrie auch nicht mehr. Er saß allein auf dem Schlaflager und kauerte dort wie eine Ratte. Mein Gott, nein, ich kann nicht mehr, nein«, beginnt die Frau zu weinen und zu stam-meln. »Es war so schrecklich, so unsagbar entsetzlich, ich kann nicht mehr.« Die ältere Tochter muß ihre Mutter beruhigen, so sehr beginnt sie zu beben.

Ich bekomme Kopfschmerzen. Am liebsten möchte ich davonlaufen, so weit ich kann. Ja, ich wußte, daß Mischi und seine Mutter verhun-gert sind. Aber diese Frau macht es mir so bildhaft deutlich, und das ist nicht zu ertragen. Mutter spricht nicht mit mir über das Erfahrene. Wir gehen wieder dem Bahnhofssaal zu und legen unser Gepäck nieder. Der Tag geht dem Ende zu. Wir legen uns auf den Fußboden. Ich bin ver-wirrt, Entsetzen wechselt mit einem merkwürdigen Glücksgefühl, Ver-lorenheit und Geborgensein, desgleichen ein schlechtes Gewissen mit Scham und Befriedigung. Ich kann nicht einschlafen. Die Damen mit den Stöckelschuhen und der Schminke sind wieder im Saal. Sie sitzen da, und es ist, als seien wir ihnen im Wege. Ich habe schließlich trotz-dem gut geschlafen.

Mutter weckt mich. »Schnell auf, wir müssen los!« Ich habe den Eindruck daß die Polizei den Saal räumt, denn es gibt einen großen Tumult. Wir laufen aus dem Saal und der Mutter nach. Ich bin noch schlaftrunken und werde von den Leuten hin und her gestoßen. Es ist kühl draußen. Personenwaggons stehen da, die von den Menschen ge-stürmt werden. Wir haben einen Sitzplatz errungen. Es ist sehr eng, aber ich schlafe trotzdem ein. Mein Bruder hat seinen Kopf auf Mutters Schoß. Hier ist es stockdunkel, denn die Waggons stehen weit abseits vom Bahnhof, wo keine Lampe mehr brennt. Die ganze Nacht schlafen wir in dem Waggon.

Ehe die Dämmerung die Nacht verdrängt, fährt der Zug in den ein-fallenden Morgen. Mir fällt die Fahrt mit dem buckligen Mädchen und ihrem langen, mageren Bruder ein, und ich denke jetzt an sie und ob sie noch in Molidorf sind oder auch wegkommen konnten. Wir sind die Glücklichen, wir sitzen in einem menschenwürdigen Personenzug. Es ist gar nicht wichtig, wohin es geht, wenn es nur weit genug von Molidorf und Gakovo ist. Wo sind sie alle, die anderen? Es tut mir sehr weh, daß wir alleine fahren. Wie schön wäre es, wenn Robert und seine Mutter, Balata Liesineni, wenn Müller Joschi und Gutjahr Karl auch da wären. An Mischi und Jani darf ich gar nicht denken, denn ich fürchte mich, daß ich dann wieder weinen muß. Ich darf einfach nicht an sie denken, sondern nur daran, daß ich niemanden verloren habe: Ich habe meine Mutter und meinen Bruder. Mutter sagt doch, daß dies ein gutes Land ist. Wir sitzen in einem richtigen Zug, und er fährt mit uns irgendwohin, wo, wenn es ein gutes Land mit guten Menschen ist, uns nichts geschieht und wo es uns nicht so ergeht wie Jani, Mischi, Karl, Helen und den anderen.

Es ist ein hügeliges Land, aber nicht so wie bei Pécs. Die Berge sind kleiner, und das Land wird wieder ebener. Fortwährend laufen Telephonmasten vorbei. Der Zug hält. Ich lese Nagykanizsa. Der Zug hält hier länger, aber wir steigen nicht aus, damit wir unsere Plätze behalten. Es ist eine größere Stadt. Auf dem Bahnhof stehen viele Menschen, Kriegsgefangene, die aus dem Osten in ihre Heimat fahren. Sie sehen sehr schlecht aus. In Nagykanizsa steigen manche von ihnen aus, und wir sehen Wiedersehensszenen auf dem Bahnsteig mit Kindern, Frauen und Müttern, sie weinen, küssen und umarmen die Heimkehrer. Auch neben uns im Zug sitzen Männer, die aus russischer Kriegsgefangenschaft kommen. Sie sprechen nicht viel. Der Zug setzt sich wieder in Bewegung. Um die Mittagszeit erreichen wir Szombathely. Hier ist Endstation, und alle steigen aus. Der Bahnhof ist voll von Menschen, Flüchtlingen, Einheimischen, Heimkehrern.

Mutter erkundigt sich, wie wir zur österreichischen Grenze kommen, und erfährt, daß ein Zug nach St. Gotthard geht. Sie stellt sich über eine Stunde an, um Karten zu lösen. Wir sind noch immer mit den anderen zusammen, die mit uns über die ungarische Grenze gegangen sind. Die Heimkehrer steigen mit uns aus, und wieder Umarmungen, Küsse und Weinen. Sie weinen, aber sie gehen mit ihren Angehörigen weg, und wir bleiben hier und warten. Mutter kauft eine Wassermelone, und wir setzen uns beim Bahnhof unter die Bäume und essen unser Mittagsmahl. Es gibt hier sehr viele Flüchtlinge, die mit uns auf den Zug warten, der uns zur Grenze bringen soll. Am späten Nachmittag können wir in den Zug einsteigen. Neben den vielen Flüchtlingen sind auch ungarische Bauern und Arbeiter da, die von der Arbeit nach Hause fahren.

Wir fahren auch, aber nicht nach Hause, sondern irgendwohin, bis der Zug nicht mehr weiterfährt. Wieder Telephonmasten, Felder, Wiesen, Wälder, und im Westen geht die Sonne unter. Die letzten Strahlen leuchten auf die Zerlumpten im Zug, auf die Heimkehrer und die anderen, die hier sitzen. An der Endstation bleiben wir zwölf beisammen. Keiner weiß, was er tun soll und was uns erwarten wird. Hilflos treten wir auf den Bahnsteig, sehen im Halbdunkel das Bahnhofsgebäude. Die Frau, für die Mutter die Last trug, kann uns auch nicht mehr raten. Wir gehen einfach den Leuten nach, gehen in die Nacht hinein, den Häusern zu, die zur Stadt führen.

Die Polizei kommt, und wir werden in einen Kasernenhof hineingetrieben. Wir warten, was mit uns geschehen wird. Aber ich habe Angst, die Polizei könnte uns nach Jugoslawien zurückschicken. Dann wäre alles umsonst gewesen. Wir werden in das einstöckige Haus und in ein großes Zimmer gebracht. Vorne steht ein Schreibtisch, hinter ihm sitzt ein Mann in Uniform. Auch an beiden Seiten des Tisches stehen Uniformierte. Wir werden nach vorne zum Tisch befohlen. Eine starke Lampe beleuchtet uns. Der Mann steht auf und fängt zu sprechen an: Ob es uns bewußt sei, daß wir uns illegal in Ungarn herumtrieben. »Wir wissen, daß ihr aus Jugoslawien geflüchtet seid und bei uns Schutz sucht. Ihr wollt nach Deutschland flüchten, das es im Grunde gar nicht gibt, oder drüben in Österreich untertauchen. Wir drücken ein Auge zu, aber wer Geld bei sich hat, der soll es auf den Tisch legen! Geld auszuführen ist strengstens verboten. Wer versucht, Geld nach Österreich zu schmuggeln, den werfen wir zurück nach Jugoslawien.« Mutter legt die paar Forint, die sie noch hat, auf den Tisch, die anderen tun dasselbe. Wir dürfen das grelle Zimmer wieder verlassen und setzen uns im Hof auf den Boden. Wir sitzen und warten und wissen nicht, was wir tun sollen. Mit der Zeit sammelt sich eine Gruppe an, die aufbrechen will. Wir schließen uns den Menschen an, die den Hof in der Dunkelheit verlassen, und gehen schweigend durch dunkle Gassen, bis ans Ende der Stadt St. Gotthard und weiter auf einer holperigen Landstraße. Die Menschen gehen so schnell, daß wir uns bemühen müssen, nachzukommen, im besonderen die beiden alten Mütter. Es ist eine große Menschengruppe. Wir waren zu zwölft, als wir über die Grenze gingen, jetzt sind wir an die vierzig Personen, meist Frauen und Kinder. Wir verlassen die Landstraße, um auf einem Pfad weiterzugehen. Hier müssen wir wieder einzeln gehen, genauso wie im Werschetzer Ried, nur daß ich hier nicht zu fürchten brauche, einzusinken. Mir ist, als gingen vor uns Helen mit Wastl auf dem Rücken, Mischi und seine Mutter. Ich kann nicht weiter darüber nachdenken, denn wir müssen schnell gehen.

Das Land breitet sich in der Nacht aus, weite, hügelige Wiesen. Ich spüre einen scharfen Geruch von tauigem Heu. Auf den Wiesen stehen Heuschober, wie die Posten in Molidorf. Es ist, als ziehe alles mit uns dahin. Ich spüre die Waldluft und höre einen Bach, den wir entlang gehen. Ich kann ihn nicht sehen, aber ich weiß aus Frau Seemayers Erzählungen, daß er ganz klar ist. Von hier soll auch die jugoslawische Grenze nicht sehr weit sein. Mir ist bange, daß man uns in eine Falle führen könnte und uns an der Grenze den Jugoslawen übergibt. Wir dürfen rasten. Neben dem Feldweg breitet sich ein Wald aus. Hier muß es ganz anders sein als bei uns im Banat, wo Bäume auf den Feldern eine Seltenheit sind, und wenn einer stand, so sah er aus wie ein König, wie eine Majestät. Der Mensch in der Ebene war groß und überzeugend, monumental. Hier habe ich den Eindruck, der Mensch gehe unter, als sei er bedeutungslos, und es scheint, als verschlinge ihn der Wald. Ich habe ein bißchen Angst vor diesem dunklen, mysteriösen Wald. Bei Tag wird er mir sicherlich freundlicher und nicht so hinterlistig erscheinen.

Wir gehen weiter, werden durch einen Graben geführt und kommen wieder auf eine Lichtung. Jenseits der Wiese sehen wir ein Licht leuchten. Wir gehen dem Licht zu und bleiben stehen, als wir es erreicht haben. Es kommt von einem großen Haus. Ich höre Männerstimmen, und wir umringen die männlichen Gestalten, die Uniform tragen und deutsch sprechen. Das große Licht vom Haus scheint auf uns und auf die Uniformierten, die unsere Muttersprache sprechen. Viele unserer Mütter stürzen zu Boden und weinen. Es ist, als küßten sie die Erde. Eine Frau fällt dem Grenzer um den Hals und weint. Sie ruft: »Sprechen Sie weiter, bitte, wir haben schon jahrelang kein deutsches Wort von Männern gehört!« Sie küßt den Grenzer. »Mein Gott, sprechen Sie! Gelt, jetzt dürfen wir laut schreien, deutsche Wörter rufen!« Und sie schreit in den Wald hinein. »Niemand tut uns etwas, wenn ich deutsch rufe, gelt?« Zwei Grenzer beruhigen die Frau und führen sie in das Haus hinein. Die anderen Grenzer sprechen mit unseren Müttern, und mit einem Mal fangen auch unsere Mütter zu weinen an. Sie können es nicht fassen, daß man mit ihnen freundlich und beruhigend in deutscher Sprache spricht. Die Grenzer führen uns in das helle Haus.

Wir sind in Österreich, und mir laufen die Tränen über die Wangen. Es ist, als spreche alles zu mir in meiner Muttersprache, der Wald, die Erde, die unsere Mütter geküßt haben, das Haus selbst und der klare Himmel. Wie hat doch Mutter gesagt: »Wir gehen dorthin, wo wir nicht wegen unserer Muttersprache verfolgt und gequält werden, wir gehen dorthin, wo man unsere Sprache spricht.«

V
DIE FRUCHT
DES
SCHLEHDORNS

1
Zeit der Schlehen

Es ist Tag geworden. Wir haben in einem großen Raum auf dem Fußboden geschlafen. In der Nacht hörte ich das Rauschen des Waldes. Nie
vorher hatte ich den Wald gehört. Wir sind unser zwölf und haben zusammen die erste Nacht in Österreich verbracht. Der Platz vor dem
Haus ist voll von Menschen. Es wird Feuer gemacht, und um das
Lagerfeuer haben sich Mütter und Kinder gruppiert und braten
Kartoffeln. Die Kinder gehen ins Dorf, nach Heiligenkreuz, betteln. Es
kommen Lastkraftwagen. Die Leute, die aus den Wagen steigen, stellen
Tische auf, und wir müssen uns melden. Die Wagen kommen aus verschiedenen Bezirken, um Leute mitzunehmen, aber sie kommen nur aus
der Russenzone, der dieses Gebiet angehört. Nur einige Kilometer entfernt, hören wir, sei die englische Zone. Es hat sich eine Gruppe von
Leuten gebildet, die in der kommenden Nacht über die Zonengrenze gehen wollen. Die Frau mit den beiden Mädchen und die beiden alten
Mütter schließen sich dieser Gruppe an. Mutter sagt, wir seien schon
oft genug geflüchtet, wir hätten keine Angst vor den Russen, Russen
seien gute Menschen. Was sollten wir in der englischen Zone? Wir sei-
en hier fremd und dort auch.

Alfred hat Kartoffeln und Äpfel aus dem Dorf gebracht. Es gibt kein
Haus, in dem Kindern die Tür gewiesen wird. Wir hören, daß dieses
Gebiet sehr arm sei und seine Bewohner selbst kaum zu essen hätten.
Wir aber bekommen zu essen, die Leute teilen mit uns. Mutter sagt, sie
werde es nie vergessen, daß wir von den armen Bauern des Südburgen-
landes beschenkt worden sind. Es seien großartige Menschen hier.
Wenn die Menschen überall in diesem Land so gut seien, werde es uns
gut gehen.

Jetzt bei Tag sehe ich die Landschaft: Laubwälder und herrliche grüne Wiesen. Ein Bauer fährt mit seinem Rechen über die grüne Wiese, ein
Rechen wie der, in dem Maritzineni ihr Schlaflager hatte. Ich sehe tief
in das hügelige Land hinein. Dunkle Wälder lösen die Wiesen ab, auf
denen weit hinein arbeitende Menschen zu sehen sind. Es ist ein wun-

derschöner, klarer Tag, ein Duft von getrocknetem Gras breitet sich aus. Einen Tag haben wir hier an der Grenze verbracht. Viele sind schon weggefahren. Die Leute, die in die englische Zone flüchten wollen, haben sich gesammelt. Nur die Frau, für die Mutter die Last trug, ist noch hier mit ihrer Mutter und den beiden Knaben. Die anderen Menschen sind uns fremd.

Der Abend ist hereingebrochen, die Sonne ist hinter dem Zollhaus verschwunden und hinter den weiten Wäldern versunken. Es ist noch dieselbe Sonne, die in Molidorf war und alles mit angesehen hat, was dort geschehen ist. Wir haben am Abend Kartoffeln gebraten und Äpfel gegessen, die mein Bruder von den Bauern im Dorf bekommen hat. Unsere Landsleute sind bereits aufgebrochen, um in die englische Zone, in die Steiermark, zu flüchten.

Die Nacht ist wieder vorbei, und die Sonne geht in Ungarn auf. Hier ist es am Morgen sehr kühl, so wie bei uns im November. Aber gegen Mittag wird es warm. Wieder kommen Lastwagen, und es werden Tische ins Freie gestellt. Wir stellen uns in einer Reihe an, um aufgeschrieben zu werden. Am Tisch sitzen eine Frau und ein Mann. Die Frau fragt uns nach dem Namen und schreibt ihn in ein Buch. Der Mann trägt den Namen auf einer Liste ein. Mir ist, als wäre auch Krämerneni bei uns, denn die Situation erinnert mich an Zichydorf, als wir auf der Hutweide standen, aber wir brauchen unsere Habseligkeiten nicht untersuchen zu lassen, es wird uns auch nichts weggenommen, und wir bekommen keine Tritte, daß wir zu Boden fallen wie Krämerneni. Aber die Frau ist nicht sehr freundlich und verlangt von Mutter Dokumente in einem schroffen Ton und einem uns fremden Dialekt. Mutter sagt, sie habe keine. »Wenn Sie keine Dokumente haben, müssen Sie Zeugen bringen.« »Ich habe keine Zeugen. ich bin hier allein mit meinen beiden Kindern.« Die Frau sieht unsere Mutter nun länger an und betrachtet sie vom Kopf bis zu den Füßen. Sie sieht etwas verwundert aus, vielleicht wegen Mutters kleiderähnlicher Decke. Dann streifen ihre zusammengekniffenen Augen über meinen Bruder und mich. Sie sagt zum Mann: »Ohne Zeugenangabe«, neigt den Kopf und schreibt. Darauf deutet sie, daß wir fertig seien, nachdem sie noch Geburtsort, Nationalität, Religion und Beruf der Mutter aufgeschrieben hat. Wir können gehen und den Lastwagen besteigen, auf dem bereits fünfzehn bis zwanzig Personen Platz genommen haben. Man wird uns nach Niederösterreich bringen, nach Neunkirchen, das in der Nähe von Wien sein soll, etwa fünfundsechzig Kilometer südlich davon. Dort bekommen wir Asyl, Gott sei Dank.

Am späten Vormittag fahren wir ab. Die Frau, für die Mutter die Last trug, ist mit ihren Leuten auch auf dem Lastwagen. Wir fahren auf einer schönen Straße durch Dörfer und Wälder, durch Wiesen und Felder. Die Gegend hier sieht ähnlich aus wie an der Grenze. Der Lastwagen fährt mit uns bergauf, bergab, als bestehe die Welt nur noch aus Hügeln. Ein Mann und eine Frau begleiten uns.

Wir halten auf dem Hauptplatz einer Kleinstadt, Oberwart, wo es eine ungarische Minderheit in der Bevölkerung gibt, wie man uns sagt. Nach kurzer Pause geht es wieder weiter. Der Wald wird immer dichter, wir fahren durch ein Tal. »Die Bucklige Welt«, sagt die österreichische Frau, »das hier ist die Bucklige Welt.« Was für eine lustige Bezeichnung, denke ich, aber die Gegend scheint mir nicht lustig zu sein, da sie sehr dunkel und beengend wirkt. Der dichte Wald wird nur durch kleine, giftgrüne Wiesen unterbrochen, es gibt einzelne Bauernhöfe, Menschen sieht man wenige. Die Dörfer scheinen sehr klein, oft haben sie nur an die zehn Häuser. Wir halten. Beiderseits der Straße sind große Obstgärten. Wir steigen vom Wagen und nehmen uns Äpfel von den Bäumen. Die Äste sind so voll, daß sie bis zum Boden hängen. Ein Mann mit einem merkwürdigen Hut kommt gelaufen. Er hat ein seltsam lächerliches Gesicht, schmal und verkniffen, und er ist auch ein wenig bucklig. Er scheint in sich zusammengezogen, als müsse er immer durch das dichte Gestrüpp des Waldes streifen. Er beginnt zu schreien: »Ihr Gesindel, was fällt euch ein, meine Äpfel zu stehlen!« Sein Dialekt paßt gut zu seiner Gestalt und ihren Bewegungen. Er klingt für mich sehr lächerlich, denn er kann nicht einmal ein L sprechen, sagt »Äpfi« statt »Apfel« und »stöhn« statt »stehlen«. Mir kommt vor, als habe er einen Sprachfehler. Bei den Leuten, die uns auf dem Lastwagen begleiten, ist mir an ihrer Sprache nichts aufgefallen, sie sprechen mit uns nach der Schrift. Aber jetzt bemerke ich, daß die Frau und der Mann miteinander auch so sprechen wie der Bauer ohne L. Die Frau sagt, die Bäume brächen fast unter der Last ihrer Frucht, und wegen der paar Äpfel mache er ein Theater. Er solle sich schämen, diese armen Flüchtlinge zu beschimpfen, er solle sich doch die Kinder ansehen. Der Fahrer schreit ihn an, er solle sich nicht anscheißen. Das Wort »anscheißen« habe ich noch nie gehört. Es schockiert mich, und es ist mir auch gar nicht zu Bewußtsein gekommen, daß ich Äpfel stehle. Wir steigen wieder auf den Wagen, während der Bauer noch immer aus seinem Obstgarten heraufschreit.

Bald kommen wir in eine Gegend, die ebener ist. Aber westlich der Ebene breiten sich hohe Berge aus, die blau in den schläfrigen Nachmittag schimmern. Es ist der 1. September 1947. Das Lastauto

fährt in eine Stadt ein. Unsere österreichische Begleiterin meint, wir seien am Ziel, denn dies sei Neunkirchen. Ich bin ein wenig enttäuscht, denn ich glaubte, es müsse eine große Stadt sein, wenn sie Neunkirchen heiße. Ich glaubte, es gäbe neun Kirchen, aber wir sehen nur einen Kirchturm, der nicht viel größer ist als der unserer serbischen Kirche in unserer Straße in Werschetz. Wie mächtig war da Fünfkirchen gegen dieses Neunkirchen, das eigentlich nicht viel größer wirkt als Zichydorf.

Das Auto bleibt vor einem niedrigen Haus stehen. Wir steigen alle aus und gehen in den Hof, legen unsere Habseligkeiten ab und gehen der Reihe nach, jede Familie einzeln, in die Kanzlei. Es sind wieder Schreibtische da, und hinter diesen sitzen Frauen und Männer und schreiben. Eine Frau klappert auf einer Schreibmaschine. Nachdem die Maschinschreiberin unsere Angaben notiert hat, sagt sie, daß wir Asyl erhalten haben. Danach reihen wir uns alle im Hof auf und lassen Männer, die unterdessen mit ihren Fuhrwerken angekommen und offenbar Bauern sind, an uns vorbeigehen und uns von oben bis unten mustern und betrachten. Manche dieser Männer haben ein Gesicht wie der, der uns aus seinem Obstgarten gejagt hat. Ähnliches habe ich in Werschetz auf dem Jahrmarkt in der Temeschwarer Gasse gesehen. Da beobachteten Mischi und ich die rumänischen Bauern mit ihren Kühen, Schweinen und Pferden. Sie hatten denselben schlauen Blick.

Zwei Männer bleiben vor unserer Mutter stehen, und einer von ihnen fragt sie, ob wir ihre Buben seien. »Ja? Wie alt ist der größere?« »Vierzehneinhalb Jahre«, sagt Mutter, »im Februar wird er fünfzehn.« »Den könnte ich als Kuhhüter brauchen, aber Sie und den Kleinen kann ich nicht brauchen.« Mutter sagt: »Wir trennen uns nicht. Wir sind nicht gekommen, um wieder getrennt zu werden.« Neben uns geht die Frau, für die Mutter die Last trug, mit ihrer Familie weg, ohne daß sie sich richtig von uns verabschiedet hat. Ich fühle mich sehr allein und habe wieder das Gefühl im Hals, das mich an unsere Nachbarin erinnert, wie sie ihre Katze erwürgte. Und ich sehe auch in den Gesichtern, die uns beobachten, diese Frau wieder.

Die meisten, die mit uns gekommen sind, sind schon von Bauern mitgenommen worden, nur noch zwei Familien sind hier. Es kommt wieder ein Mann, etwa fünfunddreißig Jahre alt, zu uns und mustert uns, ehe er fragt, ob wir mit ihm gehen wollten. Er brauche unsere Mutter und mich, den Kleinen könne sein Schwager nehmen, der habe keine Kinder und brauche einen Kuhhüter. Mich könne er ebenfalls als Kuhhüter brauchen und meine Mutter für die Feldarbeit. Denn jetzt sei auch die Erdäpfelzeit, und man habe viel Arbeit. Mutter und wir Buben gehen mit ihm, denn wir haben keine andere Wahl. Auch das Gesicht dieses Bauern ähnelt dem des Obstgartenbesitzers und dem der katzenwürgenden Nachbarin. Wir werden auf die Gasse geführt, wo ein Wagen mit zwei Pferden steht. Der Bauer fährt uns aus der Stadt hinaus. Wieder Wiesen, Felder, viele Wälder, aber keine Laubwälder, sondern Föhren- und Fichtenwälder. Im Westen liegt das Panorama der blauen Berge. Nie zuvor habe ich so große, wuchtige Berge gesehen. Der höchste Berg ist kahl und hat einen weißen Fleck. Ich traue meinen Augen nicht: Es ist Schnee, jetzt im Spätsommer! Wie ist das nur möglich? Mutter fragt den Bauern, was für ein Gebirgszug das sei. »Es ist das Schneeberggebiet«, sagt der Bauer. Der Bauer zeigt uns seine Felder, an denen wir vorbeifahren. Wir fahren durch einen kleinen Wald und verlassen ihn wieder. Vom Berg aus, auf dem wir fahren, sehen wir das Dorf, in das wir gebracht werden, eine Kirche mit einem roten Zwiebelturm und Berge und wieder Berge.

Am späten Nachmittag erreichen wir das Bauernhaus. Der Bauer springt vom Fuhrwerk, öffnet das große Tor, und wir werden in den Hof gefahren. Die Bäuerin kommt von der Küche geradewegs in den Hof, denn hier gibt es keinen Korridor und auch keine Balustraden. Sie bleibt vor dem Fuhrwerk stehen und betrachtet uns etwas mißtrauisch. Wir legen unsere Habseligkeiten auf den Boden neben die Küchentüre. Der Bauer sagt kein Wort zu seiner Frau und beginnt die Pferde auszuspannen. Die Frau fragt Mutter, ob wir deutsch sprächen. Nachdem Mutter dies bejaht hat, bekommt die Frau ein freundlicheres Gesicht. Gegenüber dem Wohnhaus, an die Scheune angebaut, ist das sogenannte Ausnahmestüberl. Über Stufen werden wir dorthin geführt und finden eine winzige Küche und ein nicht viel größeres Zimmer. Im Zimmer steht ein Bett. Die Frau zeigt uns den Kasten und sagt, wir sollten ablegen, sie wolle uns etwa zu essen zubereiten.

Ich kann mir schwer vorstellen, hier nach Jahren allein schlafen zu können und sogar ein Bett zu haben. Wir gehen wieder hinunter und bleiben im Freien vor der Küche stehen. Die Bäuerin ruft, wir sollten doch hereinkommen, sie sei gleich fertig. Sie habe eine Gemüsesuppe gekocht, denn wir hätten heute sicherlich noch nichts Warmes gegessen. Sie wisse zwar nicht, wer wir seien und woher wir kämen, aber sie wisse, wie es sei, wenn man von weither komme und Hunger habe. Sie habe aus den Nachbarorten erfahren, daß man vom Arbeitsamt Neunkirchen Leute holen könne. Aber was für Leute das seien, wisse sie nicht. Wir sagen, daß wir aus dem Banat stammen und aus einem Lager kommen, aus dem wir vor zehn Tagen geflüchtet sind. »Wo ist das

Banat?« fragt die Bäuerin. »In Jugoslawien, an der rumänischen Grenze. In Rumänien gibt es das größere Banat, aber wir stammen aus dem jugoslawischen Teil«, sagt Mutter. »Wieso sprechen Sie dann so gut deutsch?« »Wir sind Deutsche, und weil wir Deutsche sind, wurden wir verfolgt«, sagt Mutter. Die Bäuerin stellt uns den Suppentopf auf den Tisch, schneidet uns Brot vom Laib, und wir essen. Ich muß das Klosett benützen, und die Bäuerin sagt, es sei hinten in der Scheune, beim Schweinestall. Als ich dorthin gehe, schlüpft ein etwa zehnjähriges Mädchen durch ein Loch, das für die Hühner gedacht ist, und schaut mich groß an. Es läuft in die Küche. Ich komme nach und finde es seltsam, daß das Mädchen auch meine Mutter nur anstarrt, statt sie zu grüßen. Die Bäuerin sagt kein Wort.

Die Mutter der Bäuerin kommt und nimmt meinen Bruder Alfred mit. Es ist eine sehr dicke Frau mit glatten weißen Haaren, und sie trägt kein Kopftuch. Bei uns daheim wäre es für eine alte Frau wie sie unmöglich gewesen, kein Kopftuch zu tragen. Mutter und ich gehen mit Alfred. Das Haus der Großmutter ist nur zwei Häuser weit entfernt. Ihr Sohn, der Bruder unserer Bäuerin, kommt uns entgegen und sagt, er wollte nachsehen, ob jemand gebracht worden sei. Er scheint etwas enttäuscht zu sein. Sicherlich hat er sich einen zwölf- bis vierzehnjährigen Buben vorgestellt, nicht einen, der noch nicht einmal elf Jahre alt ist und noch dazu aussieht wie ein Achtjähriger. Er fragt meinen Bruder, ob er überhaupt eine Peitsche halten könne.

Es wird Abend, und mir ist, als stünden Wachttürme um das Haus herum, als wäre ich hier eingesperrt und hinter jeder Ecke des Hauses stünden Posten, die mit dem Gewehr auf mich zielten. Als ich mit Mutter allein im Zimmer bin, beginne ich sehr zu weinen. Ich weiß nicht, was mit mir los ist, ich zittere am ganzen Körper und schluchze haltlos. Auch Mutter weint, aber sie versucht mich zu trösten: Wir würden es hier doch gut haben, es seien gute Menschen, und hungern würden wir auch nicht. Ich kann lange nicht einschlafen. Es ist, als läge die Fremdheit in meinem Bett und würge mich. Es ist so still, ich höre keine anderen Menschen atmen, und ich fürchte aus dem Bett zu fallen.

Der Morgen ist angebrochen, der Bauer weckt mich. Mutter ist schon seit vier Uhr auf und schaut aus dem Fenster in die dunkle Fremde hinaus. Ich habe sehr schlecht geschlafen. In der Küche wird Kaffee gemacht, richtiger Kaffee! Alle sitzen um den Tisch, die beiden Buben, sieben und zweieinhalb Jahre alt, das zehnjährige Mädchen, der Bauer und die Bäuerin. Es wird fast nichts gesprochen. Der Bauer sagt, wir würden, nachdem wir gemolken, den Stall ausgemistet und die Kühe gefüttert und getränkt haben, auf das Feld fahren. Er führt ein Pferd und einen Ochsen aus dem Stall. Das zweite Pferd, das er eingespannt hatte, als er uns herbrachte, gehört seinem Schwager. Der Bauer zeigt mir das Einspannen der Tiere, und wir fahren los. Er spricht nichts mit mir. Es ist ein merkwürdiges Fahren, alles läuft verzerrt und schief, da das Pferd immer wieder versucht, schneller voranzukommen, der Ochse aber weiter hinten bleibt. Es scheint, als habe das Pferd einen schiefen Hals und einen verdrehten Kopf. Wir fahren auf die abschüssigen Felder, und der Bauer zeigt mir das Eggen.

Mutter sagt mir am Abend, sie habe ein starkes Angstgefühl. Offenbar könne man das Entsetzen des überstandenen Lagerlebens nicht so schnell überwinden. Jeden Morgen fürchte sie sich vor dem Tag. Hier sei es zwar viel, viel besser, man werde nicht verfolgt, aber trotzdem werde sie eine gewisse Beklemmung nicht los.

Mit dem Bauern muß ich in den Wald fahren und Bäume umschneiden. Er läßt mich dann allein die Äste der geschlagenen Bäume aushacken und sagt, ich müsse bis zur Dämmerung fertig werden. Er schaffe das in einer Stunde, ich habe dazu fünf Stunden Zeit. Ich bin glücklich, endlich allein sein zu können, ganz allein im Wald. Alles ist mir fremd, sogar der Klang der Hacke. Die Geräusche sind so schrill, das Hacken ist weit in den Wald hinein zu hören. Ich gehe in den unbekannten Wald. Wie er rauscht! Ich gehe einen Waldweg entlang. Vögel schreien, und in den Kronen der Bäume ist es, als spreche jemand. Mir brennen die Augen, und ich bilde mir ein, daß irgendwo aus dem Wald meine Freunde und Bekannten mit ihren Habseligkeiten auf dem Rücken hervorkommen, Balata Robert und seine Mutter, Liesineni, Müller Joschi, das bucklige Mädchen und ihr Bruder Hansi und Irenneni. Ich würde sie gleich zur Quelle führen, die mir der Bauer zeigte. Ich gehe weiter und bin glücklich, allein zu sein, allein, ohne den schimpfenden Bauern. Mir ist, als hätte ich gerade Mischis Stimme aus dem dunklen Wald gehört. Ich drehe mich um und sehe tief in den Wald hinein. Dort stehen Mischi und Helen. Ich will ihnen entgegenlaufen, aber die Stelle ist leer. Ich laufe zurück, hacke wieder und fürchte zusammenzubrechen. Ich bin sehr müde, und es ist schon dunkel, aber ich habe noch Äste zu hacken. Ich muß damit fertig werden, ehe es stockdunkel wird. Ich hacke in die Dunkelheit hinein, da ist mir, als hätte mir jemand auf die Schulter gegriffen. Es ist wie damals, als Jani erschossen wurde. Mein Gott, es war vielleicht Jani, denn im Wald, in dieser Finsternis hat niemand ein Gesicht, und es schreien die Vögel. Ich laufe, wie von Furien gejagt, und habe endlich den Hohlweg erreicht, der zum Dorf führt.

Im Stall finde ich Mutter mit Bauer und Bäuerin beim Melken der fünf Kühe. Ich bin erhitzt und sage, daß ich mit der Arbeit fertig geworden bin. Der Bauer sagt, er finde, daß ich ordentlich arbeite, aber er habe gewußt, daß ich so lange dafür brauchen würde. Morgen werden die Erdäpfel geerntet. Gleich nach der Stallarbeit gehen wir auf das Kartoffelfeld. Nach einer kurzen Zeit des Kartoffeleinsammelns wird mir plötzlich sehr schlecht, und ich bekomme Schüttelfrost. Ich werde an den Rand des Ackers gelegt und mit Kartoffelsäcken zugedeckt. Das Ernten geht weiter.

Am nächsten Tag darf ich im Bett bleiben. Auf der Wand im Zimmer wandeln Helen, Mischi und die anderen, auch unsere Stadt zieht vorbei. Wie wunderbar sind unsere Straßen und die Kirchen! Ich sehe an der Tür den Schatten einer Gestalt, es ist sicherlich Helen gewesen. Ich weine. Am Abend kommt Mutter und bringt mir das Essen ans Bett. Ich erzähle ihr von meinen Erscheinungen. Mutter sagt tröstend, das sei meine Phantasie gewesen, weil ich so sehr Heimweh und Sehnsucht nach unseren Leuten hätte.

Heute ist ein kühler Morgen. Mutter und ich gehen das Kartoffelkraut abheizen. Wir hören auf dem Feld ein Donnern und Grollen, als höre man Kanonenfeuer. Ich frage Mutter, ob der Krieg jetzt hierher käme. »Nein, nein, Kind, es wird irgendwo in den Bergen gesprengt«, sagt Mutter tröstend. Aber mir ist das kein Trost, denn fast wünsche ich mir, daß uns ein Krieg oder ein anderes einschneidendes Ereignis von hier wieder vertreibt. Auch ich werde die Beklemmung, über die Mutter geklagt hat, nicht los, und ich fürchte die Abende bald so sehr wie die graue Morgenfrühe, die mich zur Arbeit treibt, denn nach dem Nachtmahl muß noch gearbeitet werden: Mais wird abgebrockt, Bohnen werden aus den Hülsen gelöst, Spanholz wird gemacht. Und dabei wird nichts erzählt, keine Geschichten sind zu hören, wie sie unsere Großmutter oder die bulgarische Magdaneni oder die wunderbare Irenneni erzählen konnten. Hier wird kein Straßenfeuer angezündet, und die Frauen sitzen nicht bis in die Nacht hinein an der Straße. Es wird auch nicht Harmonika gespielt, und es tanzen keine Mädchen und Burschen um das Straßenfeuer, es sind keine Kröten in den Räumen, die nachts ihre Arbeit tun, und es gibt keine Hexen und Druden. Es wird nur über die Nachbarn gelästert, ihr Unvermögen belächelt und ihre Eigenheiten kritisiert. Es wird immer jemand gehänselt, und oft bin ich es. Keine Mütter und Großmütter schlagen Karten auf. Die Kinder werden nicht geküßt, sondern Gesindel genannt. Freude habe ich nur, wenn ich spätabends mit Mutter in unsere Stube gehen darf. Sie tröstet mich jedes-

mal vor dem Einschlafen: Ich dürfe das Leben hier nicht so schwer nehmen, es sei doch nicht so hart wie früher. »Denk doch, was wir damals
durchstehen mußten! Du hast dir die Freiheit viel zu großartig vorgestellt. Das Leben ist überall eine Plage, aber hier ist doch alles besser als
in den drei Jahren im Lager.« Wir sollten glücklich sein, daß wir alle
drei zusammen seien, daß ich eine Mutter hätte. Viele meiner Freunde
seien verhungert, erschossen oder irgendwohin verschleppt worden,
hätten ihre Mutter verloren. Mutter beruhigt es, daß es meinem Bruder
bei der Mutter und dem Bruder der Bäuerin gutgeht. Er hat Kleidung
von ihnen bekommen und wird wie ihr eigenes Kind behandelt.

Der Bauer läßt mich bereits viel alleine arbeiten. Ich bin glücklich, mit
dem Ochsen und dem Pferd alleine sein zu können. Es sind meine
Freunde, das Pferd und der alte Ochse, der, wie ich höre, bald zum
Schlachter kommen soll. Es ist Herbst und die Zeit der reifen Schlehen.
Die Ränder jedes Feldes sind mit üppigen Sträuchern bewachsen, die
sich brombeerfarben und orange verfärbt haben. In ihrem dornigen
Gestrüpp hängen die wunderbar blauen Schlehen. Die Felder riechen
nach Kartoffelkraut. Eine alte Frau sehe ich das Kraut mit einer Gabel
zusammentragen und anheizen. Weit im Osten, gegen den Ort Ober-
danegg zu, sieht man einen Pflüger. Die beiden Pferde ziehen langsam
dahin, und die Gestalt des Bauern hält gebeugt den Pflug. Jenseits der
Äcker breitet sich der schwarzgrüne Wald aus. Die Krähen ziehen
schreiend über die frisch umgeackerten Felder. Ich muß mit meinen beiden Freunden den Acker, auf dem wir tags zuvor gesät haben, mit einer
großen Walze niederwalzen. Von den nahen Fabriken in Ternitz und
Wimpassing hört man die Abendsirene, von der Kirche im Dorf das
Abendläuten. Ich darf die Walze am Rand des Ackers liegenlassen und
die Tiere vor den Wagen spannen. In meiner Hosentasche habe ich Brot.
Das Pferd, das Fritz heißt, bekommt ein Stück davon und auch der
Ochse. Wenn es nach Hause geht, ist der Ochse etwas schneller, aber
trotzdem läuft ihm das Pferd voraus. Die Dunkelheit bricht herein. Bald
wird der Tag vorüber sein. Aber auch das Wunderbare der Einsamkeit
auf den Feldern wird verschwinden, wo ich zum ersten Mal eine wenn
auch nur geringe Freude und Freiheit gespürt habe.

2
Langsame
Eingewöhnung

Die Arbeit ist vollbracht, die Scheunen sind voll mit Stroh und Heu. Im Keller liegen die Fässer mit Most, die Kartoffeln und die Rüben. Auf dem Dachboden liegt das Korn. Schweine sind geschlachtet worden, und den Ochsen hat der Schlachter geholt.

Der erste Schnee fällt, und die Vorbereitungen für die Weihnachtszeit beginnen. Ich habe viel gelernt in den paar Monaten. Mutter und ich haben einige Malariaanfälle bekommen. Wir gingen zum Arzt nach Wimpassing. Meinem Bruder geht es bei der Mutter und dem Bruder der Bäuerin sehr gut. Der junge Bauer hat vor kurzem geheiratet und eine Frau aus Krumbach in der Buckligen Welt gebracht. Er hat noch eine ältere Schwester, die unverheiratet im Haus lebt, aber er hat keine Kinder, und so wird mein Bruder in seinem Haus wie ein eigenes Kind geliebt und gepflegt. Der Bauer, bei dem Mutter und ich leben, hat vier Kinder, das letzte ist im Herbst geboren worden.

Es ist Sonntag. Die Stallarbeit ist getan. Zum Frühstück gibt es Weißbrot und Kaffee. Die Bäuerin und der Bauer gehen zur Kirche. Ich bin im Stall und striegle Fritz. Sonntags gehe ich nicht aus dem Haus, weil ich kein Sonntagsgewand habe. Mutter hat auch keines, sie bleibt den ganzen Nachmittag in unserer Stube. In der Schublade des alten Kastens habe ich einige Bücher gefunden: »Nils Holgerssons wunderbare Reise«, ein Buch mit spanischen Novellen und eines mit dem Titel »Auf vulkanischem Boden«. Nach der Kirche kommt nur die Bäuerin zurück ins Haus, der Bauer bleibt bis Mittag im Gasthaus. Mutter kocht das Essen, die Bäuerin räumt die Zimmer auf. Sie sagt zur Mutter, der Pfarrer habe ihr nach der Messe gesagt, wir sollten morgen zu ihm in die Pfarre kommen. Mutter meint, er wolle uns wohl dazu bringen, daß wir in die Kirche gehen. Drei Jahre waren wir bei keiner Messe, denn sonntags können wir in unseren Lumpen nicht aus dem Haus.

Mutter, mein Bruder und ich gehen zum Pfarrer. Die Köchin läßt uns eintreten, eine kleine, dicke Frau, die uns freundlich Platz anbietet. Wir sind in einem wunderschönen Raum mit dunklen Möbeln und einem großen Kruzifix an der Wand. Weiters gibt es ein Bild eines geistlichen Herrn. Der Pfarrer kommt aus einer Tür, begrüßt uns und läßt uns in den nächsten Raum eintreten, wo wir wieder Platz nehmen. Er ist auch sehr freundlich und erkundigt sich bei Mutter, woher wir gekommen seien, wie es uns gehe und wie es uns hier gefalle. Er fordert Mutter nicht auf, in die Kirche zu gehen, sondern bittet uns nur, in den nächsten Raum zu kommen. Er verabschiedet sich, die Köchin führt uns in das Zimmer und öffnet einen schweren, dunklen Kasten. Sie sagt zu Mutter, wir sollten uns etwas zum Anziehen aussuchen. Ich bekomme Schuhe, eine Hose und einen Rock, meine Mutter bekommt zwei Kleider und Schuhe, mein Bruder einen Mantel. Mutter sagt, sie habe außer von dem ungarischen Bauern noch nie etwas bekommen. Solange sie lebe, werde sie diesen Menschen ehren und lieben und mit ihm das ganze ungarische Volk, desgleichen aber auch den Pfarrer hier und seine Köchin und mit ihnen die Kirche in Österreich.

Jetzt, da ich Kleider habe, gehe ich auch zur Kirche und versuche mich meinen Altersgenossen zu nähern. Vor der Kirche sind sie alle versammelt. Einer fragt mich, was ich denn wolle und wo man mich ausgelassen habe. Ich versuche nur eine Annäherung, doch getraue ich mich nicht zu sprechen. Ich stelle mich einfach dazu, aber es ist mir unangenehm, daß ich es getan habe. Denn ich bemerke, daß ich überflüssig bin, und schäme mich. Aber wenn ich jetzt weglaufe, falle ich noch mehr auf. So stehe ich da und habe wieder dieses Würgen im Hals. Es ist ja nichts, sage ich mir, es wird ja niemand erschossen, und ich werde von niemandem getrennt. Aber es ist mir schrecklich zumute. Ich möchte weinen, aber ich muß mich zurückhalten. Niemand spricht mit mir, und der eine hat mich gedemütigt. Die anderen gehen fort, und ich bleibe stehen. Die anderen lachen und sind lustig, ich stehe da, und meine Augen brennen. Mir ist, als käme ich nicht von der Stelle. Als meine Altersgenossen bereits weit von mir entfernt sind, beginne ich zu laufen, laufe aber nicht an den Häusern der Straße vorbei. Ich hasse die Straße, ich hasse die Häuser, und ich hasse die Menschen hier. Ich laufe über die Wiesen und Äcker, den Feldweg entlang. Ich laufe, und es riecht nach welkem Laub, denn die Bäume sind kahl, und es ist ein trüber Novembertag. Am Rand der Felder steht der Schlehdornstrauch. Seine Schlehen sind bereits vom Reif verbrannt und in sich zusammengezogen. Die Beeren und die meisten Blätter sind weg, nur die Dornen haften noch. Ich laufe von hinten, von der Gartenseite her in den Stall. Ich bin allein im Stall mit den Kühen und dem Pferd Fritz, der Ochse ist bereits vom Schlachter geholt worden. Ich streichle Fritz und erzähle ihm auch, was mich belastet, und die Tränen rollen mir über die Wange. Fritz hat noch immer seinen Hals verzogen und hält den Kopf schief. Ich wasche mir das Gesicht im Stall und gehe nach vorne in die Küche. Es wird zu Mittag gegessen, aber mir schmeckt das Essen nicht. Ich beeile mich, in unsere Stube zu kommen und verkrieche mich ins Bett. Mutter kommt zu mir, nachdem sie in der Küche fertig ist, und fragt mich, was denn los sei, sie habe bemerkt, daß mit mir etwas nicht stimme. »Warum sind wir hier, warum sind wir fort aus dem Lager, warum sind wir allein gegangen?« schluchze ich. Sie sieht mich erschrocken an und sagt: »Aber Kind, um Gottes willen, was ist mit dir?« »Ich halte es nicht aus hier«, sage ich. »Dort hat uns niemand gedemütigt, dort hatte ich meine Freunde, dort waren die Frauen und Mütter. Hier ist alles kalt, und der Bauer schimpft mit mir. Ich ertrage es auch nicht, daß die Kinder zu dir Resi sagen und dich behandeln wie einen rotzigen Fetzen.« Nie zuvor hatte ich erlebt, wie man hier mit erwachsenen Frauen und Müttern umging. Bei uns zu Hause wäre es undenkbar gewesen, daß Kinder sie mit dem Vornamen ansprachen, denn selbst wenn es eine Bettlerin gewesen wäre, hätten wir doch Neni zu ihr sagen müssen. Aber Mutter sagt: »Kind, wir haben genug zu essen, haben vom Arzt Medikamente gegen die Malaria bekommen und können ruhig in einem Bett schlafen. Gott will uns nicht verletzen, er hat uns behütet und uns geholfen. Wir dürfen uns nicht versündigen.«

Aber wo sind die, die mich nicht auslachen, nicht beschimpfen, wo sind meine Freunde, Robert, Joschi und die anderen? Mir ist, als würde ich ihnen begegnen, als stünden sie am Waldrand oder drinnen im Wald, und ich gehe ihnen entgegen, aber sie sind fort. Es ist immer so, wenn ich allein im Wald arbeite: Ich höre ihre Stimmen in den Wipfeln der Bäume. Wenn der Bauer bei mir ist, ist es schrecklich. Ich mache ihm nichts recht, und sie kommen nicht, meine Freunde und unsere Mütter. Ich fühle mich sehr verlassen. »Sei doch still, mein Täubchen«, sagt Mutter, »es wird die Zeit kommen, wo man über uns nicht mehr spottet und wo wir unsere Würde zurückbekommen. Es wird alles gut, denn bis jetzt ist auch alles gut gegangen. Du bist in einem Alter, in dem man sehr empfindlich und leicht verletzbar ist. Du bist kein Kind mehr und noch kein Mann. Aber es wird alles gut, mein Täubchen, alles!« »Aber Mutter, wieso können die Kinder hier nicht Neni zu dir sagen oder Mütterchen oder Frau Hammerstiel?« »Ich bin hier Dienstbote, sonst nichts, und hier ist es anders als bei uns zu Hause, wo man ältere Menschen ehrte und schätzte, auch wenn sie noch so arm waren. Hier wird der Mensch nach seinem Besitz beurteilt, hier wird der Reiche, der

Besitzende geehrt und der Arme verachtet. Wir haben dieses Land für unseren Aufenthalt gewählt, und wir müssen uns seinen Sitten fügen. Aber die Leute hier sprechen unsere Sprache, und wir haben das Land gesucht, in dem man unsere Sprache spricht. Die Menschen hier sind nicht schlecht, sie haben nur andere Sitten und Gesetze.«

Der Tag ist angebrochen. Der Bauer fährt mit mir in den Wald, um Tannenreisig zu holen, das vom Baumfällen übriggeblieben ist. Er sagt zu mir, ich solle warten, bis er wiederkomme. Ich bleibe allein bei den Pferden. Seit wenigen Wochen haben wir ein zweites Pferd, die Stute Liesl, die der Bauer aus Wiener Neustadt vom Viehmarkt nach Hause gebracht hat. Die Pferde sind meine einzigen Freunde. Mit Liesl habe ich mich auch schon angefreundet, auch wenn ich zu Fritz die größere Zuneigung habe, denn Liesl ist mir noch etwas fremd, so wie der Wald hier, der mir heimtückisch und unheimlich erscheint.

Über drei Monate sind wir jetzt hier, und ich habe mich noch immer nicht mit dem Wald anfreunden können, so wie ich auch keine Menschen als Freunde habe, sondern nur die Tiere, im besonderen den alten Fritz. Ich bin allein mit den beiden Pferden, stehe zwischen ihnen und spüre ihren warmen Atem. Der Hauch des Atems ist sichtbar und wärmt mir das Gesicht. Es liegt Schnee, und es ist still, denn heute ist der Heilige Abend. Ich sehe in den Wald hinein, aber es kommen keine unserer Freunde, weder Robert noch seine Mutter, weder Mischi noch Helen. Ich höre Stampfen, die Schritte des Bauern. Er hat eine große Tanne auf seinen Schultern. Mein Gott, wie gerne hätte ich, daß es einer von unseren Leuten wäre, aber die hätten ja keine so schweren Stiefel und keine so merkwürdigen Hüte in dieser Kälte. Unsere Leute hätten Pelzmützen auf.

Der Bauer fragt mich, ob ich eigentlich wisse, was heute für ein Tag sei. »Habt ihr überhaupt so etwas gehabt wie den Heiligen Abend, Weihnachten und dergleichen?«

Ich gehe allein zur Kirche, über die weißen Wiesen und Äcker, den Wald entlang. Heute habe ich keine Angst vor dem Wald. Vielleicht kommen meine Freunde aus seinem Inneren hervor? Der Schlehdorn steht kahl am Rand des Ackers und jenseits des Waldes, aber seine Dornen sind noch immer, wie sie im Herbst waren. Die meisten seiner Beeren sind zu Boden gefallen, aber einige zusammengefrorene haften fest neben den Dornen an Strauch.

Ich gehe von der Mette wieder allein nach Hause und atme die eisige Kälte ein. Ein wunderbarer Duft kommt vom Wald. In Gedanken bin ich bei den Weihnachten im Lager. Ich sehe Jentner Marieneni das Buch halten und vorlesen. Sie konnte es nicht so gut wie der Pfarrer, ihre Art zu lesen war einfacher, aber um soviel wunderbarer. Und als Mutter kam und das Wacholderbäumchen brachte, hatten wir Angst ausgestanden, gehungert und geweint, aber wir waren in diesen wenigen Stunden glücklich. Mein Gott, verzeih mir meine Undankbarkeit! Wir haben ja, was wir brauchen, ein ordentliches Gewand und gute Schuhe, und es gibt hier keine Posten, die auf uns zielen, keine Wachttürme und keine Läuse, keine sterbenden Mütter und keine Kinder, die verhungern. Hier ist alles ruhig, nur der Wind singt in den Wipfeln der Bäume im Wald. Auch das Käuzchen schreit, sonst ist es sehr still. Aber es gibt hier keine Freunde, und man wird nicht von den vielen Müttern geküßt. Hier haben die Leute ihre Häuser, ihre Tiere, ihre Schlüssel, mit denen sie die Häuser aufsperren und absperren, sie können uns auf die Straße jagen, denn wir sind hier wie Bettler, die nicht hineingelassen werden.

Nein, wir müssen nicht wirklich betteln gehen, wir bekommen auch genug zu essen, Bratwürste und Kuchen, aber alles hat etwas Bitteres an sich, und mir ist, als blieben mir die Würste im Hals stecken.

Der Heilige Abend ist vorbei, der erste Weihnachtsfeiertag ist angebrochen, ein bitterkalter Tag. Immer muß ich an unsere Leute denken, die gut zu mir waren. Nein, die gibt es hier nicht, sie sind verhungert, erschossen oder irgendwo in der Welt verschwunden. Die Bratwürste, die ich gegessen habe, spüre ich immer noch im Hals, als würgten sie mich.

Mein Bruder hat sich schon gut eingewöhnt. Er ist jetzt elf Jahre und geht in die zweite Klasse Volksschule. Die erste Klasse besuchte er noch zu Hause, das war 1944. Drei Jahre sind vergangen, und ich habe nur fünf Klassen Volksschule, die übrigen Schuljahre habe ich versäumt. Ich bin im fünfzehnten Lebensjahr, für mich ist es mit der Schule vorbei. Ich liebe Bücher, aber ich darf sie nicht einmal am Abend lesen, denn da gibt es andere Arbeit. Hier gibt es keinen Feierabend, keine Märchen, kein Feuer auf der Straße. Die Nachbarin singt kein Abendlied. Ein Buch aber habe ich immer bei mir. Es ist nicht groß und paßt in die Hosentasche, und beim Kühehüten kann ich daraus lesen. Es ist ein schönes Gefühl, etwas bei sich zu tragen, das mich alles vergessen läßt. Sonst ist es ein trostloses Leben, die Angst vor dem gierigen Tag, der mich nur arbeiten läßt, wo ich doch so gerne in meinem Buch lesen möchte, in einem Buch, das eigentlich nicht meines ist, ich habe es aus der Schublade genommen.

Es sind nur die Sonntage, die ich zähle, alle anderen Tage sind böse und erbarmungslos. Aber auch am Sonntag bin ich nicht frei, denn da muß ich die Kühe hüten. Ich bin darüber nicht verzagt, sondern nur darüber, daß ich wochentags nicht Kühe hüten darf und darum keine Möglichkeit zum Lesen habe. Jetzt ist Winter, da darf ich am Sonntag nachmittag lesen, bis im Stall die Arbeit beginnt. Das ist jetzt bereits um vier Uhr, da fängt es an, dunkel zu werden. Sonntags brauche ich nach dem Nachtmahl nicht zu arbeiten. Da darf ich lesen, aber der Bauer meint, daß einen das viele Lesen blöd mache. Ich würde gerne in unserer Stube lesen, um ungestört zu sein, aber die Bäuerin meint, es wäre Lichtverschwendung.

Es ist die Zeit zwischen Weihnachten und Neujahr. Mutter hat einen Brief an unsere Patin geschrieben und liest ihn mir vor dem Schlafengehen vor, aber sie muß sich beeilen, denn der Bauer beobachtet, wie lange wir das Licht brennen haben. Einmal meinte er, wir seien rechte Brodler, daß wir so lange bräuchten, um uns auszuziehen. Ich lese oft schnell eine Seite bei der winzigen Lampe, um mich dann in der Dunkelheit zu entkleiden. Meine Mutter liest: »Liebe Marie! Wir sind hier in Österreich. Uns geht es den Umständen angepaßt gut. Es war eben Weihnachten, und das Jahr wird bald vorbei sein. Wir denken viel an Euch. Wir sind alle drei am Leben. Wir sind hier bei Bauern und sind Gott sei Dank gesund, was wir auch von Euch hoffen. Wenn Du etwas über Toni hörst, schreibe mir! Wir sind ganz allein, es ist niemand von unseren Leuten hier, wir sind hier nur unter fremden Menschen. Wie schön wäre es, mit Euch beisammen zu sein. Viele Grüße, Gott sei mit Euch! Deine Terka und Kinder.«

Es ist Silvester. Wir haben die Arbeit im Stall erledigt, der Bauer und die Bäuerin gehen zu einer Silvesterveranstaltung. Mutter bleibt bei den Kindern, auf die sie aufpassen muß, in der Küche, und ich gehe in unsere Stube, um zu lesen. Von der Tochter des Bauern habe ich zu Weihnachten einige Buntstifte bekommen. So beginne ich in der Stube zu malen. Stifte und Zeichenpapier verstecke ich dann in der Schublade, meine Zeichnungen unter der Wäsche. Das Buch liegt immer unter dem Kopfkissen. Jetzt, zu Silvester, da Bauer und Bäuerin fort sind, kann ich unter der elektrischen Lampe lesen oder zeichnen.

Ich höre das Tor. Sofort drehe ich das Licht ab und sehe vom Fenster in den dunklen Hof. Ich nehme an, der Bauer und die Bäuerin kehren zurück. Aber im Schnee und an der weißen Hauswand sehe ich eine kleine Gestalt vorbeigehen und an der Küchentüre klopfen. Es ist ein Bub in meinem Alter. Ich sehe Mutter die Tür öffnen und mit dem Buben sprechen. Ich stehe in der Dunkelheit der Stube und starre hinaus. Mutter öffnet langsam die Tür, und sagt, es sei ein Bub hier, der mich gern ins Kino mitnehmen möchte, denn heute sei ja Silvester und der letzte Tag im Jahr. Der Bub grüßt und stottert, er sei vom gegenüberliegenden Bauernhaus. Er sei schon über ein Jahr beim Bauern, sei ein Pottschacher aus der Neuen Heimat, und seine Eltern seien Arbeiter. Er habe schon öfter mit mir sprechen wollen, denn er habe mich einige Male in der Kirche gesehen und wenn ich mit den Kühen vorbeigezogen sei. »Ich heiße Ossi«, sagt er zu mir. »Ich Robert«, sage ich. Er gibt mir die Hand, und ich spüre einen festen Händedruck, wie ich ihn bis jetzt hier nicht kennengelernt habe, denn die Leute hier haben einen seichten Händedruck, als sei es ihnen nicht angenehm, uns die Hand zu reichen. Mutter bekommt manchmal die Hand gereicht, aber meistens nur von Leuten, die keine Bauern sind. Mir, einem Halbwüchsigen, gibt man nicht die Hand. Viel weniger oder gar nicht wird man geküßt. Mutter sagt, daß das Handreichen hier Sitte sei wie bei uns der Kuß.

Ich schaue Mutter an, die mir lächelnd deutet, ich solle mit Ossi gehen. Sie geht mit ihm in die Küche, bis ich mich umgezogen habe. Ich ziehe das Gewand an, das ich von der Pfarre bekommen habe. Dann gehe ich in die Küche, und Mutter meint, ich solle unter dem Rock ein warmes Leibchen anziehen, weil ich keinen Mantel habe. Ich bin sehr verlegen und lehne ab. Aber Ossi meint, ich solle doch das Leibchen nehmen, weil es ohne Mantel zu kalt sei, und unter dem Rock sehe man es ja nicht.

Wir machen das schwere Tor zu, und unsere Schritte knirschen laut im Schnee, denn es ist bitterkalt. Ich weiß nicht, worüber ich reden soll, es würgt mich im Hals, und ich bin verwirrt und mißtrauisch. Vielleicht gehe ich in eine Falle, und man wird mich schlagen. Endlich beginnt Ossi zu sprechen. Das Kino sei in Pottschach und man gehe so an die dreiviertel Stunden dahin. Man spiele einen schönen Film, nämlich »Schrammeln«. Ich gehe neben Ossi und weiß nichts zu reden. Ich habe den Eindruck, er merkt, wie verlegen ich bin, und er spricht sehr freundlich mit mir.

In St. Valentin holen wir zwei Freunde ab, die mitgehen. Sie warten an einer Hauswand auf uns, oder nur auf Ossi? Mir ist, als wüßten sie, daß Ossi mich mitgenommen hat, denn sie wirken gar nicht erstaunt über mich. Der eine gibt mir eine Zigarette. Ich getraue mich nicht, sie abzulehnen. Von dem andern wird mir Feuer gereicht. Keiner fragt mich, wer ich bin und woher ich komme. Es ist, als sei ich von den dreien freundlich aufgenommen. Wir laufen an den Häusern vorbei, dann über eine Brücke. Die Zigarette kratzt im Hals. Ich versuche ein Husten zu unterdrücken, was mir nicht gut gelingt, aber das Würgen im Hals ist weg. Und in der Finsternis sieht man meine Freudentränen nicht. Bis wir ins Licht des Kinos kommen, sind sie verschwunden.

Ossi kommt oft zu mir, und wir sind viel beisammen. Ich habe den Eindruck, daß Mischi ihn gesandt hat, damit ich wieder einen Freund habe. Ossi ist anders als Mischi. Mischi war dreizehn, als wir getrennt wurden, Ossi ist fünfzehn Jahre alt, ein halbes Jahr älter als ich. Er ist lustiger und munterer, als Mischi es war. Wir gehen jeden Sonntagnachmittag ins Kino. Dort werden auch Filme gezeigt, die ich zu Hause als Kind gesehen habe. Jetzt sehe ich diese Filme anders: »Tonelli«, mit Winnie Markus und Mady Rahl, und »Heiße Liebe«, ein Film, der Jugendverbot ist. Ossi findet aber immer eine Möglichkeit, in den Kinosaal hineinzukommen.

Auch in die Kirche gehen wir zusammen. Und alles ist leichter geworden, sogar die Arbeit beim Baumschlagen im Wald. Der Bauer und ich knien auf einem alten Lumpen und schneiden mit der riesigen Zugsäge in den Stamm des Baumes, und ehe er fällt, müssen wir flüchten. Im Fallen ächzt und seufzt der Baum wie im Lager die sterbenden Mütter. Es ist, als weinten und klagten die Bäume. Wenn sie dann liegen, ist es still. Wir arbeiten, bis es ganz dunkel ist und meine Knie und die Hose vom Frost steif gefroren sind. Aber es tut mir nicht weh, und alles ist leichter zu ertragen, denn ich habe einen Freund gewonnen.

Heute, am 18. Februar 1948, feiere ich meinen fünfzehnten Geburtstag. Die Bäuerin sagt, daß ich zum Geburtstag etwas Besonderes zu essen bekäme. Aber als sie mir eine Eierspeise vorsetzt, bin ich enttäuscht, denn bei uns zu Hause galt die Eierspeise als ein sehr einfaches Gericht. Ich lasse mir nichts anmerken. Vom Bauern bekomme ich ein Trinkgeld.

Der Briefträger kommt, und zur Verwunderung aller gibt er Mutter einen Brief. Wir sehen zu, wie Mutters zitternde Hand den Brief öffnet. »Eine Nachricht von der Patin! Ein Lebenszeichen vom Vater!« ruft sie sehr erregt. Dem Brief der Patin liegt tatsächlich auch ein Brief von unserem Vater bei. »Mein Gott, er lebt, unser Vater, er ist in Kriegsgefangenschaft!« Mutter liest weinend Vaters Brief, der an die Patin gerichtet ist. Er sei gesund, schreibt Vater, er müsse arbeiten und habe zu essen. Von uns habe er keine Nachricht, aber er hoffe, uns dennoch wiederzusehen. Die Patin solle ihm schreiben, sowie sie von uns etwas erfahren könne.

Die Patin selbst schreibt, daß sie seit zwei Jahren nichts mehr von uns gehört und schon befürchtet habe, wir seien verhungert. Während der drei Jahre, die seit unserem letzten Zusammensein vergangen sind, habe sich viel geändert. Joschi, ihr Sohn, sei seit dem Tag des Pogroms nervenkrank, eine kleine Besserung sei aber mittlerweile eingetreten. Sie selbst bekomme keine Arbeit mehr, sie lebe von ihrem Gemüsegarten und der Gnade der Ungarn, die ihr und den beiden Mädchen Arbeit in ihren Gärten gäben. Sie sei allein, denn alle Nachbarn und Verwandten seien fort, aber viele Fremde seien gekommen. Man wolle sie nicht und beschimpfe sie, weil sie eine Deutsche sei. »Mein Gott«, schreibt die Patin, »könnten wir doch bei Euch sein oder Ihr hier bei uns, dann ginge alles leichter!«

Vaters Brief enthält noch eine Nachricht: Es ist die Adresse von Onkel Max und Tante Anna, dem Bruder meines Vaters und seiner Frau, die nach Rußland verschleppt worden war und jetzt, mit ihrem Mann wieder vereint, in Deutschland lebt.

Was für ein Geburtstagsgeschenk! Es ist zuviel auf einmal, zuviel der Freude! Nie werde ich diesen Geburtstag vergessen. Über Tante Anna erreicht uns aber auch eine sehr traurige Nachricht. Vor ihrer Reise nach Westdeutschland hat sie geschrieben, daß Helen Weifert kurz nach ihrer Ankunft in Rußland an Blutvergiftung gestorben ist. Alle sind sie tot, die Weiferts, die Mutter und Helens beide Brüder sind verhungert, sie selbst ist an Wundbrand gestorben, denn ihr Bein ist nicht mehr gut geworden.

Es ist Ende Februar, und abermals fragt der Briefträger nach unserer Mutter und reicht ihr einen Brief. Diesmal ist es ein Brief von Vater, direkt an uns gerichtet! Er ist ein wenig verschlüsselt abgefaßt, weil die Briefe der Kriegsgefangenen zensuriert werden. Er schreibt zum Beispiel, wir sollten langsam Tee trinken, was heißen soll, wir müßten Geduld haben, langsam würde sich alles wieder zum Besseren wenden. Er sei aber sehr glücklich, daß wir vorläufig gut untergebracht seien, und er danke Gott, daß wir alle lebten und vor allem wir Kinder alles Schlimme überwunden hätten. »Jeden Tag lese ich Euren Brief. Er ist mir ein großer Trost, und ich danke unserem Herrgott, daß für Euch alles gut ausgegangen ist. Ich selbst bin gesund, mir geht es gut, ich arbeite und habe zu essen.«

Vaters Brief hat unser Leben sehr verändert, und Mutter sagt, sie habe Hoffnung, daß wir nun bald wieder vereint sein würden. Heute ist Frühlingsbeginn, und wir gehen zum Arzt nach Wimpassing. Als wir vor einem Monat hier waren, lag noch ein halber Meter Schnee, und auf dem Kuhberg fuhren die Leute Ski. Da blieb Mutter stehen, sah hinauf und fragte mich, was denn da los sei. »Um Gottes willen, das sind ja erwachsene Leute, keine Kinder! Hier spielen Erwachsene wie kleine Kinder, was ist das für eine Welt!« rief sie. Jetzt ist der Schnee weg, und das herrliche Hellgrün der Wiesen ist zu sehen, keine schreienden und jaulenden Männer, die mit Brettern an den Füßen herumlaufen.

Der Winter ist vorbei, und es beginnt die Feldarbeit. Die Felder, die im Herbst umgepflügt worden sind, werden jetzt bebaut. Es gibt auch schon Veilchen. Ich pflücke welche und bringe sie Mutter, die sie in ein kleines Trinkglas gibt und in unserer Stube auf den Tisch stellt. Auch Wildtauben gibt es hier, die genauso traurig klagen wie die in Setschanfeld und Molidorf.

Mutter hat wieder beim Arzt zu tun. Am Abend, nach der Arbeit, erzählt sie mir in unserer Stube, sie habe beim Arzt eine Frau getroffen, die aus Ernsthausen im Banat stammt und nun in Wimpassing wohnt. Am Sonntag würden wir sie besuchen.

Mutter schreibt Briefe an Vater, an die Patin und an Onkel Max und Tante Anna, und wir bekommen wieder Briefe von Vater und von der Patin. Auch von Onkel Max und Tante Anna erhalten wir Post. Sie leben in der Stadt Kempten, wo der Onkel bei der Firma Siemens arbeitet. Tante Anna war mit einem Krankentransport aus Rußland nach Ostdeutschland gekommen und lebte zuerst in der Ruinenstadt Dresden. Von dort flüchtete sie in die Bundesrepublik. Durch das Rote Kreuz fanden sie und Onkel Max sich wieder.

Wir sind glücklich, weil wir uns nun nicht mehr so verlassen vorkommen. Wir haben ja unseren Vater gefunden und haben auch Nachricht von unseren Verwandten. Der Briefträger, dem Mutter die ausländischen Briefmarken gibt, ist sehr freundlich zu ihr, und ich merke, wie sehr es ihn beeindruckt, daß sie aus Deutschland und jetzt sogar vom Onkel aus Casablanca Post erhält. Er spricht sie mit »Frau Hammerstiel« an. Onkel Max und Tante Anna senden uns Pakete, und sie schreiben, daß sie nach Casablanca auswandern werden. Onkel Max bekäme dort eine gute Arbeitsmöglichkeit. Sein älterer Bruder, also ein weiterer Bruder meines Vaters, lebt seit 1934 in Marokko. Er hat Tante und Onkel ein Visum verschafft.

Am Sonntag gehen Mutter und wir zwei Buben zu unseren Landsleuten. Es ist ein älteres Ehepaar, das mitten im Ort in einer kleinen Kellerwohnung mit einem Zimmer und einer winzigen Küche lebt. Sie haben einen Sohn, der im Burgenland lebt, in St. Margarethen. Er hat dort ein Weinbauernmädchen geheiratet und kommt oft mit seiner jungen Frau und ihrem Baby zu den Eltern nach Wimpassing. Mutter ist jetzt jeden Sonntag bei diesen Leuten. Ich bin mit Ossi im Kino, oder wir machen einen Spaziergang durch den Wald oder die Wiesen.

Der Sohn unserer Landsleute hat oft in Wien zu tun und nimmt

Mutter an einem Samstag mit. Wie gerne würde ich auch mitfahren! Aber der Bauer läßt mich nicht. Er sagt, es sei genug, wenn einer den ganzen Tag weg sei und nichts arbeite. Das wäre ja noch schöner, wenn er sich zu Tode arbeiten könne, während wir uns einen schönen Tag in »Wean« machten. Wir sind zeitiger aufgestanden, damit Mutter die Stallarbeit fertigbringt, bevor ich sie zum Bahnhof begleite. Mutter weiß, wie gern ich mitfahren möchte und wie sehr ich darunter leide, zurückbleiben zu müssen.

Die Schlehen, die im Winter kahl und dornig am Rand der Wege standen, sind jetzt übersät mit weißen Blüten. Die Apfelblüten sind vom Reif braun gebrannt, aber die Schlehen strahlen in ihrer weißen Pracht, ihnen kann die Kälte nichts anhaben. Der Bauer wartet auf mich und schimpft, daß ich zu lange weggeblieben bin, er meint, ich sei ein Hosenscheißer, der seiner Mutter nachlaufe.

Die wunderbaren Ostertage sind vorbei. Aus dem Garten, der am Bergrücken liegt, wurden Baumäste und Tannenzweige zusammengetragen, und am Karsamstag wurde bei Einbruch der Dunkelheit das Feuer angezündet. Rund herum standen die Jungen und die Alten. Ossi und ich waren auch dabei. In der Osternacht ging ich mit dem Bauern auf seine Felder, und er war sehr freundlich und gut zu mir. Wir zündeten Palmzweige an und steckten sie in die Erde, damit der Boden gesegnet würde. Am Ackerrand standen die Schlehen, und ein herrlicher Duft entströmte dem nahen, dunklen Wald. Es war eine wunderbare Mondnacht. Ich sehe noch immer den Mann im Mond das Bündel Reisig tragen und sehe Maritzineni am Rand des Feldes bei den Schlehen stehen. Ich gehe mit ihr. »Siehst, Robert, der Mond hat einen Hof, es wird morgen Regen geben.« Aber dieser Mond hier, der derselbe ist, hat keinen Hof. Und doch ist mir, als hörte ich Schritte und das Flüstern der Maritzineni. »Hier, mein Täubchen, hier müssen wir graben, dann kommen wunderbare Kartoffeln zum Vorschein!« Mir ist, als kämen unsere Freunde aus dem Wald heraus, denn die Sträucher und Bäume leuchten so silbern in die Nacht hinein wie damals. Aber Maritzineni ist mit Krämerneni verhungert, wie Mischi und seine Mutter und Helen ist in Rußland gestorben. Und ich gehe mit dem Bauern den Weg ins hell erleuchtete Dorf hinunter, und es ist niemand, der da aus dem Wald kommt. Nur wir zwei gehen nebeneinander, der Bauer und ich.

Es kommt der Mai, der Sommer, die Zeit der Getreideernte, die Zeit des Dreschens, die Zeit der weniger heißen Tage. Die Stoppelfelder werden umgeackert. Ich bin wieder allein mit den beiden Pferden. Der Fritz hält noch immer seinen Kopf schief, als hänge der Ochse an seiner Seite. Am Rand des Ackers mache ich Rast, damit die Pferde nicht ins Schwitzen kommen. Der Schlehdorn hat jetzt viele Früchte, die sich blau zu färben beginnen. In einigen Tagen wird es ein Jahr sein, daß wir hier sind. Ich habe in dieser Zeit viel gelernt, Arbeit, Menschen und allerlei Leute kennengelernt, ich habe einen Freund gefunden, und ich habe Bücher gelesen. Ich habe gesehen, wie Kälber zur Welt kommen und Schweine. Ich habe die Ställe gesäubert, die Erde umgepflügt, im Wald Bäume geschlagen, sie sterben sehen. Den Ochsen hat man zum Schlachter gebracht, und ich habe das Schreien der sterbenden Schweine gehört. Ich habe gesehen, wie der Briefträger meiner Mutter die Briefe gegeben hat, und ich habe Mutters Weinen gesehen. Ich habe aber auch gesehen, wie der drei Jahre alte Bub der Bäuerin mitten auf dem Eßtisch seine Notdurft verrichtet hat, habe das Lachen des Bauern und der Bäuerin darüber und das Entsetzen meiner Mutter gesehen. Ich habe gesehen, wie in den Obstgärten Musikfeste veranstaltet worden sind, habe die unerträgliche Musik gehört und die groben Witze der Musiker in den Pausen. Und ich habe die fortwährenden Beschimpfungen des Bauern erdulden müssen.

So ist dieses Jahr verlaufen.

Ein Jahr wird es also Anfang September sein, daß wir hier beim Bauern sind. Ein Jahr haben wir hier gearbeitet, um dreißig Schilling im Monat. Doch es ist nicht der niedrige Lohn, der uns das Leben hier so unerträglich macht. Es ist die Behandlung durch den Bauern. Er läßt mich bis tief in die Nacht hinein arbeiten, läßt mich keine Bücher lesen, hält uns für blöde und primitiv. Aber er ist es, der keine Manieren hat, er ist ein böser Mensch.

Wir haben den Entschluß gefaßt, nach Wien zu fahren, um Arbeit zu suchen. Da es Alfred gutgeht, wollen wir ihn hier lassen, bis wir einen sicheren Posten haben. Am 1. September werden wir fahren, morgen werden wir mit dem Bauern und der Bäuerin sprechen. Beim Mittagessen erklärt die Mutter unser Vorhaben. Die Bäuerin bleibt wie erstarrt sitzen, der Bauer steht auf, macht ein paar Schritte zur Tür, stampft fest auf, bleibt dann stehen und sagt: »Ah, so sieht es aus, jetzt seid's ausg'fressen und tragt's keine Zotten mehr! Jetzt wollt's ihr was Besseres, wir sind euch nimmer genug! Wo wollt ihr denn überhaupt hin? Nach Wien? Daß ich nicht lache, da werden sie auf euch warten!« höhnt der Bauer. »Ihr könnt morgen schon abhauen, ich will euch nicht mehr sehen!« Mutter verläßt die Küche, ohne dem Bauern weiter zu antworten, und ich laufe ihr nach in die Stube. Im Hof höre ich den

Bauern uns nachschreien: »A G'sindl seid's!« »Hör nicht hin, mein Täubchen, hör nicht hin!« sagt Mutter.

Es gibt nicht viel zu packen, und der Nachmittag ist lang, obwohl die Tage schon kürzer sind. Mutter und ich gehen zu meinem Bruder und besprechen die Situation mit seinem Bauern und der Bäuerin, der Mutter und der Schwester der Bäuerin. Mutter versucht meinem Bruder die Lage zu erklären, aber ich bemerke, daß Alfred dem Weinen nahe ist. Es fällt Mutter sehr schwer, ihn hier allein zu lassen, aber alle reden auf ihn ein.

Die Stallarbeit machen wir zusammen mit dem Bauern und der Bäuerin. Kein Wort wird gesprochen. Ich bleibe noch eine Weile allein im Stall. Es fällt mir sehr schwer, ohne die Pferde zu sein. Ich laufe hinüber zu Ossi. Er kommt zu mir auf die Straße hinaus, nachdem er mit der Stallarbeit fertig geworden ist, und wir gehen durch das Dorf. Die wenigen Lampen beleuchten die Straße schlecht, wir gehen bis ans Ende des Dorfes in die Finsternis hinein und schweigen. Ich weiß, daß ich wieder einen Freund verlieren werde und wieder mit Mutter allein in die Fremde ziehen muß. Mir brennen die Augen, und Ossi beginnt endlich zu sprechen. Er sagt, daß er gerne mit uns mitziehen würde. In Wien würde es sicher besser sein als hier. Er habe auch schon immer von Wien geträumt. Wir gehen wieder zurück, Ossi drückt mir kräftig die Hand und verschwindet im Haus. Ich höre noch das Tor knarren, dann laufe ich in unsere Stube. Mutter hat bereits alles gepackt. Jetzt haben wir keine Säcke mehr, sondern einen Koffer und eine Tasche. Alfred ist auch hier und weint. Das Licht wird abgedreht, und Mutter tröstet uns in der Finsternis. Wir begleiten Alfred, Mutter küßt ihn, und beide weinen sie. Auch mir laufen die Tränen über das Gesicht.

Sehr schlecht habe ich geschlafen. Aber in mir ist eine so starke Sehnsucht und Erwartung, daß ich alles Beklemmende vergesse. Mutter sagt, schlechter, als es uns im Lager ergangen sei, könne es in Wien nicht sein, aber auch nicht so erniedrigend wie hier.

Es ist fünf Uhr morgens, wir haben alles bereit, und im Haus brennt schon Licht. Mutter und ich treten in die Küche, um uns zu verabschieden. Es ist nur die Bäuerin da. Mutter sagt zu ihr, daß wir nun in Gottes Namen aufbrechen würden. Ich reiche ihr die Hand und merke, wie ihre Hand zittert. Die beiden Mütter umarmen sich. Die Bäuerin beginnt zu weinen und sagt: »Entschuldigen Sie, wenn Ihnen hier Böses geschehen ist, entschuldigen Sie meinen Mann!« Im Stall ist Licht, ich höre den Bauern mit den Tieren reden. Ich gehe zum Stall, und obwohl es mir sehr unangenehm ist, öffne ich die Tür und sehe ihn mit der Gabel in der Hand hinter den beiden Pferden stehen. »Wir werden aufbrechen«, stottere ich. »Geht's nur«, sagt der Bauer, »euch werden die Tauben in Wien ins Maul fliegen!« Er schlägt mir wie tröstend mit der linken Hand auf die Schulter und beginnt weiterzuarbeiten.

Mutter wartet auf mich beim Tor, und wir tragen unseren Koffer und die Tasche hinaus. Da hören wir den Bauern rufen: »In Zotten sind sie gekommen, und jetzt schleichen sie sich mit Koffern aus dem Haus!«

Es ist noch dunkel, als wir durchs Dorf gehen. Wir gehen denselben Weg, den ich sonntags mit Ossi gegangen bin. Als wir am Bahnhof ankommen, ist es hell. Es kommen viele Menschen, Kinder mit Schultaschen, Jugendliche in meinem Alter, Arbeiter und alte Frauen mit Taschen. Wir warten etwa eine dreiviertel Stunde. Dann fährt der Zug dampfend ein. Wir steigen mit den anderen ein und der Zug setzt sich in Bewegung. Ich schaue aus dem Fenster und sehe alles zurücklaufen. Die Leute, die neben uns sitzen, spiegeln sich im Fenster. Mutter laufen die Tränen über das Gesicht. Ich traue mich nicht umzusehen und starre aus dem Fenster, um zu sehen, wie alles entschwindet. »Nur noch ein kleines Stückchen, mein Täubchen«, tröstete mich Mutter beim Haus am Teich, »nur noch ein kleines Stückchen, mein Herz, du mußt es ertragen.«

3
Wien und Marchfeld

Der Zug fährt im Wiener Südbahnhof ein, und wir steigen aus. Alle Passanten nehmen denselben Weg, wir gehen ihnen nach und werden vom Sog der Menschen mitgezogen. Der Bahnhof ist eine Ruine, wir müssen einzeln hintereinander auf Brettern gehen. Unten in der Ruinenhalle stehen Uniformierte und kontrollieren die Leute. Als wir an der Reihe sind, deutet man uns, wir sollten weitergehen, um den Menschenstrom nicht aufzuhalten. Am Ausgang der Halle teilt sich die Menge in alle Richtungen. Wir bleiben in der Halle, stellen unsere Sachen auf den Boden und warten. Nach kurzer Zeit aber verlassen auch wir die Halle und irren eine Weile im Freien umher. Mich bedrückt das nicht, denn ich bin in Wien, in der Stadt Frau Seemayers. »Wenn du einmal nach Wien kommst, so denke an mich!« tönt es in mir. Vor der Halle breitet sich eine große, breite Straße aus, die von dunkelbraunen und dunkelgrauen Häusern gesäumt wird. Ich bin überwältigt von der Größe der Gebäude. In Werschetz gab es höchstens Häuser mit zwei Stockwerken, hier sind es fünf oder gar sieben. Einige der Häuser aber sind zerstört. Mutter sagt: »Komm weiter, wir werden noch genug sehen. Wir müssen schauen, daß wir eine Unterkunft kriegen. Hier soll eine Bahnhofsmission sein.«

Mir ist es wie im Traum. Es fällt schwer, mir vorzustellen, daß ich in Wien bin und nicht bei dem Bauern, der mich fortwährend antreibt wie ein Tier. Ich bin glücklich, mit Mutter irgendwohin gehen zu dürfen, irgendwohin, wo uns niemand kommandiert, niemand beschimpft und niemand Mutter mit Hallo ruft, statt sie beim Namen zu nennen.

Gegenüber der Ruinenhalle des Bahnhofs, dort, wo eine Straßenbahnlinie mit der Nummer 18 ist, befindet sich eine lange, niedrige Baracke, auf der mit schwarzen Buchstaben »Mission« steht. Die Missionsbaracke wirkt winzig klein, weil sich hinter ihr die riesigen Häuser erheben. In der Baracke werden wir von einer schwarzgekleideten geistlichen Schwester empfangen und in die Kanzlei befohlen, wo man unsere Namen notiert. Die geistliche Schwester meint, wir könnten hierbleiben, bis wir Quartier und Arbeit hätten, aber wir müßten zusehen, daß wir binnen vierzehn Tagen etwas finden, da dann die Zeit für unseren Aufenthalt abgelaufen sei. Wir bekommen auch Verköstigung. Es sind viele Menschen hier, Flüchtlinge aus Jugoslawien und der ČSSR. Die Leute bleiben meist nur über Nacht hier, manche drei bis vier Tage, selten jemand über acht Tage. Wir bekommen unsere Pritsche und hören, daß wir das Essen in der Porzellangasse erhalten. Wir schließen uns Leuten an, die schon einige Tage hier sind, und steigen in die Straßenbahn D ein, die in das Stadtinnere fährt. Trotz der vielen Zerstörungen bin ich überwältigt von der Größe und Schönheit der Stadt. Die Straßenbahn ist voll von Menschen, die alle irgendwohin fahren. Ich höre das Raunen ihrer Gespräche, und ich höre ihre Sprache, die ich besser verstehe als den Dialekt des Bauern. Es ist eine angenehme, wohlklingende Sprache. Ich sehe auf die Straße, Prinz-Eugen-Straße heißt sie. Rechts von der Straße ist eine lange Mauer, hinter der sich hohe Bäume reihen. Es gibt ein wunderbares Tor. Dann kommt ein großer Platz mit einem Monument. Es ist der Schwarzenbergplatz. Die Straßenbahn biegt nach links und fährt in den sogenannten Ring ein. Die Häuser werden noch prunkvoller, es gibt Bäume hier und viele Menschen. Gestern habe ich noch beim Bauern im Stall arbeiten müssen, und heute fahre ich auf dem Wiener Ring. Menschen und Bäume werfen ihre Schatten auf den asphaltierten Boden, und schnell ziehen sie vorüber, schneller als die in Setschanfeld und Molidorf, Zichydorf und Gakovo.

Mutter hat in der Porzellangasse erfahren, daß es ein großes Lager geben soll, das sogenannte Auffanglager. Dort sollten wir nachsehen, ob wir Quartier bekämen. Nach dem Essen wollen wir gleich hinfahren. Wir fahren bis zur Meidlinger Hauptstraße. Dort steigen wir um in die Stadtbahn nach Hütteldorf-Hacking. In Hütteldorf ist die Endstation der Stadtbahn, und wir gehen zu Fuß den Wien-Fluß entlang, bis wir das Auffanglager erreichen. Der Wien-Fluß liegt rechts von uns, auf der linken Seite ist eine lange Steinmauer, im Vordergrund sieht man riesige Kastanienbäume. Es ist ein sehr warmer Herbsttag. Viele Menschen spazieren die Mauer entlang, hinter der der Lainzer Tiergarten liegt. Auf der Wand sind Plakate aufgeklebt, Filmwerbung. »Das Ei und ich und das Kuckucksei« steht darauf in großen Buchstaben und »Käthe Dorsch« und »Annemarie Blanc«. Schließlich erreichen wir den Eingang zum Auhoflager. Nachdem wir uns bei der Information erkundigt haben, an wen wir uns wenden sollen, treffen wir plötzlich jemanden, den wir kennen: Frau Klein, von der Mutter Kleid und Kostüm und ich die Bücher, die ich in Gakovo zurücklassen mußte, geschenkt bekom-

men haben. Frau Klein nimmt uns sofort in ihre Unterkunft mit, einen kleinen Raum, den sie in einer Baracke bewohnt. Sie erzählt uns, wie sie aus dem Lager geflüchtet ist, und Mutter sagt, daß wir ohne die Kleidungsstücke, die sie ihr gegeben hat, nicht so schnell nach Österreich gelangt wären. Frau Klein meint, es werde sehr schwer sein, hier Quartier zu bekommen, weil das Lager total überfüllt sei. Sie geht mit Mutter zur Lagerverwaltung, und ich wandere draußen bei den Baracken auf und ab, bis Mutter mit traurigem Gesicht wieder herauskommt: Wir bekommen hier keine Unterkunft. Wir fahren wieder zur Bahnhofsmission und am Abend in die Porzellangasse, um das Nachtmahl zu erhalten. Wir fahren an der zerstörten Oper vorbei, vorbei am Heldenplatz, der Hofburg, dem Rathaus und anderen Prunkbauten, Auf dieser Straße ist auch Frau Seemayer gegangen, vor langen Jahren. Jetzt liegt sie in Setschanfeld, denn Krämerneni hat sie nicht mehr mit nach Rudolfsgnad genommen, wo sie mit Maritzineni verhungert ist. Frau Seemayer starb allein in Setschanfeld, einige Tage nach unserem Abschied von Krämerneni. Durch Frau Seemayer habe ich diese Stadt geliebt, ehe ich sie gesehen habe. Jetzt darf ich es sehen und erleben, Frau Seemayers wunderbares Wien.

Acht Tage sind wir bereits hier in der Bahnhofsmission, und wir haben noch immer kein Quartier und keine Arbeit. Ich gehe in die nahegelegene Elisabethkirche zur Messe, in dem Gewand, das ich vom Pfarrer in St. Valentin bekommen habe. Es sind viele Menschen in der Kirche. Das Predigen des Pfarrers hallt von den Wänden wider und ergibt einen merkwürdigen Klang. Ich laufe wieder zurück zur Baracke. Was würde Mischi sagen, wenn er hier wäre und diese Weltstadt sähe, wenn er mit mir gehen könnte durch alle die Straßen? Und Helen, sie würde auch mit so hohen Stöckelschuhen gehen und auch so rote Lippen haben wie die Mädchen hier und die jungen Frauen. Manchmal ist mir, als sähe ich sie auf mich zukommen, Mischi und Helen, aber wenn sie bei mir angelangt sind, sind es Fremde. Oft drehe ich mich um und sehe den Menschen ins Gesicht, sehe viele Gesichter, aber es sind nicht die Mischis, Helens oder Janis. Ich laufe und laufe, bis ich den Gürtel erreiche. Jetzt kommen zwei Frauen auf mich zu. Es sind Krämerneni und Maritzineni, sie sind nur anders gekleidet, als ich es gewohnt bin. Ich drehe mich nach ihnen um, sie gehen an mir vorbei, als kennten sie mich nicht, und ich wage nicht, sie anzusprechen.

Mutter werde ich nichts davon sagen, denn sonst glaubt sie wieder, ich hätte großes Heimweh. Als ich bei ihr bin, erzählt sie mir, daß ein Mann hier gewesen sei. Er suche eine Frau und einen Burschen, der mit

Pferd und Pflug umgehen könne. Sie habe ihm zugesagt, und er würde uns morgen abholen kommen, denn wir seien schon acht Tage hier und müßten sehen, daß wir wegkämen.

Es ist wieder Abend, und wir legen uns auf unsere Pritschen schlafen. Neben mir liegt ein älterer Mann, der sehr freundlich ist. Er ist Sudetendeutscher und sagt, er habe einen Buben in meinem Alter verloren. Er erzählt mir viel von seiner Heimat, aber nichts von seinem toten Sohn. Er gibt mir Geld, damit ich mir etwas kaufen könne. Er erzählt mir, daß heute das große Schwein gestorben sei, die Bestie, der Benesch, und lacht, als ich frage, wer denn Benesch sei. »Du kennst diese Bestie nicht? Er ist am Tod meines Sohnes schuld und am Tod vieler anderer. Er ist schuld, daß ich hier wie ein Bettler liege.«

Ich kann nicht einschlafen, denn ich habe ein so merkwürdiges Gefühl. Es ist, als drücke mich etwas auf der Brust, und im Hals habe ich wieder dieses sonderbare Würgen. Das Schnarchen der Männer vermengt sich mit dem Kreischen der Nachtzüge und dem Lärm der Bahnhofshalle. Oft gibt es einen schrillen Pfiff. Ich bin eingeschlafen. Da wecken mich laute Männerstimmen. Mutter kommt aus der Frauenbaracke zu mir, und ich sehe, wie ihre Hände zittern. »Robert, schnell aufstehen, wir müssen mit den Russen mit!« Ich bin noch schlaftrunken, muß mich aber beeilen, denn die Russen fluchen schon. Wir werden auf einen Lastwagen geladen. Darauf sind noch andere Leute aus dem Lager, aber in der Dunkelheit erkenne ich niemanden. Die Russen fahren schnell mit uns ab und hinein in eine unbekannte Gasse. Mutter legt ihren Kopf auf meine Schulter, und ich spüre, daß sie weint. Sie sagt, daß sie ohne Alfred nicht gehe und daß alles umsonst gewesen sei.

Wir sind am Ziel und müssen aussteigen, werden durch einen langen Gang geführt und abwärts in einen Keller, in dem wir Stimmen hören. Es sind also Leute hier, aber es ist stockdunkel, wir können sie nicht sehen. Dem Klang nach sind es vier Personen. Wir unterscheiden eine Frauenstimme, die Stimme eines Jungen und die Stimme zweier Männer. Wir sind unser sechs, das macht zehn Personen in einem etwa sechs bis acht Quadratmeter großen Raum. Beim Umhertasten merken wir, daß auch eine Liegestatt vorhanden ist, aber für zehn Personen ist nicht Platz, also legen wir uns auf den Boden. Die Frau, die bereits seit Tagen in diesem Keller eingesperrt ist, fragt uns, weshalb man uns denn hergebracht habe. »Wer soll das wissen? Morgen, beim Verhör, werdet ihr alles erfahren.« Ich schlafe bald ein, obwohl zum Niederlegen wenig Platz ist. Mutter sitzt, und ich habe meinen Kopf auf ihrem Schoß.

Als ich wach werde, ist es noch immer dunkel. Nur ein schmaler

Lichtstrahl gelangt vom zugenagelten Fenster herein, sodaß man die Umrisse der Menschen und ihre Bewegungen erkennen kann. Jeder erzählt sein Schicksal, alle haben viel zu berichten, alle sind Heimatvertriebene. Eine Frau sagt, sie habe eine schöne Stimme und würde gern singen, wenn es erlaubt sei, und sie beginnt zu singen. Es ist die Stimme einer jungen Frau. Eine andere Frau meint, wir sollten lieber beten. »Zu wem denn, zu wem?« schreit eine dritte, »zu wem? Zu den unsichtbaren Wänden? Zu dem muffigen Keller? Ich habe gebetet und gebetet, und meine Kinder sind ermordet worden! Wenn es ihn gäbe, wie könnte er das zulassen?« schreit die Frau in die Dunkelheit hinein. »Es muß ihn geben, ich bin davon überzeugt. Denn wenn Sie erlebt hätten, was ich erlebt habe, dann könnten Sie nur noch glauben. Mein Gott, tun Sie mir leid! Sie haben alles verloren, nicht nur Ihre Heimat, auch Ihre Kinder und Ihren Glauben. Aber der Mensch hat auch eine Seele und kann doch nicht weitervegetieren wie ein Tier«, sagt die junge Frau und singt weiter, singt in die Finsternis hinein, während die andere schreit: »Alles habe ich verloren, alles! Jetzt sogar das Tageslicht. Die Menschen sind Bestien! Das Tier ist gut, aber der Mensch ...«

Wir hören etwas an der Tür. Es kommen Schritte, die Tür wird geöffnet, und eine Gestalt wird hereingestoßen. Hinter ihr wird wieder zugesperrt. Ein angenehmer Duft durchströmt den Keller, es riecht nach schwerem Parfüm. Die Gestalt einer Frau trommelt an die Tür und schreit gellend: »Schweine, ekelhafte, aufmachen! Sofort! Aufmachen! So eine Niedertracht! Aufmachen!« Die Männer versuchen die Frau zu beruhigen. »Was ist hier los? Wo bin ich hingeraten?« schreit die Frau ununterbrochen, in reinem Hochdeutsch. Der Mann sagt, sie solle doch endlich aufhören, es habe keinen Sinn zu toben, die oben hörten nichts. »So etwas, ich werde mich beschweren! Unerhört, was sich diese Barbaren erlauben! Ich halte den Gestank hier nicht aus! Ist denn kein Fenster hier? Wo bin ich denn hingeraten? Diese Schweine! Gibt es ein Telefon hier?« »Bitte, seien Sie doch endlich ruhig«, sagt eine Frauenstimme. Der Bub beginnt zu lachen. »Was ist denn das? Bin ich in ein Irrenhaus geraten?« schreit die Frau weiter. »Was ist das für ein Lachen? Was ist denn hier so lustig? Ich halte es hier nicht aus, in diesem Gestank! Ist hier eine Toilette?« »Beruhigen Sie sich! Man kann noch viel Gräßlicheres aushalten. Gehen Sie doch einmal weg von der Tür!« »Wohin, zum Teufel, soll ich denn gehen? Es ist ja stockfinster!« »Kommen Sie hierher!« Der eine Mann zündet ein Streichholz an, und ich sehe die neue Frau. Sie trägt einen großen Hut, ein rotes Kostüm und eine Ledertasche. Sie öffnet die Tasche und holt ein glitzerndes

Feuerzeug hervor, zündet es an und schaut sich in dem kleinen Raum um. Sie betrachtet jeden von uns. »Setzen Sie sich doch, bitte«, sagt der Mann, den ich, zusammen mit den anderen hier im Keller, erst jetzt sehen kann. Er scheint gar nicht so alt zu sein, wie seine Stimme klingt. »Wo soll ich mich denn hinsetzen, es ist ja kein Platz hier, viel weniger ein Stuhl!« Mutter und die eine Frau machen ihr Platz auf der Pritsche: »Hier bitte!« »Was ist denn das, eine Pritsche?« Sie läßt sich nieder und nimmt aus ihrer Tasche ein Tuch und ein Fläschchen. Nachdem sie einen Tropfen Flüssigkeit auf das Tuch getupft hat, riecht sie daran und fährt sich damit über das Gesicht. Der Mann sagt, sie solle das Feuerzeug wieder ausmachen, denn wir würden es noch notwendig brauchen. Die Frau fragt, ob es erlaubt sei, hier zu rauchen. Sie reicht den vier Männern die Schachtel mit den Zigaretten, die Frauen lehnen ab. Auch mir reicht sie die Schachtel, Mutter wehrt ab.

Die Männer scheinen froh zu sein, wieder einmal rauchen zu dürfen. Ein Mann fragt die neue Frau, wie sie in die Hände der Russen geraten sei. »Mein Gatte ist Engländer und derzeit im Ausland. Das haben diese Schurken ausgenützt. Ich wollte telefonieren, aber man ließ mich nicht. Stellen Sie sich doch meine Lage vor: Mein Mann hat keine Ahnung, wo ich bin. Er wird die Abgängigkeit melden, aber das nützt bei diesen Scheusalen nichts!« Sie fragt den Mann, ob wir alle »Politische« seien. »Wir sind weder politisch noch kriminell, wir sind nichts als Heimatvertriebene, alle, die wir hier sind«, antwortet der Mann. »Ah, deshalb dieser merkwürdige Dialekt«, sagt die Frau, indem sie wieder das Feuerzeug anzündet und in ihrer Tasche Zigaretten sucht. Sie findet keine mehr und beginnt zu toben, daß sie es ohne Rauchen nicht aushalte. Wieder klopft und trommelt sie heftig an die Tür und schreit: »Ihr seid nichts als Wilde, niederträchtige, gemeine Schurken! Ich brauche etwas zu rauchen!« Einer der Männer fragt, ob sie nicht ein wenig schlafen wolle. »Wir machen Ihnen Platz auf der Pritsche.« »Was? Schlafen? Hier? Eher gehe ich zugrunde, bevor ich mich auf diese ekelhafte, wie sagten Sie, Pritsche lege!«

Die Frau tobt fortwährend, und so vergeht die Zeit. Schließlich wird die Tür aufgesperrt, und mehrere russische Soldaten treten ein. Da die Tür offen bleibt, fällt Licht in den Raum, zudem leuchtet einer der Russen mit einer Taschenlampe über unsere Köpfe und Gesichter. Die eine Frau, sie ist blond, wird mitgenommen. Die Frau mit dem Feuerzeug tobt, aber die Russen bleiben davon unbeeindruckt und sperren hinter sich wieder zu. Die Frau tobt weiter und trommelt an die Tür. Die Russen kommen wieder und leuchten uns ins Gesicht. Diesmal deuten sie auf Mutter und mich. Mutter geht ganz ruhig vor den beiden Russen und ich hinter ihr. Meine Holzschuhe sind schon schlecht, und ich stolpere auf den Stufen. Einer der Russen fängt mich auf und sagt zu mir: »Malinka, nicht fürchten, es wird dir nichts geschehen.«

Wir werden in ein großes Zimmer gebracht. Ein älterer Uniformierter sitzt an einem Tisch, neben ihm steht ein Mann in Zivil. Der Mann am Tisch deutet mit der Hand, daß wir uns setzen sollen. Ich zittere so sehr, daß mir die Beine weh tun. Mutter ist gefaßt. Der Mann in Zivil fragt Mutter, ob ich ihr Sohn sei, und stellt weitere Fragen. Mutter sagt ihm, daß wir keine jugoslawischen Spione seien, sondern Volksdeutsche. Wir seien erst seit kurzem hier in Wien, um Arbeit zu suchen. Sie erzählt ihm auch, wie beschämend uns die Bauern auf dem Land behandelt hätten, und fragt, ob man nicht für sie und mich Arbeit habe. Die Russen sehen sie etwas erstaunt an. Mutter bittet auch um etwas zu essen, da wir seit gestern nichts gegessen hätten. Sie deutet auf mich: Der Bub habe schon sehr großen Hunger, denn er sei im Wachsen. Der Zivilist dolmetscht Mutters Anliegen für den Uniformierten, der seine Augen auf mich richtet und mir aufmunternd zulächelt. Ich lächle gezwungen zurück. Die Russen sprechen miteinander, ohne daß es der Dolmetsch verdeutscht. Jetzt sagt der Dolmetsch zu Mutter: »Sie können mit dem Buben gehen. Schauen Sie, daß Sie Arbeit und Quartier bekommen!« Wir dürfen aufstehen, meine Beine zittern noch immer, und ich habe große Angst, daß man uns verschleppen oder erschießen wird. Aber die beiden Russen an unserer Seite lachen mir zu und machen mir Mut. Der eine gibt mir einen Wink, und ich bleibe stehen. Sie deuten mit der Hand auf meine Beine. Der Russe, der mir beim Stolpern auf der Treppe geholfen hat, geht kurz weg und kommt mit Stiefeln zurück. Ich muß meine Holzschuhe ausziehen und die Stiefel anziehen. Die Russen stehen um mich herum und deuten mir lachend, ich solle damit gehen. Da ich noch nie Stiefel anhatte, ist mir das Gehen damit sehr ungewohnt. Ich mache ein paar Schritte, die Stiefel sind mir viel zu groß. Die Russen lachen und sagen: »Schöne Schuh, schön und gut, Malinka!« Einer von ihnen gibt mir ein Päckchen, das ich vor ihm öffnen muß. Darin sind Brot und Kuchen, Schokolade und Wurst. Ich bin sehr verlegen und stottere: »Danke.« Ich könnte auch serbisch Danke sagen, das heißt »fala lepo«, aber das würden die Russen nicht verstehen. Einer von ihnen streicht mir über das Haar. Lachend sehen sie mir nach, wie ich mit den übergroßen Stiefeln dahinstolpere.

Wir kommen auf die Straße und wissen nicht, wo wir uns befinden. Wir irren eine Weile umher, dann fragt Mutter eine alte Frau, die mit ihrem Hund auf der leeren Straße geht, nach dem Weg zum Südbahnhof. Es dunkelt schon, als wir wieder zur Bahnhofsmission zurückkommen. Die Schwester teilt uns mit, daß uns am Vormittag ein Mann gesucht hat. »Das war sicher derselbe, der nach uns gefragt hat, bevor wir von den Russen geholt worden sind«, meint Mutter.

Am nächsten Morgen fahren wir wieder in das Auhoflager. Die Kleinin begrüßt Mutter, küßt mich und weint. Mutter erzählt ihr von den Erlebnissen des vergangenen Tages und von der Nacht im Keller. Die Kleinin macht uns Platz auf dem Boden ihres engen Zimmers. Zu essen bekommen wir nichts.

Mutter findet Arbeit, und ich strolche in der Stadt herum. Von einer Bonbonverkäuferin vor dem Südbahnhof, die auf einem kleinen Tischchen einen Schirm aufgespannt hat, bekomme ich Bonbons. Ihr habe ich alles erzählt, sie weint und gibt mir zu essen. Ich komme jeden Tag zu ihr. Sie reicht mir eine rote Schüssel mit weißen Tupfen und leert warme Suppe hinein, die sie am Würstelstand bei einem alten Mann kocht und wärmt. Würstel gibt es nur auf Bezugsschein. Aber der alte Mann gibt der Frau oft ein Würstel, das die Frau mit mir teilt. Sie erzählt mir, daß ihr Sohn gefallen sei. Er sei mir ähnlich gewesen, aber er habe ein ordentliches Gewand und feine Schuhe getragen, nicht so riesige Stiefel wie ich. Ich sähe damit aus wie der gestiefelte Kater. Aber es komme ja nicht aufs Gewand an, auch nicht auf die Schuhe. Sie würde mir welche geben, aber sie habe alles auf dem Schwarzmarkt im Resselpark getauscht.

Ich gehe wieder zur Bahnhofsmission. Die Schwester gibt mir eine Karte, mit der ich in die Porzellangasse fahren darf, um zu essen. Sie sagt auch, sie habe gute Nachricht für uns. Am Abend werde ein Mann kommen, der eine Frau und einen Knaben brauche. Ich fahre sofort ins Auhoflager, um Mutter zu suchen, und laufe den ganzen Wien-Fluß-Kai von Hütteldorf bis ins Lager, daß mir der Schweiß über das Gesicht rinnt. Im Zimmer der Kleinin finde ich Mutter. Atemlos erzähle ich ihr alles, und wir gehen mit unseren Habseligkeiten zur Bahnhofsmission. Es ist ein wunderschöner Mittseptembertag, die Sonne bescheint die riesigen Kastanienbäume und die Leute, die unter ihnen gehen. Die Schatten der Bäume stehen ruhig auf der großen, langen Tiergartenmauer, nur die Menschen werfen ruhelose Schatten an die alte Wand. Ich muß daran denken, wie es in der Futterkammer war, als Helen die hastigen Schatten warf, doch die zuckten sehr und waren nicht so groß. Aber wenn Helen aufstand und das Ofentürchen öffnete, war der Schatten riesig und reichte bis an die Decke. Hier reichen die Schatten bis über die Mauer in den dunklen Wald des Tiergartens.

Wir erreichen die Stadtbahnstation Hütteldorf. Unzählige Male bin ich hier gefahren, unzählige Male am riesigen Schloß Schönbrunn vorbeigefahren. Werde ich jemals wieder diese Strecke fahren können? Wo werde ich heute mit Mutter hingebracht?

Wir sind bei der Bahnhofsmission, und ich laufe zur Bonbonfrau, um ihr zu sagen, daß uns heute abend wahrscheinlich ein Mann holen kommt und aufs Land bringen wird. Wohin, fragt die Bonbonfrau, wohin? Ich weiß es selbst nicht, sage ich. Ich laufe zur Baracke, und der Mann kommt und sagt, wir sollten uns beeilen, da der Zug in zehn Minuten abfahren werde. Er sagt, er sei nicht der Chef, sondern habe nur den Auftrag, ordentliche Leute mitzubringen. Unseretwegen habe er den ersten Zug versäumt. »Aber was tut man nicht alles für seinen Chef?«

Der Mann läuft uns voraus, Mutter muß sich sehr bemühen, ihm nachzukommen, und ich mit meinen Stiefeln komme auch nicht so schnell vorwärts. Wir müssen aufpassen, den Mann nicht aus den Augen zu verlieren, denn es gibt sehr viele Menschen, die denselben Weg dahineilen. Wir haben den Ostbahnhof erreicht. Die Bahnhofshalle ist nur eine Baracke. Wir laufen dem Mann nach, der den letzten Waggon erreicht hat und jetzt nach uns Ausschau hält. Er deutet mit der Hand, wir sollten uns beeilen. Der Zug hat bereits zu fahren begonnen, aber wir können noch aufspringen. Mutter wäre beinahe gestürzt. Wenn Mutter unter die Räder gekommen wäre – ich hätte mich vor den nächsten Zug geworfen.

Im Zug stehen wir dichtgedrängt, der Mann und wir beide. Wir sind erhitzt, und Mutter lehnt sich an einen Sitz. In Simmering steigen viele Leute aus, und Mutter bekommt einen Sitzplatz. Wir fahren über die Donau, die Stadt geht zu Ende, das Land beginnt. Es ist ein flaches Land, das mich an unsere Heimat erinnert, aber diese Ebene ist anders. Mir kommt sie trostloser vor, obwohl sie nicht so eintönig scheint wie bei uns daheim. Sie ist nicht so offen, und trotz der Weite scheint sie mir heimtückisch. Es ist, als falle man in einen Abgrund. Mutter schaut nicht aus dem Fenster, sie schaut vor sich hin ins Leere. Es wird dunkel, man kann das Land nicht mehr sehen, sondern nur die Menschen hier im Waggon, die ihren eigenen Gedanken nachsinnen. Es sind meist Menschen, die müde von der Arbeit heimfahren. Sie gehen ihrer Wege, denn sie wissen, welchen Weg sie gehen, sie wissen, wohin sie fahren, nur wir nicht, wir wissen das nicht. Sie haben die Schlüssel in den Taschen, mit denen sie ihre Häuser und Wohnungen aufsperren, die Haustore und die Wohnungstüren, und ihre Hunde werden sie freudig begrüßen. Uns nicht, denn wir haben keinen Hund, kein Haus und keine Wohnung, kein Haustor und keinen Korridor. Uns werden die Hunde verjagen, und wir werden auf diesen fremden Feldern herumirren und in den Abgrund fallen.

Der Mann sagt Mutter, daß die nächste Station das Ziel sei und wir dort aussteigen müßten. Was werden wir hier antreffen, wie wird man uns empfangen, freundlich oder ablehnend? »Schönfeld-Lassee!« ruft der Schaffner. Der Mann meint, daß die beiden Ortschaften Schönfeld und Lassee nicht am Bahnhof lägen. Man müsse einige Kilometer gehen, um sie zu erreichen. Aber wir seien am Ziel, im Gasthaus gegenüber dem Bahnhof. Über der Türe sehe ich ein trübes Licht und einige rostige Schilder. Aus mehreren Fenstern leuchtet Licht auf uns, und wir betreten die Gaststube. Der Mann sagt, wir sollten hier im Gastzimmer warten, er werde dem Chef berichten. Er selbst wolle schauen, von hier wegzukommen, denn er sei unseretwegen um zwei Stunden später angekommen, und jetzt habe er Hunger.

Wir nehmen an einem Tisch Platz und stellen unsere Sachen auf den Boden. Am Nebentisch sitzen vier Männer und spielen Karten. Die anderen Tische sind leer. Die Männer scheinen sehr angeheitert zu sein, und einer von ihnen ruft Mutter etwas Abfälliges zu. Sie bleibt regungslos sitzen, ohne auf das Lästern der Männer zu hören oder zu reagieren. Außer diesen vier betrunkenen Männern ist niemand im Raum. Wir warten. Ich frage Mutter, ob man uns denn nicht empfangen werde. »Sie werden für uns noch keine Zeit haben.« Wir sitzen eine halbe Stunde, bis ein Mann in die Gaststube kommt. Er scheint auch leicht betrunken zu sein. Ohne uns zu bemerken, geht er zur Schank und leert ein Glas, geht zu den Kartenspielern, bleibt stehen und macht eine witzige Bemerkung, so daß alle vier lachen.

Mutter sitzt noch immer, ohne sich zu bewegen. Ich bin sehr unruhig und rutsche nervös auf meinem Platz hin und her. Der Mann, der zuletzt hereingekommen und vermutlich der Wirt ist, geht zur Schank, leert aus einer dunkelgrünen Flasche etwas in sein Glas und trinkt es. Man hört das Glucksen des Weines, den er in sein Glas schüttet, dann trinkt er nochmals, schaut zu uns herüber und hält das leere Glas in der Hand. »Ah, ihr seid's die Leute vom Wiener Asyl!« Er geht zur Küchentür, öffnet sie und ruft: »Geh außa, es san Läht do!« Er trinkt nochmals, geht zu den Kartenspielern und setzt sich zu ihnen. Mutter sitzt noch immer bewegungslos mit dem Rücken zu den Kartenspielern, die jetzt ein Lied anstimmen. Da kommt ein etwa elfjähriger Bub von der Küche in die Gaststube, schaut uns von der Tür aus an, dann tritt er etwas näher zu uns und betrachtet uns. Er schaut auf unser Gepäck, das auf dem Boden liegt, sagt kein Wort und läuft in die Küche zurück. Ich muß daran denken, daß bei uns daheim Kinder Erwachsene zu grüßen pflegten und daß das hier nicht Sitte sein dürfte. Nach kurzer Zeit kommt der Bub mit einer ziemlich dicken Frau, die sagt, sie habe gar nicht gewußt, daß wir gekommen seien. Sie gibt uns die Hand und führt uns durch die Küche in einen Korridor. Von hier aus gehen Stiegen nach unten. (Schon wieder, denke ich, nach unten in einen Keller.) Die Wirtin führt uns in ein schmales Zimmer, in dem links und rechts der Tür zwei Betten stehen. Es ist ein schmaler, langer Raum. Gegenüber der Tür sind ein Kasten und ein Waschtisch mit einem großen, weißen Porzellankrug und einer emaillierten Waschschüssel. Zwischen Kasten und Bett ist nur ein schmaler Schlauch von etwa fünfzig bis siebzig Zentimetern. Die Wirtin meint, wenn wir mit dem Einräumen und Waschen fertig seien, sollten wir nach oben in die Küche kommen. Dort werde man uns etwas zu essen geben. Nachdem wir allein gelassen worden sind, meint Mutter, daß man uns ein sehr schönes Zimmer gegeben habe, nur komme es ihr merkwürdig vor, daß die Gästezimmer im Keller seien. Üblicherweise seien diese immer in den Stockwerken. Es scheint, daß wir hier Gäste seien. Tatsächlich sehen wir im Korridor mehrere Türen, die numeriert sind.

In der Küche hantiert eine alte Frau am Herd. Sie erinnert mich an Maritzineni vom Heurechen. Sie begrüßt uns freundlich und sagt, wir sollten Platz nehmen, denn das Essen werde gleich fertig sein, sie müsse es nur noch aufwärmen. Die alte Frau legt uns Teller und Besteck auf den Tisch und schöpft uns das Essen aus dem Kochtopf in den Teller. Sie fragt uns, woher wir kommen. Mutter erzählt ihr von uns, worauf die alte Frau sagt, sie habe auch alles verloren. »Mein einziger Sohn ist gefallen, meine Wohnung in Wien wurde das Opfer von Bomben.« Sie gibt uns weiter nach und meint, in meinem Alter müsse man ordentlich essen, sie wisse das von ihrem Sohn. »Wie alt bist du denn?« fragt sie. »Was, fünfzehneinhalb? Und ich habe geglaubt, zwölf. Mein Gott, so bist du ja bald ein Mann! Ja, da mußt du doppelt soviel essen, daß du deinem Alter gerecht wirst. Ich werde schon schauen, daß du genug bekommst, gelt?« flüstert sie mir freundlich zu. Dann führt sie mich in das Bad, füllt die Wanne und probiert mit dem Ellbogen, ob die Temperatur paßt. So habe sie das immer bei ihrem Sohn gemacht. In meinem ganzen Leben habe ich noch nie in einer richtigen Emailwanne gebadet, noch nie an einem Wasserhahn drehen dürfen! Und ich kann warmes und kaltes Wasser fließen lassen, soviel ich will!

Die alte Frau führt mich in den Stall und zeigt mir die beiden Pferde und eine Kuh. »Noch etwas zeige ich dir, den Fritz!« sagt sie und geht mit mir zu einem kleinen Käfig. Ein fürchterlicher Gestank kommt von dort. »Er soll dich auch kennenlernen und dich begrüßen. Er ist nicht böse, obwohl er gerne beißt«, spricht die Frau leise weiter. Ein merkwürdiger Kopf schaut hinter dem Drahtgitter hervor. »Deine Finger darfst du nicht hineinstrecken! Aber er ist ein guter Kerl. Ich habe ihn aufgezogen, ganz klein war das Füchslein, als ich es gefunden habe. Es war verletzt.« Der Bub kommt auch in den Stall. »Hast du deinen Kaffee schon getrunken?« fragt die alte Frau. »Was die einen zuviel haben, haben die anderen zuwenig. Was für eine Ungerechtigkeit! Geh und trink deinen Kaffee, sonst kannst du was erleben! Was meinst du, was ich mir von deiner Mutter deswegen immer anhören muß!«

4
Geh hin, mein Täubchen,
du bist erwachsen

Mit den beiden Pferden habe ich mich angefreundet. Anfangs hatte ich Angst, mit ihnen zu arbeiten, aber nach einigen Tagen waren sie an mich gewöhnt. Ich pflüge die Kartoffeln aus dem Boden. Mutter und die alte Frau, die mir sagt, daß sie Stenka heißt, klauben die Kartoffeln in Säcke. Mutter muß im Gasthaus bei der Wirtin in der Küche arbeiten. So bin ich sehr viel mit Frau Stenka allein. Wir fahren täglich miteinander aufs Feld. Eine wunderbare weite Ebene, im Osten erhebt sich ein Hügel. Frau Stenka erklärt mir, daß es die letzten Ausläufer der Kleinen Karpaten sind. Ich finde das sehr interessant, denn Werschetz liegt ebenfalls an den letzten Ausläufern der Karpaten. Frau Stenka meint, daß meine Heimatstadt sicherlich am unteren Ende der Karpaten liege. Es ist, als kämen uns die Berge nach, so wie auch die Donau.

Ich bin glücklich, mit der alten Frau den ganzen Tag allein auf den Feldern sein zu dürfen, besonders beim Ernten der Zuckerrüben. Dabei stehen wir nebeneinander, reißen die Rüben aus dem Boden und putzen sie mit Sicheln und Hacken. Frau Stenka erzählt mir viel aus den alten Zeiten Wiens, wie es war, als sie noch jung war, vor dem Ersten Weltkrieg. Sie erinnere sich sogar daran, als Kronprinz Rudolf und die Vetsera sich umbrachten. Sie sei damals noch zur Schule gegangen. Und als man unsere Kaiserin mit einer Feile erstach, das war an die zehn Jahre später, da war sie noch ein junges Ding. Sie habe im »Zweierjahr« geheiratet. Sie erzählt mir, daß sie auch den Wienerwald sehr gut kenne. Im Ersten Weltkrieg ging sie um Holz und Kräuter dorthin. Sie kenne dort viele wunderbare Wege und würde mir viel zeigen können. Viele Geschichten erzählt mir Frau Stenka, und mir ist, als wären die Seemayerin und Maritzineni auferstanden. Frau Stenka meint, sie sei froh, schon so alt zu sein, denn man wisse nicht, was noch alles kommen könne. Sie sei nicht in Wien geboren, sondern als ganz junges Ding im ersten Jahr unseres Jahrhunderts dorthin gekommen. Sie sei drüben in der Slowakei aufgewachsen. Früher war dies alles ein Land, seit dem Ersten Weltkrieg gebe es die Grenze dazwischen. Frau Stenka fragt, ob ich Preßburg kenne. »Siehst du, dort drüben ist es, dort, bei den Kleinen Karpaten!« Mit einem Feldstecher könne man die Stadt sehen.

Mitten auf dem freien Feld steht ein kleines Haus mit einigen Bäumen und einem eingezäunten Garten, in dem meistens eine alte Frau ist. Wir arbeiten unweit dieses Hauses, und Frau Stenka ruft jeden Tag seiner Bewohnerin etwas zu. Das Rufen gibt einen eigenartigen Klang, da die Stimmen im Nebel etwas sonderbar Klares bekommen. Sie sprechen slowakisch, und manchmal verstehe ich ein Wort, weil es mit dem Serbischen verwandt ist. Es ist aber nicht die Sprache, die alles so eigenartig erscheinen läßt. Es ist der Nebel in diesem Klingen, das laute Schrillen und das Pfeifen des Zuges, der täglich dreimal in den alten Bahnhof einfährt. Ich schaue dem Zug sehnsüchtig nach: Mein Gott, wie gerne würde ich wegfahren, wie gerne hätte ich, daß mich der Zug wegbringt, wegbringt von hier, irgendwohin!

Es ist ein nebliger Novembertag. Frau Stenka und ich graben die letzten Rüben aus, und die alte Frau steht am Zaun und ruft. Ich sehe nur ihre Umrisse und wie der Rauch von ihrem Schornstein kerzengerade aufsteigt. Frau Stenka ruft in den Nebel zurück, und der Zug fährt ein. Der Dampf der Lokomotive vermengt sich mit dem Nebel und ihr Pfauchen mit dem Rufen der beiden alten Frauen. Die Tage sind kurz, und die Dunkelheit ist hereingebrochen. Frau Stenka und ich füttern die Pferde, und Mutter kommt die Kuh melken. Den Fuchs versorgt Frau Stenka allein. Im Gasthaus fällt viel Fleisch ab, und der Fuchs bekommt auch Mäuse und sogar Ratten, die Frau Stenka mit der Falle im Keller fängt.

Das Gasthaus ist in eine Schottergrube gebaut, sodaß nur das obere Stockwerk daraus hervorschaut und man vom Bahnhof aus meint, es sei nur ein niedriges Haus. Unter uns sind die Stallungen der Schweine und Hühner, die Frau Stenka und ich füttern müssen. Sie freut sich jedesmal, wenn sie eine fette Ratte in der Falle findet. Aber ich habe dabei ein ungutes Gefühl, weil uns die Ratten in Molidorf das Leben retteten, und hier werden sie den Füchsen verfüttert. Ich halte mich gerne bei den Schweinen auf, unten in der Holzhütte. Ich hacke das Holz, und Frau Stenka zerkleinert es. In der Grube wachsen Akazienbäume. Ich muß welche umschneiden. Dabei hilft mir ein Mann, der hier im Gasthof wohnt. Er erzählt Frau Stenka, daß er Schriftsteller sei und seine Zeit wegen der Landluft hier verbringe, da er Asthma habe. Er brauche immer wieder Landluft. Frau Stenka meint aber, das sei ein »Schmäh«, der gehöre zu den Schleichhändlern und Betrügern, von denen das Haus voll sei. Sie trieben sich im Wiener Resselpark herum. Sie wisse, daß alle die Zimmer oberhalb der Schweine und Hühner mit solchen Leuten belegt seien. Der Wirt kümmere sich auch nicht mehr um die Landwirtschaft. Mit diesen Leuten und dem Wirtshaus habe er ein besseres Einkommen. Das Haus sei für die Leute auch sehr günstig, denn da könnten sie sich wie die Ratten in der Schottergrube verkriechen, und diese Jahreszeit sei ihnen hier in der Einschicht sehr willkommen. Sie hätten Geld wie Mist. Und weil gleich gegenüber der Bahnhof sei, könnten sie viel mit dem Nachtzug erledigen.

Ich muß mit den Pferden weit in die Ebene hinaus fahren, bis zum sogenannten Seegraben zwischen Lassee, Leopoldsdorf und Fuchsenbügl. Der Wirt hat dort einen großen Acker, den ich mit den beiden Pferden umpflügen soll. Ich bekomme in der Früh Mittagessen und Gabelfrühstück mit. Jetzt habe ich auch zwei Pferde und kann über sie verfügen. Sie gehören mir, denn der Bauer kümmert sich weder um sie noch um die Felder. Er hat ein Auto, das er hegt und pflegt. Mit mir spricht er selten, aber die Wirtin ist zu mir und Mutter sehr nett. Mutter wird von ihr mit »Frau Hammerstiel« angesprochen.

Oft kommen russische Soldaten ins Gasthaus. Mutter spricht mit ihnen, und die Soldaten sind sehr freundlich zu ihr. Die Wirtin sagt zu Mutter, sie sei sehr froh, uns da zu haben. Mutter meint, die Menschen hier seien wirklich nett, sie würden einen nicht wie einen Fetzen behandeln, wie wir das von den Bauern gewohnt waren. Sie arbeite zwar bis in die Nacht hinein, aber sie mache es gerne, weil man sie schätze, sie als Frau und Mutter behandle und ihre Herkunft achte. Die Menschen hier in der Marchfelder Ebene seien nicht so schmutzig, so unverschämt und ordinär, wie es jene im Schwarzatal in St. Valentin waren. Hier brauche ich nicht abends nach der Stallarbeit noch zu arbeiten. Hier bin ich frei, darf arbeiten, wie ich will, nach Frau Stenkas Anweisung und hin und wieder nach der der Wirtin. Ich darf am Abend Radio hören und Bücher lesen. Frau Stenka hat mir welche geschenkt, in denen ich lesen kann, solange ich will, und es ist auch niemand da, der mir verbietet, das Licht brennen zu lassen. Ich darf in der Gaststube lesen und darf trinken, was ich mag. Frau Stenka sitzt meistens auch da und schläft auf ihrem Sessel. Die kartenspielenden Männer sitzen am selben Platz wie an dem Abend, als wir hier eingetroffen sind.

Ich bin mit den Pferden allein auf dem weiten Feld und pflüge. Das ist hier leichter als im Schwarzatal, weil die Erde geschmeidiger ist, so wie mir auch die Menschen hier geschmeidiger, flexibler und großzügiger erscheinen als in den Bergen, wo die Erde hart und schwer zu bearbeiten ist. Ich liebe diese Erde und die Menschen hier, und ich liebe Frau

Stenka, die mich wie meine Großmutter betreut. Ich bin den ganzen Tag allein in der weiten Ebene, und ich muß darüber nachdenken, was alles in den letzten vier Jahren geschehen ist. Weit sehe ich in die Ebene hinaus, bis zu den Türmen der Kirche von Lassee und Fuchsenbügl, bis zur Zuckerfabrik in Leobersdorf. Ich esse, was mir Frau Stenka eingepackt hat. In der Tasche habe ich ein Buch, »Reineke Fuchs«, das sie mir geschenkt hat. Weit im Osten sehe ich Bauern pflügen und Frauen auf dem Boden kauern. Ich höre Hundegebell, das von drüben kommt, und sehe den Hund als einen beweglichen schwarzen Tupfen in der Ebene. Ich sehe, wie der Hund näher kommt und größer wird, sehe Frauen neben ihm und eine, die sich zu ihm beugt. Jetzt fahre ich heimzu, denn es beginnt die Dämmerung, und als ich zu dem einsamen Haus komme, wo die Frau wohnt, der Frau Stenka immer zuruft, ist es bereits tiefe Nacht.

Die Abende sind lang. Mit dem letzten Zug kommen dunkelgekleidete Männer, die ihre Hüte tief in die Stirn gezogen haben, und essen ihr Nachtmahl, das Mutter und die Wirtin zubereitet haben. Sie geben mir einen Schilling und klopfen mir auf die Schulter, lachen und zeigen dabei ihre gelben Zähne. Im Stadel, wo früher das Stroh lag, stehen jetzt Autos, worüber ich nicht sprechen darf. Es kommt ein Mann, den ich noch nie hier gesehen habe, bei der Tür herein und spricht sehr leise mit dem Wirt. Der Wirt ruft mich zu sich und sagt, ich solle so gut sein und mit dem Herrn im Auto in die alte Scheune fahren. Der lange Lichtstrahl, der vom Auto kommt, beleuchtet die Ställe und Scheunen. Ich öffne die Scheunentür, der Mann fährt hinein und steckt mir einen Zehnschillingschein zu. Er fragt mich, wie ich heiße. »Ich heiße auch Robert«, sagt er, »so sind wir Namensgenossen«, und auch er klopft mir auf die Schulter. Mit einer Batterielampe führe ich ihn dann über die Grubenbrücke ins Haus zurück. Vor dem Eintreten prägt er mir noch ein, daß ich nichts gesehen hätte.

Ich habe hier in der Einschicht keine Freunde. Hier gibt es auch keine Kinder und Jugendlichen, nur den Wirt, die Wirtin, Frau Stenka, den Knaben und die merkwürdig lachenden Männer mit den gelben Zähnen. Sonntags gehe ich am Nachmittag ins Kino nach Lassee. Der Schriftsteller geht einmal mit, weil »Carmen« gespielt wird und er gehört hat, der Film sei großartig. Beim Nachhausegehen erklärt er mir den Sinn des Films. Er habe sich auch »Hofrat Geiger« angesehen, einen miesen, schlechten Film. Die Österreicher könnten keine guten Filme machen, sie könnten nur gut spielen. »Wenn ich die Fresse von Willi Forst sehe und seine schmalzigen Filme, habe ich für eine Weile genug!« sagt er.

Beim Zurückkommen sagt die Wirtin zu mir, wir würden morgen um Wein fahren. Wir müßten früher aufstehen, denn es sei eine ziemlich weite Fahrt bis Raggendorf. Ich freue mich sehr, in der Nacht werde ich oft wach und frage Mutter nach der Uhrzeit. Wie gerne würde ich Mutter und Frau Stenka mitnehmen, aber ich fahre mit der Wirtin allein. Das Faß haben wir mit Stroh zugedeckt, um es zu tarnen, denn im großen Wald bei Gänserndorf sind die Russen. Wir fahren durch Schönfeld, weiter nach Obersiebenbrunn, Schönkirchen und Gänserndorf. Die Ebene hört auf, und hügeliges Land breitet sich aus. Es ist bereits Mittag, als wir in Raggendorf ankommen. Die Dorfstraße zieht sich eine Anhöhe hinauf. Es gibt nicht viele Menschen auf den Straßen. Einen Mann sehe ich an der Haustüre stehen, die Hände in den Hosentaschen, mit einer weißen Schürze. Er grüßt die Wirtin, ohne die Hände aus den Hosentaschen zu nehmen.

Wir fahren bis ans Ende des Dorfes. Ich spanne die Pferde aus, tränke und füttere sie. Aus dem Hof des Weinbauern, bei dem die Wirtin abgestiegen ist, hole ich das Wasser, dann warte ich mit den Pferden auf die Wirtin. Sie kommt und holt mich ins Haus, die Bäuerin gibt mir in der Küche zu essen. Dann gehen wir in die Kellerstraße, um den Wein zu kosten. Auch ich darf kosten. Die Wirtin spuckt jeden Schluck aus, den sie nimmt. Alle Weinbauern haben hier ihre Keller, die mit wunderschönen Türen verschlossen sind.

Wir fahren durch den Wald mit dem vollen Faß, das wir unter Heu und Stroh versteckt haben. Als die Dämmerung hereinbricht, sind wir in Obersiebenbrunn. Es ist fünf Uhr, und wir fahren durch den schlecht beleuchteten Ort und weiter bis Schönfeld. Das ist ein kleiner Ort, den ich oft mit dem Buben der Wirtin besuche, weil hier die Tante wohnt. Wo die Dorfstraße eine Biegung macht, steht ihr Haus. Ich sehe die Tante aus dem Haus laufen und weinend an der Tür stehen. In beiden Fenstern sieht man ein mattes Licht. Die Tante kommt zum Fuhrwerk und umarmt die Wirtin. Dann gehen beide ins Haus. Ich bleibe allein mit dem Wagen, den Pferden und dem Wein auf dem Wagen, der unter dem Stroh versteckt ist. Es wird eine kalte Nacht, denn der Atem der Pferde und auch meiner sind zu sehen.

Eine Stunde bleibt die Wirtin im Haus, dann fahren wir wieder. Wir haben nicht mehr weit, denn das kleine Licht des Bahnhofs ist bereits zu sehen. Die Wirtin sagt mir, daß die Mutter der Tante gestorben ist.

Am Freitag ist der Heilige Abend. »Wir werden zu Alfred fahren«, sagt Mutter. In Wien würden wir einkaufen und Alfred etwas mitnehmen. Wir würden um fünf Uhr wegfahren. Frau Stenka sagt, wir sollten in die Favoritenstraße gehen, dort könne man gut und billig einkaufen.

Am Morgen des Heiligen Abend geht mein Wunsch in Erfüllung, mit dem Zug fahren zu können. Drei Monate lang habe ich sehnsüchtig die Züge beobachtet, und jetzt dürfen Mutter und ich nach Wien fahren. Dort wollen wir die Missionsschwester und die Bonbonfrau besuchen. Ich laufe vom Ostbahnhof zum Gürtel, dorthin, wo die Bonbonfrau und der Würstelmann ihren Stand hatten. Aber ihre Stände sind verschwunden. Es liegt mir schwer auf der Seele, daß ich mich im September nicht verabschieden konnte, weil alles so schnell ging. Jetzt suche ich auf dem Gürtel nach ihr und laufe auf und ab. Von den Ruinen des Südbahnhofs hört man die Züge schrill in den kalten Morgen pfeifen. Der Wind zieht eiskalt über den breiten Wiedner Gürtel, aber ich habe zum Glück einen Mantel und einen Anzug von der Wirtin bekommen, und an den Füßen habe ich die warmen Stiefel von den Russen. Aber die Bonbonfrau ist spurlos verschwunden. Mir ist schwer ums Herz. Mütter und Kinder gehen an mir vorbei, sie tragen Weihnachtsbäume, und die Kinder haben wunderbar rote Gesichter. Mutter, die unterdessen bei der Missionsschwester war, geht mit mir die Favoritenstraße hinunter, um einzukaufen. Sie kauft sich ein Kleid und ein großes Tuch. Ich bekomme eine warme Haube, und für meinen Bruder kauft Mutter Schuhe und einen Mantel.

Am späten Nachmittag fährt der Zug vom Südbahnhof in dieselbe Richtung, aus der wir im September gekommen sind. Es beginnt zu schneien, die Schneeflocken treiben am Fenster des Zugabteils vorbei. Die Waggons sind fast leer, denn die meisten Menschen sind zu Hause und zünden die Kerzen an. Im Waggonfenster sehe ich mein Gesicht. Wir steigen in Pottschach aus und gehen denselben Weg zurück, den wir an jenem frühen Morgen im September gegangen sind. Es ist schon sehr spät, auf der Straße sind keine Menschen, in den Häusern brennt Licht. Die Straßenbeleuchtung ist schlecht. Da sehen wir eine Gestalt in der Nacht, die der Schnee dahertreibt, sie umarmt die Mutter, und Mutter weint, und mein Bruder küßt uns beide. Wir werden vom Bauern herzlich aufgenommen, und Alfred führt uns in seine Stube, wo ein großer Christbaum steht. Mein Bruder hat eingeheizt, es ist warm, und Mutter hält ihre Hände über den Ofen. Es ist dieselbe Stunde wie damals in der Futterkammer, als unsere Mutter kam. Doch heute sind wir drei allein. Mischi und Wastl sind nicht hier, Helen und ihre Mutter auch nicht. Es ist Mitternacht, und vom Ort unten hören wir die Glocken. Die Menschen verlassen die Häuser und gehen in die Kirche.

Heute ist der erste Weihnachtsfeiertag. Wir sind von unseren Landsleuten in Wimpassing zum Mittagessen eingeladen worden. Die beiden alten Leute sind hier, ihr Sohn und ihre Tochter, die im November aus Rußland zurückgekommen ist. Der Raum ist klein, aber es werden Tische geliehen, und es gibt ein heimatliches Festmahl. Die Frau sagt zu Mutter, sie habe für uns keine Geschenke, aber eine gute Neuigkeit. Sie habe mit dem Bäcker gesprochen, der würde Mutter für seine Bäckerei nehmen, und mich würde sein Schwager, der eine Bäckerei in Pottschach hat, als Lehrling aufnehmen.

Am Nachmittag gehen wir mit der alten Landsmännin zum Bäcker, der uns freundlich empfängt und für den Beginn des kommenden Jahres die Aufnahme unserer Mutter verspricht. Dann gehen wir nach Pottschach. Es ist schon dunkel, aus einem der Fenster leuchtet Licht. Dort klopft Mutter an. Ein dicker Mann kommt zum Fenster und fragt, was denn los sei, ob wir denn nicht wüßten, daß es Weihnachten sei. Mutter entschuldigt sich und sagt, daß sie vom Bäcker aus Wimpassing geschickt worden sei, und sie fragt, ob er der Bäcker sei. Der Mann öffnet die Ladentür und läßt uns ins Haus. Er reicht Mutter die Hand und läßt uns niedersetzen. Die Bäckersfrau kommt auch hinzu und setzt sich zu uns. Sie weint, als Mutter erzählt, was seit dem 18. November 1944 mit uns geschehen ist. Der Bäcker steht auf, geht zum Fenster, schaut, ob es ordentlich zu ist. Dann sagt er: »Ihr Bub gefällt mir. Ich werde versuchen, ihn für die Bäckerei zu bekommen.« Er fragt auch, wie alt ich bin. »Im Februar werde ich sechzehn Jahre.« »Es wird nicht leicht sein, ihn zu bekommen, da die Heimatvertriebenen nur bei Bauern und am Bau arbeiten dürfen. Hat er Zeugnisse? Kann ich die sehen?« Mutter und ich sehen uns erschrocken an, und Mutter sagt: »Im KZ wurde uns alles weggenommen, alle Dokumente.« »Lassen Sie den Burschen hier und fahren Sie allein zurück! Ich werde mit ihm zum Arbeitsamt fahren. Dann werden wir sehen, ich werde mein Möglichstes tun«, tröstet der Bäcker die Mutter.

Der Bäcker führt mich mit seinem Auto zum Arbeitsamt. Er geht mit mir in das niedrige Haus, in das wir vor eineinhalb Jahren von der Grenze weg gebracht worden sind. Der Beamte fragt mich, warum ich von den Bauern weg wolle. »Weil meine Eltern zu Hause eine Bäckerei hatten«, sage ich. »Deshalb willst du Bäcker werden?« »Nicht nur deshalb.« »Hast du Zeugnisse da?« »Die hat man mir abgenommen.« Die Beamten willigen ein, daß ich in die Lehre darf. »Wir haben es erreicht«, sagt der Bäcker beim Hinausgehen. »Am 2. Jänner fängst du an. An den Nachmittagen mußt du halt ordentlich die theoretischen Fächer lernen, Rechnen und Schreiben, damit du doch eine Ahnung

hast, wenn im September die Berufsschule beginnt. Bäcker zu sein ist kein Honiglecken, das wirst du ja von zu Hause wissen. Was mir Sorgen bereitet ist, daß du so schwach bist. Zu essen gibt es bei uns genug, dafür aber gibt es auch genug Arbeit. Du mußt ordentlich essen, damit aus dir ein Mann wird, der richtig zupacken kann.«

Der Winter ist vorbei. Mutter arbeitet beim Bäcker in Wimpassing, ich beim Bäcker hier in Pottschach. Um neun Uhr abends beginnt die Arbeit, ab sechs Uhr morgens muß ich das Brot und die Semmeln mit dem Fahrrad zu den Kunden bringen, so wie es Mischi und ich zu Hause taten. Dort fuhren wir mit einem kleinen Handwagen. Hier trage ich das Brot auf dem Rücken und komme im ganzen Bezirk unter die Leute. Ich lerne viele Menschen kennen, gute und böse, arme und reiche. Ich lerne Mütter kennen, die mir Kleider schenken, und ich darf mich in ihrer Stube an den Tisch setzen und erzählen, was es Neues gibt. Andere wieder lassen mich nicht ins Haus, sie nehmen mir das Brot vor der Haustür ab. Eine junge Frau zeigt mir ihre Brüste. »Bäck, hast du so etwas schon gesehen?« lacht sie, und ich flüchte aus dem Haus. Aber ich bin glücklich, daß ich ernst genommen werde. Denn ich weiß, daß mir die junge Frau ihre Brüste nicht gezeigt hat, um mich zu hänseln, sondern weil sie in mir kein Kind mehr sieht. »Bäck, hast du so etwas schon gesehen?« – und ich bin schockiert und zugleich glücklich und komme mir selbst sehr fremd vor.

»Es gibt auch hier großartige Menschen, und ich werde auch dieses Land lieben, solang ich lebe«, sagt Mutter. »Mein Kind, du bist sechzehn Jahre alt, für dich beginnt ein neuer Lebensabschnitt. Du bist sechzehn und wirst erwachsen. Geh hin und lerne, denn das Leben ist hart. Deine Kindheit ist vorbei, aber es ist alles gut. Geh, mein Täubchen, nur ein kleines Stückchen, denn es wird bald Abend werden, und du mußt wach bleiben, um nachts das Brot zu backen, wie es dein Vater getan hat, damit die Menschen am Tag zu essen haben.«

Epilog

Helene Weifert starb 1946 in Rußland, wahrscheinlich an Blutvergiftung und Unterernährung.

Mischi (Michael Weifert) und seine Mutter sind 1946 in Rudolfsgnad verhungert; Wastl ist seit damals verschollen.

Koco (Nikola N.) war in den siebziger und achtziger Jahren hoher Funktionär und Bankdirektor in Werschetz und lebt seit einigen Jahren dort als Pensionist.

Magdaneni, seine Mutter, ist Ende der siebziger Jahre in Werschetz gestorben.

Marieneni, die Patin, ist 1964 aus Jugoslawien nach Deutschland ausgewandert und wurde dort als Wirtschaftsflüchtling behandelt. Nach einem Prozeß wurde sie als Banater Deutsche anerkannt. Sie lebte mit ihren vier Kindern im Saarland, wo sie 1997 starb.

Krämerneni und Maritzineni verhungerten 1946 in Rudolfsgnad.

Rutschmarie ist seit 1944/45 mit ihrem Esel und den Meerschweinchen verschollen.

Frau Seemayer starb im Herbst 1945 in Setschanfeld.

Elisneni aus dem letzten Haus in Zichydorf starb im Sommer 1945 in Setschanfeld. Ihre Kinder sind verschollen.

Von Balata Liesineni und ihrem Sohn Robert haben wir seit unserer Trennung in Gakovo nichts mehr gehört.

Müller Liesaneni, die ebenfalls aus Gakovo nach Österreich flüchtete, lebte bis in die achtziger Jahre mit ihren Söhnen Joschi, Franz und Toni in Graz.

Fisch Lieseneni flüchtete 1947 mit ihrer Tochter Kathi aus Gakovo und lebte später in der Nähe von Stuttgart.

Gutjahr Karl, Mayer Jani und seine Mutter sind verschollen.

Hubert Irenneni konnte mit ihren Kindern Iren (das bucklige Mädchen) und Hansi (der allzu lange Knabe) erst 1952 in die DDR auswandern. Irenneni und ihre Tochter sind gestorben, Hansi lebt als Pensionist in Berlin.

Neumann Maritzineni soll mit ihrem Sohn Joschi 1950 nach Deutschland geflüchtet sein.

Mein Bruder Alfred lebt als Pensionist in Ternitz, meine Mutter ist 1964 an Herzversagen gestorben.

Viele Bekannte blieben verschollen; von denen, die in den Westen geflüchtet sind, haben sich Jahre später etliche das Leben genommen.

Glossar

bamstig = *aufgedunsen*
Briaghe = *Brioche-Gebäck*
Brodler = *langsamer, umständlicher Mensch*
Čiko = *serb. Onkel (als Anrede für Nichtverwandte gebraucht)*
Dampfl = *Gärprobe*
Deutsch-Zerne = *Srbska Crnja (der Ort hatte ein deutsches und ein serbisches Viertel)*
Grammeln = *Grieben*
Greißlerei = *kleiner Gemischtwarenladen*
Groß-Betschkerek = *Zrenjanin*
Groß-Gaj = *Veliko Gaj*
Hatzfeld = *rumän. Jimbolia*
ungar. Zsombolya
Kren = *Meerrettich*
Kudritz = *Gudurica*
Laudon = *Meierhof im Werschetzer Sumpfgebiet*
Molidorf = *Molin*
Nagykanisza = *Großkanisza*
Neni = *ungar. Tante (für nicht verwandte Frauen gebraucht)*
Neusatz = *Novi Sad*
Pantschowa = *Pančevo*

Paradeiser = *Tomaten*
Pécs = *Fünfkirchen*
Pinkel = *Bündel*
Ratzen = *Wojwodina-Serben*
Rudolfsgnad = *Kničanin*
Salasch = *Gutshof*
St. Gotthard = *Szentgotthárd*
Schwaba, Schwabitza, Schwabok = *abfällige Bezeichnung der Serben und Ungarn für Deutsche*
Seka = *serb. Tante (als Anrede für Nichtverwandte gebraucht)*
Setschanfeld = *Dužine (früher: Sečenovo)*
Sladoled = *Gefrorenes*
Stanitzel = *Tüte*
Stefansfeld = *Krajišnik (früher: Šupljaja)*
Szombathely = *Steinamanger*
Temeschwar = *rumän. Timişoara/ ungar. Temesvar*
Ungarisch-Zerne = *Nova Crnja*
Werschetz = *Vršac*
Zichydorf = *Plandište (früher: Mariolana)*
Zotten = *Lumpen*

Die Deutsche Bibliothek - CIP-Einheitsaufnahme

Hammerstiel, Robert:
Von Ikonen und Ratten : eine Banater Kindheit 1939 - 1949
Robert Hammerstiel.
Mit Zeichn. von Robert Hammerstiel.
Wien : Brandstätter, 1999
ISBN 3-85447-872-0

Autor und Verlag danken
Herrn Eduard Grünwald, Herrn Ing. Anton Hock und Herrn Dipl.-Ing. Herbert Aigner
für die großzügige Förderung bei der Realisierung dieses Werkes.

2. Auflage 2000

Der Entwurf des Schutzumschlages und die graphische Gestaltung des Werkes
stammen von Rudolf Metzger, dem auch die technische Betreuung oblag.
Das Lektorat besorgte Brigitte Stammler.
Die Gesamtherstellung erfolgte bei der Druckerei Theiss in Wolfsberg.
Gesetzt wurde aus der Sabon, 10 auf 12,5 Punkt.

Christian Brandstätter Verlagsgesellschaft m.b.H.
A-1015 Wien, Schwarzenbergstraße 5
Telephon (+43-1) 512 15 43 – 233
Fax (+43-1) 512 15 43 – 231
E-Mail: cbv@oebv.co.at